中文社会科学引文索引(CSSCI)来源集刊

Renmin University Law Review

人大法律评论

2017年卷第2辑·总第24辑

《人大法律评论》编辑委员会组编

法律出版社
LAW PRESS·CHINA

【评论】

卷首语

经过半年时间的组稿,《人大法律评论》(以下简称《评论》)2017年第2辑终于和大家见面了！在本辑的组稿、编印、出版的过程中,收到了广大学人的踊跃投稿,得到了法学院韩大元院长、指导老师张志铭教授、外审专家学者的大力支持,也得到了法学院诸多师长及历届编辑的不断激励。此外,人大法学院优秀校友、法律出版社汤子君编辑一如既往的辛勤付出,编委会成员的共同努力,使得本书的出版成为可能。我们在此向诸位表示衷心感谢!

《评论》成为CSSCI来源集刊以来,来稿数量颇多,其中不乏高质量的稿件,由于版面所限,我们不得不在众多来稿里优中选优。在本辑《评论》中,我们精选了十五篇文章,作者分别来自中国人民大学、清华大学、武汉大学、山东大学、复旦大学、南京师范大学、华东师范大学、华东政法大学、中国社会科学院、中国青年政治学院、江西财经大学等。本辑《评论》,我们继续落实双向匿名评审制度,并实行专家外审制度,最终完成组稿。我们对向本刊投稿的诸位作者表示衷心感谢,对稿件被本刊采用的作者表示诚挚祝贺!

本辑设"专题研讨""论文""评论"三个栏目。

在"专题研讨"栏目中,我们收录了宏观调控法研究领域的佳作三篇。叶金育先生的《税法解释中纳税人主义立场的证成——以谦抑理念为观测中心》一文,对税法解释的两种基础性立场——国库主义和纳税人主义进行了介绍。国库主义将国库收入作为优先事项予以考虑,而纳税人主义则侧重考虑纳税人利益。叶先生认为,一方面,公权力逐渐减弱,纳税人权利在曲折反复中呈愈加重视之趋势,已成世界共识。与纳税人权利演进同步,在税法解释中坚持或体现纳税人主义的解释立场在世界范围内渐成风尚;另一方面,纳税人主义更符合税法谦抑理念的要求。基于这两点考量,我国税法应以纳税人主义为基础性立场。借助纳税人主义的指导,一方面可以"倒逼"出更多符合公平正义要求的税法规范;另一方面可以影响税收执法、司法,帮助落实税收法定主义。在《金融保险业的"营改增":实施争议与制度检讨》一文中,作者汤洁茵副教授将当前金融保险服务业增值税课税过程中产生的争议作为研究的基础。首先,对"贷款服务"增值税规则的实施争议进行梳理,包括提供者与纳税人之争、贷款服务界定模糊以及"贷款服务"增值税应纳税额的确定。其次,厘清了"金融商品转让"的增值税课征难题,如纳税人的确定、界限与应纳税额的确定。而后作者对金融保险服务的增值税课税制度进行整体检视,指出金融保险服务"营改增"的积极意义与被搁置的"抵扣难题"。最后,为金融保险服务增值税课税制度的完善提出建议,明确了完善过程中的关键因素,主要是纳税人的确定、应纳入增值税课征范围的金融保险服务范围与增值税抵扣制度的完善。在《论〈信托业法〉的部门法属性特征》一文中,作者席月民先生论述了《信托业法》的部门法属性特征。席先生首先从民商合一角度进行分析,认为《信托业法》具有一定商法成分。随后,他着重分析了经济法部门属性,从公法与私法、实体法与程序法、金融法与监管三个角度进行分析,最终得出结论。《信托业法》不是纯粹的私法,应当属于公法与私法调整机制的耦合法;不是纯粹的实体法,应当属于实体法与程序法的有机结合;不是孤立的商事单行法,应当属于经济法中的金融法。席先生认为,对于《信托业法》法律性质的正确认知,有助于规范信托机构的组织治理及其信托经营行为以及规范信托业监管机构的地位、职责及其监管行为,有助于规范和保护我国信托业健康持续发展。

"论文"栏目选取了基础法学、刑法、环境法、经济法、国际法、民事诉讼法领域的佳作十篇。

在基础法学领域,谢红星先生的《卖官的规则——传统中国铨选腐败及其规律探析》一文通过详尽的史料分析,将我国传统官员铨选中的腐败形式类型化为制度性卖官和非制度性卖官两类。与此同时,他敏锐地指出了该两类腐败形式的产生原因与演进规律:传统王朝的国家提取能力、规制能力和分配能力存在相当的欠缺,财政收入不能随经济的增长而稳定增加,而开支却无限制膨胀,导致财政危机一再发生,政府总是不得不动用卖官这一政策工具来筹措经费,缓解财政危机;非制度性卖官如影随形,渗入制度性卖官的体系中,冲击制度性卖官的实施,并最终主导、湮没了制度性卖官。这样的历史规律揭示了:包括卖官在内的任何权钱交易的腐败本质上都是反制度、反秩序、反规范和不可控的,希冀规范、控制甚至利用腐败,永远只会是政府的一厢情愿。于浩先生的《国家主义法律观研究:一个导论》一文以国家主义作为全文的切入点,以法治建设下的国家主义为立场,引出国家主义法律观这一研究点,从理论和实践、分析工具与理论基础为角度总结研究国家主义法律观的研究综述。点出研究成果的缺陷从而引出对我国的国家主义法律观的反思,提出了新的社会治理的思路与办法。以坚持法律多元、改进行政执法方式、理顺司法与党的关系为三个主要的解决思路,而文章的结尾则点明我国治道转型的过程就是国家主义与其他思想主张不断博弈与融合的过程,也就是国家主义法律观的问题,既是当代中国法治建设过程中所必然遭遇的基本问题,也是后发型法制现代化国家或迟或早必须面对的问题,同时,也是推进当代中国法学理论与法治实践的认识与发展的必然途径。杨知文先生在《利益衡量方法在后果主义裁判中的运用》一文中,提出应当将利益衡量方法引入后果主义裁判中。利益衡量方法与后果主义裁判具有共发与耦合的关联性,杨知文先生以理论上利益衡量作为方法的利益衡量和作为方法论的利益衡量论的两种知识为依据,区分出在司法中操作利益衡量的两种进路,并选择内控于实在法的利益衡量。具体司法实践中,存在当事人利益、社会公共利益、法制度利益等不同利益类型,他提出应当基于决策性利益推动裁判中的利益冲突解决从具体化向一般化转换。吕玉赞先生的《法律修辞方法的选择、运用与布局——以甘露案再审判决为例》一文将关注的视角投向法律修辞学的理论体系,指出法律修辞学的一般过程包括法律修辞方法的具体选择、运用以及法律修辞的整体布局,需要在融贯的法律体系和个案的修辞语境中进行动态、整体的考量。他选取甘露案再审判决书作为研究文本,试图藉此审视和分析我国法官当下普遍的裁判说理水准,进而提出相应的规范性方案:法律修辞方法需要结合案件的法律争议点及论辩前提体系进行针对性选择,其运用则需要遵循相应法律修辞规则的指引。法律修辞方法的选择和运用都要转化为法律修辞的布局,应按照引言、陈述、论证、结语的框架及各自的指导性原则对法律论证材料进行合理的安排。

在刑法领域,王瑞君教授的《后劳动教养时代完善我国人身自由法律制裁体系的难题及解决方案》一文,对我国劳动教养废止后,人身自由法律制裁体系的构建进行了分析论述。文中指出,一国或地区选择怎样的人身自由法律制裁体系,核心问题是如何动用公权力对违法犯罪行为进行管控,集中表现为通过立法权设置行政权和司法权的分工,以解决好公正与效率的关系问题。我国人身自由法律制裁体系的完善,应在不断提升司法承受能力的前提下,设定过渡期,构建剥夺公民人身自由最终纳入司法审查的制度。我国劳动教养废止后,有必要沿着劳动教养废止所形成的新理念,对我国人身自由法律制裁体系进行一次整体性的反思、改革与完善。在《黑格尔行为概念的困境及克服——“有意性”及“回避可能性论”的刑法哲学意义》一文中,张小宁先生梳理了刑法学界在黑格尔和李斯特影响下的行为论具有的理论利弊:前者将行为表述为“具备责任能力的人在意志支配下实施的举动”,其在促进间接正犯论发展的同时也导致了处罚漏洞;后者在坚持行为“有意性”的同时修正了黑格尔学派行为论,但仍在解释过失犯、不作为犯的“有意性”上遭遇了困境。通过梳理现存行为论的缺陷,张小宁先生介绍了意图以“回避可能性”取代“有意性”并从而说明行为本质属性的“否定的行为概念”(“个人的回避可能性论”),论证了“个人的回避可能性论”在解释过失犯、不作为犯上的理论优势。

在环境法领域,秦天宝先生的《可持续发展视域下的集体林权制度改革之反思——从“物权化”走向“生态化”》一文,从集体林权改革的背景及现状出发,指出林权的法律表达存在“政策性之殇”与“物权化之困”两种局限。因此,对林权的法制化建构,不仅要走出政策性林权的迷障,而且要在立法上对所有权绝对做出必要的限制,并通过设定环境权益实现对林业资源生态功能价值以及社会效益的有效保护。秦天宝先生认为,环境正义的价值理念应当成为集体林权变革中最为适格的衡平者。具体而言,要通过健全林业资源评估机制与商品林公益林划分机制,完善采伐管理、林权流转与生态补偿机制,建立公平公正的林权纠纷解决机制与承包经营的后评估机制等生态化路径推进集体林权改革,从而最大程度衡平林业经济价值、生态价值和社会价值。

在经济法领域,在《不公平交易中依赖性的经济学分析路径》一文中,作者吴宇飞先生首先介绍了不公平交易和其核心要素“依赖性”,从而引出对依赖性的经济学解读。接下来,他从含义及其交易表征、潜在风险与保全方式、诱导出的依赖性三个方面,从资产依赖性理论角度来看依赖性问题。然后,吴先生详细分析了依赖性问题的一些具体细节,包括资源依赖性理论的分析路径、依赖性大小之界定、依赖性的样态、结构和市场环境的影响。吴先生总结认为,资产专用性理论与资源依赖性理论为我们对不公平交易中依赖性的分析提供了不同的视角,资源依赖性理论除了便于对依赖性的样态及不同性质进行剖析外,还对以销售渠道为依托的交易关系进行了解构。不公平交易行为不仅需要法理论证,还需经济分析法作为理论助力。

在国际法领域,梁咏副教授的《"一带一路"倡议下中国对俄罗斯的投资法律保障与风险防范》一文立足于中国投资者对俄罗斯投资的现状,分析出对俄罗斯投资存在的腐败指数、次级制裁、国内法稳定性欠佳等风险,并认为有必要从规则和法治的层面进行防范与应对。文章分别从投资准入阶段、投资运营阶段和投资退出阶段三个投资阶段出发,建立起覆盖投资"生命周期"的法律保障机制和风险防范策略,诸如投资运营阶段应更加关注双边协定的作用,投资退出阶段应完善海外投资保险机制和适度运用国际投资仲裁机制等。作者认为,唯有对运用各层次法律机制保障投资安全有正确认识和充分准备,方能保障中国对俄罗斯的投资不仅能"走出去",更能"走进去"和"走上去"。

在民事诉讼法领域,黄忠顺先生的《中国网络司法拍卖:历史形成及其模式抉择》一文通过对我国司法拍卖的本土资源进行历史性的梳理,将我国的司法拍卖划分为"与现场拍卖相结合的委托拍卖原则时期""与网络拍卖相结合的自主拍卖原则时期""委托拍卖原则假借司法网络拍卖复辟时期""自主型网络拍卖原则的回归及其规则构建时期"四个阶段。通过对重庆模式从传统现场拍卖向纯粹网络拍卖的发展过程、上海模式现场与网络相结合拍卖模式的形成过程的梳理,从安全性、公平性、效率性等方面分析其利弊,并汲取经验;对我国未来网络司法拍卖在自主型网络司法拍卖历经"试水—确立—完善"阶段的正当性基础以及根本立场选择等问题进行分析的基础上,提出我国网络司法拍卖应当以自主型网络司法拍卖为主,通过附带的网络司法拍卖解决问题,建立非基于自有平台的、专业的网络司法拍卖。

"评论"栏目选登了两篇文章。其中,高伟伟先生在《谁之法解释?何种客观性?——基于客观性法解释立场的检讨》一文中,对法律解释的客观性进行理论描述与分析,将其划分为三种类型,包括存在论意义上的客观性,认识论意义上的客观性和重构的客观性,并说明了客观性法解释学的内涵及存在的意义,认为其能够更有效地实现法治。然而现实往往与设想脱节,根据客观性法解释学的存在条件,作者指出其在解释层面所面临的困境,认为客观性解释立场不能完全做到排除人之主观性因素的介入,意在证明客观性于法解释之不能,从而以理论依据、理论主体、解释实践三个角度为切入点提出并论证法律解释应当实现从客观性向可接受性的转化的构想,希望可接受性成为法律解释结论客观性保障的有效工具。孟凡壮先生的《论克隆人技术立法的合宪性控制》一文从克隆人技术相关法的合宪性解释、立法过程的合宪性控制以及立法内容的合宪性审查三个层面分析了克隆人技术立法规制的合宪性控制。首先,克隆人技术相关法的合宪性解释指在直接立法缺失的情况下,通过对医疗、卫生或胚胎保护等方面的相关法律进行合宪性解释的方法达到保护宪法价值的目的。其次,克隆人技术立法过程的合宪性控制,是为了确保克隆人技术在立法方向上与生命权和人的尊严这一基础价值相契合,在立法的程序上符合宪法确立的基本立法原则,为克隆人技术立法的合宪性提供价值指引和程序保障。最后,克隆人技术立法内容的合宪性审查主要针对既存的克隆人技术立法的审查,其在启动方式、考量因素和解释方法等方面具有多元性。

专题研讨

税法解释中纳税人主义立场的证成*

——以谦抑理念为观测中心

叶金育**

内容摘要：

在税法适用中，时常遇有法律不明或课税事实不明等情境。无论是法律不明，还是事实不明，当出现对是否课税等关键性的税法规定存有不同解释时，税法解释者都不得不在国库主义立场和纳税人主义立场之间艰难取舍。然而，无论是基于税法解释立场的演进趋向观测，还是鉴于税法谦抑理念考虑，纳税人主义立场都应该成为我国税法解释的基础性立场。况且，将纳税人主义运用至当下税法解释场域，不仅可以催生更多内置公平正义的税法解释性规范，而且可以为税收法定主义的落实提供充足的立法素材。简言之，其既可以倒逼税收立法，也可以约束税收执法，还可以影响税收司法，甚至可以提升税法遵从度。若能如此，税收法治便不遥远。

关键词：

税法解释　国库主义　纳税人主义　谦抑理念

"法律规定越是简单，法律解释也就越频繁；社会生活变化越快，法律解释

* 基金项目：司法部国家法治与法学理论研究项目"资源税立法目的与制度设计研究"（16SFB3042）、武汉大学人文社会科学自主科研青年项目"环境法与财政法的价值整合研究"（2017QN014）。

** 叶金育，武汉大学法学院副教授、社会学系博士后研究人员，法学博士。研究方向：经济法学、财税法学。

也就越频繁。依照这个逻辑,当下中国的法律解释应当是最频繁的。"[1]相较其他法律部门,税法无疑是最应受重视,而又未被重视的解释领域之一。得此结论在于相关研究成果凤毛麟角,有价值的文献更是少之又少。理论上,税法解释[2]应固守法律文本,不应跃出法律樊篱之外。但在改革和转型中,创新举措层出不穷。决策者时常等不及税收立法,便要改革和发展。研究,在合法与合宪性基础上,通过解释和论证,在实践和发展中完善法治,也许是一种可以尝试的思路。[3]这种思路是对法治的"反动",但也可能是税收法治建设的一条"捷径"。在立法和解释之间架起这条税收法治的"快速通道",需要为税法解释框定一个基础性立场,即纳税人主义。

一、国库主义与纳税人主义

"税是民众与国家之间发生最直接、最广泛关系的领域。"[4]也因此受到不同学科长久以来的关注,其中尤以财政学和财税法学最为突出。平心而论,财政学对税收现象的观察确有独到之处。因为财税法学研究起步相对较晚,致使在诸多理论建构和学科布局上借鉴和依赖着财政学的先进成果和研究经验,也

---

〔1〕 强世功:《法制与治理——国家转型中的法律》,中国政法大学出版社2003年版,第277页。

〔2〕 税法解释可以有不同维度的理解,既可以从立法解释、行政解释和司法解释角度进行阐释,又可以从解释对象,即法律文本、事实、文本与事实的关系层面进行研究;既可能是指一种方法论意义上的确定法律条款之含义的技艺,又可能是指一种本体论意义上的使法律文本获得意义的方式(强世功:《法制与治理——国家转型中的法律》,中国政法大学出版社2003年版,第268页),等等。税法解释的诸多面向,使得对其进行界定实属不易。本文所展示的税法解释除非特指,均将其视为对法律本文的阐释,至于税法事实层面的解释困于精力和篇幅,较少涉猎。基于税收司法解释的极度不发达,本文所研讨的税法解释多聚焦于税收立法解释,尤其是税收行政解释。此外,税法解释和解释税法原本不属于同一语词,但又有十分密切的内在关系,在很多时候本文也未加以区分,而是视行文语境而做不同技术处理。特此交代。

〔3〕 参见叶必丰:《区域经济一体化的法律治理》,载《中国社会科学》2012年第8期。

〔4〕 梁文永:《人权与税权的制度博弈》,中国社会出版社2008年版,第1页。

使两者具有十分密切的关系。但根本上说,财税法学与财政学分属两个不同的学科,即便是对财税领域中的同一个社会现象进行观察,两者也有各自不同的方法和视角,方法和视角上的差异也时常导致观察结论的迥异。例如,在公平与效率的选择上,财政学偏向于对效率的追求,更多地聚焦于税收资金的运行,研究如何提高税收经济活动的效率,减少税收的负面影响;而财税法学立足于公平与正义,更多地着眼于税收法律关系主体之间的权利义务关系,考虑纳税人基本权的实现过程,以体现对征税权的制衡和对纳税人权利的保护。[5]受制于财税法学的任务,税法解释本应侧重对征税权的制衡和对纳税人权利的保护。“由于对个人权利的保护总是以权力关系的创造和维持为先决条件,所以对个人权利的保护从来不是免费的。”[6]“市场社会下的政府,不得不成为不掌握生产要素的‘无产国家’‘税收国家’。这意味着,在市场社会的政治体系下,通过对循环于市场经济这个经济体系内的货币进行强制性无偿征收,统管社会的统治活动才得以进行。”[7]为此,国家不得不依赖社会,[8]而社会产生的税收又奠定了国家基础。[9]税收的重要性可见一斑。事实上,“税收在中世纪并一直到现代社会,都起到了关键性的作用”。[10] 如此看来,税法解释又必定会有偏向于收入筹措的内在推动力。

总而言之,税法解释问题归根结底是属于在实定法范围内进行有利于纳税者还是不利于纳税者的解释问题。[11]以此分界,税法解释立场便可以区隔为

---

〔5〕 参见刘剑文、熊伟:《税法基础理论》,北京大学出版社2004年版,第3~4页。

〔6〕 [美]史蒂芬·霍尔姆斯、凯斯·R. 桑斯坦:《权利的成本——为什么自由依赖于税》,毕竟悦译,北京大学出版社2004年版,第53页。

〔7〕 [日]神野直彦:《财政学——财政现象的实体化分析》,彭曦等译,南京大学出版社2012年版,第137页。

〔8〕 马骏:《中国财政国家转型:走向税收国家?》,载《吉林大学社会科学学报》2011年第1期。

〔9〕 参见丛中笑:《税收国家及其法治构造》,载《法学家》2009年第5期。

〔10〕 [美]查尔斯·亚当斯:《善与恶——税收在文明进程中的影响》,翟继光译,中国政法大学出版社2013年版,“绪论”第10页。

〔11〕 参见[日]北野弘久:《税法学原论》(第4版),陈刚、杨建广等译,中国检察出版社2001年版,第69页。

“对纳税人利益有利”和“对国库收入有利”,本文分别称为“纳税人主义”和“国库主义”。〔12〕以此立场讨论税法解释时,事先厘清基本概念内涵,是研究的在先前提。怎样从实践的认识而不是西方经典理论的预期出发〔13〕,建立符合中国实际的税法概念甚为关键;然而,这个基础性工作在我国税法研究中并没有全部完成。中国税法总是跳跃式发展,新型交易型态时刻准备挑衅税法的有效回应。社会经济的快速变迁,总是等不及我们潜心梳理概念,深入研究其精神内涵,进行本土化改造,就不得不建立新的制度,或者干脆“拿来主义”,以此评价系争概念涵盖的新经济生活。〔14〕在税法解释中,“纳税人主义”和“国库主义”就属于一时不易澄清的系争概念。看似耳熟能详的税法俗语,究竟作何理解时常给人以“仁者见仁,智者见智”之惑。

现有研究文献对“纳税人主义”干脆避而不谈,对“国库主义”也只是避重就轻、就事论事〔15〕。严格意义上说,“国库主义”和“纳税人主义”并非严谨的学术概念,本文也不打算用知识考古学的态度和方法去寻求和推演两者的概念基础。概念归根结底是为研究服务的,任何思维都是从最简单、抽象和空洞的概念开始,在此基础上,经过研究的累积,逐步清晰其内涵和外延,发展到比较

---

〔12〕 言及税法解释立场时,先入为主的多为法解释原理中的客观主义与主观主义之争辩,甚少提炼税法解释立场的独特性。作为部门法之一,税法在解释时自然会受到主客观争辩之影响,且这种影响与其他部门法解释比较起来,并无明显不同。但是,税法以税收为中心,无时无刻不直接关乎国家与纳税人的财产,这是很多部门法不曾遇到的。正因如此,本文对税法解释立场的归纳力图跳出传统的主客观之定式思维,尝试提炼出属于税法自身的解释立场。

〔13〕 参见[美]黄宗智:《认识中国——走向从实践出发的社会科学》,载《中国社会科学》2005 年第 1 期。

〔14〕 杨小强:《税收筹划——以中国内地与港澳税法为中心》,北京大学出版社 2008 年版,第 1 页。

〔15〕 截至 2014 年 7 月 1 日,通过中国知网检索,以“纳税人主义”为题名、主题、关键词的文献均为零。以“国库主义”为关键词的文献为零;以“国库主义”为题名和主题仅 2 篇,作者均为梁发芾,作者认为“所谓国库主义,就是一切为了国库收入,一切围绕国库收入,一切有利于国库收入,为了国库收入这个总目的,什么手段和方式都可以不计”。详细论述参见梁发芾:《“国库主义”思维应该改一改》,载《中国经营报》2010 年 11 月 22 日;梁发芾:《税收国库主义应该缓行》,载《中国经济时报》2011 年 8 月 31 日。

具体和丰富的概念的。[16]为铺陈后续研究的基础,更为避免鱼目混珠,本文用"国库主义"指涉在税法解释中解释机关自觉、不自觉地将国库收入作为优先事项予以考虑,为了国库收入,较少或根本不考虑纳税人利益的立场。"纳税人主义"则恰恰相反,遇有税法解释时,纳税人利益往往为解释机关所优先考虑。简单地说,即在一般情况下,当产生多种解释结果时,"国库主义"秉持国库利益优先的税法解释立场,而"纳税人主义"则选择对纳税人有利的税法解释路径。"国库主义"和"纳税人主义"在税法解释中的分隔,植根于国家权力与纳税人权利的深层博弈,折射出税法在财政收入功能与纳税人权利保护理念之间的艰难抉择。

当然,在税法解释实践中,很多情境下不太可能为了一方利益而对另一方完全弃之不顾。当利益被确定以后,不管何种利益都不可能得到全部的、彻底的保护,因为从利益的整体结构上看,许多利益都是交错的、或多或少有冲突的。如何衡量和识别不同的利益,选择何种手段和方法保护这些利益,便成为立法的根本问题,自然也就成为解释者在法解释中不可回避的关键性问题。[17]"我们坚信,法律是一个过程,具有连续性和可变性;我们所持的相对主义立场不承认任何绝对的东西。"[18]纳税人主义与国库主义的分类,也只是税法解释立场的一种相对区分。它们在实际运用时的关键在于分寸的把握[19],既不能为了国库主义而迁就现实,又不能为了纳税人主义而过分超前,造成税法解释的虚置和空转。换句话说,将税法解释立场区分为纳税人主义和国库主义也只

---

[16] 参见[美]梯利、[美]伍德:《西方哲学史》(增补修订版),葛力译,商务印书馆1995年版,第410页。

[17] 参见[美]罗斯科·庞德:《法理学》(第3卷),廖德宇译,法律出版社2007年版,第246~247页。

[18] [美]格兰特·吉尔莫:《契约的死亡》,曹士兵、姚建宗、吴巍译,中国法制出版社2005年版,第130页。

[19] 亦如司法改革的分寸把握,比如就立法层面,可注意两点:第一,经综合判定的合理度;第二,经分析验证的执行度。而司法操作其要点则主要包括:第一,多元的问题视角;第二,灵活的"弹性"措施;第三,严格的"底线"控制。参见龙宗智:《论司法改革中的相对合理主义》,载《中国社会科学》1999年第2期。

是“相对合理主义”[20]。追根溯源,“税法规范的是纳税人与国家的关系,从纳税人的角度看,纳税人是税法中最根本的主体,税法强调了纳税人‘依法’且仅‘依法’纳税,不得超越法律要求纳税人纳税。同时税法又为‘国家得以具备提供公共服务的能力’,通过税收筹集资源得以实现‘国家得以具备提供公共服务的能力’提供了有效的法律保障”。[21] 在税法规范中,纳税人权益和国库收入的关系非同寻常。离开国库收入,纳税人权益保护便是一句空话。为了权益不受侵犯,纳税人付出成本可以接受,但“国家的收入是每个公民所付出的自己财产的一部分,以确保他所余财产的安全或快乐地享用这些财产”。[22] 亦如威廉·汤普逊所言,不论一个社会拥有的知识或财富的绝对量是多是少,构成这个社会幸福的并不是它们的丰富而否,而是它们的正当使用和分配。[23] 国家筹措收入的根本目的就在于保障纳税人权益,正所谓“取之于民,用之于民”。“如果政府不认真地对待权利,那么它也不能够认真地对待法律。”[24] 所以,无论是“国库主义”,还是“纳税人主义”,均各有其存在的现实价值和法理基石,两者共存于税法解释领域,彼此驰援、相互竞争,又相互抵牾,一起成为税法解释时的典型立场。

---

〔20〕 由龙宗智教授开启的“相对合理主义”对税法解释立场的界分富有极大的启迪,值得深思。相关论述参见但不限于下列文献:龙宗智:《论司法改革中的相对合理主义》,载《中国社会科学》1999年第2期;翁晓斌:《追求司法改革理想目标的现实思路——评龙宗智先生的“相对合理主义”》,载《法学》2001年第2期;龙宗智:《“相对合理主义”及其局限性》,载《现代法学》2002年第4期;龙宗智:《转型期的法治与司法政策》,载《法商研究》2007年第2期;龙宗智:《观察、分析法治实践的学术立场和方法》,载《法学研究》2011年第6期。

〔21〕 刘庆国:《纳税人权利保护理论与实务》,中国检察出版社2009年版,第48页。

〔22〕 [法]孟德斯鸠:《论法的精神》(上册),张雁深译,商务印书馆1987年版,第213页。

〔23〕 参见[英]威廉·汤普逊:《最能促进人类幸福的财富分配原理的研究》,何慕李译,商务印书馆2009年版,第19页。

〔24〕 [美]罗纳德·德沃金:《认真对待权利》,信春鹰、吴玉章译,上海三联书店2008年版,第273页。

二、纳税人主义的解释趋向

国库主义与纳税人主义分歧于利益。利益与权利休戚相关,从终极意义上可以说,各种群体的公共机关,特别是国家公共机关,主要是为了对所管属范围内的各个人、各群体相互间的利益分配关系,进行权衡、协调和裁判而设立、存在的,其基本职能和活动任务乃在于此。这种活动可以简称为权(衡)利(益)。而经过权衡被界定为各主体应得之利益,亦称为权利——经"权"后确认之"利"。[25]但"权利这种东西,并不是说拥有就拥有,并不是谁给予就真拥有,而是交换来的。因而,权利是有限的,是一种稀缺的资源"。[26] 法治社会中,权利交换与配置依赖于法律。"关于权利的一般概念,依据通说,必须具备意思要素和利益要素。"[27]无论将权利看作"应当被法律保护的利益",还是"被现行法律所保护的利益",权利与利益的界限都在于是否与法律规则有关这一点上。随着实在法学的兴起,权利作为"法定利益"的观点已经占据权利研究的主流。但总体来说,利益的范围大于权利。权利衍生于利益,是法律规定了的一部分利益。据此,可以将利益界分为"权利(法定化的利益)""合理却尚未法定化的利益"以及"不合理利益"。在利益的这几个部分中,法律应该对"不合理利益"进行控制,对"权利"加以保护,对处于中间地带的"合理却尚未法定化的利益"既不能绝对保护,也不能绝对控制,而应通过设置一些相应的机制进行平衡。[28]纳税人主义正是在此维度上与纳税人权利相界分,在税法解释中秉持纳税人主义,肯定要以纳税人权利保护为中心,但也绝不能简单地将纳税人主义与纳税人权利保护等同视之。除纳税人权利以外,纳税人主义尚须关注税法解释中与纳税人密切关联的"合理却尚未法定化的利益"以及"不合理利益",比

---

〔25〕 参见漆多俊:《论权力》,载《法学研究》2001 年第 1 期。

〔26〕 陈舜:《权利及其维护——一种交易成本观点》,中国政法大学出版社 1999 年版,第 5 ~ 6 页。

〔27〕 [日]铃木义男等:《行政法学方法论之变迁》,陈汝德等译,中国政法大学出版社 2004 年版,第 97 页。

〔28〕 参见王霞:《税收优惠法律制度研究:以法律的规范性及正当性为视角》,法律出版社 2012 年版,第 59 ~ 61 页。

如纳税人诚实而致的节税利益等,税法解释就应尽量恪守对纳税人有利的原则。

作为法定化的利益,国库利益和纳税人权益均为税法所保护,在税法解释中理应受到尊重。基于利益与权利间的藕断丝连关系,税法解释中呈现的立场选择取向与规律多半与征纳双方权力(权利),尤其是纳税人权利进程有关。"作为一种关乎国计民生的敏感神经,税收的决策与社会经济相联系而呈现许多辩证关系。不同的取舍,决定着不同态势的社会局面。"〔29〕而"一个国家和经济社会发展的最终目的,是保障、发展公民权利和人权,增进社会福祉,实现人民的幸福安康"。〔30〕社会创立税收的终极目的显然也是增进全社会和每个纳税人的利益,它也应该成为一切税收治理规范得以产生的条件,以及评价一切税收治理体系优劣的终极标准。〔31〕从此意义上看,要想透视税法解释立场的选择趋势,就必须正视位居利益核心的权利,尤其是纳税人权利的发展趋势。而纳税人权利从古代到现代的历史发展道路,给予我们最显著、最重要的启示,即纳税人权利并不是一个孤立的存在物,它是一个与政治、经济、社会、文化和法律紧密相关的问题。一国政治、经济、社会、文化和法律相互作用、彼此交融,个中虽有诸多变数、偶然,甚至反复,但基本因素和总体异质性会造就判若有别的文明传统。纳税人权利在中西方发展存在差异,税收的民主权利最早在西方诞生而非中国,这正是影响进而决定不同文明走向的这些因素综合作用的结果。〔32〕

因各国政治、经济、法律和文化传统的不同,纳税人权利保护及其进程自然

〔29〕 参见李胜良:《税收脉络》,经济科学出版社 2004 年版,第 56 页。

〔30〕 袁曙宏、杨伟东:《我国法治建设三十年回顾与前瞻——关于中国法治历程、作用和发展趋势的思考》,载《中国法学》2009 年第 1 期。

〔31〕 参见姚轩鸽:《税道苍黄:中国税收治理系统误差现场报告》(中),西北大学出版社 2009 年版,第 332 页。

〔32〕 西方是相对于东方而作的地理上的区分。但是,古代东方和西方由于地理环境、经济结构、宗教信仰和文化背景的差异,形成了不同的文明传统。这种文明传统突出表现在政治、经济、法律和文化方面的差异之上,以致西方和东方的区分早已不再是一个单纯的地理概念,更多的是蕴藏深刻制度差异的政治经济概念。详细论述参见丁一:《纳税人权利研究》,中国社会科学出版社 2013 年版,第 44 ~ 45、104 页。

呈现出千差万别的样态。但是纳税人权利问题的同质性,又使各国在纳税人权利保护中仍有一些共同的特点和趋势可寻。[33] 例如,纳税人权利保护的基础学理,最初基本都是源自围绕人性尊严议题的宪法原则,主要是基于对传统税法理论更强调财政收入的有效实现,凸显税务机关的行政功能和征收效率的反思。近20年来,这一情况有所改观,世界税法呈现更加迈向文明化和人权化,特别注重纳税人权利保护基础上的利益衡平原则的贯彻及和谐征纳关系的培育的发展趋势。[34] "与征税机关的活动相对而言,纳税人权利时刻发生在征税权的对立面上。征税机关的活动是一个相对连续的过程,相应地,纳税人的权利发生也是具有过程性的。"[35] 从税收概念的演进[36] 也可看出,公权力逐渐减弱,纳税人权利在曲折反复中呈愈加受重视之趋势,已成世界共识。[37] 与纳税人权利演进同步,在税法解释中坚持或体现纳税人主义的解释立场由来已久、渐成风尚。要验证这一点并不容易,因为各个国家或地区有不同的解释体系,此种差异加剧了探究税法解释立场的难度,按照法系线索发现税法解释背后的立场或许是一种值得尝试的思路。

以不同法系下的法院为例,普通法国家的法院倾向于密切关注事实,在法律推理上拥有更大的自由权。大陆法系国家的法院则更倾向于聚焦有效规则

---

〔33〕 参见丁一:《纳税人权利保护之一般分析》,载《兴国学报》2004年第3期。

〔34〕 参见刘剑文、王桦宇:《两岸税法比较研究》,元照出版公司2014年版,第55~56页。

〔35〕 辛国仁:《纳税人权利及其保护研究》,吉林大学出版社2008年版,第23页。

〔36〕 税收自产生以来,其概念在不同的历史阶段和不同的国家被赋予了不同的含义,一个非常明显的演进轨迹就是在税收概念中公权力色彩渐渐减弱,纳税人权利的比重不断加大,到宪政国家阶段,纳税人权利达到了前所未有的重视程度。详细论述参见黎江虹:《中国纳税人权利研究》,中国检察出版社2010年版,第19~28页。

〔37〕 尤其是20世纪中叶以来,对纳税人权利的保障得到了世界各国的广泛重视。20世纪80年代后,纳税人权利在第三次税制改革的契机中,得到了全球性的普遍关注与保障。纳税人权利保障不仅得到了立法的重视,还推动了新型的服务导向的税收行政模式的推行。特别是因人权的发展与经济全球化的影响,一些国际组织推动纳税人权利保障制度的建立。比如OECD在1990年公布了一份调查报告,敦促其成员国加强纳税人权利保障。欧盟明确要求其成员国尊重和保障人权,并积极推动税收领域的纳税人权利保障。更详尽的论述参见王建平:《纳税人权利及其保障研究》,中国税务出版社2010年版,第3~4页。

的具体适用和更为严格的法律推理。虽然税法解释的风格受法律解释一般方法的影响,但税法自身也有一些特别要考虑的情形。[38]解释立场便属于税法需要特别考虑的情形。在大陆法系国家中,法国的税法解释立场颇为鲜明。在法国传统中,严格解释税法是一般性规则。这是法国宪法规定合法性原则的结果。解释者不能故意超出字面的含义解释一个清晰的法律文本,任何关于这些法律含义的疑问都应作有利于纳税人的解释。[39]类似的解释立场也出现在比利时,在 Cour de Cassation 的判决[40]中,法院认为在税法解释时纳税人可以选择较轻的纳税方法。普通法系则以英国为典型,英国税法解释主要源于 IRC v. Duke of Westminster 一案。在该案中,法院阐明:每个人只要有能力,就有权以适当的行为策划业务以减少税负。如果他成功地实现了减少税负的目的,无论他采用的方法在税务局和其他纳税人看来多么令人厌烦,都不能强迫他多付税额。[41]英国的解释立场辐射至大多数普通法系国家或地区,使得普通法系国家或地区呈现出与大陆法系国家或地区几乎一致的纳税人主义之解释立场面貌。例如,加拿大的税收法律明确规定:在税法解释中如果遇有税法条文含义不清或有两种或两种以上的理解时,应当对该条文作出有利于纳税人的解释。[42]

税法解释实践中,自 20 世纪中上叶以来,诸多国家或地区或直接或间接地确立了纳税人主义的解释立场。尤其是步入 21 世纪,税法所规范对象的经济

---

〔38〕 Victor Thuronyi, ed. Tax Law Design and Drafting (Volume 1), Chapter 2 (Legal Framework for Taxation), International Monetary Fund, 1996, p. 20.

〔39〕 Demante, Principes de l'enregistrement No. 9 (1897) (ed. trans.), From Victor Thuronyi, ed. Tax Law Design and Drafting (Volume 1), Chapter 2 (Legal Framework for Taxation), International Monetary Fund, 1996, p. 21.

〔40〕 Judgment of June 26, 1961, Cour de cassation, 1961 Pasicrisie Belge [Pas. Bel] I 1082. From Victor Thuronyi, ed. Tax Law Design and Drafting (Volume 1), Chapter 2 (Legal Framework for Taxation), International Monetary Fund, 1996, p. 22.

〔41〕 Commissioners of Inland Revenue v. Duke of Westminster, 1936 App. Cas. 1, 19, 19T. C. 490.

〔42〕 Hogg, Magee and Li, Principles of Canadian Income Tax Law (2003), chapters 1 and 19. 转引自李金艳:《非居民股权转让所得税收问题与税收法定主义和税法解释原则》,载《涉外税务》2005 年第 5 期。

活动越来越复杂,并且税收负担占国民经济中的比重与日俱增。的确,不能再单纯地以确保国家的财政收入为出发点加以税法规制,而有必要反省在整个国民经济体系中,税收的意义及其任务,观察被课税的纳税个人及企业的立场,以促进国民经济的发展和安定。[43]通贯古今中外,没有出现过因增税而促进经济繁荣的国度或地区,也找不出一个因减税而导致政府"贫穷"的实例。税法的制定,应当将创造财富的生产经营领域中的纳税人的税负水平,维持到不至于影响纳税人的竞争力和产品、技术更新换代的水平上。居民生活领域的税负,不宜影响"老百姓"日常过生活,还应保留随经济发展而逐步提高生活质量的空间。[44]税法解释也可从中提炼经验,获得启思,不能只是盲目地跟在税法后面亦步亦趋,毫无主见。况且,纳税人主义在税法解释中的深切落实,既可以倒逼税收立法,也可以约束税收执法,还可以影响税收司法,甚至可以提升税法遵从度。简单地说,纳税人主义获得共识,既是税收法治演进的必然结果,又会倒逼税收法治建设。

对于努力推进税收法治建设的中国而言,我们必须理性地对待税法解释领域发生的纳税人主义共识。像所有部门法一样,税法也不得不面对两难选择:一方面,法律移植无疑是中国税制现代化建设中必须面对的选择;另一方面,尽管继受西方法已成社会共识,其趋势也不可逆转。然而,其真正的走向及具体的制度建构仍充满了变数。基于中国的政治、社会、经济、文化等概况,法律现实主义应该是我国税收法治与社会得以持续发展所应秉持的态度。对于税法解释研究而言,法律现实主义代表着一种从实际出发和实事求是的精神以及一种经验性的实证研究方法,这种理论本质上是一种态度和起点,而不是一种结论和意识形态。[45]从法律现实主义出发,必须认真思考:"如何通过西学传统进入西方世界的问题意识,在人类命运的最深处来真正把握本土问题,以此作为我们学术思考的出发点。"[46]换言之,不可因西方形成纳

---

〔43〕 参见孙健波:《税法解释研究:以利益平衡为中心》,法律出版社2007年版,第22页。

〔44〕 参见李炜光:《李炜光说财税》,河北大学出版社2010年版,第249~250页。

〔45〕 参见范愉:《新法律现实主义的勃兴与当代中国法学反思》,载《中国法学》2006年第4期。

〔46〕 强世功:《迈向立法者的法理学——法律移植背景下对当代法理学的反思》,载《中国社会科学》2005年第1期。

税人主义共识,就得出中国也要导入此种路径之类似结论。中国究竟作何选择,需要更多的论证,“仅仅从法律文本出发还不足以理解法治实践,必须深入到社会中,深入到立法和法律实施的组织体系、过程和社会互动中去。”〔47〕唯有如此,才能寻得中国税法解释的理想立场,既迎合世界趋势,又具有本土特色。

三、纳税人主义的证成:以谦抑理念为论证工具

立法者的有限理性和语言本身的不确定性,使立法者无法提供完美无缺的法典和绝对准确的指引。立法机关要想排除其他机关在法律问题上的自由裁量权,就必须垄断法律规范解释权,但是这在实践中根本无法实现。〔48〕在税法领域,立法机关要想垄断税法解释权就更不现实。无论是具有普遍约束力的税法解释,还是仅拘束个案的税法解释,立法机关都难以完全胜任。税法实践中,国务院,尤其是其财税主管部门,实际上已成为主要的解释机关。这一方面是由于“法律、法令如何具体应用的问题”和“法律、法令条文本身需要进一步明确界限或作补充规定的问题”两者往往难以区分〔49〕;另一方面则因为立法机关不可能对所有“条文本身需要进一步明确界限或作补充规定的问题”进行解释。税务行政的专业化与技术化、自由裁量权的扩展以及行政程序的强

〔47〕 陈柏峰:《社科法学及其功用》,载《法商研究》2014年第5期。

〔48〕 参见黄先雄:《司法谦抑论——以美国司法审查为视角》,法律出版社2008年版,第165~166页。

〔49〕 根据我国《宪法》《立法法》《全国人民代表大会常务委员会关于加强法律解释工作的决议》等规定,凡关于法律、法令条文本身需要进一步明确界限或作补充规定的,由全国人民代表大会常务委员会进行解释或用法令加以规定;对于其他法律、法令如何具体应用的问题,由国务院及主管部门进行解释。凡属于地方性法规条文本身需要进一步明确界限或作补充规定的,由制定法规的省、自治区、直辖市人民代表大会常务委员会进行解释或作出规定。凡属于地方性法规如何具体应用的问题,由省、自治区、直辖市人民政府主管部门进行解释。

化等，都使谦抑理念置于税法解释成为可能和必要。[50]而且，税法以经济行为及其行为效果等为规制对象，也决定了税法的产生与运作必须遵循既定的经济规律，绝非任意发展、随性而动。诚如"经济基础决定上层建筑"，税法的形成和发展也要受制于前置性的经济基础。经济基础的制约作用，使税法这一"上层建筑"先天孕育着谦抑理念。在税法谦抑理念中，税权谦抑又是根本和核心。税权谦抑理念聚焦征税权和用税权，贯通税收立法、执法和司法，浸染着交错于税收立法、执法与司法之中的税法解释。谦抑理念秉持税权的谨慎与克制运行，其终极目的仍在于张扬纳税人权益，绝非简单地确保税权规范运转，这一点与纳税人主义解释立场不谋而合。因此，只要挖掘和"唤醒"税法中的谦抑理念，保障税权的谦抑运行，便可奠定税法解释中的权利基石，为纳税人主义在税法解释中的落实营造赖以依存的权利土壤。做到这一点的话，谦抑理念便可实质上担负起纳税人主义在税法解释中落地的重任。

（一）谦抑理念：刑法资源的借用？

在法学研究中，"谦抑"一词多出自刑法研究文献[51]，大体以"刑法谦抑精神""刑法谦抑理念""刑法谦抑主义""刑法谦抑品格""刑法谦抑性原则"等类似用语出现。谦抑理念在刑法领域的相对发达，与刑法以人身自由为主要规制对象无不关系。刑法对人身自由的限制与约束，与公民权利的张扬难免冲突。公民权利的演进必然要求国家谨慎发动刑罚权，在刑法适用中植入谦抑理念便是最本源的保障，也为此得到最多的关注和最深度的论述。从世界范围来看，刑法谦抑理念是欧洲刑法近代化的一个重要支柱，是近代欧洲自 18 世纪后期

---

[50] 如果说与判例法系国家相比，我国法院司法谦抑的空间相对狭小的话，那么，税法领域对解释谦抑的要求则更为强烈。此种必要性既源于我国议行合一的政治体制和过于强大的税务行政权，又源于当下极度匮乏的税务司法资源和远未独立的税收司法权。

[51] 但绝不意味着其他学科就没有人研究"谦抑"问题，如王立争就着力于民法上的谦抑性研究，认为民法谦抑性是关于民法性质的最抽象概括，具体体现为民法的有限性和民法的宽容性。有限性意味着民法不对当事人可以通过意思自治决定的事项进行强制性规定；宽容性意味着着民法介入主体行为领域时，应当有尊重、保护、扩大民事主体自由和权利的极大同情心、自觉心和责任心。民法谦抑性应当通过精神与制度两个层面展现出来，前者是对民法基本原则这一民法精神载体的要求，后者是对民法具体制度的要求。参见王立争：《民法谦抑性的初步展开》，载《法学杂志》2009 年第 7 期。

开始的启蒙思想的重要产物。[52]但在中国漫长的历史长河和法治传统中,鲜有对法律"谦抑"理念的贯彻,也较少出现集中对"谦抑"理念进行研究的法律文献。"谦抑"更多时候被用来形容人谦和的处世态度和品行修养,较少被赋予法律语义,难见其独特的法律价值。在我国法律领域对"谦抑"理念的研究,晚近才得到较快发展,但这种快速发展也更多只是停驻于刑法领域。虽无从考证何人将"谦抑"这一语词导入刑法学研究领域,但必须承认提出"刑法谦抑"这一语义丰富的词汇原本就是一个了不起的贡献。[53]与谦抑理念植入刑法这一共识不同,何为刑法谦抑,自诞生伊始便众说纷纭,概括起来主要有刑法调控限制说、内容阐释说、文义展开说和体系分析说等。通过不尽相同的称谓、各式各样的具体阐释和学说[54],除感受到学者们的唇枪舌战之外,仍然可以看到学者们在刑法谦抑理念认识上的诸多共识,如刑法介入人民生活的有限性,刑罚适用上的宽容性、刑法调整手段的最后性等。

按刑罚上所谓"刑罚谦抑原则",亦即考量刑罚的制裁处罚,属于严重侵害人权的公权力行为,基于比例原则,必须其违规行为具有相当程度的违法性以及可归责性时,才有必要以刑罚加以制裁[55],否则将有可能造成不必要的侵害,适得其反。简述之,"刑罚如两刃之剑,用之不得其当,则国家与个人两受其

[52] 参见徐卫东、李洁等:《刑法谦抑在中国——四校刑法学高层论坛》,载《当代法学》2007 年第 1 期。

[53] 吴富丽:《刑法谦抑实现论纲》,中国人民公安大学出版社 2011 年版,第 3 ~ 9 页。

[54] 刑法谦抑是一个内涵丰富、外延宽泛的概念,不同层面上会有不同意蕴,形成不同表达和称谓实属正常。即便学者们对刑法谦抑形成了大体一致的认识,在不同语境中论及刑法谦抑时,仍难以达成完全一致的称谓。但整体来说,各种对谦抑的不同表述其核心相差无几,亦如吴富丽所言,的确没必要在称谓上过多地踯躅。为此,下文统一用"刑法谦抑理念"和"税法谦抑理念"表达。关于刑法谦抑理念的相关论述参见但不限于下列文献:张明楷:《论刑法的谦抑性》,载《法商研究》1995 年第 4 期;卢建平:《公司注册门槛降低对刑法的挑战——兼论市场经济格局中的刑法谦抑》,载《法治研究》2014 年第 1 期;王明星:《刑法谦抑精神研究》,中国人民公安大学出版社 2005 年版;郭云忠:《刑事诉讼谦抑论》,北京大学出版社 2008 年版;吴富丽:《刑法谦抑实现论纲》,中国人民公安大学出版社 2011 年版;万选才:《刑法谦抑的司法实现》,武汉大学 2012 年博士学位论文。

[55] 参见陈清秀:《行政罚法》(修订二版),新学林出版股份有限公司 2014 年版,第 79 页。

害”。刑法功能的这种二重特性,使谦抑理念天然地成为现代刑法的价值追求。为了有效地预防和控制犯罪,保护人民的财产与人身利益,刑法谦抑理念在经济效益上,不仅要求执法者缩减或压缩刑法的运用,更要求立法者在立法时应当力求少用,甚至不用刑罚措施,多用替代性惩罚手段。最终实现以最小的支出,获取最大的社会效益。从这个角度上说,刑法谦抑理念根本上具有限制机能。[56]这种限制机能的功效发挥,意味着“对于某种危害社会的行为,国家只有在民事、行政法律手段和措施干预无效时,才能运用刑法的方法”。[57] 此种做法的深层动因在于,“刑法是各种法律的后盾立法,是各部门法的保障法”。[58]

作为一种价值理念,刑法谦抑理念渗透到刑法的核心理论当中,尤以罪刑法定主义最为突出。罪刑法定主义以限制国家刑罚权的发动、保障个人自由和人权为出发点和归宿点,贯穿于刑事立法、刑法适用和刑法解释的全过程[59],其与刑法谦抑理念具有高度契合性。具体来说,刑法谦抑理念与罪刑法定主义最根本的契合表现在对国家权力的限制。罪刑法定主义的首要使命是对立法权进行限制,而刑法谦抑理念则倡导刑法谨慎介入社会生活,反对刑法的恣意干涉、过于广泛地介入国民的社会生活。既要求刑法处罚范围要适当,而且倡导处罚程度要适合。仔细推敲,便可体悟刑法谦抑理念实质上彰显了罪刑法定主义的主旨,两者具有高度的天然一致性。[60]与刑法一样严格法定主义的税法,虽与刑法分属不同的法域,区别也显而易见,但两者都属于可以影响国民财产权利的法域,因而两者在法理方面有许多共通之处。[61]刑法谦抑理念与罪行法

---

[56] 参见陈兴良:《刑法的价值构造》(第2版),中国人民大学出版社2006年版,第292~323页。

[57] 卢建平:《公司注册门槛降低对刑法的挑战——兼论市场经济格局中的刑法谦抑》,载《法治研究》2014年第1期。

[58] 力心:《刑法的谦抑性原则在经济领域中的体现——“跳槽”引发的侵犯商业秘密案件研讨会综述》,载《法学》2002年第9期。

[59] 参见莫洪宪、王树茂:《刑法谦抑主义论纲》,载《中国刑事法杂志》2004年第1期。

[60] 参见熊永明:《论刑法谦抑性与刑法基本原则之间的契合》,载《云南大学学报》(法学版)2007年第3期。

[61] 参见张守文:《税法原理》(第2版),北京大学出版社2001年版,第28页。

定主义的种种关联,为理解同样严格法定主义的税法谦抑理念提供了极具价值的参考。

从法律体系处观测,税法与刑法共同涵摄于一国法律体系之下,各自分工有所不同,但重要性不应有所区分。在法学研究中,不能只盯着部门法之间的差异,更重要的是要关注和加强部门法之间的联系,着力构建起法律体系框架内的各个部门法的互动机制。[62]依靠部门法之间的互动机制,各部门法之间才可能求同存异,彼此驰援、相互学习和借鉴。税法与刑法作为法律体系框架内彼此独立的法律部门,由于开放与重视的先后不同,两者并非同步发展,因而生产的资源也不能等量齐观。总体而言,税法和刑法的发展存在差距,刑法因为受重视较早,投入的研究资源也宏大,其相对发达,理论资源相对丰富。而我国进入税收国家的历史短暂,税法的发育一直迟滞。税法由于自身资源难以自给自足,经常借用其他部门法的管制资源。例如,税法从民商法中吸收了大量的法律制度,如纳税担保、税收代位权与撤销权等。同样,税法从刑法中也借鉴了大量的理论,最典型的就是,税收法定主义很大程度上就是类比了刑法上的罪行法定主义。税法从民商法中借入管制资源,"正确地说,那并不是私法的规律适用于公法关系,而系公法关系遵守与私法关系共通的规律"。[63] 而刑法原理之所以能够被援用、类比至税法领域中的根本原因,不仅在于刑法与税法具有实质相似的法定主义基石,更在于税法所调整的特定对象与刑法所规制的特定社会关系存有诸多相似性。[64]共通的部门法理念和相似的部门法处置对象,使税法可以信任和仰仗刑法在先发达起来的经验,以此加速自身的快速发展。

刑法和税法关注国民最为重要的人身和财产。只要人身与财产不被他人侵害,这样,我们表达意愿、发挥才能就有了坚持的基础。保护好人身和财产从一定程度上说就是"保护我们的所有",也为此成为自由政治伦理的重要原则之一。[65]

---

〔62〕 参见李昌麒、岳彩申、叶明:《论民法、行政法、经济法的互动机制》,载《法学》2001年第5期。

〔63〕 [日]美浓部达吉:《公法与私法》,黄冯明译,中国政法大学出版社2003年版,第218页。

〔64〕 参见余凌云:《行政契约论》(第2版),中国人民大学出版社2006年版,第81页。

〔65〕 参见[美]查尔斯·弗里德:《契约即允诺》,郭锐译,北京大学出版社2006年版,第7页。

法定主义作为税法和刑法的立基原则，构成现代法治的两大奠基石，具有同等地位。税收法定主义被学界奉为圭臬，重点规制纳税人的财产及权利。罪刑法定主义更是被学界视为原则标杆，旨在维护国民的人身及权利。[66] 无论是处于对国民人身权和财产权的确认和保障，还是源自国民财产权和人身权的同等地位，刑法对税法的影响可见一斑。作为与法定主义高度契合的谦抑理念，不应只为现代刑法所坚守，蕴含其中的"限制国家权力""法的紧缩性""法的补充性""法的经济性"等法哲学基本理念，亦应适用于所有现代各部门法中，其中尤以税法之适用为最重要。因为当下税法领域最为突出的现象就是公权过分强大，私权太过弱小。如果任由其发展，轻则私权容易受到侵害，重则公权缺乏制衡而失控。要想改变这一现象，限制公权的行使、拓展私权的空间，十分必要。[67] 从现代各国税法发展来看，无论是立法还是执法，闪耀现代法律精神的谦抑理念已经或多或少、有意无意得到体现，其不断穿梭于税收立法、税法适用与解释的全过程。[68]

尽管刑法谦抑理念为税法谦抑理念的研究打开了一扇窗户，也为税法中的谦抑理念构建提供了极具价值的借鉴资料，但税法谦抑理念毕竟与刑法谦抑理念有所区分。因而，对税法谦抑理念的研究绝不能简单照搬、盲目移植既有的刑法谦抑理念。的确，刑法和税法都坚守法定主义不假，但围绕法定主义而致的财产权和人身权本身仍彰显诸多不同，存有显著差异。尤其在中国，受制于"留得青山在，不怕没柴烧"传统观念影响，"人身权高于财产权"的观念根深蒂固。这也决定了以限制人身权为核心的刑法，与聚焦财产权的税法多有不同，间接左右着谦抑理念迥异于刑法的税法之路。是故，在税法上导入谦抑理念，固然要借鉴刑法上的谦抑理念，但更为重要的是要彰显税法谦抑理念的独特性。以其概念界定为例，借鉴刑法谦抑理念，大致可以将税法谦抑理念界定为：

---

〔66〕 参见李刚、丛中笑：《税法与私法关系探源——对（私人）财产权的确认和保障》，载《法制与社会发展》2003 年第 6 期。

〔67〕 现代国家是依赖强大政治权力建立的税收国家，受国家干预理论影响与应对经济周期，税法不仅是国家生存之保障，也成为干预经济之手柄。于是税法领域最显著的特征是公权太过强大，私权太过弱小。参见王惠：《试论税法谦抑性》，载《税务研究》2011 年第 2 期。

〔68〕 参见王惠：《论税的谦抑性》，中国财政经济出版社 2013 年版，第 5 页。

税法基于自身形成特质而天然具备并经由立法、行政与司法体现的税收国家及其代理者对税权的收敛和私权的敬畏。它不止于遏制税收国家超越其职能的征税冲动以及将税收作为无所不能的调控手段的趋向,还在于遏制税收国家扩张性地滥用税收手段调整利益关系与其他经济关系,并以此建立国家与人民之间和谐、适度的利益关系。换言之,所谓"税法谦抑理念",就是指税负应当公平,税收应当收敛,税法应当紧缩,税权应当限制。[69]不难发现,这一概念既具有刑法谦抑理念的影子,同时又具有税法谦抑理念的独特景致。与刑法谦抑理念迥异,税法的物质制约性决定了其先天拥有谦抑性基因,而税法均衡征纳税主体这两大利益群的关系的过程则证明了税法必定备有谦抑性内涵。[70]

(二)从税法谦抑到税权谦抑

在税法谦抑理念中,税负公平、税收收敛和税法紧缩诚然关键,但税权限制才是根本。因为税权的理性与规范运行,是优良税制诞生并实施的关键。而全部税法学的研究,其基本目标都在于探求优良税制的制定方法和制定过程以及实现途径。[71]特别是在我们这样一个集权传统很重、长期过分强调国家和集体的国家,要想真正建立社会主义市场经济,约束税权将更有现实意义。[72]在税收法治不断被提及的今天,税权控制甚为重要。如果能将谦抑理念植入税权运行过程,使其内化为税权谦抑理念,必将有助于税权控制和税收法治进展。因为不管是税权控制,还是税收法治,其关键都在于约束和规范税权运行,而这恰为谦抑理念的内在要求。简言之,于税权而言,税权运行事关征纳双方利益的衡平,也关乎国家机关形象和税收法治意识生成,理当谦抑行使;于法治建设而言,税收法治绝不是,也断不能沦为空洞的口号。无论是税法制定、税法实施,还是税款的使用监督,抑或是税法解释等,都需要谦抑理念一以贯之。如此一来,税权谦抑理念便可成为税法谦抑的核心理念,起到统领税法从制定到实施、

〔69〕 参见王惠:《再论税法谦抑性——兼论税权谦抑与结构性减税》,载《江西社会科学》2012年第4期。

〔70〕 参见王惠:《试论税法谦抑性》,载《税务研究》2011年第2期。

〔71〕 参见姚轩鸽:《税道苍黄:中国税收治理系统误差现场报告》(上),西北大学出版社2009年版,"写在前面的话(代自序)"第3页。

〔72〕 参见白彦锋:《政府税权约束论》,载刘剑文主编:《财税法论丛》(第9卷),法律出版社2007年版。

再到税款使用等全过程的作用。该过程当然也包括税法解释。

论及税权谦抑理念,不能不先行厘清税权的概念。自从税法学界开始关注"税权"这一范畴起,有关的争论和探讨就屡见不鲜,甚至有学者对税法中应否引入"税权"提出质疑。[73]其实,税权作为税法学上的一个重要概念或范畴,在课税实践中作为一种客观存在,其时间应该是不会很短的,只不过没有用文字明确加以表述而已。[74]总体来说,虽偶有质疑,但税权还是引起了税法学界的强烈共鸣,"'税权'研究已经成为我国税法研究的一条主线"[75],也产生了一些颇有价值的成果[76],"税权"也因此成为近20年来税法学界使用频率较高的一个词汇。令人遗憾的是,虽学者们历经艰辛、苦心研究,却仍未能就税权的内涵和外延达成共识,学者们往往按照自己的理解对其加以使用,内容各异。概括起来,主要有以下代表性观点:其一,从税权产生的原因来看,有国家主权派生说和延伸说之分。其二,从税权的主体来看,有单一主体说和多主体说之分。单一主体说认为,国家是税权的唯一主体;而多主体说则认为除国家之外,国民也是税权的主体。其三,从税权所包含的内容来看,有单一的权力说和权力与权

[73] 如熊伟、傅纳红认为:"税权的主体、标的和内容不具有同质性,难以总结出一般的特性和共性,只能对税权的各项子权利作个别的描述,所以无法将'税权'定位为所有税法权利的上位概念,而只能在非严格的意义上将其视为税收权利的简称。对任何法学概念,不管是借用概念还是固有概念,都必须严格界定其内涵与外延,不根据本学科内在发展规律的需要随意移植其他学科领域、特别是政治宣传领域的名词与制度,会造成学科理论基础的不稳定以及体系的紊乱,有碍于本学科的长远发展。"参见熊伟、傅纳红:《关于"税权"概念的法律思考——兼与张守文先生商榷》,载《法律科学》2002年第1期。

[74] 参见张富强:《论税权二元结构及其价值逻辑》,载《法学家》2011年第2期。

[75] 魏俊:《我国税权研究的实践论问题探讨》,载《法学论坛》2012年第5期。

[76] 参见但不限于下列文献:赵长庆:《论税权》,载《政法论坛》1998年第1期;张守文:《税权的定位与分配》,载《法商研究》2000年第1期;熊伟、傅纳红:《关于"税权"概念的法律思考——兼与张守文先生商榷》,载《法律科学》2002年第1期;施正文:《论征纳权利——兼论税权问题》,载《中国法学》2002年第6期;单飞跃、王霞:《纳税人税权研究》,载《中国法学》2004年第4期;赵立新:《税权的宪政逻辑》,载《政治与法律》2007年第1期;杨力、金泽刚:《论税权理念及其底线规则》,载《政治与法律》2007年第3期;张富强:《论税权二元结构及其价值逻辑》,载《法学家》2011年第2期;刘丽:《税权的宪法控制》,法律出版社2006年版;魏俊:《税权效力论》,法律出版社2012年版。

利综合说之分。其四,税权“法权”说。[77] 这些论点均从不同角度阐释了税权的某一维度,让人顿生“横看成岭侧成峰,远近高低各不同”之惑。客观地说,税权主体、标的和内容的非同质性,注定了界定税权概念的难度。要识税权之真面目,绝非税法所能为,必须整体回归税权的宪法思维。只有在财政宪法的视域下,才有可能对税权作出相对合理的解读。从税权主体来看,税务机关只是税权的“启动者”和“使用者”,纳税人才是税权的终极“所有者”和“受益者”。税务机关和纳税人在税权上的这种独特关系既可以澄清税权的归属,也可以为税权运行寻得合法性支持。此种澄清虽不足以增强操作上的实际意义,但至少展示了税权理论上的主体结构。税权一旦脱离了抽象的理论建构和权力运行目的与归属的制约,就会转化为一种纯粹的国家公权力[78],也就会变得更加任性和越发难以控制。

尽管也有学者从法律关系一般原理出发,导出纳税人也可以成为税权主体的结论。在此逻辑下,“于国家而言,税权体现为对税金的取得和使用的权利;于纳税人而言,税权体现为对税收要素的参与决定权和对税款使用的民主监督权等”。[79] 但实事求是地说,将纳税人植入税权范畴,当作税权的主体,之于当下中国更多徒具形式意义。尤其是在我国纳税人权利体系逐渐明朗、渐成共识的时代背景下[80],是否有必要再以“国民税权”为理念勾勒一套有别于现行的纳税人权利体系?有必要谨慎对待,认真检思。如果只是将纳税人现有的权利束“嫁接”到“国民税权”之下,则应保持足够的警醒。毕竟,纳税人的权利意识培育绝非一朝一夕所能完成,并不容易累积的权利意识切不可因学者的“一念之新”而前功尽失。况且,“法律作为社会的一种制度,其理念应当与社会普遍的认识相融

[77] 参见魏俊:《税权效力论》,法律出版社 2012 年版,第 13 ~ 15 页。

[78] 参见刘丽:《税权的宪法控制》,法律出版社 2006 年版,第 19 ~ 20 页。

[79] 单飞跃、王霞:《纳税人税权研究》,载《中国法学》2004 年第 4 期。

[80] 根据 2001 年《税收征收管理法》及 2002 年《税收征收管理法实施细则》和相关税收法律、行政法规的规定,国税总局将纳税人的权利归结如下:知情权、保密权、税收监督权、纳税申报方式选择权、申请延期申报权、申请延期缴纳税款权、申请退还多缴税款权、依法享受税收优惠权、委托税务代理权、陈述与申辩权、对未出示税务检查证和税务检查通知书的拒绝检查权、税收法律救济权、依法要求听证的权利及索取有关税收凭证的权利十四项权利,初步形成了体系化的纳税人权利束。参见《国家税务总局关于纳税人权利与义务的公告》(国家税务总局公告 2009 年第 1 号)。

洽,游离于社会整体意识之外的法理念只能是空中楼阁,没有根基"。[81] 学者的真正使命在于:"高度注视人类一般的实际发展进程,并经常促进这种发展进程。"[82] 断不可为追求概念"创新"而延缓,甚或阻碍纳税人权利的发展进程,因为学者们的独立与理性思考,同政治家们的远见卓识与胆略一样重要,都在很大程度上决定了我国税收法治建设的质量和速度[83],也就根本上影响着纳税人权利发展的快慢。说明这一点,不意味着税权"国家论"就完美无缺。恰恰相反,正是因为建构在国家公权力基础之上的税权过于强大,才不宜将纳税人权利依附在税权之上;否则,纳税人权利将有丧失独立性、为国家税权所稀释的危险。如果真的出现这一局面,税权运行的初衷和根本目的也就旁落在地了。久而久之,纳税人权利就极有可能彻底沦为纸面上的权利了。

从税收的特性上看,长期以来,由于国家以超社会的形象出现,以及把国家或政府当作抽象概念存在,纳税人与国家之间关系的真实的"契约"一方面被遮掩起来,纳税被看作单方面的无偿行为,即产生了所谓的税收三性——"无偿性、强制性和固定性",从而,政府的强制征税权力和运用公共财政权力被过分强调;另一方面,纳税人对政府行为的有效监督和制约被弱化,致使政府的财政预算支出出现软约束的趋势。[84] 这些现象与社会各界对税收法律关系的理解偏差,无不关联。从广义税收法律关系角度剖析,在税款征收与使用过程中发生的税款征收、支配主体与纳税人之间的关系都应属于税收法律关系。而通说所认为的税收"三性"特征,仅将税收法律关系局限于税收征纳这一单一过程,是为"一叶障目,不见泰山"。若要真正将税权拖入法治之轨,则应将控制税权的渠道覆盖至税收法律关系的整体过程,从税收征纳和使用这两个过程的整体上作全面的理解,而不应将两个过程割裂开来[85]。依据体现公平精神的适度原

---

[81] 李昌麒:《弱势群体保护法律问题研究——基于经济法与社会法的考察视角》,载《中国法学》2004 年第 2 期。

[82] [德]费希特:《论学者的使命、人的使命》,梁志学、沈真译,商务印书馆 1984 年版,第 40 页。

[83] 参见李步云:《法治国家的十条标准》,载《中共中央党校学报》2008 年第 1 期。

[84] 参见张美中:《税收契约理论研究》,中国财政经济出版社 2007 年版,第 38 页。

[85] 参见陈少英:《公司涉税法论》,北京大学出版社 2005 年版,第 78 页。

则,征税权的行使固然要体现出“谦抑性”[86],但更为关键的还在于,税款的使用要秉持谦抑理念。否则,控制了税款的“取之于民”,终究还是可能会溃败于税款的“用之于民”。如此看来,要想控制好税权,一方面,要从狭义上澄清税权,明确“税权的主体是国家,按照其内容的不同,分别由不同的国家机关代表国家(以国家的名义)来行使,这是对税权的基本定位”。[87] 另一方面,更要明确税权不仅包括征税权,还包括用税权。控制税权既要关注征税权的规范行使,也要聚焦用税权的科学支配。只有将两者整体考虑、统筹规划,税权才有可能得到控制。只要税权得到了控制,纳税人权利便有了坚实的保障基础。这不正是税权谦抑理念所追求的吗?

从宪法维度上看,“实行宪政无不基于如下两方面的经验性认识:其一,权力及其制度设施是国家或一定规模的社会共同体存续的前提,但国家权力有扩张或被滥用的危险。其二,公民权利是对公民在一个民族国家中,在特定平等水平上具有普遍意义的成员身份的正式确认,它是公民必不可少的生存条件,但公民权利易受侵害”。[88] 税权运作无不如此,“税法所具有的公法性质总是无形中会产生税权对国民私人利益的侵犯问题”。[89] 但纳税人权利的维系又不得不仰仗于税权的规范化运作。可见,授予国家税权是必要的,控制国家税权也是必需的。在授权与控权之间,税法逐渐跃出单一财政法领地,遁入财政宪法疆域。在财政宪法之下,财政问题的实质,可归总为公民财产权与税权的互动。无论是财政民主还是财政法定,都是人民基于财产权而提出的要求,其目的在于划清财产权与税权之间的界限,为宪治国家中税权的活动设定底线。[90] 这种底线的核心,在于打破纳税人权利与税权非此即彼的对立框架,在现实语境里进行二者之间的“平等对话”,使每个纳税人都能确信他的行为、利益

[86] 参见张守文:《“结构性减税”中的减税权问题》,载《中国法学》2013年第5期。

[87] 施正文:《论征纳权利——兼论税权问题》,载《中国法学》2002年第6期。

[88] 谢维雁:《从宪法到宪政》,山东人民出版社2004年版,第244页。

[89] 杨颖:《税法的惩罚性规则研究》,法律出版社2014年版,第86页。

[90] 熊伟教授在《宪政与中国财政转型》一文中并未用“税权”二字,取而代之的是“财证权”“国家财政权”和“政府财政权”,其所理解的“财政权”是一个国家最基本的权力,是国家的“生存权”,通篇全文此种理解与笔者论述的税权非常接近,故本文引用文献时统一做“税权”处理。参见熊伟:《宪政与中国财政转型》,载《法学家》2004年第5期。

和愿望会得到最起码的正义对待，税权在此基础上可针对具体问题做出不同的价值取舍和权衡，甚至有时显示为一种强势力量，终极目的在于唤起所有纳税人的支持与合作。[91]果真如此的话，税权谦抑便可实现，税法谦抑理念过渡到税权谦抑理念也就顺理成章了。

（三）税权谦抑与纳税人主义

迈入现代社会，纳税人的自由和权利越来越依赖于税，甚至可以说税就是政府公共服务的“影子价格”，为了供养政府机构——这一必要的“恶”——的正常运转，纳税人财产通过税权的行使向政府让渡无可避免。[92]税权作为国家与纳税人之间财产转让的中介和纽带，嵌入谦抑理念非常重要。几千年的历史一再证明，“人”“财”“事”三者是不能分开的，很多时候，控制住了“财”，便控制住了“人”和“事”[93]，也就极大地防止了税权对纳税人财产权等权利最可能、最危险的侵害。况且，从权能属性和法律地位上分析，纳税人权利首先表现为一种资格，这种资格与国家税权相对等。在运行过程中，纳税人权利与国家税权为具有平等法律地位的税收法律关系双方所分享，既相互照应，又相互冲突，甚至还会相互抵减。因此，纳税人权利的设置与保护关键在于约束国家税权，使得国家税权的运行最终能够力保税款的“征之有保”“征之有度”“征之有用”“用之有效”，而不至于成为与民争利的恶权力。[94]

相较其他国家权力，与“财”直接接壤的税权具有根本性，控制住了税权也就基本上驾驭住了国家权力。从这个意义上说，税权谦抑奠定了税权控制的理念基础，也使纳税人主义有了理念上的在先保障。究其源，“无论公法，抑或私法，都以人的行为作为规范的对象，以人的价值为目的”。[95] 纳税人的保护本身并不是目的，而只是实现人文关怀的手段，其最终目的是使人的自由及尊严得以实现。此处的“人”，一方面是个体人，有其自由追求，应被具体地历史地对

---

〔91〕 参见杨力、金泽刚：《论税权理念及其底线规则》，载《政治与法律》2007 年第 3 期。

〔92〕 参见王士如、高景芳：《公民财产权与国家征税权的价值冲突与契合》，载《上海财经大学学报》2009 年第 4 期。

〔93〕 参见刘剑文、侯卓：《财税法在国家治理现代化中的担当》，载《法学》2014 年第 2 期。

〔94〕 参见黎江虹：《中国纳税人权利研究》，中国检察出版社 2010 年版，第 103 ~ 106 页。

〔95〕 江平、张楚：《民法的本质特征是私法》，载《中国法学》1998 年第 6 期。

待;另一方面也是伦理人,其尊严应得到尊重,基本的人格利益应得到保护。人文关怀就是将“使人享有良好的生存状态”作为法律的目标,实现马克思所说的“人的全面解放”。[96]要想在税法领域实现这一宏伟大业,税权谦抑的价值不言而喻。因为税权谦抑的核心在于征税权的自我约束与克制,以及用税权的审慎与节制。而征税权直接关乎纳税人财产的多寡,用税权则密切关系到纳税人所能享受的公共产品和服务的范围和幅度。只要税权能够秉持谦抑理念,税权运行大体也就可以得到理性控制。只有税权运行得到了控制,纳税人权益才会得到最大限度的保障,而这是纳税人得以“真正解放”的前提。

虽说单凭税权谦抑理念可能无法实现税权的绝对控制,但也不能就此否认谦抑理念在税权控制过程中所具有的关键性价值。该关键性价值的发挥,依赖于谦抑理念本身的正当性。毕竟与控制税权相关的法律行为制度欲发挥规范效力,必然要与其他制度乃至整个法律体系一样,以具备伦理正当性为前提,伦理正当性乃事关法律行为制度的存续有否合理性的重大问题。[97]好在税权谦抑理念本身便发端于税收伦理,可谓伦理法律化的理念。照此逻辑,严格以税权谦抑为理念设计税权控制制度,便可减损甚或消除制度生存时的合理性质疑,这一点之于当下中国的税权运行尤为重要。时下中国,西方“自由法治国”重“自由”轻“平等”的社会现象逐渐凸显,此种问题并未得到有效解决,而依附在西方“社会国”之上的财政危机与困境又生苗头。“社会断裂”所可能遭致的困惑,滋生的诸多矛盾齐聚中国社会,此等社会之现状致使在中国控制税权注定要走与西方不一样的道路,基于税权谦抑理念,可以考虑构建一个“立法控制(事前)↔程序控制(事中)↔司法控制(事后)”全方位、立体化的税权控制网络,以便形成对征税权和用税权的整体管控[98],真正使税款在征收和使用中都能得到有效控制,也只有这种控制网络才能称得上真正意义上的税权控制系统。谦抑理念虽可降低,甚至免却税权控制网络的伦理正当性证成。但也必须看到,即便这张能动的税权控制网络能够成功构筑,在我国短期内无法改变“税收立法权难以驾驭行政权、税收司法权近乎成摆设”的现实条件下,任何控制税权运

[96] 参见王利明:《民法的人文关怀》,载《中国社会科学》2011年第4期。

[97] 参见易军:《法律行为制度的伦理基础》,载《中国社会科学》2004年第6期。

[98] 税权控制的具体制度设计并非本文的重点,故不作详细论述。更详细的论述可参见刘丽:《税权的宪法控制》,法律出版社2006年版,第158~184页。

行的制度设计要想付诸实施,均离不开法律解释〔99〕的微观运行和整体支持。

之所以格外强调税法解释领域的税权谦抑理念,也是基于当下税收立法权、行政权和司法权已然失衡,短期又无法扭转的现实国情。如果将其放大至更为宽广的视角,便可发现当下中国正处于"现代化运动与中华文明复兴""社会主义与资本主义""民族国家与全球化趋势"这三大张力之中。三大张力的核心在于现代性,即在于中国要以一种什么样的现代性理念来建设一个什么样的现代化国家。〔100〕"现代性"也因此成为各个学科积极探索的时代命题。作为衔接经济法与宪法、具有"经济宪法"性质的财政法〔101〕,探索财政与税收的"现代性"治理负有不可推卸的责任。党的十八届三中全会将财政置于"国家治理的基础和重要支柱"的空前高度,大幅度聚焦于财政与国家治理现代化,在执政党历史上实属罕见。"'治理'概念的提出,说明执政者比以往更加重视国家与社会、政府与人民之间关系的维系和处理,而不再是简单地以国家为主体的管制思维模式。但是,这种'治理话语'与当前正在热运行的体制和政策,以及与制定和执行这些政策的人的观念之间的距离还相当大,由统治模式向治理模式的转变,是现代国家发展过程中的不可避免的'哥白尼式转向'。"〔102〕

若真能实现此种转向,无疑会对税收法治建设带来全方位的影响。作为"顶天立地"之法〔103〕,财税法对于广大公众生活的各个方面都具有决定性影响,它应努力通过和纳税人沟通对话来促使与公众诚挚互动,其根本目标也应定位在"人类幸福""美好生活"。〔104〕在此前提下,不管以什么样的现代性理念来构筑

〔99〕 相较征税权对税法解释的依赖性,用税权更需要预算法等法的解释支持。基于文章主旨,本文仅聚焦征税权的税权控制,探求其与税法解释以及纳税人主义的内在张力。

〔100〕 参见冯平、汪行福等:《"复杂现代性"框架下的核心价值建构》,载《中国社会科学》2013 年第 7 期。

〔101〕 参见史际春、宋槿篱:《论财政法是经济法的"龙头法"》,载《中国法学》2010 年第 3 期。

〔102〕 李炜光:《财政何以为国家治理的基础和支柱》,载《法学评论》2014 年第 2 期。

〔103〕 参见刘剑文:《论国家治理的财税法基石》,载《中国高校社会科学》2014 年第 3 期。

〔104〕 参见王诗宗:《治理理论与公共行政学范式进步》,载《中国社会科学》2010 年第 4 期。

现代化的税收法治、推进税收治理现代化,纳税人及其权利都应成为中心议题。"'人的保护'应该成为明确予以确认的基础法律价值,而不是泛泛地宣称人是法律体系的终极目的。"[105]"虽然纳税人权益保护与税收效率之间可能会产生冲突,但维护基本权利必然意味着在一定程度上牺牲效率,更何况长期来看,将纳税人的税负限制在合理范围内反而会促进经济增长并提高税收。"[106]因此,要想落实纳税人主义,征税权必须规范运行,对纳税人财产权保持谨慎与克制。甚至可以说,纳税人主义本质就是对国家征税权的限制。[107]"宪政能够在西方得以形成,与对私有财产权的保护和对国家的征税权的合理限制密切相关。"[108]诸如此类的论述虽与税权谦抑理念的论证思路和方法不同,但对征税权的限制却有异曲同工之处。无论是征税权的自我约束与克制,还是用税权的审慎与节制,落到实处均可直接或间接惠及所有纳税人,可谓纳税人主义之贯彻。

由上可以断言,税权谦抑理念就是一种现代财政制度和税收法治现代化可以仰赖的现代性理念。依据这种现代性理念,征税权应当克制和收敛。从征税权流程上看,征税权源于人民给予的立法授权,奠定于法律的明确规定,依赖于征税机关的具体实施。从税收立法到税法实施,税法解释起到关键性的纽带和桥梁作用。作为沟通立法和法实施的媒介,税法解释自然在谦抑理念的辐射范围之内。在税务行政机关几乎独揽税法解释的现实条件下,依据谦抑理念进行税法解释时,不管是针对具有普遍约束力的税法解释,还是仅指向拘束个案的税法解释,税务行政机关都必须抑制"征税冲动",绝不能为了发动征税权而对纳税人利益置若罔闻。例如,税法解释中引入和贯彻诚实信用原则和实质课税原则,便很好地体现了这一理念。它们在税法解释中的确立与适用,绝"不仅仅是维护征税权力以及保障财政收入,更是折射出税法适用中税务行政权力日渐谦抑,以及征纳税利益关系的平衡程度和纳税人权益保护程度的不断提高"。[109] 如此看来,在税法解释中确立纳税人主义与谦抑理念具有高度契合

---

[105] 薛军:《人的保护:中国民法典编撰的价值基础》,载《中国社会科学》2006 年第 4 期。

[106] 陈征:《国家征税的宪法界限——以公民私有财产权为视角》,载《清华法学》2014 年第 3 期。

[107] 参见郭鸣:《纳税人权利保护法律问题研究》,武汉大学 2010 年博士学位论文。

[108] 王红建、程雪阳:《财产权、税收和法治的实现》,载《行政法学研究》2007 年第 4 期。

[109] 王惠:《论税的谦抑性》,中国财政经济出版社 2013 年版,第 235 页。

性,以税权谦抑为中心的税法谦抑理念本身即蕴含纳税人主义。因为按照税收法定主义理论,在法律解释论上说,税法的根本目的并非简单地确保税款的征缴,而是通过对纳税义务和征税权的界限,最终实现对纳税人人权之保护。[110] 延展至谦抑理念与纳税人主义的内在逻辑关系,便可大致得出如下结论:只要谦抑理念在税法上真正树立起来了,纳税人主义在税法解释中的立场地位也就实质上确立了。

尽管如此,依然要理性看待谦抑理念与纳税人主义在税法解释中的内在张力。一方面,不能否认谦抑理念植入税法解释的独特价值;另一方面,也要看到秉持谦抑理念进行税法解释的当前困惑。在纳税人主义的大道上,既要坚定谦抑理念之于税法解释的价值,又要充分估量谦抑理念运用至税法解释的阻力。诚如"目前探讨刑法谦抑在中国司法中的实现,还是一件十分艰难的过程,因为重刑思想仍然占据着主导地位,因为非刑化、刑罚轻缓化还在刑法进步的道路上艰难跋涉,更因为一项制度的变革需要的理念和机制的转变还有待时日"。[111] 刑法谦抑尚且如此,就更别说是税法谦抑了。当财政收入、行政主导仍然把控和主宰着税收法治实践时,纳税人权利在国家税权的高压之下步履蹒跚。然而,也有积极性的一面。例如,纳税人的权利意识逐步复兴,税收征管机关的风险意识逐渐提升、执法行为日渐规范和谨慎等。尤其是现代国家既由形式法治国转变为实质法治国,以人权保障为依归[112],这些都如"星星之火,可以燎原"。其实,权力和权利原本就不是"死对头",而是相互依存的矛盾统一体。这种对立统一的关系发端于宪法,展现于部门法实践。"如果把宪政理解为是建立在社会契约基础上的有限政府,宪法是对社会契约的固定和记载,那么,对权力进行分立与限制,对权利进行尊重与保障就是逻辑的必然。"[113] 此种"逻辑的必然"最终会延展至税法解释领域,奠定纳税人主义在解释中的基础性地位。

---

[110] 参见[日]北野弘久:《税法学原论》(第4版),陈刚、杨建广等译,中国检察出版社2001年版,第69页。

[111] 万选才:《刑法谦抑的司法实现》,武汉大学2012年博士学位论文。

[112] 参见林恒毅:《纳税本质与课税界限之研究》,国立中正大学2007年硕士学位论文。

[113] 郭云忠:《刑事诉讼谦抑论》,北京大学出版社2008年版,第202页。

四、纳税人主义的法治建构价值

由于物质力量的绝对霸权,现代西方社会因此铸就了西方文化的优势。面对西方国家强大的物质与文化,中国先是被迫输入,后是自愿吸纳。[114]“很多人都观察到,中国人学西方的东西,很容易学走样。”[115]法学领域也概莫能外,一直以来,法学家们本想使法学的内容上可着天下可着地,使抽象的理论对社会的解释具有较强的穿透性。然而,法学家们在这方面并没有取得成功,人们对现有的法学多有诘难。从宏观上来看,我们现在的法学理论多源于西方,复述的大多是西方法学家的智慧,这些脱胎于针对西方的理论在中国出现了水土不服的现象,其普适性出了问题[116],作为税法立基原则的税收法定主义即是例证。税收法定主义堪称税法最高法律原则,其以“法律限制权力”为内核,为西方人权保障、公共利益维护等立下汗马功劳,却未能成功改良我国的税收法治环境。现行税收法律体系也远未完全确立起税收法定主义[117],许多原本可以通过立法加以解决的问题,都被赋予税务机关通过税法解释另行解决。财税主管部门不得不发布大量的规范性文件,对税法中的名词概念进行解释,或者干脆自己创制规则,进行补充性立法。简言之,税收法定主义在我国陷于口号化的尴尬和危险境地。追根溯源,税收法定主义之所以诞生于英国、传播于欧美大

---

〔114〕 参见王伦刚:《中国经济法的根基》,法律出版社 2007 年版,第 1 ~ 2 页。

〔115〕 肖知兴:《中国人为什么组织不起来》,机械工业出版社 2006 年版,第 34 页。

〔116〕 参见杨建军:《法律事实的解释》,山东人民出版社 2007 年版,“序”第 1 页。

〔117〕 中国究竟是否在立法上存在法定主义,这是学界经常讨论的一个热点话题。最为主要的有两派观点,一派以刘剑文和熊伟为代表,认为:《宪法》第 56 条可以作为税收法定主义的最高法律依据,而《立法法》和《税收征收管理法》不过是从各自不同的角度体现税收法定主义的要求。另一派以李刚、周俊琪为代表,认为:《宪法》第 56 条只是规定公民的纳税义务,没有解决税收构成要件由谁创设的问题,不足以成为税收法定主义的宪法依据。不管争论如何,西方经典的法定主义并未在我国税收法律体系中得到明确性规定,这一点当无疑义。参见刘剑文、熊伟:《税法基础理论》,北京大学出版社 2004 年版,第 108 ~ 109 页;李刚、周俊琪:《从法解释的角度看我国〈宪法〉第五十六条与税收法定主义——与刘剑文、熊伟二学者商榷》,载《税务研究》2006 年第 9 期。

多数国家,皆有其深厚的生存土壤和权力博弈语境。我国的法治发展道路则是一个由政府主导的建构型进路〔118〕,税收法定主义的生存土壤并不能自动呈现,由此决定了不能过分迷信税收法定主义教条,也难以完全通过严格"自上而下"的立法主导来推进中国税收法治建设。税法规范在理论上固然应该适用税收法定主义,但这并不代表我国立法在现实上就可以立即达成此一目标。由于我国政治之生态环境不同于先进国家,税收立法者的规范能力严重不足,被规范对象的事物本身又高度之专业,时代与社会变迁的脚步又非常迅速,所以强求税法规范应完全交由代议机关制定,至少对于现阶段我国税收立法者而言,并不完全切合实际。〔119〕更为现实的选择是,以相对宽松的税收法定主义要求,规范并提高税法解释的质量,在此基础上,为税收法定主义之"法"提供充足的、高质量的立法资源,贯通"自上而下"与"自下而上"两条路径。这种选择既是中国三十年来的做法〔120〕〔121〕,也不见得一定会违背税收法定主义的实质要义,应该说这是一条符合中国国情、值得尝试的税收法治建设思路。当然,税法解释能否堪当大任,还取决于解释过程中对纳税人主义的贯彻。因为纳税人主义与税收

〔118〕 参见江必新、王红霞:《法治社会建设论纲》,载《中国社会科学》2014年第1期。

〔119〕 参见柯格钟:《租税之立法界限及其宪法上的当为要求——以德国税捐法之理论为基础》,载《宪法解释之理论与实务》2010年第7辑。

〔120〕 1984年,第六届全国人民代表大会常务委员会第七次会议根据国务院的建议,决定授权国务院在实施国营企业利改税和改革工商税制的过程中,拟定有关税收条例,以草案形式发布试行,再根据试行的经验加以修订,提请全国人民代表大会常务委员会审议。国务院发布试行的以上税收条例草案,不适用于中外合资经营企业和外资企业。参见《全国人大常委会关于授权国务院改革工商税制发布有关税收条例草案试行的决定》(人大发〔1984〕15号),已废止。

〔121〕 1985年4月10日,六届全国人大三次会议决定,授权国务院对于有关经济体制改革和对外开放方面的问题,必要时可以根据宪法,在同有关法律和全国人民代表大会及其常务委员会的有关决定的基本原则不相抵触的前提下,制定暂行的规定或者条例,颁布实施,并报全国人民代表大会常务委员会备案。经过实践检验,条件成熟时由全国人民代表大会或者全国人民代表大会常务委员会制定法律。此授权使行政主导的"自下而上"立法思路得以形成,并得到税收立法实践的强化,成为三十余年来最为重要的立法路径。参见《中华人民共和国第六届全国人民代表大会第三次会议关于授权国务院在经济体制改革和对外开放方面可以制定暂行的规定或者条例的决定》。

法定主义都是殊途同归,最后都是秉承和发扬了自然法学派个人本位的价值观念和人权保障等普适性法理。通过规范和制约税收权力,保护纳税人财产和权利不受侵害。[122]

一般来说,“往往是法治越不完全的社会,法条会定得越细密”。[123] 法律总以低位阶姿态展示,高位阶法几乎起不到实质性的指引作用。反映到立法中便是立法机关的立法权旁落,被视为“更具有立法能力”的行政机关实质上掌控。当然,并非所有行政机关都有勇气和能力公开僭越立法机关的立法权,更为稳妥和理想的做法是,由立法机关行使立法权、制定高位阶法律,行政机关负责解释将其落地。获得立法机关的授权,照样可以实现对立法机关的立法权分享。立法机关授权的对象一般也只到最高行政机关这一级别。无论哪一种立法模式,都难以应对日趋复杂的税收立法。经常的结果是,立法机关或其授权机关粗糙立法、惜字如金,执行机关大肆解释、低位阶法连篇累牍。作为一个并不完全的法治社会,立法粗糙长久以来都是我国法律的一大特征,税法更是粗糙立法的“重灾区”。如此,立法导致税法解释大行其道,特别是税务行政解释,成为无法回避的“行动中的税法”,实质上成为征纳双方行为的法律准则。例如,关乎千家万户的《个人所得税法》自1980年制定至2011年,30余年历经6次修正[124],现今仍然只有15条,不足2300字。《个人所得税法实施条例》1994年发布至2008年,15年间经历3次修订[125],目前也只有48个条文,不足5500字。与之

[122] 参见王鸿貌:《税收法定原则之再研究》,载《法学评论》2004年第3期。

[123] [美]罗伯特·C.埃里克森:《无需法律的秩序——邻人如何解决纠纷》,苏力译,中国政法大学出版社2003年版,“译者序”第13页。

[124] 《个人所得税法》1980年9月10日第五届全国人民代表大会第三次会议通过;1993年10月31日第八届全国人民代表大会常务委员会第四次会议通过第一次修正案;1999年8月30日第九届全国人民代表大会常务委员会第十一次会议通过第二次修正案;2005年10月27日第十届全国人民代表大会常务委员会第十八次会议通过第三次修正案;2007年6月29日第十届全国人民代表大会常务委员会第二十八次会议通过第四次修正案;2007年12月29日第十届全国人民代表大会常务委员会第三十一次会议通过第五次修正案;2011年6月30日第十一届全国人民代表大会常务委员会第二十一次会议通过第六次修正案。

[125] 《个人所得税法实施条例》1994年1月28日中华人民共和国国务院令第142号发布;2005年12月19日第一次修订;2008年2月18日第二次修订;2011年7月19日第三次修订。

形成鲜明对照的是,截至2014年9月4日,《个人所得税法》的全部法规数量达到1194个,其中总局发文为272个,地方发文为922个,优惠政策为170个(三者交集数为170个)。[126]如此庞大的行政机关发文,为《个人所得税法》及其实施条例打满"补丁",实质上担负起个人所得税征纳依据的主力军。

随着税收法治的推进,大量低位阶的税法提升法律位阶自是必然。谈论已久的"暂行条例"上位为"法律"便是当务之急。倘若只是简单地将"条例"改为"法律",无异于"换汤不换药",仅具形式价值而无实质意义。就暂行条例的运行情况来说,要想酿造良好的税法,"汤"要换,"药"也要吃。"汤""药"都换的话,"立法食材"来源便是关键。避免税法运行动荡的最佳办法,即在茫茫解释性规范里科学从个别中抽象出一般,在混沌中创建秩序。[127]个人所得税的1194个法规只是现行税法的冰山一角。截至2014年9月4日,国税总局税收法规库显示的全部法规数量为13,507个,即便是剔除全部失效或部分失效的,也有成千上万个。单"总局法规"就高达2991个,分布所有现行税种。[128]毋庸讳言,如此庞大的、低位阶的税法规范中,违反、突破高位法的规范有之,偏离法理、溯及侵犯纳税人权利的规范也有之,规范之间自相矛盾更是屡见不鲜。例如,"财税〔2009〕122号""财税〔2009〕123号"出台后便遭受广泛质疑,存有违反上位法、资格认定主体合法性不足、溯及既往限制"符合条件的非营利组织"依据《企业所得税法》第26条及《企业所得税法实施条例》第84、85条应当获得的免税权利之嫌疑。"财税〔2014〕13号"对"财税〔2009〕123号"的废止一定程度上证实了之前的诸多嫌疑。正因如此,呼吁提升税法规范的位阶,减少行政恣意、排斥和限制税务行政机关的解释权的观点颇为流行,大有税法规范位阶不提升,税收法治便是空谈之感。

低位阶税法规范确有这样那样的问题,但瑕不掩瑜,绝大部分税法规范还是符合税理与法理的,对我国税法实践的推进起到了不可或缺的作用。承认这

〔126〕 参见国家税务总局官网:http://hd.chinatax.gov.cn/guoshui/main.jsp,最后访问日期:2014年9月4日。

〔127〕 参见[美]科斯、哈特、斯蒂格利茨等、[瑞典]拉斯·沃因、汉斯·韦坎德:《契约经济学》,李风圣主译,经济科学出版社2003年版,第315页。

〔128〕 参见国家税务总局官网:http://hd.chinatax.gov.cn/guoshui/main.jsp,最后访问日期:2014年9月4日。

一点并不意味着税收法律的此种格局就不需要优化,只需原地继续重复、批量生产即可。毕竟由立法机关制定税法、行政机关执行、司法机关保障,作为一种法治观念、模式和理想,还是更为稳妥和安全,况且,更有为数不少发达国家的法治实践所验证,值得我们去追求。以此为指导,一方面,在相当长的一段时间内,我们要跳出绝对的、形式主义的税收法定主义,肯认现实存在的税法解释和相当程度上的低位阶税法规范。毕竟它们的生产,既体现了对行政权的尊让,也说明司法机关在纯粹技术、经验、政策问题上,有必要从刨根问底的事实审查中解脱。既能节省司法资源,使得行政机关能够更加积极、主动、高效地应对多变的市场和经济交易,又解除了立法机关频繁制定和解释大量变动不居的税法规范所带来的烦恼。[129] 另一方面,我们仍要坚持法定主义理念,规范税收立法,限制和控制税法解释权的发动,确保解释性规范的产出质量。在其基础上,逐步提升税法规范的位阶,伺机整顿清理使其形成体系化的有机联系的统一整体。诚如刘剑文所言,“从整体上看,我国财税法律体系已经具备了进行大规模制定财税法律的基本条件和基本时机,但这一过程不可能一蹴而就,而是一个循序渐进的过程。逐步将已经成熟的财税行政法规上升为财税法律,陆续颁布新的财税法律填补财税领域立法的空白,我国财税法律体系便可以逐步完善”。[130] 说到底,不管何种法律,都应当具有统一性,统一完备的法律体系是法治国家的题中应有之义。立法必须统一,国家应当保证法律的统一性和权威性,不能法出多门、互相矛盾。法的体系内部应当具有和谐的关系。[131] 构建税收法律体系主要也是“为了理顺法律各组成部分之间的关系,使其处于同一指导思想之下,消除价值判断上的矛盾。体系确立后,各种法律规范可以按照一定的原理分类排列,从外观上呈现一种透视的效果,这对于法律解释以及制定法的漏洞补充大有好处。一个完整科学的体系首先必须与上位阶的宪法价值及规范体系相符合,其次必须与其他相同位阶的规范体系相调和,最后还必须保证本身没有相互矛盾的现象”。[132]

经过改革开放以来的辛苦经营,中国经济迅速崛起,但税收法治并未同步

---

〔129〕 参见滕祥志:《部颁税法规则正义:从形式到实质》,载《公法研究》2011 年第 2 期。

〔130〕 刘剑文:《走向财税法治——信念与追求》,法律出版社 2009 年版,第 127 页。

〔131〕 参见马怀德主编:《法律的实施与保障》,北京大学出版社 2007 年版,第 114 页。

〔132〕 刘剑文、熊伟:《财政税收法》(第 5 版),法律出版社 2009 年版,第 10 页。

建立。要想尽快建立起与经济实力和地位相匹的税收法治,从税法解释出发应该是可以信任的路径。但对税法进行解释时,应做到既满足法定主义的形式要求,又要达到税收公平的实质要求。[133] 正如田中二郎所言:税法之基本理念,一方面是形式面与实质面相互调和,另一方面则是综合理解其全体。[134] 如果税法解释性规范本已体现税收公平正义之实质理念,给其披上法定主义的外衣自不是难事,不至于"伤筋动骨",充其量就是组合、排列,然后"换个名字而已"。如若税法解释性规范漏洞百出、矛盾丛生,公平正义无从谈起,提升其法律位阶、实现法定主义之形式要求,其难度和工作量不亚于重新造法。从此角度来讲,税法解释能否发挥通达形式正义与实质正义的作用,关键在于其质量。如何评价税法解释性规范的质量便是由此而致的难题。从广义上看,税法解释性规范也可以视为一种法源。既为法源,便可直接采用"良法"标准。虽税收规范性文件已有制定规则、制定程序、备案审查、文件清理等[135] 约束,但仍难摆脱"自己立法、自己执行"的悖论,由此也决定了"良好的税法解释性规范"并不容易产生。综合平衡各方面的因素,如能在制定税法解释性规范时贯彻纳税人主义,纵然不能百分之百保证规范的质量,但最起码可以起到一定的制衡作用,也能在客观上起到保护纳税人权益的作用。这不正是税收法治的题中之义吗?纵观法治发展史,不管何种法治类型,其追求的总体目标都是人与社会的自由全面发展,都应该反映"从人的丢失到人的发现,从束缚人到解放人,从人的忽视到人的关怀"的人类社会发展的基本规律和总体面向。[136] 纳税人主义植根于此,将其运用至当下税法解释,定可催生更多内置公平正义的解释性规范,也可为其回归法定主义提供源源不断的立法素材。若能如此,从实质正义便可走向形式正义,直至形式正义与实质正义的合体,此正为税收法治的体现。

---

〔133〕 参见侯作前:《从税收法定到税收公平:税法原则的演变》,载《社会科学》2008 年第 9 期。

〔134〕 参见黄俊杰、邱天一:《税法解释之研究——以释字第 420 号解释为中心》,转引自黄俊杰:《纳税人权利之保护》,北京大学出版社 2004 年版,第 46 ~ 47 页。

〔135〕 参见《税收规范性文件制定管理办法》(国家税务总局令第 20 号)。

〔136〕 参见孙园:《以人的全面发展促进税收法治建设》,载《涉外税务》2006 年第 4 期。

The Justification of Pro-Taxpayer Interpretation
—With the Concept of Modesty as Observation Center

Ye Jinyu

Abstract: In the application of tax law, it is often the case that the tax law is not clear or taxable fact is not inaccurate. Under these situations, interpreters of the tax law have to choose the final standpoint between the Pro-state treasury interpretation and the Pro-taxpayer interpretation. However, whether it is based on the selected trend on Standpoint to Interpretation, or in view of the concept of modesty, the Pro-taxpayer interpretation should be the basic standpoint. Moreover, If the Pro-taxpayer interpretation can be applied to the current tax law interpretation, it not only will generate more equitable tax law norms, but also can provide adequate legislative material to implement the Doctrine of Tax Legal Prescription. In short, the Pro-taxpayer interpretation can promote tax legislation, constrain tax law enforcement, affect tax administration and enhance tax compliance. If so, the rule of tax law will be not far away.

Key words: Tax law interpretation; Pro-state treasury interpretation; Pro-taxpayerinterpretation; Concept of modesty

(责任编辑:李 帅)

金融保险业的“营改增”：实施争议与制度检讨*

汤洁茵**

内容摘要：

如何对金融保险服务课征增值税是增值税制度构建的重点与难点。本次“营改增”就此进行了有益的尝试。然而，金融保险服务的增值税规则散见于财政部、国家税务总局有关“营改增”改革所制定的各个规范性文件中，规则简约而粗糙。作为增值税应税劳务的金融保险服务，尽管存在一个确定的核心领域，但却存在大量似是而非的模糊地带，在增值税课征的过程中产生了诸多的争议。大量金融服务的增值税待遇并不明晰。更重要的是，本次“营改增”改革依然未能彻底解决金融保险服务提供过程中发生的增值税抵扣链条断裂的问题。因此，本次改革将金融保险服务纳入增值税的课征范围，仅仅是制度构建的起点，未来仍有必要对此制定更加明晰而具体的规则，确保金融保险服务提供过程中发生的进项税额的全面抵扣，以真正实现增值税的税收中性的目标。

关键词：

金融保险服务　“营改增”　税额抵扣

开始于2012年的营业税改征增值税的改革，至2016年5月1日总算尘埃落定。这一改革实现了在全国将原本属于营业税的征税范围的应税劳务、不动产和无形资产的转让全部纳入增值税的课征范围的目标。金融保险业亦无出

---

* 本文为国家社科基金一般项目“社会变迁中财税法规范生成机制研究”(项目编号：16BFX132)的阶段性研究成果，同时为中国青年政治学院首批青年拔尖人才科研支持计划“社会变迁中的财税法改革”(2015)的阶段性研究成果。

** 汤洁茵，中国青年政治学院副教授。

其外。总体而言,这一改革实现了增值税的普遍课征,对于实现税收中性、避免因增值税抵扣链条的断裂对经济造成的扭曲,减轻企业的税收负担无疑将产生深远的影响,这已无须赘言。在此次改革中,对金融保险业的增值税课征,并未借鉴欧盟的免税模式,亦未采取新西兰的零税率模式,而是对其一并适用一般规则,即将金融保险服务的提供纳入增值税的范围,适用一般的税率,同时允许其进行进项税额的抵扣,这是其课征模式的又一种全新的尝试。

然而,金融保险业的增值税课征,一直是增值税制度设计中的难题,而其中又以金融保险服务的"增值额"的确定问题最为突出。此外,在金融创新的浪潮中,如何确定一项服务构成"金融保险服务",同样存在一定的困难。那么,在《营业税改征增值税试点实施办法》(以下简称《实施办法》)及其配套的税收规范性文件所确立的金融保险服务的增值税课征规则中,上述难题是否已经迎刃而解,实际上依然是存疑的。事实上,金融保险服务的特殊性在此次改革中被大大弱化,专门适用于金融保险服务的特殊规则甚为有限。因此,现行金融保险服务的增值税制度是否能够真正实现对金融保险服务的"新增价值"的课征,在税负转嫁的基础上实现对最终的金融消费行为的征税,有必要对现行的规则予进行检讨。

尽管同属于金融保险服务,但不同的金融、保险服务在其提供方式、服务内容上仍存在诸多的区别。因此,《实施办法》将金融保险服务细分为贷款服务、直接收费服务、保险服务和金融商品转让四个子税目,基于不同服务的特性分别规定了相应的特殊规则。本文重点以贷款服务、金融商品转让两个子税目进行解释论的研究,在此基础上对金融保险服务的"营改增"制度进行整体的检视,以期对其未来的完善有所助益。

一、"贷款服务"增值税规则的实施争议

(一)"贷款服务"的提供者及其纳税人之争

根据《实施办法》第 1 条的规定,在中华人民共和国境内销售服务、无形资产或者不动产的单位和个人,为增值税的纳税人。其中,单位包括企业、行政单位、事业单位、军事单位、社会团体及其他单位,个人则包括个体工商户和个人。与《贷款通则》明确将"贷款人"限定于"在中国境内依法设立的经营贷款业务的中资金融机构"不同的是,《销售服务、无形资产、不动产注释》(以下简称《注

释》)并未对提供贷款服务的主体予以特殊的规定。[1]因此,除部分明确规定专属于金融机构的金融业务,如信用卡、融资融券等,任何提供资金供他人使用而收取本息的主体,无论金融机构还是非金融机构,无论单位还是个人,都将成为增值税的纳税人,包括公司债券的投资者和民间借贷的债权人等。随着互联网金融业务的发展,如P2P网络借贷,这一问题将变得更加尖锐。P2P网络借贷业务的实质是以网贷平台作为中介的民间借贷行为,借贷双方可能均为个人,出借方并未取得任何的金融业务许可证。那么,上述未取得金融业务许可证的贷款服务的提供者是否也将成为增值税纳税人,便有必要予以进一步的明确。

(二)贷款服务的界定

事实上,贷款服务的增值税纳税人的确定争议,归根结底,源于所提供的"贷款服务"范围的模糊化。

从理论上看,增值税的征税范围包括国民经济中所有能够产生增值额的货物销售与劳务的提供。[2]由于接受贷款取得的资金能够使本将在未来发生的消费提前至当期,是为满足个人的最终消费需求而发生,为此而支付的费用与生产中发生的物质投入并无任何差异,接受贷款服务属于生活消费的类型之一。[3]正因如此,此次营改增改革也将其纳入增值税的征税范围。

《注释》中以概括式和列举式并用的方式明确了纳入增值税课征范围的贷款服务的内涵和外延。尽管如此,上述各项金融服务的内涵和外延实际上仍存在诸多模糊之处。

《注释》对于作为应税劳务的贷款服务作了广义的解释,将所有"将资金贷与他人使用而取得利息收入的业务活动"均包含在内,甚至包括以实物资产或股票为标的、具有融资性质的业务活动,如融券和融资性售后回租业务活动。就融券业务而言,有学者认为,融券业务在经济实质上相当于出借方向融券方

---

〔1〕 这与金融保险服务的营业税纳税人仅限于金融机构有着明显的不同,详细可参见《金融保险业营业税申报管理办法》第3条。

〔2〕 参见全国人大预算工作委员会编:《增值税法律制度比较研究》,中国民主法制出版社2010年版,第47页。

〔3〕 See Donald Rousslang, "Should Financial Services be Taxed under a Consumption Tax? Probably?" *National Tax Journal*, 2002, Vol. 55, No. 2, pp. 281 – 291.

提供资金,而由融券方以此资金在证券市场上买入标的证券。因此,融券方实质上亦形成对出借方资金的占用,由此所支付的报酬即是对出借方借出的资金的占用及其承担的风险的回报。[4]正是基于这一经济实质的考量,融券业务同样构成"贷款服务"的方式之一。但从形式上看,融券业务是以"上市证券"为标的的借贷法律关系,[5]与以资金或货币为标的物的贷款并不尽然相同。因同样具有以金融商品为质押物的借贷行为的经济实质,买入返售金融商品这一行为也被认为发生资金的占用,从而构成一项"贷款服务"。如果依照这一经济实质判定是否存在资金的占用,那么,消费借贷关系及其他具有相同经济实质的金融服务均应当被纳入征税的范围,而不仅仅是上述列举的金融业务。而更加吊诡的是,同样具有"融资"目的的租赁行为,融资性售后回租业务作为一项"贷款服务"课征增值税,而融资租赁业务却被纳入了"租赁服务"的范畴,其判定一项行为构成"贷款服务"的标准越发模糊不清。

可以说,《注释》实际上是在"债权性投资"的意义上确定贷款服务的内涵和外延的。这意味着,非金融企业或个人将资金提供给他人使用收取利息,同样应在增值税的征税范围内。在这一定义之下,非金融企业或个人之间销售货物采取赊销、预付货款或是分期付款方式进行结算所形成的短期资金占用,也将导致增值税纳税义务的发生。随着普惠金融和草根金融的发展,以网贷平台作为信息沟通的基础,借贷关系逐渐呈现脱媒化的趋势,非金融企业或个人将资金提供给他人使用而收取一定收益的活动也将开始出现规模化的发展。如将上述主体偶发的、金额显著低微的借贷行为纳入增值税的征税范围,其税收征管的难度和征管成本并不难想见。更重要的是,非金融机构和个人从事这一资金借贷行为发生增值税纳税义务,随着税负的转嫁,无疑将大为增加资金需求者的融资成本,从而减少其寻求民间借贷的意愿。一旦税负无法转嫁,出借方不仅将减少其税后收益,还将产生更多的税法遵从成本。相反,尽管同属资金占用的借款行为,作为商业银行发放贷款的重要资金来源的存款则不被纳入增值税的征税范围。在这一差异性税负之下,更多的民间资金可能选择流入银

---

〔4〕 See Andrew M. C. Smith, *Tax Treatment of Domestic and Cross-Border Securities Lending Transactions*, IBFD Publications BV, 2001, p. 89.

〔5〕 参见汤洁茵:《金融交易课税的理论探索与制度建构——以金融市场的稳健发展为核心》,法律出版社 2014 年版,第 156 页。

行,而非成为民间借贷或其他草根金融活动的资金来源,最终将抑制后者的发展。

在《注释》所确定的贷款服务的范围之下,一项金融工具的投资收益是否按照贷款服务缴纳增值税取决于是否在"合同中明确承诺到期本金可全部收回",[6]无论是否定期支付确定金额的利息,但却同时规定"货币资金投资收取的固定利润或者保底利润,按照贷款服务缴纳增值税"[7],即使此项投资并无明确的投资本金收回的承诺或需要定期支付利息。这意味着,保本或是利润固定,都可以作为决定一项交易是否构成贷款服务的唯一决定因素。这与《企业所得税法》大为不同。那么,这便可能导致一项被认定为权益性投资确定其企业所得税的税收负担的混合性投资,却被视为一项贷款服务认定其增值税的纳税义务。这便使得被投资企业不仅不能扣除向投资者支付的、在性质上被认定为股息的款项金额,还不得不最终负担由投资者转嫁的增值税税负,增加其整体的融资成本。

(三)"贷款服务"的增值税应纳税额的确定

除在《营业税改征增值税试点有关事项的规定》对贷款服务的销售额的确定予以规定外,《实施办法》并无有关贷款服务的增值税应纳税额确定的特殊规定。与其他应税服务相同,提供贷款服务的纳税人分别依抵扣法和简易法计算应纳税额。[8]其中,提供贷款服务取得的全部利息及利息性质低收入均应计入销售额,计算销项税额。[9]同时,贷款服务的提供者为提供贷款服务而购进货物、应税劳务、无形资产或不动产所支付或负担的增值税额,在取得增值税专用发票等合法抵扣凭证的情况下,可以从销项税额中进行抵扣。然而,货币或资金是提供贷款服务最重要的"原材料"。除去以自有资金发放贷款外,银行等贷款人往往以借入资金作为提供贷款服务的重要资金来源,却并不因此发生进项税额的抵扣。以银行为例,一方面,吸收公众存款和金融机构间的同业拆借是

---

[6] 参见《关于明确金融、房地产开发、教育辅助服务等增值税政策的通知》(财税〔2016〕140号)。

[7] 《销售服务、无形资产、不动产注释》。

[8] 参见《营业税改征增值税试点实施办法》第21、34条。

[9] 此外,《关于营改增试点若干征管问题的公告》规定,银行提供贷款服务按期收取利息的,结息日当日收取的全部利息收入,均应计入结息日所属的销售额。

其最重要的资金来源;然而,前者为增值税的不征税项目,[10]后者则属于增值税的免税项目,[11]并不得进行进项税额的抵扣。另一方面,即使银行以发行债券或其他方式借入资金,尽管也属于接受应税的"贷款服务",根据《实施办法》第27 条的规定,由此负担的进项税额也不得从销项税额中抵扣。因此,贷款服务的提供者仅得以抵扣部分的进项税额,无法真正实现仅对"新增价值"征税的中性目标。

二、"金融商品转让"的增值税课征难题

(一)金融商品转让的增值税纳税人的确定

沿袭金融商品转让的营业税纳税人的确定方式,《营业税改征增值税试点过渡政策的规定》(以下简称《过渡政策的规定》)亦明确就金融商品转让的增值税纳税人的确定,投资者是否为金融机构并不影响其作为增值税的纳税人,只是出于政策考量,对个人的此项纳税义务予以免除。然而,作为证券市场上重要的机构投资者的证券投资基金,其从事金融商品转让所发生的增值税纳税义务由哪一主体承担,却存在法规上的冲突。在此次营改增改革中,对此政策制定者的思路是明晰且一贯的,即以基金财产买卖金融商品发生的增值税纳税义务由基金管理人承担。[12]然而,这与《证券投资基金法》第 8 条所确立的基金作为税法上透明的主体的课税模式显然是格格不入的。根据该条规定,基金管理人运用基金财产买卖股票、债券,基金份额持有人应当作为纳税人承担增值税的纳税义务,基金管理人仅为扣缴义务人。那么,且不说作为受托机关的基金管理人对此金融商品转让行为承担纳税义务是否有违增值税的课税原则,营

[10] 参见《营业税改征增值税试点有关事项的规定》。

[11] 同上。

[12] 《关于明确金融、房地产开发、教育辅助服务等增值税政策的通知》中明确规定,资管产品运营过程中发生的增值税应税行为,以资管产品管理人为增值税纳税人。但《营业税改征增值税试点过渡政策的规定》则免除其买卖股票、债券而发生的增值税纳税义务。2017年财政部、国家税务总局颁布的《关于资管产品增值税政策有关问题的补充通知》(财税〔2017〕2 号)则进一步免除 2017 年 7 月 1 日之前资管产品运营过程中发生的增值税纳税义务。

改增的相关规定无疑是存在违反上位法之嫌的。但如遵循《证券投资基金法》所确立的基金作为税收透明主体的征税模式,由于个人从事金融商品转让可以享受增值税的免税待遇,基金管理人有必要将其从事的金融商品转让行为,以交易作为基础,将各项交易归属于相应的基金份额持有人,以确保及时代扣代缴非个人的基金份额持有人的增值税税款。然而,要在频繁交易的金融商品与具有高度流动性的基金份额持有人之间准确地确立此种匹配关系,其难度可想而知。因此,将资管产品管理人确立为运营过程中发生的应税行为的纳税人,应该亦有简化税收征管、减少纳税单位的考量。但以管理人作为纳税人,与将基金本身作为纳税实体亦不可同日而语。将基金财产运作过程中发生的应税行为归属于管理人,显然是以管理人对基金财产享有“管理权和处分权”为逻辑前提的。然而,基金财产运作产生的债务由基金财产本身承担,[13]作为从事证券交易发生的法定债务,增值税纳税义务却由管理人承担。那么,管理人是否仅限于以基金财产承担纳税义务?如基金财产不足以履行纳税义务,管理人是否应当以其自身的财产进行清偿?如果答案是否定的,那么,尽管管理人名义上为纳税人,实质却与扣缴义务人无异。因此,围绕基金运营发生的纳税人及其纳税义务的履行问题,仍有待进一步的完善与明确。

(二)作为应税金融服务的“金融商品转让”的界限

《注释》对金融商品转让以列举的方式明确其范围。所谓金融商品转让是指转让外汇、有价证券、非货物期货和其他金融商品所有权的业务活动,其中其他金融商品包括基金、信托、理财产品等各类资产管理产品和各种金融衍生品的转让。除明确了其他金融商品的范围之外,课征增值税的金融商品转让的范围与原营业税基本相同。这就意味着,原来就一项金融交易是否构成金融商品转让、是否就此发生营业税的课税争议,在改为征收增值税之后依然未能得到解决。

作为确认对股份有限公司投资所形成的股权的书面或电子凭证,股票在营业税制度之下被视为最重要的有价证券,从而在转让时发生营业税的纳税义务。[14]然而,股票存在流通股与非流通股等诸多不同的类别,其中又包括在特定

---

〔13〕 参见《中华人民共和国证券投资基金法》第5条。

〔14〕 《金融保险业营业税申报管理办法》第7条将金融商品转让分为股票转让、债券转让、外汇转让和其他金融商品转让四大类。

期间内限制转让的限售股,也存在普通股和优先股之分。那么,是否所有类型的股票的交易均应当纳入"金融商品转让"税目的范围,此前在营业税的税收征管实践中已引发了诸多的争议。例如,2013 年税务机关要求两面针公司就其转让所持有的中信证券公司的解禁后的限售股依照"金融商品转让"缴纳营业税,[15]而该公司则认为这一交易的标的物是由股权分置改革所形成的限售股,其转让的实质标的是股权。根据《财政部、国家税务总局关于股权转让有关营业税问题的通知》第 2 条"对股权转让不征收营业税"的规定,不应当作为"金融商品转让"缴纳营业税。对于这一问题,各地税务机关莫衷一是。南京[16]、长沙[17]、福建[18]、浙江[19]、厦门[20]、天津[21]、海南[22]等省市的税务机关对上市企业的限售股转让应当征收营业税有明确规定。部分税务机关以国税总局

〔15〕 参见郭成林:《两面针被追缴 1300 万营业税、上市公司或在掀补税潮》,载《上海证券报》2013 年 2 月 27 日。

〔16〕 参见江苏省南京地方税务局官网:http://njds. nj. gov. cn/art/2010/2/3/art_15377_205745. html,最后访问日期:2013 年 3 月 25 日。

〔17〕 参见《市局稽查局查结首例限售股股票转让补缴营业税案件——敢为人先追征股票转让营业税纪实》,载湖南省地方税务局官网:http://dsj. hunan. gov. cn/hncs/zwgk/dtxx/sjdt/content_546982. html,最后访问日期:2013 年 3 月 25 日。

〔18〕 参见《福建省地方税务局关于福建新大陆科技集团有限公司等企业转让限售股征收营业税问题的批复》(闽地税函〔2013〕138 号):新大陆集团与新大陆生物减持限售股,属于企业买卖金融商品行为,应按转让金融商品征收营业税。

〔19〕 《浙江省地方税务局关于明确股票转让缴纳营业税买入价有关问题的公告》(浙江省地方税务局公告 2013 年第 15 号),载新昌政法综治网、平安新昌网:http://www. zjxc. gov. cn/200/zcfg/201310/t20131024_70240. html,最后访问日期:2014 年 4 月 6 日。

〔20〕 《税务违法案件公告》(厦地税稽告字〔2014〕第 001 号),载厦门市地方税务局网站:http://www. xm-l-tax. gov. cn/content/N1419. html,最后访问日期:2014 年 4 月 6 日。

〔21〕 《天津市地方税务局关于股票转让缴纳营业税买入价确定有关问题的公告》(天津市地方税务局公告 2013 年第 4 号),载天津财政地税政务网:http://www. tjcs. gov. cn/tnetcms/u/csgg/20130609/21428. html,最后访问日期:2014 年 4 月 6 日。

〔22〕 海南省地方税务局稽查局《税务处理决定书》(琼地税稽处〔2013〕8 号):根据《中华人民共和国营业税暂行条例》第 5 条第 4 项的有关规定,海南椰岛(集团)股份有限公司公司 2009 ~ 2011 年出售三安光电小非按原始成本计算所获收益应缴纳营业税。

未有明确规定为由,对限售股转让暂不予征收营业税,如宁波。事实上,一个更为棘手的问题可能是,在限售股的锁定期间发生的股票转让是否同样构成"金融商品的转让"。由此所衍生的问题是,就"股票是公司签发的证明股东所持股份的凭证"[23]而言,既然股票的转让将发生增值税的纳税义务,那么,单纯股权的转让,包括不以股票作为载体的有限责任公司的股权的转让是否构成应税"金融商品转让",同样值得探究。此外,《注释》进一步列举的"基金、信托、理财产品"是否当然构成"金融商品",亦有讨论之必要。

(三)金融商品转让的增值税应纳税额的确定

与其他金融服务的销售额的确定不同的是,金融商品转让以卖出价和买入价后的余额为销售额。转让金融商品产生的正负差,按照盈亏互抵后的余额为销售额。若相抵后出现负差,可结转下一纳税期与转让金融商品销售额相抵,但年末时仍出现负差的,不得转让下一个会计年度。[24]此外,在持有金融商品期间取得的股息、利息等收益的金额是否应当从买入价中予以扣除,当前的营改增规则并未予以明确。由于金融商品持有期间的利息收入(保本收益、报酬、资金占用费、补偿金等),应当按照贷款服务缴纳增值税,因此并不影响金融商品转让的销售额的确定。但持有金融商品期间取得的股息、基金、信托等收益分配的金额是否有必要减计买入价则应有必要予以进一步的明确。

由于金融商品转让不得开具增值税专用发票。因此,购进金融商品所负担的进项税额是无法予以抵扣的。

三、金融保险服务的增值税课税制度的整体检视

(一)金融保险服务营改增的积极意义

将金融保险服务纳入增值税的征税范围,允许金融保险服务的提供者抵扣为提供此项服务而负担的进项税额的抵扣,对金融保险业的影响无疑是深远的。与课征营业税相比,金融保险服务的提供者提供金融服务消耗的商品或服务中负担的部分增值税,包括有形动产、不动产、无形资产的购入或接受应税劳务而负担的进项税额,可以获得抵扣,在一定程度上可以实现仅对金融保险服

[23] 《公司法》第126条。

[24] 参见《营业税改征增值税试点有关事项的规定》。

务提供中的“增值额”的课税,避免重复征税,减轻金融服务提供者的税收负担。作为增值税的纳税人,金融服务提供者亦可以在收取服务费用的同时,以交易金额为基础向服务接受者转嫁增值税的税收负担,由此亦可避免在课征营业税时所产生的隐性的税负不公的问题。

作为现代经济的核心,将金融保险服务纳入增值税的征税范围,对整体经济的发展同样产生巨大的影响。由于可以抵扣之前环节的增值税,金融保险服务的提供者将与金融保险服务提供有关的技术开发等服务由其专设职能部门提供的动力也大为弱化。这也将有利于实现服务提供的市场化与专业化,避免因重复课税所造成的经济扭曲,提高经济的运行效率。不仅如此,作为增值税的纳税人,金融服务的提供者出口金融保险服务,同样将享受出口退税的待遇,不仅出口环节可以免税,也可以申请退回以前环节负担的增值税税款。我国金融保险服务的提供者由此能够以不含税的价格参与国际市场的竞争,有利于提高其国际竞争力。

(二)金融保险服务的“不彻底的抵扣模式”:被搁置的“抵扣难题”

然而,在当前金融保险服务的营改增规则之下,除直接收费服务可以实现进项税额的全额抵扣、保证增值税抵扣链条的完整性外,其他子税目下,不仅服务提供者将面临部分甚至全部进项税额的不得抵扣,服务的接受者因此负担的进项税额同样无法获得抵扣,增值税的抵扣链条由此断裂,无法真正实现对金融保险服务课征增值税的中性目标。

增值税固然是由应税产品和服务的最终消费者承担,与其他类型的流转税不同的是,增值税并不仅仅针对零售环节的消费品课征,而是在每一生产与流转环节对应税产品与服务的增值额分别进行课税。因此,如何确定每一流转环节的增值额或新增价值便尤为重要。

以贷款服务为例。在当前的营改增规则下,金融服务提供者提供贷款服务向借款人收取的全部利息均被计入销售额计算销项税额。银行等金融机构提供贷款服务收取的价格包括全部费用,既包括为提供贷款服务而消耗的中间产品和应税服务,也包括该提供者为提供此项服务而接受的融资服务支付的费用。[25]因此,能否真正实现对金融保险服务的新增价值的征税,取决于为提供此

〔25〕 See Alan Schenk, Oliver Oldman, “Analysis of Tax Treatment of Financial Services under a Consumption-Style VAT”, *Tax Lawyer*, Vol. 44, No. 1, 1990 - 1991, p. 185.

项服务而购进的货物或劳务所负担的进项税额予以抵扣的程度。然而,对于以吸收的公众存款作为发放贷款的主要资金来源的银行等金融机构而言,由于存款人取得存款利息被作为不征税项目,因此,并无负担的进项税额予以抵扣的问题。即使是以同业借入的资金发放贷款,由于此项业务为免税项目,亦不得抵扣进项税额。从表面上看似乎金融机构因此避免了由上一环节所转嫁而负担的增值税;然而,由于其收取的利息中必然包含向存款人或同业债权人支付的融资成本,其结果是本应在上一环节缴纳的增值税的税款,被推迟至银行将取得的资金发放贷款并取得利息收入之时。在这种情况下,银行等金融机构获得部分实际税负延迟的利益,但整体税负并不会有所减轻。一旦银行等金融机构以接受应税的贷款服务所融入的资金发放贷款,由于接受此项服务时负担的进项税额不得抵扣,就此项借入资金所负担的融资成本实际上被再次计入销售额中,增值税抵扣链条也由此断裂,重复征税不可避免。此项不得抵扣的进项税额也因此无法通过增值税抵扣链条转嫁给下一环节的服务接收者,只能作为这一环节的贷款服务的经营成本计入销售额中,构成计算这一环节的销项税额的税基。“税上加税”的税收阴影因此产生。贷款服务的提供者无论以何种方式取得的资金用于发放贷款,在这一环节发生的增值税的税收负担固然可以转嫁给贷款服务的接受者,但由于贷款服务不得抵扣进项税额,所有接受贷款服务的单位和个人都将作为最终消费者而负担增值税。

不仅是贷款服务,金融商品转让和保险服务同样无法通过进项税额的抵扣实现仅对特定流转环节的“新增价值”的征税。由于在金融商品转让时不允许开具增值税专用发票,这决定了负担进项税额的买受人无法加以抵扣。[26]而提供保险服务收取的全部保险费都将被计入销售额中,由于保险赔付属于不征税项目,保险人从所收取的保险费中支付的赔付款无法减少其销售额。作为对被保险人的损失的补偿,这部分款项显然不属于“新增价值”。由此可见,在保险服务的课税,增值税仅对“新增价值”征税的目标同样未能实现。

因此,从总体上说,贷款服务提供者的增值税负与其用于发放贷款的资金的来源方式直接相关。以接受应税的贷款服务方式取得资金发放贷款将产生重复征税和税收阴影的双重问题,税负最重。而对于接受贷款服务者而言,由于贷款服务的进项税款不得抵扣,其作为最终消费者而负担以前环节的流转税

---

〔26〕 参见《营业税改征增值税试点有关事项的规定》。

的税负,则与原来课征营业税并无实质性的区别。

可以说,将金融保险服务纳入增值税的课征范围,使金融保险服务的提供者获得以进项税额的抵扣实现重复征税避免的资格。然而,作为以经营资金融通作为主业的金融机构而言,其为提供此项劳务而接受的贷款服务所负担的进项税额同样不得抵扣,依然无法实现增值税抵扣链条的完整性。采取这一限制抵扣的模式,显然是与金融保险服务无法单独定价直接相关的。以贷款服务为例,贷款服务提供者所收取的利息费用,包括了反映改变消费时点相关的回报的纯利息费用、损失调节的风险费用和金融机构的中介费用,也包括对借出资金的时间价值和机会成本的补偿。因此,贷款服务的提供与接受这一环节所产生的新增价值应当体现为贷款服务提供者收到的较高的利息费用与其为获取供他人使用的资金所支付的较低的利息之间的差额,[27]同时还应当考虑坏账风险准备金、金融机构管理成本等因素。[28]可以说,金融中介服务的费用往往难以与真正的利息或资金回报率相分离,难以在某一特定的交易中确定金融中介服务的真正价格,这是对贷款服务难以实现"新增价值"课税的根本原因。

在当前的增值税抵扣税制下,对特定环节的商品流转的新增价值的课税是通过允许为生产商品购进的货物或劳务而负担的增值税作为进项税额予以抵扣而实现的。因此必须确认在某一特定的应税劳务提供中真正使用、消耗的物质资产,为此即有必要将企业的全部物质投入归属于特定的应税产品或劳务的提供交易中,从而确定该项交易已消耗并实现价值转移的财产负担的税款作。这要求将金融机构收取的总费用以交易为基础分配给特定的消费者;[29]但在当前的增值税制度下尚无明确的方法将此种金额分配到单一的交易中。[30]金融机

〔27〕 See Harry Grubert & James Mackie, "Must Financial Services be Taxed under a Consumption Tax?" *National Tax Journal*, Vol. 53, No. 1, March 2000, pp. 23 – 40.

〔28〕 See Rita de la Feria, "the EU VAT Treatment of Insurance and Financial Services (again) under Review", *EC Tax Review*, February 2007, pp. 74 – 89.

〔29〕 See Tim Edgar, "Exempt Treatment of Financial Intermediation Services under a Value-Added Tax: an Assessment of Alternatives", *Canadian Tax Journal*, Vol. 49, No. 5, 2001, p. 1149.

〔30〕 See Han A. Kogels, General Report, IFA, "Consumption Taxation and Financial Services", *IFA Cahiers de Droit Fiscal International*, 88b, 2003, p. 30.

构所取得的利息净额是贷出资金的利息流入与大量的储蓄、借入资金的利息流出等一系列的资金流动的净结果。贷款所使用的资金并不来自任何特定来源,在资金取得行为与贷出行为之间缺乏一一对应的关系。加上市场利率的实时变动,贷款服务所实现的交易价差也完全是流动性,甚至可能每一时刻均发生变化。这些因素都使一项特定的金融服务的增值额难以确定。这些难题的存在是本次营改增改革最终选择采用金融保险服务的不完全抵扣模式的决定性因素。

总体而言,本次金融保险业的营改增改革中,提供金融保险服务的金融机构得以实现部分进项税额的抵扣。正因如此,在本次改革中金融保险业得以实现税负的减轻。[31] 然而,除去直接收费金融服务,其他金融服务的提供者可以进行的抵扣是不完全的,其接受者或者无法完全进行税额的抵扣或者只能进行不完全的抵扣,增值税抵扣链条同样不可避免地发生断裂。可以说,尽管名义上金融保险服务实现营改增,却依然不难看到隐隐约约的营业税的背影,尤其是金融商品转让,则几乎是营业税的“金融保险业”税目的翻版。可以说,此次金融保险业的营改增是不甚彻底的改革,不仅遗留了诸多的问题尚待解决,大而化之的课税规则也留存了为数甚多的不明确事项,营业者的税法风险也因此陡然增加。

四、金融保险服务的增值税课税制度的未来完善

金融保险服务课征增值税,为当前进行的“营改增”改革的重要组成部分,对国民经济的影响不可谓不深远。然而,如果说由国务院废止《营业税暂行条例》、停止营业税的课征,尚在全国人大向其授予的税收立法权限范围内的话,授权“财政部和国家税务总局根据本方案[32] 制定具体实施办法”,将包括金融保险服务在内的劳务纳入增值税的征收范围、对已规定的《增值税暂行条例》税

[31] 根据国家税务总局公布的数据,改革之后金融业共减负 367 亿元,税负下降 14.72%。参见《财政部、国家税务总局联合召开营改增媒体吹风会》,载国家税务总局官网:http://www.chinatax.gov.cn/n810219/n810729/n811748/c2424085/content.html,最后访问日期:2017 年 1 月 10 日。

[32] 本方案指《营业税改征增值税试点方案》。

收要素进行了实质的变更,有违背《立法法》第 8 条确立的税收法定主义之嫌。因此,在现行《增值税暂行条例》及其配套规则、营改增制度的基础上,制定《增值税法》已成为当务之急。而其中,亦应当对现行不尽完善的金融保险服务的增值税课征规则予以完善。

(一)金融保险服务增值税规则完善的考量因素

1. 税收中性原则的实现

是普遍征收的税种,税收中性原则是其制度构建的根本原则,为此应当对商品或服务的最终消费支出行为征税。因此,增值税负担应当与最终消费者支付的价格成正比,无论之前的生产与流转环节的交易数量如何,以避免增值税的课征对经济活动的扭曲。

为实现这一目标,在考虑对金融服务是否以及如何课征增值税时,首先,应当考虑金融服务是否属于"最终消费性支出"的组成部分;其次,如将金融服务纳入增值税的征税范围,纳税人的税收负担将如何发生变化,此种变化是否可能影响以及在多大程度上影响金融服务业发展的经济选择。在金融服务的课税方式上,则应当考虑每一种方式能够实现的普遍征税、税负公平的可行性、可能造成的重复征税以及由此产生的经济扭曲的程度等问题。

2. 税收征管成本

任何一项税收制度,效率价值是评价和判断其是否正当、合理的价值准则之一,"最大限度地减少法律实施过程中的经济耗费,是评价和设计程序法律时所应考虑的主要价值目标"[33]。优良的税收制度设计应当能够以最小化的征纳成本充分实现税收收入,并能求得二者的平衡。

因此,金融服务的增值税制度设计不仅应当考虑可以产生的直接财政收入,还应当考虑规则的执行成本,包括税务机关的税收征管成本和纳税人的遵从成本。良好的金融服务增值税制度的构建,应当有利于实现征管的简化,在提高纳税人的遵从度的同时降低遵从成本。

3. 增值税抵扣链条的完整性

增值税是以货物和劳务销售的增值额作为计税依据所课征的税收。因此,税额抵扣法能够实现在多环节征收的基础上避免重复征税,也为各国增值税制

---

〔33〕 [英]彼得·斯坦、约翰·香德:《西方社会的法律价值》,王献平译,中国人民公安大学出版社 1989 年版,第 2 页。

度所普遍采用。我国现行增值税制度也采用了这一抵扣制度。

在对金融服务改征增值税时,如何避免造成新的抵扣链条的断裂为重中之重。为此,在实现对金融服务征税时,应当寻求以交易为基础的增值额的计算方法。

(二)金融保险服务增值税规则完善的关键

1. 金融保险服务的增值税纳税人的确定

(1)金融机构 vs. 非金融机构

基于金融风险防范和金融市场稳定的考量,金融业务受到严格管制,只有取得相关的业务资质者才能合法地提供各种金融服务。随着网络技术发展起来的互联网金融正在悄然改变金融市场的版图。长期以来,一方面,包括中小企业的生产与消费信贷在内的中小融资需求未能通过正规金融企业获得满足,普惠金融缺失,草根金融需求得不到满足;另一方面,在存贷款利差受保护的情况下,正规金融的进入门槛过高,民间沉积的资本和普通民众的投资理财需求也未能得到有效的满足。依托互联网技术,投融资者的需求实现了对接,资金的融通脱离了传统的金融媒介,被誉为“金融脱媒”。互联网打破金融行业的高门槛,以灵活性、便捷性和可得性等特征,为长尾客户群提供金融服务,大大扩展了金融服务的广度和深度,对传统金融活动造成强有力的冲击。[34] 在正规金融之外发展起来的非正规金融,其作为金融的核心功能,所包含的股权、债权、保险、信托等金融契约的内涵与正规金融并无差别。

增值税以税收中性为目标,即应当保证普遍、平等的课征。服务的提供者是否具备业务的经营资格、提供的服务是否为其主营业务,不应当对其纳税义务的承担有所影响。正是在这一理念之下,《增值税暂行条例》中并未刻意区分有形货物和加工修理修配劳务的提供者的业务资质,即使是偶然地发生销售货物的单位或个人,也将承担增值税的纳税义务。同样,提供金融服务者为金融机构或非金融机构在税收待遇上并不应当有所区别。否则,税收上的差别待遇不仅可能引发税收套利,更可能引发扭曲金融服务接收者对金融服务提供者的选择。就长远而言,不利于金融市场的均衡发展。因此,提供金融服务的非金融机构或个人,也应当作为增值税的纳税人。

---

〔34〕 参见芮晓武、刘烈宏:《中国互联网金融发展报告》(2013),社会科学文献出版社 2014 年版,第 15 页。

(2)资管产品计划纳税人的确定

在资管产品成立之后,基金管理人负责资管财产的管理和运营,对外以资管产品计划的名义买卖股票、债券等金融资产,管理资管财产运作和处分所产生的债权和股权。因此,基金管理人运营资管财产所实施的一切行为的法律和经济后果均应归属于资管产品,无论积极财产还是消极财产最终都应归属于资管产品计划。因资管产品运营所产生的一切费用和债务,尽管基金管理人名义上享有对资管财产的管理权和处分权,但其运用资管财产赚取的差价收入是资管财产的组成部分,并不归基金管理人所有。如果基金管理人为资管产品运营过程中发生的应税行为的纳税人,那么,基金管理人必须以自有财产缴纳此项增值税,再通过税负转嫁的方式最终由资管产品承担。即使无法转嫁,基金管理人也应有义务缴纳此项税款。更重要的是,正如国家税务总局所强调的,“增值税和营业税一样,均是针对应税行为征收的间接税”[35],如果由基金管理人承担资管产品运营的纳税义务,再转嫁资管产品负担,则资管产品实际上却成为此项金融服务的接受者负担最终的纳税义务,而非金融服务的提供者。[36]因此,由基金管理人承担资管产品的增值税纳税义务,并非最优的制度安排,反而可能违背间接税的基本原则。尽管资管产品本身是否具有独立的法律人格,尚不明确,但在增值税这一间接税制之下,由其作为纳税人,承担增值税的纳税义务,应当是更为恰当的选择。

2. 纳入增值税课征范围的金融保险服务范围的明晰

(1)贷款服务范围的确定

在金融创新的背景下,各种投资形式之间的界限日趋模糊。也正因如此,只有清晰地界定贷款服务的内涵和外延,才能实现准确的税收课征。增值税既然是针对一项货物销售或服务提供的“新增价值”的课征,税法所须关注的,应当是一项权利安排是否以及以何种方式为投资者创造价值增加。具体而言,一

〔35〕 财政部税政司、国家税务总局货物和劳务税司:《关于财税〔2016〕140号文件部分条款的政策解读》,载国家税务总局官网:http://www.chinatax.gov.cn/n810341/n810760/c2431727/content.html,最后访问日期:2017年1月14日。

〔36〕 在财政部、国家税务总局针对140号文所做的政策解读中,实际上混淆了基金管理人对资管产品提供的资产管理等服务和其运营资管产品提供贷款等金融服务。前者的服务接受者为资管产品;而后者,如贷款服务,其接受者应当为债务人,即借入并使用资金者。

项交易构成“将资金贷与他人使用而取得利息收入的业务活动”的贷款服务,应当同时包括如下的权利内涵:

①投资回报取得权,即投资回报是否是在确定或可合理预见的期间内的绝对的无条件支付确定或可以合理预见的收益数额的承诺。

②投资本金收回权,即资金提供者可以要求在固定、相对固定或可确定的期间内无条件取回提供他人使用的资金。

③清偿顺序与剩余财产分配权。这一权利决定在资金使用者终止时资金取回的可能性。例如,进入清算程序后,资金提供者可以优先获得清偿,可以作为将此项交易认定为贷款服务的重要因素。

④救济权,尽管这一权利并不直接决定资金提供者能够实现的收益水平,但救济权的不同安排实际上决定了本金取回与回报收入取得的确定性程度。本金与投资回报的可强制执行程度越高,资金提供者最终可以实现财产价值的可能性就越大。

上述四项权利从不同角度确定了“贷款服务”的税法属性,应当以上述权利为核心综合判定一项资金提供他人使用的交易是否构成“贷款服务”。应当注意的是,营改增意义上的“贷款服务”与金融法领域中的“贷款服务”并非在同一概念上使用。后者的内涵和外延远远小于前者,属于前者的下位概念。为保证不同法律领域概念的同一性,避免不必要的争议,有必要以“债权型投资”替代当前营改增意义上的“贷款服务”。

由于金融交易的灵活性、易变性,易于用作避税安排,故而应以其经济实质判定其税法属性,是长期以来形成的错误观念。[37]探求交易是否具有资金供他人使用的实质,以判定是否应当纳入“贷款服务”这一税目课征增值税,就是受到这一错误观念误导的结果。以实物为标的物的交易固然可能包含资金的最终占用及其回报取得的经济实质,但双方当事人在这一交易中的法律权利与经济风险却与直接的资金占用和利息支付有着根本的区别。如买入返售金融商品与以金融商品为质押物的资金借贷,尽管可能产生相同的经济收益,从而被认定为具有相同的现金流。但不容否认的是,双方当事人在两项交易中对标的金融商品享有的所有权有着根本的区别,因此所承担的经济风险也有所不同。

〔37〕 详细可参见汤洁茵:《原则还是例外:经济实质主义作为金融交易一般课税原则的反思》,载《法学家》2013 年第 3 期。

这些权利配置或经济风险的承担尽管与直接经济回报的取得并无直接的关系,但仍可能间接造成交易当事人未来收益机会的增减或风险的减弱,进而实质性地改变当事人在交易前后的经济地位,从而使其交易具有独特的经济属性。因此,一味强调以交易的经济实质判定是否构成贷款服务,是值得商榷的。

(2)"金融商品转让"税目的界定

所谓有价证券,乃是表彰具有财产价值的私权证券,其权利的发生、移转或行使,需全部或一部依据证券为之。[38] 如果说证券是权利与证券相互融合的产物的话,证券是权利得以表现的形式和载体,而权利则是证券的实质与内涵。对投资者而言,"最为重要的是证券背后的权利","而不是印刷精美的股票或债券"。[39] 从这个意义上说,无论股权的载体是股票还是出资证明,都不应当影响其转让构成增值税应税事实的属性的认定。然而,股票之为证券,不仅仅因其承载了对股份有限公司的股权,更是因为股票是一种将公司股权等额化的形式。这种标准化、要式化、等额化的特性使投资者能够在证券市场上自由转让和买卖这一证券化的股份财产形式,从而使股份有限公司资本的实物形态与价值形态相互分离,形成各自相对独立存在和运行的性质。[40] 作为一种证券形式,基于等额化的自由流通,股票不仅是股份的一种静态的表现形式,更代表着股份财产的独立运动。尽管股票的价格主要取决于公司的净资产额,但同时受到股市流入的资金总量、市场利率、宏观经济形势、股票供求关系等因素的影响,形成了独立于公司经营的定价体系,其价值方式与实物运动方式具有相对独立的发展趋势。借助于证券的流通性实现的经济的虚拟化,大大提高了经济运作的效率,促进了资源配置的优化,使社会财富能够得到最大限度的利用。正是从这个意义上说,股票等证券形式才得以成为与实物商品并行的商品形式,从而其流转额也应被纳入增值税的征税范围。

可以说,有价证券之所以成为金融商品,并不仅仅在于其承载了一定的财产权利,具有财产价值,更在于其流通性使其具有独立于实物财产的价值和定价机制。流通性是决定一项权利证明是否构成金融商品的决定性因素。然而,

---

〔38〕 参见伍伟华:《有价证券处分行为之准据法》,元照出版公司2010年版,第32~33页。

〔39〕 刘俊海:《现代证券法》,法律出版社2011年版,第9页。

〔40〕 参见周友苏主编:《新证券法论》,法律出版社2007年版,第51页。

流通性不仅表现为商品所有权的可转让性,更表现为其易于与其他商品相互交换的属性。这意味着以货币购买此种金融商品时不仅一般无须在价格之外支付额外的费用,而且可以在最短的时间内完成交易,并可交换最多的种类。在将金融商品转化为货币时亦然。因此,尽管出资证明与股票同样为股权的表现形式,但受限于有限责任公司的人合性,其股权的转让受到更多的法律的限制,交易的完成需要耗费更长的时间,并付出大量的信息搜寻、寻找交易对手以及协商谈判等交易成本,不具有通常意义上的流通性,不足以构成一项金融商品。同样,尽管限售股以股票为表现形式,但在其锁定期间其流通性受到限制,此时形式上的股票已丧失作为有价证券的基本属性,与出资证明无异。在此期间,其转让并不应当认为构成金融商品的转让。一旦解禁,重新获得流通性的限售股,即应当属于金融商品。

不单是有价证券,《注释》所列举的同属于金融商品的“外汇”和“非货物期货”同样具有流通性。外汇作为各国法定货币发行机关发行的一般等价物,其流通性自不待言,期货交易自远期合约衍生而来,因其契约的标准化、规格化和交易的制度化而与后者有着根本的区别。[41] 此种流通性是建立在每一份金融契约要素的固定化、内容的标准化以及所承载权利的同一性的基础上的。

然而,《注释》进一步列举的其他金融商品,却并不当然具有此种流通性。[42] 以信托为例,尽管《信托法》第 48 条规定,受益人的信托受益权可以依法转让和继承,但此种可转让性同样不足以使其具备可流通性。其一,《信托法》对信托受益权的载体及其记载内容并无明确的规定,受益人根据信托文件享有信托受益权,其转让权亦得以信托文件予以限制。其二,委托人得自由设立信托,不仅不同的信托中信托财产的范围、种类及状况各有不同,受益人由此享有的受益权内容各有不同,基于受益权取得信托利益的形式和方法也有所区别,即使是同一信托中的共同受益人也基于信托文件各自享有信托利益,并不必然相同。其三,信托受益权乃是对信托财产的经营收益所享有的权利,其价值在

---

〔41〕 参见王文宇主编:《金融法》,元照出版公司 2013 年版,第 186 页。

〔42〕 《注释》列举了其他金融商品包括“基金、信托、理财产品等各类资产管理产品和各种金融衍生产品”。但“基金”只是一种集合投资的方式,其本身并不作为可交易的对象。因此,此处的基金,准确而言应当是“基金份额”。同样,“信托”亦应当是“信托受益凭证”之误。

很大程度上取决于信托财产及其增值,在缺乏公开的情况下,市场无法完成对受益权的定价。因此,信托受益权的取得、移转、行使亦不以提示相应的凭证为前提,单纯信托受益权是不具有流通性的。完全将其纳入金融商品的范畴显然是值得商榷的。

建立在信托基础上的证券投资基金,如果其受益权凭证以基金份额的形式发行,此项受益权凭证才得以取得“金融商品”的资格,而纳入增值税的征税范围。然而,《注释》虽然注意到了基金份额的有价证券的属性,却忽视了2012年12月《证券投资基金法》修改时已允许设立私募投资基金,而设立投资基金亦可采取公司或合伙企业的形式,投资者的投资权益不再以基金份额作为唯一的表现形式。《注释》所称属于其他金融商品的“基金”如涵盖所有类型的投资基金,显然有失妥当。

3. 以中性为目标的金融保险服务的增值税抵扣制度的完善

增值税的纳税人虽然是货物或劳务的提供者,其实际负税人却是货物或劳务的最终消费者。为实现对货物与劳务的提供行为的普遍征税,增值税的征收范围并不局限于零售环节的消费品,并非仅在消费行为发生时才对交易中累积的价值总额课税,而是在每一生产和流转环节对应税产品与服务的增值额分别课征税收。[43]因此,在增值税的课征即要求必须透过一定的制度设计,实现由最终消费者,而非生产与销售过程中的经营者,对交易过程中商品、劳务增加的价值负担增值税的纳税义务,否则必然造成对商业流动机制经营商额外的负担与干扰。

税额的抵扣机制是增值税这一税种实现其课征目标的重要制度设计。这也是增值税制度维持其中性的不可或缺的基本考虑。[44]一旦抵扣链条断裂,增值税的功能与目标都将无法实现。因此,将金融保险服务纳入增值税的征税范围却不允许除直接收费金融服务以外的其他金融服务进行税额的抵扣,必然导致接受此项金融服务的经营者成为实际上的最终消费者而负担税款,是从根本上有违增值税的制度初衷和基本原则的。

《实施办法》第27条第6项将贷款服务与其他明显属于个人生活消费品的旅客运输服务、餐饮服务、居民日常服务和娱乐服务等量齐观,认为其接受者即为最

〔43〕 参见全国人大预算工作委员会编:《增值税法律制度比较研究》,中国民主法制出版社2010年版,第47页。

〔44〕 参见黄源浩:《论进项税额抵扣权之成立及行使》,载《月旦法学杂志》2007年第1期。

终消费者,并无抵扣之必要。尽管上述服务同样可能在提供最终消费品的过程中被消耗,"其属性难以判断是否为经营活动所必要"[45],形式上难以与真正被用于生活消费的上述服务进行明显的区分,如若允许其抵扣,反而可能诱发企业将其作为逃漏税收的手段,虚增上述服务以获得最大限额的抵扣,造成税收的流失。然而,贷款服务显然并不具有当然的最终消费品的特性,作为中间产品被消耗的金融服务与作为最终消费品的金融服务亦不存在此种不可区分性。相反,应税产品与服务的提供者所收取的价格应当包含全部费用,包括金融费用。如该提供者为其资本商品、存货甚至是主要的现有费用进行融资,必然为此而支付相应的费用。这些融资成本应当反映在其提供的产品或服务的价格中。由于增值税对应税产品与服务的市场交易价格进行课征,其提供者为此而支付的融资成本也必然包含于消费型的增值税的税基中。[46]而由于银行和投资中介也需要中间产品、资本与劳动投入,因此,提供金融服务中使用的基本进项也应当被课以增值税。这些进项税必须通过抵扣的方式才能实现由最终消费者负担。因此,包括贷款服务在内的金融服务并无必要绝对限制其进行税额的抵扣。

隐性收费的金融服务的增值额确定的难题,无疑是立法者选择接受贷款服务所负担的进项税不得抵扣的重要考量因素。当前各国为解决金融保险服务的增值税抵扣难题,无论在立法实践中还是税法理论上,都进行了诸多的探索。如澳大利亚[47]、新加坡[48]的固定比例税额抵扣法,墨西哥[49]、阿根廷和以色

[45] 参见黄源浩:《论进项税额抵扣权之成立及行使》,载《月旦法学杂志》2007年第1期。

[46] See Alan Schenk and Oliver Oldman, "Analysis of Tax Treatment of Financial Services under a Consumption-Style VAT", *Tax Lawyer*, Vol. 44, No. 1, 1990 - 1991, p. 185.

[47] See Australia, *A New Tax System (Goods and Services Tax) Amendment Regulations 2000 (No. 2)*, Division 70; *The Application of Goods and Services Tax to Financial Services-Consultation Document*, August 1999, Commonwealth of Australia.

[48] See Glenn Jenkins and Rup Khadka, "Value Added Tax Policy And Implementation In Singapore", *International VAT Monitor*, 1998, Vol. 9, No. 2, p. 40. 其他详细资料可参见 www. iras. gov. ag。

[49] See OECD, *Indirect Tax Treatment of Financial Services and Instruments*, October 1998; Christian R. Natera, Branch Report-Mexico, IFA, "Consumption Taxation and Financial Services", *IFA Cahiers de Droit Fiscal International*, 88b, 2003, pp. 563 - 584.

列的全额课税并抵扣法,即是增值税立法的有益尝试。而加拿大、欧盟为探索金融服务的全额课税模式,在理论上提出了减除法、现金流量法等课税方法。然而,欧盟在 1996 ~ 1998 年选择了 10 个金融机构作为试点,证明该法存在执行上繁复性。也正因如此,该法到目前为止并未被任何一个国家所采用。[50]

尽管金融机构,包括银行、证券公司、保险公司,从事的金融服务各有差异,但资产转换、风险管理和信息处理是所有金融机构的核心功能。可以说,所有类型的金融机构的核心业务为资本与风险的管理。[51] 这也正是金融机构与其他企业的区别之所在。因此,资金与金融产品对于金融机构而言,与生产性企业为生产目的而购入的原材料或机器等固定资产,并无任何实质性的差别,均是从事日常经营活动所必需的物质投入。因此,金融机构为获取资金或金融产品而支付的成本,如吸收公众存款而支付的利息,而非取得的资金或金融产品,为提供服务而发生的实际物质投入。而金融机构使用资金或金融产品而取得的收费,如发放贷款而收取的利息,而非对外提供的本金或转让的金融产品,为提供金融服务取得的销售额。两者的差额即为增值额,可以作为增值税的税基而计算应纳税额。金融机构在支付存款利息或金融产品的购入款时一并支付的增值税为进项税额,而收取贷款利息或收取金融产品转让价款时一并收取的增值税为销项税额。[52] 由此,即可以确定每一交易的应纳税额,从而能够兼容于抵扣制度。贷款人取得贷款如用于生产应税产品或提供应税劳务,则其支付的利息而发生的增值税可以作为进项税额进行抵扣。

五、结　　语

金融保险业的增值税课征一直是各国在构建增值税制度时争议最大、也是公认课征难度最大的税目。在本次营改增改革中,我们不难看到立法者为此所

---

〔50〕 See Howell H Zee,"VAT Treatment of Financial Services: A Primer on Conceptual Issues and Country Practices", *Intertax*, Volume 34, Issue 10, 2006, p. 468.

〔51〕 See Alain D' Hoore, *Essays on Taxation and Financial Intermediation*, *ProQuest Information and Learning Company*, 2003, p. 6.

〔52〕 See Howell Zee,"A New Approach to Taxing Financial Intermediation Services under a Value-Added Tax", *National Tax Journal* 2005, Vol. 52, No. 1, pp. 77 – 92.

做出的努力和有益的尝试。即使如此，仓促制定的规则依然难掩粗糙。现有规则所使用法律概念的非周延性，形成了大量税或非税的金融保险服务的模糊与空白地带。更重要的是，提供金融服务者虽然获得一定程度的进项税额抵扣的权利，但接受服务者的税额抵扣依然受到诸多的限制。随着金融保险服务的营改增的完成，增值税抵扣链条依然无法实现其完整性，只不过抵扣链条的断裂由金融服务的提供环节转移到了接受环节。金融保险服务并非天然属于不可抵扣的交易范围。当前所采用的不彻底的抵扣模式或许是因金融保险服务的隐性收费方式导致增值额确定困难而不得不为的一种妥协，但这便决定了税额抵扣机制的功能无法真正实现，作为金融保险服务的提供者或接受者的经营者不得不如最终消费者般负担或多或少的增值税，从而造成其经营上额外的成本。可以说，尽管金融保险服务实现了“营改增”，却延续了诸多营业税的征税方式，是一种不甚彻底的改革。但当前金融保险服务的营改增规则的实施作为一种有益的立法尝试，必然能够为未来制定《增值税法》提供更多的征管实践的经验。可以预见的是，未来的改革依然任重而道远。

VAT Reform on the Financial and Insurance Service in China: Issues and Reconsideration

Tang Jieyin

Abstract: It is the key point and one of the most difficult problem in the construction of VAT system how to levy VAT on the financial and insurance services. In the VAT reform in China converted from the business tax the financial and insurance services are subject to VAT from 1st May 2016. The rules about how to levy VAT on the financial and insurance services are dispersed on the regulations prescribed by the MOF and SAT and they are simple and rough. Under the rules although the core domain of the financial and insurance services can be determined, there is the twilight zone around the core domain where the supplement of the services are distributed which are not clear whether they may be attributed to the financial and insurance services. And it is not clear how to determine the tax treatment of the services even they may be regarded as the financial services. More importantly, the chain of the VAT credit is still broken for the tax credit is not allowed for the receiver of most financial and insurance services, including the loan service, the insurance and the transfer of the financial products. Therefore, it is the beginning to construct VAT rules on financial and insurance services and it is necessary to promulgate more clear and specific rules on how to levy VAT on such services. In order to realize the VAT neutrality, it is significant to allow the tax credit for the business when it receives the financial or insurance services.

Key words: Financial and insurance services; "VAT reform"; Tax incredit

(责任编辑:张牧君)

论《信托业法》的部门法属性特征

席月民*

内容摘要：

我国的信托法制建设融政治性、理论性以及实践性为一体，日益关注中国经济社会发展的本土化需要，注重回应和解决现实法律问题。《信托业法》是金融法的有机组成部分，是规范和保护我国信托业健康持续发展的重要保障，在承认信托的跨业经营与消除分业监管壁垒方面担负重任。制定我国《信托业法》，需要在理论上厘清其部门法属性及其法律特征，拓展信托法学研究中的逻辑认知。具体来说，《信托业法》应当属于公法与私法调整机制的耦合法，属于实体法与程序法的有机结合。虽然该法包含有商法成分，但实质上应当属于我国经济法的体系范畴。

关键词：

营业信托　信托业法　金融法　商法　经济法

信托市场是我国金融市场的有机组成部分，在我国现有政策取向中，信托业作为一个理财市场的大概念已经逐渐清晰化和明确化。我国亟待制定一部《信托业法》，以适应国家金融监管体制改革需要，消除分业监管壁垒，提高信托跨业经营的监管效率，把监管重心从目前的合规性监管转向功能性监管，转向信托风险的防范与化解。从理论上厘清《信托业法》的部门法属性，有利于科学定位这部立法的基本理念和原则，系统建构其基本制度和运作机制，有效拓展信托法学研究中的逻辑认知和学术视点。

---

* 席月民，中国社会科学院法学研究所经济法室主任、法学系副主任兼法硕办主任，副研究员，法学博士。

一、从民商合一看《信托业法》的商法特性

《信托业法》调整的是信托监管关系,相应的法律规定专门针对的是专营和兼营信托业务的商业信托机构以及信托监管行为,其部门法属性是否取决于《信托法》,是否属于民商法部门,在理论上需要进行深入考察和厘清,防止出现立法中的法律价值错位或移位现象,防止以偏概全,故意忽视或漠视不同利益主体的法律地位及其利益分化。

(一)民商合一的源流与嬗变

商法即商事法,是调整商事关系的法律规范的总和,是民法的特别法。商法所调整的商事关系是平等的商事主体之间的社会经济关系,是商事主体基于营利动机而建立的,并且发生在持续的营业之中。[1] 大体上说,商事关系是一定社会中通过市场经营活动而形成的社会关系,主要包括两部分:一是商事组织关系;二是商事交易关系。[2]

在我国现有法律体系中,民商合一是一大突出特色。民商合一的源流可以追溯到罗马私法。由于古代商法规范被包容在罗马私法中,所以形成了两法合体、民商不分的情况。但因近代商法直接从中世纪商人法的基础上发展而来,民商合一是在商法作为一种独立的法律体系的地位已经奠定后并相对于民商分立现象而出现的概念,因此现代意义上的民商合一是从 19 世纪中叶在西方开始发展起来的。在我国,至今尚未颁布民法典,更谈不上民商分立中所谓的商法典。

需要强调的是,在构建现代私法体系时,民商合一并不否认商法以单行法规的形式独立存在,民商分立也不意味着必须制定单独的商法典。这些年来我国一直积极致力于民法典的编纂,虽然目前为止民法典仍在积极起草过程中,但商法制度的建立对当代中国的经济乃至政治格局的变化却已产生深远影响。它不但从制度上保障了我国社会主义市场经济体制的完整性和稳定性,而且为我国改革开放和外向型经济发展奠定了重要基础。

---

〔1〕 参加王保树主编:《中国商事法》,人民法院出版社 1996 年版,第 3 ~ 4 页。

〔2〕 参见王卫国主编:《商法》(第 2 版),中国广播电视大学出版社 2008 年版,第 1 页。

（二）《信托业法》的商法特性

《信托法》旨在确定信托当事人的权利义务，规范信托行为，在性质上应归于民商法部门。《信托业法》所调整的社会关系具有商事关系的性质，其中的经营主体是典型的商事主体，无论是专营信托业务的信托机构还是兼营信托业务的信托机构均基于营利动机建立，并且营业性特征十分明显。在《信托业法》所调整的社会关系中，基于信托业务经营的商事组织关系和商事交易关系同时并存，因而《信托业法》包含有商法成分，一定程度上体现了商法的性质与特征[3]：

首先，商法调整行为的营利性特征，在《信托业法》中有着集中展现。信托机构的信托经营活动无不以营利为基本出发点，《信托业法》需要保障信托市场主体的营利活动，使其能够通过合法经营行为在信托市场上获得经济利益。

其次，商法调整对象的特定性，即商主体和商行为的特性在《信托业法》中也得到了全面展示。《信托业法》仅适用于履行了信托营业登记从而具有信托经营资格的信托机构这样的商事主体，适用于营业信托这样的商事信托，并不适用于普通受托人的民事信托行为。

再次，商法规范的技术性和易变性特征在《信托业法》中也能觅得答案。信托机构的信托经营行为与资产证券化、权利证券化运动密切相关，相关经营和交易规则必须为确保信托市场的交易效率而具有可操作性和技术性，从而使信托机构的经营行为有章可循。同时信托交易活动的内容和形式会随着信托产品创新活动必然发生变化，因此相应的修法活动相对会比较频繁。

复次，商法的公法性特征是私法公法化的一种表现形式，在商法规范体系中，私法规范是核心，但同时也包含有大量的公法性条款，《信托业法》体现了公权力对信托市场的干预，因此具有鲜明的公法性兼融私法性的特征。当然，《信托业法》中的公法因素目的不是限制交易、妨碍交易，而是通过建立和维护良好的市场秩序，保障交易、促成交易。

最后，商法的国际性特征在《信托业法》中也有明显反映。跨国信托的出现以及《信托业法》对跨国信托的规制，即体现了《信托业法》的国际性特征。

总之，《信托业法》中关于信托机构设立、变更、终止以及经营规则的内容，

---

[3] 有关商法的特征参见范健主编：《商法》，高等教育出版社、北京大学出版社 2002 年版，第 6 ~ 7 页。

均清楚地表达了其所具有的商法成分,与商法的特征具有一定程度的一致性。另外,《信托业法》对信托机构内部治理与经济效率的强调,以及对维护交易公平和保障交易安全的重视,与商法的基本原则〔4〕也是吻合的。

二、《信托业法》的经济法部门属性分析

如果基于上述民商合一中《信托业法》所存在的商法特性而直接得出《信托业法》属于民商法部门的结论,笔者认为存在诸多不妥之处。该法虽然包含了商法成分,但在部门法属性上却应归于经济法部门。主要理由如下:

(一)《信托业法》不是纯粹的私法,应当属于公法与私法调整机制的耦合法

1. 公法与私法的划分

在查士丁尼的《学说汇纂》的前言中选用了罗马法学家乌尔比安的一句话,“有关罗马国家的法为公法,有关私人的法为私法”。〔5〕源于罗马法的公法与私法的划分,长期以来在我国法学界只作为一种历史上存在过的法律划分方法而予以介绍,其科学性、合理性和现实性并不被承认。现代法学一般认为,凡涉及公共权力、公共关系、公共利益和上下服从关系、管理关系、强制关系的法,即为公法,而凡属个人利益、个人权利、自由选择、平权关系的法即为私法。〔6〕我国社会主义市场经济体制确立以来,在构建与其相适应的法律体系的理论和实践中,公法与私法的划分重新得到了重视。〔7〕我国著名法学家王家福等人曾明确指出,区分公法私法的必要性在于市场经济本身的性质,区分公法与私法是建立市场经济法律体系的前提。〔8〕

关于区分公私法的标准,约有三种学说:其一为利益说,即规定国家利益者为公法,规定私人利益者为私法;其二为意思说,即规制权力者与服从者的意思

---

〔4〕 有关商法的基本原则,参见王卫国主编:《商法》(第 2 版),中国广播电视大学出版社 2008 年版,第 9 ~ 18 页。

〔5〕 参见朱景文:《比较法导论》,中国检察出版社 1992 年版,第 183 页。

〔6〕 张文显主编:《法理学》,高等教育出版社 1999 年版,第 56 ~ 57 页。

〔7〕 参见陈甦主编:《证券法专题研究》,高等教育出版社 2006 年版,第 39 页。

〔8〕 参见中国社会科学院法学研究所社会主义市场经济法律体系课题组:《建立社会主义市场经济法律体系的理论思考和对策建议》,载《法学研究》1993 年第 6 期。

为公法,规制对等者的意思为私法;其三为主体说,即公法主体至少有一方为国家或国家授予公权者,私法主体法律地位平等。其中第三说为学者通说。[9]公私法的区别,是现代法秩序的基础,也是建立法治国家的前提。在现代国家,一切法律规范,无不属于公法或私法之一方,且因所属不同而致其效果不同。但我们必须认识到,公法与私法的划分是大陆法系的历史传统,商法虽然体现了私法公法化的趋势,但其立意本身仍归于私法,是私法体系的重要组成部分,这一点与新兴的经济法完全不同。从经济法在近代法律构造更化中的地位发微来看,作为公私法融合的经济法是市民社会与政治国家互动的产物。

2.《信托业法》:公法与私法调整机制的耦合法

市民社会不是一个独立的概念,它在与国家的相对关系中获得自身的规定性。国家对市民社会的渗透或统合的政治性是不可否认的。市民社会与国家是一对合体中的不可分割的两个分体。[10]经济法是包括公法与私法在内的法律分支,私法与公法观念的相互渗透正是经济法的精髓。[11]经济法既区别于民商法,也区别于行政法。经济法中的法律规范既包含私法内容,也包含公法内容,因此把经济法简单归入私法或简单归入公法均有不妥。经济法实现了从民商法的形式平等与形式公平到实质平等与实质公平的跨越,强调了对弱势群体实行倾斜保护的国家政策,通过公权力的有限介入纠正市场失灵以及市场交易中的不平等和不公平。就《信托业法》而言,笔者认为其具有经济法的部门法属性,应当属于公法与私法调整机制的耦合法。

所谓耦合,通常是指物理学上两个或两个以上的体系或两种运动形式之间通过相互作用而彼此影响已至联合起来的现象。[12]在社会科学领域,我们也可以把两种社会现象通过某种条件,使二者有机结合起来发挥作用的客观事物,称为耦合。[13]在对经济关系的法律调整中,公法与私法耦合是指公法与私法相

---

〔9〕 参见中国社会科学院法学研究所社会主义市场经济法律体系课题组:《建立社会主义市场经济法律体系的理论思考和对策建议》,载《法学研究》1993 年第 6 期。

〔10〕 张世明:《经济法学理论演变研究》,中国民主法制出版社 2009 年版,第 54 页。

〔11〕 See Goldschmidt, Hans, *Reichswirtschaftsrecht*, Berlin, 1923, S. 14.

〔12〕 中国社会科学院语言研究所词典编辑室编:《现代汉语词典》,商务印书馆 2005 年版,第 1012 页。

〔13〕 参见徐孟洲:《论市场机制与宏观调控的经济法耦合》,载《法学家》1996 年第 2 期。

互独立又相互依存,私法调整手段与公法调整手段的互相借用。一般层面的表现就是公法的私法化和私法的公法化。更深层次的结合即因市场机制与宏观调控机制的耦合,直接导致了公私耦合法的诞生。[14]公法与私法耦合是社会主义市场经济和法治国家的客观要求,在经济、政治以及法理方面有着深层次的理论基础。

《信托业法》具有经济法的社会公共性、经济政策性、政府主导性以及公法和私法的融合性特性。[15]其着眼于对信托业有效监管的法律保护,对信托业监管机构的定位及其职责厘定即生动体现并诠释了其中的公法因素。无论是专营还是兼营信托业务的信托机构,其经营资格的取得和丧失均涉及信托业监管机构的法定许可,信托业监管机构的法定职权如规章规则制定权、市场准入审批权、现场检查权、非现场检查权、行政处罚权、危机救助权以及市场退出监管权等,无不体现了国家对信托市场的干预意志,在法益目标上直指对社会公共利益的保护。因此,《信托业法》的公法属性不容置疑。但如果据此将《信托业法》直接定位为公法,或定位为行政法,恐怕会有失偏颇。

我们必须注意到,《信托业法》同时具有私法性的一面。这是因为,《信托业法》所调整的社会关系中同样包含委托人、受托人与受益人等平等主体之间基于信托行为所产生的信托关系,只是这里的受托人是专营或兼营信托业务的信托机构。信托机构的经营范围和经营规则不单单体现着信托机构自身的私益,而且也会关系到不同信托产品中委托人和受益人的私益。《信托业法》中系统构建的信托经营主体制度、信托经营权利制度、信托经营行为制度和信托经营责任等,即全面而完整地体现了信托机构作为商事主体对私人利益与私人意志的价值追求。

以其中的信息披露制度为例,该制度通过为信托机构设置强制性的信息披露义务,借以平衡信托市场不同信托当事人之间的利益关系,促使信托市场主体最大限度地合理地获得信息,从而解决信托市场信息不对称问题,进而有效保护投资人(委托人)的合法权益,保障投资人在理性投资的基础上能够做出最优投资选择。

---

[14] 参见徐孟洲:《耦合经济法论》,中国人民大学出版社 2010 年版,第 36 页。

[15] 有关经济法的上述特征,参见王晓晔主编:《经济法学》,社会科学文献出版社 2010 年版,第 15 ~ 21 页。

尽管在《信托业法》中占主导地位的仍是信托业监管机构与信托机构之间基于信托经营及其监管行为所产生的具有经济性和管理性的经济管理关系，但事实上，这种经济管理关系不但包含信托机构的私益内容，也包含信托监管机构所代表的公益内容，并非公私法划分中所强调的单纯的公共利益或单纯的私人利益。可以说，法益的复合性是《信托业法》的显著特征，《信托业法》所调整的法益既有专营或兼营信托业务的信托机构之间的私益，也有不特定多数的投资人（委托人）、受益人以及信托团体的社会化利益，同时还有国家在维护公平竞争、实施公共管理中的国家利益和社会公共利益。民商法属于典型的私法范畴，前述商法的公法性特征无法掩盖其私法属性的本质，《信托业法》与民商法的私法属性难以切合。在主体上，《信托业法》把信托机构、投资者、受益人等私主体与国家这一公权力主体全部囊括其中，注重合理平衡国家利益、社会公共利益与私人利益，在法律调整方法上有机结合了集中与自由两种方法，把公法因素与私法因素平等置于自身体系之中。因此，笔者认为，与其纠结于公私法的分野边界如何确定，不如实事求是地认定《信托业法》属于公法与私法调整机制相互融合的公私耦合法，并且是经济法中市场规制法〔16〕的重要组成部分。

（二）信托业法不是纯粹的实体法，应当属于实体法与程序法的有机结合

1. 实体法和程序法的划分

实体法与程序法是根据法律规定的内容不同所做的重要分类。其中，实体法是指以规定和确认权利和义务或职权和职责为主的法律；程序法是指以保证权利和义务得以实现或职权和职责得以履行的有关程序为主的法律。当然，这种分类是就法律本身主要方面的内容而言的，它们之间也有一些交叉。实体法中也可能涉及一些程序规定，程序法中也可能有一些涉及权利、义务、职权、职责等内容的规定。〔17〕这种分类，便于我们把握不同性质法律规范的特征、效力和功能，在立法、执法和司法实践中更准确地认识、理解和适用法律。

---

〔16〕 市场规制法是一个集合概念，泛指调整市场规制关系的法律规范系统。所谓市场规制关系，即指国家在干预和规制市场主体和市场监管主体的行为过程中所发生的社会关系，主要包括生产经营规制关系、市场竞争关系和市场监管关系。

〔17〕 参见张文显主编：《法理学》，高等教育出版社、北京大学出版社 1999 年版，第 55 页。

实体法与程序法代表实体权利和实现实体权利的程序的两个维度,它们是一个国家法治的相互依赖的两个方面,可以分析法治本身变革的程度。[18]后者在保持独立性的基础上,对前者具有工具性的保障价值。

2.《信托业法》:实体法与程序法的有机结合

《信托业法》是专门针对金融业中的信托业实施监督管理的法律规范系统,是用来专门解决信托业监管改革与监管实施问题的,需要通过立法来确立新型信托业监管体制、监管机构、监管事项、监管方法以及监管程序,这就对《信托业法》的制定提出了更为明确的技术性要求。程序并不与特定的实质内容固定在一起,程序法具有很强的技术性。从技术构成来讲,程序实际上是由时间和空间要求所构成的,程序以法定时间和法定空间方式作为基本要素。其中,法定时间要素包括时序和时限,时序是法律行为的先后顺序,时限是法律行为持续时间的长短;法定空间方式则包括两个方面,即空间关系和行为方式。较之实体性权利义务,程序法关于实现权利义务的步骤、顺序和方式等时空要素的规定,在内容上必定是具体、明确的,具有更强的可操作性。程序的基本功能之一,就是通过程序的时空要素来指引人们的法律行为按照一定的指向和标准在时间上得以延续,在空间上得以进行。在这个意义上,程序实际上具有一种"游戏规则"的性质和功能,即只规定保障游戏正常进行的外部规则,而不涉及对游戏结果的评判。[19]

《信托业法》中既包含实体法规范,也包含程序法规范,这两类规范性质不同、功能互补,在该法中的地位与比重大体相当。具体来说,关于信托机构权利义务的法律规范和信托监管机构的权力和职责的法律规范等,属于实体法规范;关于信托机构市场准入和退出许可、信息披露程序、信托监管机构现场检查、问题信托机构救助等法律规范,则属于程序法规范。《信托业法》的这一特性与民商法本身的实体法属性难以切合。

在理解《信托业法》属于实体法与程序法相结合这一特征时,需要避免陷入不必要的误区。为此有学者强调,无论是实体法还是程序法,都是指调整同一

---

〔18〕 朱景文:《中国特色社会主义法律体系:结构、特色和趋势》,载《中国社会科学》2011年第3期。

〔19〕 万毅:《程序法与实体法关系考辩——兼论程序优先理论》,载《政法论坛》2003年第6期。

性质的法律行为以及由行为主体所体现的同一性质的社会关系的法律。只有调整同一社会关系的法律之间才存在实体法与程序法关系。在这一前提下,所谓实体法是指为履行特定职能或实现特定利益,赋予组织或个人职能性权力或利益性权利的法律;程序法则是为实现职能性权力或利益性权利而制定的关于行为的方式、步骤和时间、顺序的规定的法律。[20] 笔者赞同这一观点,《信托业法》中的程序法规范并不包含民事诉讼、刑事诉讼以及行政诉讼等方面的诉讼法规范,不能打破法律部门的划分标准来定义这里的实体法与程序法。与复杂、多样的实体公正不同,程序公正的内涵具有确定性,这导源于程序以及程序法本身所固有的自治性、形式性、刚性和安定性特征。[21]

在我国,越来越多的人开始认识到程序法的重要性。程序法不仅具有保障实体法实现的附属性,而且具有自身的独立意义,即通过程序正义实现实质正义。《信托业法》中的程序性规范,可以确保信托投资者权益得到充分保障,可以确保信托市场经营主体得到公平对待,也可以促使信托业监管机构依法监管,从而确保信托市场的公平性价值与秩序性价值的真正实现。程序设置的立法本意,除了有效地维护公正与秩序,亦包括提高效率。[22] 由于程序的设置与信托市场的效率直接关联,一旦程序设置不当,则会降低信托市场的资源配置效率,因此必须在市场需求与监管供给之间寻求合理的平衡点,使各种程序简繁适度、层次适当、安全便捷。信托市场监管的各种程序必须在设置方面实现全面公开,在运作上必须完全透明,不应存在法律规则之外的程序。此外,《信托业法》的程序性规则需要本着节约成本原则来设计,尽量减少程序本身运作中的费用以及发生腐败的可能。在区分实体法和程序法,认识程序法在实现实体权利的重要意义的同时,还应该看到二者之间的相互联系与相互渗透,以及二者的统一性。程序本身就有实体性的意义,某些程序的瑕疵或程序的违反可能导致行为本身的不成立或者无效。[23]

---

[20] 参见李颂银:《走出实体法与程序法关系理论的误区》,载《法学评论》1999 年第 5 期。

[21] 参见万毅:《程序法与实体法关系考辩——兼论程序优先理论》,载《政法论坛》2003 年第 6 期。

[22] 参见陈甦主编:《证券法专题研究》,高等教育出版社 2006 年版,第 44 页。

[23] 参见朱景文:《中国特色社会主义法律体系:结构、特色和趋势》,载《中国社会科学》2011 年第 3 期。

(三)《信托业法》不是孤立的商事单行法,应当属于经济法中的金融法

1.金融法的属性及其体系结构

金融作为现代经济的核心,在一国经济中居于举足轻重的地位,并具有提高资源配置效率、增加社会财富的积极作用。金融法是调整金融关系和金融管理关系的法律规范系统。[24] 金融法作用于金融市场,金融市场是资金融通的场所,是金融资产买卖交易而形成的资金供求的总和,一般应具备市场主体、交易对象、交易工具以及交易价格四个要素。[25] 金融法所调整的金融关系和金融管理关系广泛而复杂,既有横向的平等主体之间的金融业务关系,又有纵向的带有行政隶属性的金融监管、调控关系;既涉及微观的经济个体,又涉及整个国家的经济全局和社会公众的基本生活,具有广泛的公共性、全局性、社会性。因而,这种关系无法为传统民商法、行政法所调整,而必须采取新的法律部门——经济法的调整方法,即运用综合的、多样的调整方法和调整手段进行规范。所以在我国,一般认为金融法应属于经济法的范畴,是经济法的子部门法。[26] 从金融法的内部结构来看,金融法包括了金融机构组织法、金融宏观调控法、金融监督管理法和金融业务经营法四个组成部分。[27] 信托市场是金融市场的有机组成部分,《信托业法》所调整的社会关系是金融关系以及金融管理关系之一种,其内容结构中的信托机构组织法、信托宏观调控法、信托监督管理法以及信托业务经营法均典型地反映了金融法的体系成分。因此,笔者认为,《信托业法》不是孤立的商事单行法,其内容并未局限于商法体系中的商事组织法与商事交易法,相反其内容进一步扩展至信托调控与信托监管方面,因此应当属于经济法中的金融法。

2.《信托业法》:基于金融监管法视角的分析

改革开放以来,信托业在拓宽金融服务渠道、完善金融信用体系方面发挥了重要作用,为我国国民经济发展提供了多层次、多形式、跨领域、跨地区的金融服务。之所以强调《信托业法》应当属于金融法,主要是因为必须强调用金融

---

〔24〕 参见徐孟洲:《金融法》,高等教育出版社2007年版,第7页。

〔25〕 参见强力:《金融法》,法律出版社2004年版,第9~10页。

〔26〕 参见朱大旗:《金融法》,中国人民大学出版社2007年版,第9~10页。

〔27〕 参见席月民主编:《金融法学的新发展》,中国社会科学出版社2013年版,第46~47页。

法的基本框架、基本原理、基本关系、基本制度、基本操作来分析论证《信托业法》。《信托业法》的金融法属性使其与《商业银行法》《证券法》《证券投资基金法》《保险法》等表现出共性的一面,并在整个金融法体系中占有了独特地位。《信托业法》的主体内容属于金融监管法范畴。

首先,其监管对象是信托业。广义的信托业泛指专营和兼营信托业务的所有信托机构及其信托业务,狭义的信托业则专指信托公司及其信托业务。作为商业受托人,无论是专营还是兼营信托业务的信托机构都属于信托业监管的对象。

其次,其监管主体是法律规定的信托业监管机构。对于这一点的理解,应当把注意力集中在"法律规定"上。信托业的监管机构必须是法律授权对信托业进行监管的机构,未经法律的授权,任何机构不得擅自对信托业实施监管。

再次,其监管依据是信托业监管法律法规。信托业监管的依据必须是信托业监管方面的法律法规。也就是说,信托业监管机构必须在法律法规规定的职权范围内依照法律法规规定的程序对信托业监管对象进行监管。强调这一点,主要是为了防止信托业监管机构滥用监管权限,对信托业进行不当干预,影响信托机构的合法权利。

最后,其监管内容主要是对信托机构及其业务活动进行监督和管理。信托业监管的内容包括对信托机构设立、变更、终止的监管、信托机构业务范围、业务活动的监管等。笔者认为,改革是对未来最重要的投资〔28〕,信托业监管改革必须全面纳入国家金融体制的系统化改革之中,并快速适应金融创新和金融发展的新形势和新要求。这就要求把《信托业法》的制定作为当前金融法治建设的重要任务,实现立法与改革相衔接,推进形成完备的金融法律规范体系和严密的金融监管体系,让该法成为促进信托业监管改革、体现社会主义市场经济条件下金融治理规律的重要保障,成为我国金融国际化中协调国内法律规则与国际法律规则的典范。

---

〔28〕 参见周其仁:《改革的逻辑》,中信出版社 2013 年版,第 257 页。

结 论

《信托业法》与《信托法》之间尽管存在密切联系,但毕竟分别归于不同的法律部门,是两个相对独立的法域,并具有不同的质的规定性。《信托业法》不但规范信托机构的组织治理及其信托经营行为,而且规范信托业监管机构的地位、职责及其监管行为,在性质上应归于经济法部门。不能因为《信托法》属于民商法部门就得出《信托业法》也属于民商法的结论。《信托业法》既不是纯粹的私法,也不是纯粹的实体法,这与民商法部门的私法属性以及实体法属性表现出了明显的不同。更重要的是,不能把《信托业法》作为商事单行法来看待,而应当将其看作经济法中金融法的有机组成部分,这样更有利于深刻认识《信托业法》的地位、内容、特点、机制、功能和作用。《信托业法》的实现机制与《信托法》是完全不同的,后者的实现主要依靠信托当事人意思自治,不需要专门的执法机构负责其实施;而前者则相反,其通过设立信托业监管机构并赋予其专门的执法处罚权,来专门负责实施,全面监管信托市场情况。一旦发现违反《信托业法》的行为,信托业监管机构有权主动予以制止并进行相应处罚。

On the Nature and Features of Trust Industry Law as a Branch of Law

Xi Yuemin

Abstract: China's trust legal system construction comprising the political, theoretical and practical sectors as a whole, is increasingly concerned about the needs of localization of China's economic and social development, and pays much more attention to respond to and solve the real legal problems. "Trust Industry law" as the organic part of the financial law, is an important guarantee for regulating and protecting the sustainable and healthy development of China's trust industry, which assumes responsibility for the recognition of cross-industry business trust and the elimination of regulatory barriers set by the separate regulation system. In the legislation of China's "Trust Industry Law", it is needed to clarify its nature and legal characteristics from the view of legal department in theory, and to expand the logic cognition in the study of trust law. Specifically, "Trust Industry

Law" should belong to the coupling law combined by the public law and private law adjustment mechanism, and belong to the organic combination of substantive law and procedure law. Although it contains the commercial law component, in essence it should belong to the category system of economic law in China.

Key words: Business trust; Trust industry law; Financial law; Commercial law; Economic law

（责任编辑：王美舒）

论　文

卖官的规则[*]

——传统中国铨选腐败及其规律探析

谢红星[**]

内容摘要:

卖官是传统中国官员铨选中腐败的主要形式,传统社会的卖官包括制度性卖官和非制度性卖官。制度性卖官是国家发布命令,根据一定标准公开向吏民出售官级、爵位、荣典、任官资格的行为;非制度性卖官是国家之外的私人或团体在国家律令规定之外,私下向个人出售官职,以谋取私利的行为,制度性卖官公开进行,钱入国库;非制度性卖官私下进行,钱入私门。传统王朝的国家提取能力、规制能力和分配能力存在相当的欠缺,财政收入不能随经济的增长而稳定增加,而开支却无限制膨胀,导致财政危机一再发生,政府总是不得不动用卖官这一政策工具来筹措经费,缓解财政危机,制度性卖官的制度化水准不断提高。但与此同时,非制度性卖官如影随形,渗入制度性卖官的体系中,冲击制度性卖官的实施,并最终主导、湮没了制度性卖官。制度性卖官的失范及非制度性卖官的泛滥,意味着传统王朝政府规范卖官努力的最终失败;同时也说明,包括卖官在内的任何权钱交易的腐败本质上都是反制度、反秩序、反规范和不可控的,希冀规范、控制甚至利用腐败,永远只会是政府的一厢情愿。

关键词:

铨选　制度性卖官　非制度性卖官　隐性腐败　潜规则

传统中国社会是一个官本位的社会,《韩非子·难势》有云:"势位之足恃,

---

* 本成果为国家社科基金项目"法治视角下传统中国隐性腐败治理研究"(15BFX017,主持)阶段性成果。

** 谢红星,江西财经大学法学院副教授。

而贤智之不足慕也。”官职及随之而来的权力既是士人一展抱负成就自我的前提，也是个人锦衣玉食光宗耀祖的基础，唐人王梵志：“仕人作官职，人中第一好。”[1]宋真宗赵恒《劝学诗》曰：“男儿欲遂平生志，勤向窗前读六经。”与务农做工经商相比，做官是最划算的投资，是最佳的人生选择。人生得意时，金榜题名日，对广大寒门士子来说，金榜题名，穿上官服，是人生命运改变的开始，是家族社会地位上升的起点。

然而，“官员有数”，“而入流无限”，[2]在传统社会，“官缺有定数”和“参选之人无限膨胀”之间，存在永远无法避免、无法克服的内在矛盾，这一矛盾使仕途壅塞成为盛世官场之常态，同时也催发了官员铨选中经常性的大面积腐败。围绕着有限的官缺职位，来自社会各阶层的人才各显神通，腐败由此难以避免，愈演愈烈。传统中国官员铨选中有哪些腐败？有什么可以总结、可供借鉴的规律？本文拟对此展开分析。

一、制度性卖官的背后：从“粟爵粟任”到捐纳

严格意义的腐败，是为了私利而滥用公权力，从这个意义上说，传统中国的铨选腐败，是指传统中国社会掌握铨选权或对官吏铨选有决定性影响的人滥用铨选权或影响力，谋取私利的行为。其中，最常见、最具有代表性的铨选腐败，就是平常说的卖官，即公开或私下地“出售”官职、品级、爵位、任官资格、晋级资格等。将官位视为商品处分的现象早在先秦就出现了，《韩非子·八奸》：“(今)父兄大臣请爵禄于上，而下卖之以收财利，及以树私党。故财利多者买官以为贵，有左右之交者请谒以成重。功劳之臣不论，官职之迁失谬。”《五蠹》：“夫明王治国之政，使其商工游食之民少而名卑，以寡趣本务而趋末作。今世近习之请行则官爵可买，官爵可买则商工不卑也矣。”

官爵是国家公器，代表不同于金钱财货的权力、地位、荣誉与尊严；尤其在等级社会，富和贵是两个不可混同的范畴。将官爵作为商品出售处分，势必破坏上下有别、贵贱有等的等级秩序，颠覆尊贤使能、量功授官的行政伦理，最终损害国家的政治统治与公共管理。正因如此，韩非认为“卖官爵”是“亡国之

[1] 《王梵志诗校注》，项楚校注，上海古籍出版社1991年版，第662页。

[2] 《唐会要》卷74《选部上·论选事》。

风”,《管子·八观》也称“上卖官爵,十年而亡”,但同属法家的商鞅对出售官爵却作出了不同的判断,《商君书·去强》:“按兵而农,粟爵粟任,则国富。”《商君书·勒令》又曰:“民有余粮,使民以粟出官爵。官爵必以其力,则农不怠。”战国之世,弱肉强食,商鞅变法,农战为先,商鞅从秦国富国强兵兼并一统的眼前功利出发,将“纳粟授官”合法化、正式化,这种基于急迫的政治功利而阶段性出售官爵的做法,为后世王朝相继采用。

(一)秦汉

秦王政四年(前 243 年)十月,“蝗虫从东方来,蔽天。天下疫。百姓内粟千石,拜爵一级”,[3]这是为救灾而卖爵。汉文帝时,采纳晁错“入粟拜爵”的建议,发布卖爵令:“令民入粟边,六百石爵上造,稍增至四千石为五大夫,万二千石为大庶长,各以多少级数为差。”[4]这是为充实边防,增加粮食供应而卖爵。汉景帝时,“上郡以西旱,复修卖爵令,而裁其贾以招民”,[5]因旱灾而将爵位减价出售。汉武帝广事征伐,挥霍无度,财政开支巨大,开始官爵并卖,十一级武功爵被用来买卖,“级十七万,凡直三十余万金。诸买武功爵官首者试补吏,先除;千夫如五大夫”。[6] 元朔二年(前 127 年),“东置沧海郡,人徒之费拟于南夷。又兴十余万人筑卫朔方,转漕甚远,自山东咸被其劳,费数十百巨万,府库并虚。乃募民能入奴婢得以终身复,为郎增秩,及入羊为郎,始于此”。[7] 元狩年间,“始令吏得入谷补官,郎至六百石”。[8] 元封年间,“弘羊又请令民得入粟补吏,及罪以赎”,[9]所卖官多为郎官、小吏之类。成、哀之际,统治危机加重,财政拮据,成帝鸿嘉三年(前 18 年)四月,“赦天下。令吏民得买爵,贾级千钱”,[10]永始二年(前 15 年)二月,“吏民以义收食贫民、入谷物助县官振赡者,已赐直,其百万以上,加赐爵右更,欲为吏,补三百石,其吏也,迁二等。三十万

[3] 《史记·秦始皇本纪》。
[4] 《汉书·食货志上》。
[5] 同上。
[6] 同上。
[7] 同上。
[8] 同上。
[9] 同上。
[10] 《汉书·成帝纪》。

以上,赐爵五大夫,吏亦迁二等,民补郎”,[11]这是以卖爵及补吏、郎的方式筹措经费救灾。东汉的卖官主要发生在中后期,安帝永初三年(109年),“三公以国用不足,奏令吏人入钱谷,得为关内侯、虎贲羽林郎、五大夫、官府吏、缇骑、营士各有差”。[12] 西汉时期尚不能出售的关内侯以及虎贲、羽林郎等宿卫也成为卖官鬻爵的对象。桓帝延熹四年(161年),“减公卿以下奉,貣王侯半租。占卖关内侯、虎贲、羽林、缇骑营士、五大夫钱,各有差”。[13] 灵帝光和元年(178年),“鲜卑寇酒泉。京师马生人。初开西邸卖官,自关内侯、虎贲、羽林,入钱各有差”。[14] 中平四年(187年),“卖关内侯,假金印紫绶,传世,入钱五百万”。[15]

(二)魏晋南北朝

南朝明帝泰始二年(466年),因宗室叛乱,国用不足,只好“鬻官卖爵,以救灾困”,[16]向提供米、钱、杂谷的民人授予相当于“县”“令史”和“郡”的官职。北魏孝明帝孝昌三年(527年),因战事需要,诏:“凡有能输粟入瀛、定、岐、雍四州者,官斗二百斛赏一阶;入二华州者,五百石赏一阶。不限多少,粟毕授官。”[17]紧接着继位的孝庄帝面对着“丧乱之后,仓廪虚罄”的局面,颁布“入粟之制”,规定在职官入粟授爵、职人入粟加阶授实官、白衣入粟依第出身加阶、沙门入粟授僧官有差,可谓考虑周全,明码标价。[18] 建义元年(528年)6月,河北流民起义,因战马匮乏,孝庄帝又诏:“诸有私马仗从戎者,职人优两大阶,亦授实官;白民出身,外优两阶,亦授实官。”[19]

(三)隋唐五代

隋代享国不长,卖官尚未制度化。唐前期基本上未实施过卖官的政策,勉强算的话只有两次“贡马酬官”:一是武则天神功元年(697年)5月,因发兵契

[11] 《汉书·成帝纪》。
[12] 《后汉书·孝安帝纪》。
[13] 同上。
[14] 同上。
[15] 同上。
[16] 《宋书·吴喜传》。
[17] 《魏书·肃宗纪》。
[18] 《魏书·食货志》。
[19] 《魏书·孝庄纪》。

丹,“敕京官出马一匹供军,酬以五品”,[20]此五品当为散官;二是开元二年(714年)9月,厩中缺马,“太常少卿姜晦乃请以空名告身市马于六胡州,率三十匹雠一游击将军”。[21]安史之乱后,战乱迭起,国用不足,肃宗至德元年(756年)九月,“以军兴事殷,国用不足,诏权卖官及爵,度僧尼节级纳钱”,[22]因执行不力,效果不理想。至德二年(757年)七月,御史郑叔清“量文武才艺,兼情愿稳便”,制定了更为详尽合理的卖官政策,向纳钱者授予出身资格、官职、免役免税特权等,但最终不过“权为此制,寻即停罢”。[23]宪宗元和十二年(817年),淮西用兵,定州饥馑,遂诏:“有人能于定州纳粟五百石,放同承优出身,仍减三选听集。纳粟一千石者,使授解褐官。有官者,依资授官。纳粟二千石者,超两资授官。如先有出身及官情愿减选者,每纳三百石以减一选。”[24]不过诏书也强调这是“设权宜之制”。此外,德宗贞元三、四年(787、788年)、僖宗乾符五年(878)年,都公开实行过卖官,起因基本都是粮储不足。五代各朝的公开、制度性卖官种类颇为繁多:(1)进纳官告绫纸标轴钱。凡任命官员,吏部写告身,得官者须先交朱胶绫轴钱,荐举他人任官者,本司或本道进奏院须向吏部交送朱胶绫纸价钱,依官品高低有差;(2)光省礼钱。后唐天成元年(926年),中书门下两省向检校官收光省礼钱;(3)光台钱。后唐立制,凡所除诸道节度、观察、防御、经略等使、刺史、县令及诸道幕府带宪衔兼官者,一律须交“光台钱”,“光台钱”付毕,兵部方给告身;(4)尚书省礼钱。后唐规定,凡除检校官,自三公至郎官,都须纳礼钱送尚书省都司;(5)节度使代平章事纳礼钱。诸道节度使凡带平章事者,赴镇后,须纳礼钱一千贯,充中书及两省办公费;(6)束修钱、光学钱。凡补国子监监生者,纳束修钱两千,及第后纳光学钱一千,监司出给光学文抄,光学钱充办公费用。[25]总之,五代时不仅被任命官职后要交钱,进国子监、及第举人也要交钱,虽非直接出售官职,实质上却是卖官的延伸。

---

〔20〕(宋)司马光:《资治通鉴》,中华书局2007年版,第2517页。

〔21〕《新唐书·兵志》。

〔22〕《册府元龟》卷509《邦计部·鬻爵赎罪》。

〔23〕同上。

〔24〕同上。

〔25〕参见《五代会要》卷13《门下省》、卷14《吏部》、卷14《尚书省》、卷17《御史台》、卷16《国子监》。

(四)宋辽金元

宋代制度性卖官通常被称为“进纳”“纳粟”“入赀”“纳赀”“献纳”“献助”,宋太宗、宋真宗、宋仁宗、宋神宗直至南宋灭亡为止,朝廷都因财政危机多次公开实施卖官,有时甚至减价卖官。而且值得一提的是,在北宋时期,卖的主要是散官阶、入仕资格、和没有实际职权的“寄俸官”“寄禄官”,不含可以实际行使职权的“差遣”。但南宋初,国运危在旦夕,财政窘急,不仅卖官,也卖实职差遣,以增加财政收入。辽道宗大安四年(1088年),为赈济贫民,“立入粟补官法”。[26]金代卖官的记载较多,金熙宗皇统三年(1143年),“陕西旱饥,诏许富民入粟补官”,[27]之后,世宗大定元年(1161年)到五年(1165年),金廷为解决“兵兴岁歉”的问题,一方面推行“进纳补官”“纳粟补官”,另一方面还出售“僧、道、尼、女冠度牒,紫、褐衣师号,寺观名额”,[28]不过在与南宋重新达成和议后,财政危机缓解,于是在大定五年二月“罢纳粟补官令”。金章宗即位后,与北方蒙古诸部的战争不断加剧,不得不重行卖官,随着与蒙古的战争日趋劣势,所卖官爵日益增多,这种趋势一种持续到金亡。元代立国后,政府为赈灾相继在成宗大德七年(1303年)、泰定二年(1325年)、文宗天历二年(1329年)、三年(1330年)实行“入粟拜官”,但此时向“入粟”者“实授”的只是属于“茶盐流官”和“钱谷官”的低级职位,到了元顺帝年间,由于国运危殆,政府向吏民开放出售“路府州县官”,然而因元王朝大势已去,应者寥寥。

(五)明清

明代捐纳产生于正统、景泰之间,正统十四年(1449年),“土木之变”发生,景泰元年(1450年)正月,明朝政府为筹措应对危机需要的紧急资金,“命舍人君民有输米豆二百五十石,或谷草二千束,或秋青草三千束,或鞍马十匹于大同宣府助官者,悉赐冠带,以荣其身”,[29]此后捐纳不断放开,持续实施,总的趋势是由地方化转向全国化,由临时的权宜之法转为常制,由捐纳散官冠带扩展为捐纳监生、科考资格、参选优先权、开复处分乃至实职,在制度化方面取得重要进展。成化二年(1466年),出现了目前所能看到的为时最早的捐纳则例:“在

〔26〕《辽史·道宗本纪》。

〔27〕《金史·食货五》。

〔28〕同上。

〔29〕《明英宗实录》卷187,景泰元年正月壬寅条。

京各衙门办事官吏纳豆出身则例”和“申明办事官吏纳豆则例”,[30]“捐纳”一词初见于官方记载为天启六年,是年,熹宗令“王府勋戚、士绅商贾、富家徵职,皆宜风劝捐纳”。[31]到了清代,“捐纳”成为制度性卖官的官方正式称呼,顺治六年(1649)年清廷宣布实施“捐监”,[32]首开捐纳,此后康熙、雍正年间,又多次开捐,但直至雍正末年,捐纳的项目、标准并不固定,而是根据需要临时公布,乾隆即位后,将一部分捐纳项目固定下来,作为经常性捐纳项目,从此清代捐纳有“现行事例”和“暂行事例”之分,“现行事例”又称“常捐例”,指常年开办的捐纳,旨在筹措经常性经费,包括捐加级记录、捐复降革留任离任、捐复原衔、捐复原资、捐入补班、捐免坐补、捐免试俸、捐免实授、捐免保举、捐免考试、捐职衔、捐封典、捐分发等,主要是职衔、封典、加级记录、取消行政处分之类,与“实授官职”无关,“暂行事例”又称“大捐”,指为筹措急需特定经费,在一定时期内开办的捐纳事项,其与“现行事例”最大的区别是,符合条件的可以捐纳郎中以下京官及道员以下外官的任职资格(含铨选、晋升时的优先资格)。清代捐纳卖官在制度化水准方面堪称历代之最,提供多种供报捐者选择的报捐流程:(1)在北京报捐,其程序包括具呈、行查、向报捐者交付札付和小票、上兑、给照;(2)在地方报捐,其程序包括投呈、批示、上兑、交付、咨部换照;(3)代办报捐,报捐者可以委托北京的银号、金店、地方的捐局或者个人完成上述流程。此外,在印结的出具、捐升、捐复、捐纳出身者的候补与铨选等方面,也形成了一套非常完备的制度。当然,这同时也反映出清代捐纳的常态化与规模化,正如许大龄所言,清代“捐例复起,实官频授,其规模较前代为宏,其流布亦较广,而鱼肉百姓,伤风败俗,较前代为尤甚”。[33]

纵览传统王朝制度性卖官的历史,可以发现:(1)制度性卖官的起因基本上都是因为财政压力,“国家度支有常,实不能不豫为筹备”,[34]制度性卖官被视为在正规财政外增加政府收入、尤其是解决紧急财政需要的最有效手段。

---

[30] 刘海年、杨一凡主编:《中国珍稀法律典籍集成》(乙编第4册),科学出版社1994年版,第434～435页。

[31] 《明熹宗实录》卷70,天启六年四月己卯条。

[32] 《清世祖实录》卷44,顺治六年五月癸未条。

[33] 许大龄:《明清史论集》,北京大学出版社2000年版,第424～425页。

[34] 《清仁宗实录》卷282,嘉庆十九年正月己巳条。

(2)制度化水准不断提高。明清之前各朝公开卖官虽然也不少,但大多是临时性的,一旦度过财政危机,政府即结束该次卖官。自明代中期开始,卖官开始转向常态化,出现了目前可见最早的捐纳则例,施行的时效也一再延长,清代更是将部分捐纳项目固定下来,以之为"常捐例",各种捐纳事例种类之多,规定之详,区分之细,令人叹为观止,可以说基本实现了卖官的常态化、正规化、体系化。(3)以卖虚衔和各种资格为主,卖实官的较少。正常情况下,制度性卖官卖的大多是没有太多实际职权的爵位、官阶、官衔、出身,很少卖实官,尤其是亲民官。清代虽然允许捐纳实官,但属"暂行事例",并非常年开办。(4)出售的项目呈增加之势。自战国至两汉,国家向纳粟者提供的主要是爵位阶衔,偶尔卖低级吏职,从魏晋南北朝开始,政府开始出售任官资格和出身资格,随着科举制的确立,科举出身和参加上一级科举的资格成为出售的项目,最终发展为明清两代的"捐监",而明清两代除了上述项目外,又增加参选资格及优先权、升职晋级资格及优先权、行政处分的减轻或解除为捐纳项目。由此,科举出身可捐而得,参选资格可捐而得,升职晋级的资格可捐而得,各种行政处分可以通过捐纳而免除。

卖官当然是有害的,统治者对此心知肚明,"纳赀授官,本非善政",[35]"捐班我总不放心,彼等将本求利,其心可知",[36]以科举正途仕进的士子更是视卖官为寇仇,痛声疾呼卖官之害,"名器国之重事,不可以不惜",[37]"彼农工商贩之徒,不分贤愚,惟财是授,使之骄亲戚,夸乡里,而长其分外之心",[38]"纳粟者得以遂捷取之愿,而科贡者不能无淹困之嗟",[39]"将使天下以货为贤,士风日趋于鄙陋",[40]"名节既亏,廉耻莫顾,惟思多方科敛、朘生民之膏血偿自己之私债",[41]然而,"政事之先,理财为急",[42]政府如果手里没有钱,如何维持军队

---

〔35〕《清高宗实录》卷1309,乾隆五十三年七月甲申条。

〔36〕(清)张集馨:《道咸宦海见闻录》,中华书局1981年版,第22页。

〔37〕《明英宗实录》卷206,景泰二年七月戊申条。

〔38〕《明英宗实录》卷209,景泰二年十月庚寅条。

〔39〕《明宪宗实录》卷146,成化十一年十月丙申条。

〔40〕《明宪宗实录》卷27,成化二年三月癸亥条。

〔41〕《明英宗实录》卷190,景泰元年三月辛亥条。

〔42〕《宋史·食货下八》。

司法等暴力机构,如何恩威并用、威慑怀柔不轨之徒,以及镇压叛乱,抵御外敌?财政问题不仅关乎个人的生活与命运、社会财富的分配与公平正义,更直接关系到政权的安危存亡,历史上许多王朝的颠覆正是以财政危机为导火索。因此,对统治者来说,国家财政困境是紧急而迫切需要解决的,否则就会立刻对国家施政造成重大妨碍,甚至危及统治秩序和政权生存。与此相比,卖官及其引发的腐败尽管有害于民风、士风、官风、国家治理,但这种危害是长期的、长远的,不会立刻发作。易言之,财政危机是很可能危及王朝生命的"疾病",制度性卖官是一剂对王朝肌体有长期长远毒害、却能治财政危机之"疾病"的慢性毒药。长远的健康很重要,可眼前的急病要是过不去,再多的养生之道、心灵鸡汤又有什么用?人们批评公开卖官是饮鸩止渴,为了眼前利益罔顾长远利益,但没有了眼前,何及长远?何况卖官未必毒如鸩毒,而财政危机之害甚于饥渴。

由此,捐纳等制度性卖官的开办似乎是可以谅解的,而且在大部分情况下,王朝政府也反复申明卖官只是万不得已的权宜之举,反复强调只要财政危机度过就立即停止卖官,而事实上他们大部分时候也确实是这么做的。但问题在于,财政危机来而既去,去而复来,始终困扰着王朝政权的统治,成为历代王朝挥之不去、无法彻底治愈而间歇性发作的致命痼疾,此其一;而一旦财政危机发生,政府又总是选择公开卖官以筹措资金,此其二。易言之,财政危机发生——公开卖官——财政危机解决——停止公开卖官——财政危机发生——公开卖官——财政危机解决——停止公开卖官——财政危机发生……成了一个走不出的循环,王朝政权越来越腐败,最终土崩瓦解,验证了先贤"卖官亡国"的预言。

"财政危机——制度性卖官"循环反复发生的背后,是传统王朝国家治理能力的欠缺:(1)财政危机的一再发生,说明传统王朝国家规制能力(调节社会关系、调控社会各阶层的能力)和分配能力(以特定方式配置或运用资源的能力)的欠缺。传统王朝"国家度支有常",在"不加赋"的情况下,以田赋为主的国家财政收入每年大致不变,为了保持收支平衡,就必须"出入有经,用度有制",统治者其实也认识到了这一点,但知之未必能行之。洪振快认为,在传统中国,一则"帝王自己的奢靡无度,耗费了大量国家财政收入",二则"皇室人口不断扩大,成为国家财政的重大负担",三则"官吏集团及其附生人群的不断扩大",后果就是,"财政供养人员的不断扩大,以及他们对生活质量的要求不断提高,必然导致固有财政收入的压力逐渐加大,加上还有可能受到外敌入侵威胁需要更多的财政支持等原因”[43]。这一切使传统王朝在事实上“用度无制”,最终必然引发财政危机。(2)制度性卖官成为应对财政危机最基本、最常用的政策手段,说明传统王朝国家提取能力尤其是税收能力的欠缺。一般来说,提取能力尤其是税收能力是国家能力的根本,很大程度上决定了其他国家能力,能持续、有效从社会经济生活中汲取财富的政权一般延续性也更强,[44]而“国家度支有常”某种程度上即说明了传统王朝税收能力的不足,在生产力发展、人口及财富增加的同时,国家财政收入竟不能保持同步增长,说明的并不是统治者轻徭薄赋,爱民如子(事实上普通民众的负担并不轻,因为还有所谓经制之外的“亚财政”“亚税收”),而是政府在税收方面的无能及不作为。尤其需要指出的是,自明代中叶以降,商品经济尤其是江南地区的商品经济有了长足的发展;同时,葡萄牙、西班牙、日本的白银通过贸易大量输入中国,[45]社会上出现了一个拥有相当财富、渴望提升自己社会地位的商人及市民阶层。对此,政府却只求助于捐纳这一有害的政策工具,以之汲取一小部分剩余社会财富为己所用。清嘉庆十四年(1814 年),嘉庆皇帝为筹措“军需河工”经费,同意开办捐纳“豫东事例”,同时发布上谕,在解释了开办捐纳的无奈与苦衷后,他向反对捐纳的大臣说:

其余各大臣果有真知灼见,能为裕国之策者,必须字字确切,毫无流弊,不准泛论,纸上空谈,仍犯议论多而成功少之病。如确有把握,立能济军需河工之用,奏上时,朕采取施行,即将捐纳停止。若止言捐纳之弊害,而别无良谋,其言皆朕所稔知,毋庸虚陈奏牍也。[46]

“我知道捐纳有害,可我实在没别的办法,只要你们提出有效可行的增加收入的其他办法,我立刻停止捐纳,采纳你们的办法”,嘉庆皇帝之言,可谓出自肺腑,字字痛切,然而这种肺腑之言的背后,反映出来的却是以他为首的整个政府的无能。

---

[43] 洪振快:《亚财政:制度性腐败与中国历史弈局》,中信出版社 2014 年版,“序言”第 4 页。

[44] 参见张长东:《税收与国家建构:发展中国家政治发展的一个研究视角》,载《经济社会体制比较》2011 年第 3 期。

[45] 参见梁方仲:《明代国际贸易与银的输出入》,载《梁方仲经济史论文集》,中华书局 1989 年版,第 163、176 页;樊树志:《晚明史》(上册),复旦大学出版社 2003 年版,第 4 页。

[46] 《清仁宗实录》卷 282,嘉庆十九年正月己巳条。

“无能”不是清代政府的专利，“无能”某种意义上是帝制中国历代王朝的共性。中华帝国是一个“超大规模国家”，受技术条件的限制，其治理深受规模之累：首先，在一个疆域如此辽阔、受治人口如此众多、经济规模相对庞大、构造复杂的帝国，政府在有限的技术条件下要想从民间持续、有效地提取财富与资源，本非易事；其次，高度中央集权的专制政体下，帝国的可持续的良性运转以“双重控制”为前提，一是对君权及其行使者（治理主体）的控制，二是作为治理主体的君主对作为代理人的官僚机构及群体的控制，前者在制度上是缺位的，后者在实践中是失控的，“双重控制”由此变成了“双重失控”，结果是帝国可持续良性运转事实上的不可能。因此，人们经常看到传统王朝除少数“盛世”外，大多数时候都是以“亚健康”乃至“病态”的状态在运转，而这种“亚健康”“病态”的直观表现就是“财政危机——制度性卖官”循环一再发生。总之，正如《红楼梦》中王熙凤感叹得那样，“大有大的难处”，传统的中华帝国因大而强，也因为大（当然不是唯一因素）而不断陷入治理的困境。

二、钱入私门：非制度性卖官中的博弈与抉择

传统王朝政府运用制度性卖官的政策手段，从社会各阶层汲取财富与资源，商品交换的经济原则由此加速渗入公共领域，反过来又使卖官从国家扩大到个人，从公开延伸到私下，从确定性演化为不确定性，非制度性卖官与制度性卖官如影随形，始终存在于传统王朝的政治、社会生活中。

（一）两汉

汉代察、辟之下，官职的铨选经常成为一种私下交易。西汉吕后干政时，宗室刘泽通过说客田生行贿于宦官张卿，使之在吕后前代为美言，后如愿得封琅琊王。[47]武帝时，韩安国以五百金行贿于时任太尉的武安侯田蚡，被任命为北地都尉、大司农，[48]后来丞相公孙贺也是“货赂上流”。[49]东汉安帝时，周广、谢恽兄弟，“与国无肺腑枝叶之属，依倚近幸奸佞之人，与樊丰、王永等分威共权，属托州郡，倾动大臣。宰司辟召，承望旨意，招来海内贪污之人，受其货赂，至有臧

〔47〕《汉书·燕王刘泽传》。

〔48〕《史记·韩长孺列传》。

〔49〕《汉书·公孙贺传》。

锢弃世之徒复得显用。白黑溷淆,清浊同源,天下讙哗,咸曰财货上流,为朝结讥”。[50] 顺帝时,“上信阉宦,天下牧守多其宗亲旧故,及受货赂,有诏特拜,不由选试,乱生弥甚”。[51] 桓帝时,“太尉张颢、司徒樊陵、大鸿胪郭防、太仆曹陵、大司农冯方并与宦竖相姻私,公行货赂”。[52] 灵帝卖官更是闻名于史,光和元年(178 年),开西园卖官,“私令左右卖公卿,公千万,卿五百万”,“时卖官,二千石二千万,四百石四百万,其以德次应选者半之,或三分之一,于西园立库以贮之”。[53] 中平二年(185 年),以南宫火灾勒令诸官迁除者交“修宫钱”,“刺史、二千石及茂才孝廉迁除,皆责助军修宫钱,大郡至二三千万,除各有差。当之官者,皆先至西园谐价,然后得去。有钱不毕者,或至自杀”,[54]“公卿州郡下至黄绶各有差。其富者则先入钱,贫者到官而后倍输,或因常侍、阿保别自通达。是时段颎、樊陵、张温等虽有功勤名誉,然皆先输货财而后登公位”。[55]

(二)魏晋南北朝

魏晋南北朝以九品中正制选官,虽然制度上中正评品要依据家世和才德,实际上却主要看家世门第、个人爱憎、财货交情,于是,“或以货赂自通,或以计协登进。附托者必达,守道者困悴。无报于身,必见割夺;有私于己,必得其欲”,“廉让之风灭,苟且之俗成。天下汹汹,但争品位”。[56] 西晋刘毅在武帝前直言,“桓灵卖官,钱入官库;陛下卖官,钱入私门”,[57] 说明当时私下卖官现象十分普遍。东晋孝武帝后期司马道子专擅权柄,其属下茹千秋“卖官贩爵,聚资货累亿”。[58] 南朝刘宋孝武帝时,戴法兴、戴明宝受宠任,“大通人事,多纳货贿,凡所荐达,言无不行,天下辐辏,门外成市,家产并累千金”。[59] 北朝北魏孝明帝

[50] 《后汉书·杨震传》。

[51] 《太平御览》卷 232《司农卿》引《续汉书》。

[52] 《后汉书·羊陟传》。

[53] 《后汉书·孝灵帝纪》。

[54] 《后汉书·张让传》。

[55] 《后汉书·崔寔传》。

[56] 《晋书·刘毅传》。

[57] 同上。

[58] 《晋书·司马道子传》。

[59] 《宋书·戴法兴传》。

时,元晖任吏部尚书,“纳货用官,皆有定价,大郡二千匹,次郡一千匹,下郡五百匹,其余受职各有差,天下号曰‘市曹’”。[60]北齐自武成帝后,“风雅俱缺,卖官鬻狱,上下相蒙,降及末年,黩货滋甚”,[61]侍中和士开“自河清、天统以后,威权转盛,富商大贾,朝夕填门,聚敛货财,不知纪极。虽公府属掾,郡县守长,不拘阶次,启牒即成”,[62]侍中尚书令赵彦深、侍中左仆射元文遥等人与和士开沆瀣一气,“专弄威权,控制朝廷,与吏部尚书尉瑾内外交通,共为表里,卖官鬻狱,政以贿成,天下歌谣”,[63]幼主即位后因“赋敛日重,徭役日繁,人力既殚,帑藏空竭”,“乃赐诸佞幸卖官。或得郡两三,或得县六七,各分州郡,下逮乡官亦多降中旨,故有敕用州主簿,敕用郡功曹。于是州县职司多出富商大贾,竞为贪纵,人不聊生”。[64]

(三)隋唐

隋朝建立后废除九品中正制,削弱门阀政治,但私下卖官在某些时期仍较普遍,如文帝时对隋的建立起过关键作用的郑译,自恃有“定策功”,“不亲职务,而赃货狼藉”,“鬻狱卖官,沸腾盈耳”,[65]又如炀帝后期专典机密的内史侍郎虞世基掌选,“受纳贿赂,多者超越等伦,无者注色而已”。[66]唐初,天下方定,卖官较为少见,之后太平日久,人求仕进,官位供不应求,“今之选司取士,伤多且滥,每年入流数过千四百人,是伤多;不简杂色人即注官,是伤滥”,[67]随之而来的,便是私下卖官现象的出现。唐高宗统治前期,就发生过宰相李义府卖官的重大案件。其后武则天主政,为收买人心,有意放宽铨选标准,增设官位,铨选机构趁机肆行贪贿,“选司考练,总是假手冒名,势家嘱请。手不把笔,即送东司;眼不识文,被举南馆。正员不足,权补试、摄、检校之官。贿货纵横,赃污狼藉。流外行署,钱多即留,或帖司助曹,或员外行案。更有挽郎、辇脚、营田、当屯,无尺

[60] 《魏书·常山王元遵传》。

[61] 《北齐书·循吏传》。

[62] 《北史·和士开传》。

[63] 《北史·祖珽传》。

[64] 《北齐书·幼帝纪》。

[65] 《隋书·郑译传》。

[66] (宋)司马光:《资治通鉴》,中华书局2007年版,第2172页。

[67] 《旧唐书·刘详道传》。

寸工夫,并优与处分。皆不事学问,惟求财贿”。[68] 中宗复位后放纵后妃公主卖斜封官获利,吏部官员也勾结宫中势要卖官,侍郎崔湜、郑愔,“俱掌铨衡,倾附势要,赃贿狼藉,数外留人,授拟不足,逆用三年阙,选法大坏”,[69] 大理寺卿李元恭任吏部侍郎时掌东都选,时人刺之:“长宁安乐并狂颠,既教翻地亦翻天。卖弄大家犹未足,便使元恭来取钱。”[70] 玄宗时虽称盛世,但开元十一年(723年),守太子校书郎王冷然上书宰相张说,称:“仆窃谓今之得举者,不以亲,则以势;不以贿,则以交。”[71] 可见盛世仍难免卖官。安史之乱后,选法日益败坏,“衣冠以贫乏待阙,奸滥以贿赂成名”。[72] 代宗时,元载任相十五年,与宰相王缙、中书主书卓英倩、李待荣结党营私,大肆卖官。顺宗时王叔文执政,援引同党,提携新进,而贿赂之事难免,韩愈《永贞行》曰:“夜作诏书朝拜官,超资越序曾无难。公然白日受贿赂,火齐磊落堆金盘。”[73] 宪宗元和年间,吏部郎中李藩有云,“掌曹事,为吏所蔽,滥用官阙”,[74] 宰相杜黄裳有云,“除吏不甚别流品,通馈谢,无洁白名”。[75] 穆宗长庆二年(822 年),诏“诸道军府带监察已上官者,限三周年即与改转”,[76] 而方镇将帅却把自己的解由等文书卖给富商、胥吏,弄虚作假,署之为将官,卖官取财,“于是商贾、胥吏争赂藩镇,牒补列将而荐之,即升朝籍。奏章委积,士大夫皆扼腕叹息”。[77] 在军中,则出现了禁军将领举债贿赂中尉图授节度使的“债帅”现象,“自大历以来,节度使多出禁军,其禁军大将资高者,皆以倍称之息贷钱与富室,以赂中尉,动逾亿万,然后得之,未尝由执政;至镇,则重敛以偿所负”。[78] 唐末乱世,卖官趋于疯狂,“唐末五代,权臣执

[68] (唐)张鷟:《朝野佥载》,赵守俨点校,中华书局 1979 年版,第 6 页。

[69] (宋)司马光:《资治通鉴》,中华书局 2007 年版,第 2563 页。

[70] 《册府元龟》卷 638《铨选部·贪贿》。

[71] (五代)王定保:《唐摭言》,中华书局 1959 年版,第 64 页。

[72] 《册府元龟》卷 638《铨选部·谬滥》。

[73] (唐)韩愈:《韩昌黎诗集编年笺注》,中华书局 2012 年版,第 168 页。

[74] 《册府元龟》卷 478《台省部·废职》。

[75] 《新唐书·杜黄裳传》。

[76] 《旧唐书·穆宗纪》。

[77] (宋)司马光:《资治通鉴》,中华书局 2007 年版,第 2998 页。

[78] 同上注,第 3015 页。

政,公然交赂,科第差除,各有等差。故当时语云:'及第不必读书,作官何须事业'",[79]律令和舆论的约束已全然失效。

(四)宋元

宋代的非制度性卖官首先表现为中书门下、吏部等人事部门官吏私下卖官,早在宋太祖时,"堂吏擅中书权,多为奸赃"[80],堂吏指政事堂之吏,其奸赃之一是卖官,"近代诚为乱世,岂有中书布政之地,天下除授,皆出堂后官之手?卖官鬻爵,习以为常,中外官吏,贤愚善恶,无所分别,时政如此,安得不乱也",[81]堂吏虽为吏,权势却不可小视,其卖官之弊,终宋之世未改。吏部书吏私下卖官也很常见,"先是,选补科格繁长,主判不能悉阅,吏多受赇,出缩为奸",[82]"比年吏部注差,无非贿赂,其原既不清,则其流必浊矣",[83]说明吏部官吏卖官由来已久,已成家常便饭。至于宰执大臣私下卖官,北宋中前期较为少见,但从宋徽宗开始,大臣私下卖官之风就猖獗起来,蔡京等人当国,"公然受贿赂,卖官鬻爵,至有定价,故当时为之语曰:三千索,直秘阁;五百贯,擢通判",[84]"四方之人凑于京师者,纳贿于权门,积玉于势地,皆有定值",[85]南宋高宗时,权臣秦桧"贪墨无厌,监司、帅守到阙,例要珍宝,必数万贯,乃得差遣",[86]其后韩侂胄、史弥远、贾似道,无不是政以贿成,官以赂得。宋代也有所谓"债帅",宋徽宗时,"宦者童贯弄兵,蔡攸并窃枢柄,边帅率皆小人,以贿赂用之",[87]债帅是武将买官的一种方式,权臣则是卖官的主体和保护伞。元代自立国之始,官场上私下卖官就十分严重,权臣卖官终元之世,元世祖时阿合马当政,"府州司县官,例多阿权通贿,侥幸而得。其南选尤滥,至目之曰:海放此等,

[79] (宋)赵令畤:《侯鲭录》,中华书局2002年版,第103页。

[80] 《续资治通鉴长编》卷14,开宝六年五月丙辰条。

[81] 《续资治通鉴长编》卷38,至道元年十二月丙申条。

[82] 《宋史·杜衍传》。

[83] 《历代名臣奏议》卷83。

[84] 《曲洧旧闻》卷10。

[85] 《三朝北盟会编》卷160。

[86] 《三朝北盟会编》卷220

[87] 《三朝北盟会编》卷140。

贤否不较”,〔88〕桑哥当政时也不例外,“桑哥既专政,凡诠调内外官,皆由于己,而其宣敕,尚由中书,桑哥以为言,世祖乃命自今宣敕并付尚书省。由是刑爵为货而贩之,咸走其门,入贵价以买所欲”,〔89〕买卖的对象不限于流内官,更扩大到一般为人所贱的吏职,监察官职也可买卖而得,“自秦王伯颜专政,台宪官皆谐价而得,往往至数千缗”,结果自然是“及其分巡,竞以事势相渔猎,而价其值”,“肃政廉访司官,所至州县,各带库子检钞秤银,殆同市道矣”。〔90〕

(五)明清

明清时期制度性卖官达到很高的水准,但这并未堵住手握实权的权贵私下卖官的门路。明武宗正德年间,刘瑾用事,贿赂公行,“百官非赀入不得迁”,“礼曹亦必二千,兵曹亦必千金”,〔91〕嘉靖年间严嵩主政,吏兵二部选官,各持簿任严嵩填发,“俗名文选郎万寀为文管家,武选职方方祥为武管家”,〔92〕官职皆各有定价,随行就市,“某官银若干,某官银若干,至于升迁也亦然。某缺银若干,某缺银若干,群众相竞,则价值转增”,〔93〕及至明末,给事中韩一良上奏论当时官价:“一督抚也,非五六千金不得;道府之美缺,非二三千金不得;以至州县并佐贰之求缺,各有定价;举监及吏承之优选,俱以贿成。”〔94〕康乾虽称盛世,然早在康熙年间京城就流传这样一则民谣:“要做官,问索三;要讲情,问老明;其任之暂与长,问张凤阳。”〔95〕雍正即位后所办年羹尧、隆科多等大案,罪名都包含私下卖官这一款;乾嘉以降,仕途日形壅滞,官场更如市场,上下交征利,“不论政务之闲剧,人才之长短,惟较量肥瘠,会计多寡,善逢迎交结者为能员,悃愊无华者为不胜任”,“甚至大缺一万,中缺八千,刑诸白简”。〔96〕迄至晚清,上至皇帝后妃太监,下至掌握一省实缺差事分派大权的督抚布政,无不卖官取财,时人传

〔88〕《紫山集》卷22《又论保结之弊》。

〔89〕《元史·桑哥传》。

〔90〕《草木子》卷4下《杂俎篇》。

〔91〕(明)李清:《三垣笔记》,中华书局1982年版,第188页。

〔92〕(明)吕毖:《明朝小史》,台北国立中央图书馆1981年版,第27页。

〔93〕(明)陈子龙:《明经世文编》,中华书局1962年版,第3523页。

〔94〕《国榷》卷89,思宗崇祯元年七月条。

〔95〕(清)昭梿:《啸亭杂录》,中华书局1980年版,第287页。

〔96〕《清仁宗实录》卷61,嘉庆五年三月丁巳条。

慈禧以卖各色肥缺为常事,其所卖各缺为:"粤、闽、海、淮、崇文门、张家口、杀虎口、山海关各监督,宁、苏、杭各织造,此皆专为应卖之品,可以名挂招牌者也;各省三品以上大员,此为帝心简在,公私不易分晰者也;学政主考,此乃清贵之官,似不至有此卑鄙,实因考差例不发榜,帝简在心;道府内放之缺,遇有素称肥缺者,部中书吏将应开列请简之名,赠与太监而招摇之,多为撞木钟,非真太后出卖也。"[97]庆亲王奕劻倚慈禧宠信,与其子载振卖官鬻爵,其门若市,人称"庆记公司"。在地方一级,《官场现形记》描写了江西的一个盐法道署理藩台,因藩台不久就要回任,"他便利令智昏,叫他的幕友、官亲,四下里替他招揽买卖:其中以一千元起码,只能委个中等差使,顶好的缺,总得头二万银子",[98]《二十年目睹之怪现状》也描写了吴继之被藩台委了关差后,总督衙门的幕友立马送了一个折子过来,"上面开着江苏全省的县名,每一个县名底下,分注了些数目字,有注一万的,有注二三万的,也有注七八千的","若是想要哪一个缺,只要照开着的数目,送到里面去,包你不到十天,就可以挂牌"。[99]

制度性卖官,卖官的是国家,钱入的是国库;非制度性卖官,卖官的是私人,钱入的是个人的腰包。卖官对政权和国家有害,统治者对此心知肚明,只是因为没有其他更有效的政策手段来化解与王朝存亡攸关的财政危机,才不得不屡屡以国家的名义"暂时"卖官鬻爵;而非制度性卖官完全无补于国家财政,完全无益于王朝政权,而且因为它卖的是实官,危害性比制度性卖官更大。因此,历代王朝于此无不立法严禁。虽然,遍览历代律典,基本找不到"卖官"之罪名,但实际上对非制度性卖官是按照其他一般性罪名来处理的,如在唐律,卖官可能构成受财枉法、受财为请求、监临势要受财为请求、受财不枉法、事后受财等罪。要言之,凡是罪状为"受财枉法""受财请求枉法"之类的罪名,都可以成为惩治非制度性卖官的法律依据,因为国家选官(包括卖官)自有制度,不按制度来就是"枉法",因此卖官就是一种"枉法",自然在律典规制范围内。律典之外,朝廷还专门针对卖官发布禁令,如唐睿宗太极元年三月敕:"其缘赃及恶状被解及与替者,非选时不得辄入京城。纵家贯在京,不得辄至朝堂,妄有披诉。如有此

---

〔97〕(清)岑春煊、恽毓鼎:《乐斋漫笔崇陵传信录(外二种)》,中华书局2007年版,第91页。

〔98〕(清)李伯元:《官场现形记》,上海古籍出版社2011年版,第35页。

〔99〕(清)吴趼人:《二十年目睹之怪现状》,上海古籍出版社2011年版,第23页。

色,并决杖仍加贬斥。其先在京城者,限三日内勒还。上下官僚辄缘私情相嘱者,其受嘱人宜封状奏闻。"[100]这显然是针对铨选时的跑官要官卖官而发的。唐代史书记载的与卖官有关的案件,如李义府案、张锡案、郑愔崔缇案、元载案等,其中卖官基本上都是按受财枉法、受财为请求来处置的。《大明律》更是把非制度性卖官上升到了"奸党"的政治高度,除《刑律·受赃》"官吏受财"条的规定可以适用,《吏律·职制》"大臣专擅选官"条还规定:"凡除授官员,须从朝廷选用。若大臣专擅选者,斩。"[101]这一条显然可以适用于权贵势要的私下卖官,因为私下卖官违背制度,堪称"专擅"。

律令的明禁与严惩,显然没有真正遏制住非制度性卖官泛滥之势;制度性卖官制度化水准的提高,也没能阻止非制度性卖官的扩张与渗入。在制度性卖官制度体系前所未有的完备和法律对非制度性卖官惩治力度空前的明清两代,非制度性卖官发生的广度和深度均不逊色于前代。诚如伍跃所言,研究捐纳不能仅强调其非道德性和腐败,还要关注其得以存在的制度和社会原因;不仅要从政府的角度去研究,还要从民间、社会的角度去研究。[102] 对于传统中国非制度性卖官的泛滥,也必须从买官者、卖官者及两者间互动的角度来探讨。

其一,社会上存在购买实官的强烈需求。虽然,捐买功名和官衔的人未必都是冲着实官去的;但在传统社会,做官、做实缺官的确是相当一部分人的人生追求。同时也是民间舆论所最认可的人生成就,想做官才是有志气,做了官、管了事、掌了权才算有出息。《二十年目睹之怪现状》中的卜子修原来是个学徒,后突发奇想想做官,而且想做知县大老爷,请教他叔祖,他叔祖立刻就很高兴,夸他"志气不小,将来一定有出息","我"家境宽裕,无意功名,不小心捐了个监生和通判,家人就劝他去办引见。[103]一般的制度性卖官并不能直接满足这部分人的需求,因为制度性卖官卖的是官衔和做官的资格,很少是实缺,捐官者仍须走较为正规的铨选程序,经漫长的审查、筛选、等待才能获得一缺。

其二,分利集团及其成员对卖官之利存有分润之心。美国学者奥尔森认

---

[100] 《旧唐书·睿宗纪》。

[101] 《大明律》,怀效锋点校,法律出版社 1999 年版,第 30 页。

[102] 参见伍跃:《中国的捐纳制度与社会》,江苏人民出版社 2013 年版,第 457 ~ 462 页。

[103] (清)吴趼人:《二十年目睹之怪现状》,上海古籍出版社 2011 年版,第 265、558 页。

为,“在边界不变的稳定社会中,随着时间的推移,将会出现大量的集体行动组织或集团”,这些集体行动组织或集团“极力倾向于收入或财富的分配而不是生产更多的产品”,它们是“分配联盟”(分利集团),[104]奥尔森关注的是经济生活和经济学意义上的分利集团,实际上政治及社会生活中也存在类似的分利集团。传统中国实行高度中央集权的专制政体,国家对社会实行强控制,但所谓分利集团仍然存在,如宗室、外戚、后宫、朋党、豪强之类的小集团。卖官一本万利,人尽皆知,政府希冀垄断其利,同时尽可能缩小其危害,可分利集团及其成员岂能让政府独占其利,他们借国家卖官之东风,在制度性卖官的限度之外卖官,实际上分润了国家制度性卖官应得之利,这样做对王朝政权当然极为有害。但正如奥尔森所言,分利集团,尤其是缺乏共容性的分利集团的重要特点之一就是极端的自利性,他们没有动力使他们所在的社会更加繁荣,而是汲汲于对既有社会财富的分割与掠取,[105]传统中国社会的分利集团,恰恰就是这样一些缺乏共容性的小集团。遍览史书,人们每每惊讶于这些人的贪婪、自私与短视,但这正是一切缺乏共容性的小集团的本性,“卖官亡国”“腐败亡国”之类的警语吓不到他们。因为至少在他们看来,政权的存亡与他们自身的利益并无直接关联。

这里尤其要提一下作为最高统治者的君主实施的非制度性卖官。从理论上讲,在传统王朝,君主不属于任何分利集团;但在事实上,君主却经常是私下卖官的主体,或者至少纵容身边亲信之人私下卖官。之所以如此,一是因为君主的个人利益并非总是与王朝政权的利益百分百重合,卖官一般不会直接、立刻导致王朝覆灭(历史上那些私下卖官、钱入私库的君主很少成为了亡国之君),却可以在短时间内搜刮到充足的钱财供己挥霍。由此,“后人自有后人福”“我死之后哪管它洪水滔天”并非不可能成为许多君主的真实心态。二是君主并非总是理性的,他有情感、偏好、属于个人的人生经历,这一切会影响到他的性格、人生观,包括对金钱的态度,如汉灵帝少年家贫的人生经历及其生母董太后的贪欲,是其即位后疯狂卖官揽财的内在原因。《后汉书·宦者列传》:“帝本侯家,宿贫,每叹桓帝不能作家居,故聚为私藏,复寄小黄门常侍钱各数千万。”

---

[104] [美]曼瑟·奥尔森:《国家的兴衰:经济增长、滞胀和社会僵化》,李增刚译,上海人民出版社2007版,第36~47页。

[105] 同上注,第47~63页。

《后汉书·皇后纪下》:"及窦太后崩,(董太后)始与朝政,使帝卖官求货,自纳金钱,盈满堂室。"在帝制中国,君主是王朝政权的人格载体;但是,指望君主能"去私曲就公法,去私行行公法",[106]为王朝政权的千秋万载牺牲个人,就跟指望西方代议制下的议员能时时刻刻忠于选民利益一样不现实。

总而言之,非制度性卖官对有能力私下卖官的卖官者有利,对希望买官的买官者也有利,唯独对王朝政权及国家有害。对卖官者和买官者双方来说,这似乎是一场正和的博弈、双赢的交易,但如果加入王朝政权和国家为博弈方,这显然是一场零和博弈,只是零和的结局并不会立即显现,也未必由卖官者和买官者本人承担;基于此,他们做出了自己的抉择,而王朝政权和国家作为直接受害方,却没有足够的能力来制止这场博弈。从某种意义上说,这正反映出传统君主政体及国家治理机制难以克服的内在缺陷。

三、规范腐败:一个不可能的任务?

从商鞅开始,人们就认识到出卖官爵是能"富国"的有效政策工具,西汉晁错全面总结了出卖官爵的功利:"所谓损有余补不足,令出而民利者也。顺于民心,所补者三:一曰主用足,二曰民赋少,三曰劝农功。"[107]晁错认为出卖官爵一则不增赋而财用足,二则使天下多余的财富有一个好的去处,三则开辟由富而贵的通道,从而鼓励百姓致富。清代皇帝进一步认为,科举出身未必有用,捐纳中亦有人才,如雍正皇帝认为:

> 朕近见科目之人苟且因循,而贪赃枉法者亦复不少。至于师友同年,夤缘请托,比比皆是。若仕途尽系科目,则彼此网结,背公营私,于国计民生为害甚巨。古圣人立贤无方,不可执一而论。且使富厚之家叨授官职,使不希冀功名,亦是肃清科场之道。[108]

可见,统治者不仅把出卖官爵视为解决财政问题的良策,某种程度上也把

---

[106] 《韩非子·有度》。

[107] 《汉书·食货志上》。

[108] (清)萧奭:《永宪录》,朱南铣点校,中华书局 1959 年版,第 417 页。

它当成了疏通仕进之途、选拔人才的一种另类方式，从这个意义上说，和科举一样，买卖官爵也是传统社会一种重要的向上流动途径。以明清社会而言，庶民利用捐纳可以一跃成为监生，成为监生后可以直接参加乡试，重走科场之路，也可以不走科场路，而再利用捐纳获得其他职位官僚的铨选资格，总之，正如时人所言："昔时士人从科甲谋出路，其中又分进士举人及五贡……富家子弟则捐纳一途可进。天下各得其平，各展其才，有何患哉？"[109]

然而，卖官终究是一种腐败，无论统治者怎么为之寻找正当理由，他们终究不能否认这一点，在无法彻底舍弃卖官这一政策工具的前提下，他们所做的，是努力使卖官这一腐败规范化，希冀能收其利而遏其害。由此，人们看到了明清时期数目众多、体例严密、内容完备的捐纳事例。但卖官真的就此规范化了吗？答案显然是否定的，无论清代中前期还是后期，卖官这一统治者认可的"必要的腐败"从来就没如他们设想的那样真正规范过，非制度性卖官的顽强存在，固然是卖官规范化努力失败的重要表现。实际上，就算是国家认可的制度性卖官如捐纳，其运行也很少严格按诸项事例文本规定的那么做，而是以另一套规则或惯例在运作：

其一，报捐必须通过金融机构代办。依清政府的捐纳事例，捐纳允许代办，但仅限于亲戚和友人，银号、钱庄等金融机构代办报捐属于"包揽"，为例所禁，但实际上，北京城的金融机构为在北京的报捐者代办报捐是清代极为普遍的现象。当然这么做有合理的原因：一则报捐者一般很难读懂各种专门化的捐纳事例和章程；二则报捐者不可能随身携带报捐所需的大量金银。所以，委托金融机构汇转、保管资金，由此发展为请其帮忙代办报捐，自然顺理成章，对金融机构来说，则不仅可以收拢资金，还可以"加平"，即收取手续费，自然无不乐意之理。但是，金融机构介入报捐事务之后，通过非法的利益输送，打通各种关节，与捐纳房等办理报捐事务的衙门及官吏建立起关系紧密的分肥同盟，反过来把持了北京的报捐：如果是自己报捐，即使熟知各种章程和程序，也必然遭到办事胥吏的层层刁难和需索，相反如果委托与捐纳房关系紧密的银号、钱庄办理，则一路畅通无阻，而且由于这些银号、钱庄经常能得到一些有关捐纳和铨选的内幕消息，委托他们办理的成功率确实比自己办理要高。由此，委托金融机构，尤其是与中央有关衙门关系密切的金融机构代办报捐而非自己报捐，成为清代捐

〔109〕《各省印结》题记，清光绪年间抄本，北京大学图书馆收藏。

纳的一条潜规则。这一潜规则的背后,是北京金融机构与中央各办理捐纳事务衙门的勾结与钱权交易。

其二,印结论印计价,钱到即得。在清代,"印结"是一种保证文书,"印"指官印,"结"乃保结,清代捐纳制度规定,包括普通庶民和在职、候选候补官吏在内的报捐者在报捐时必须同时提交同乡五六品京官出具的印结,这是确认报捐者身份的必要文件。从制度上讲,出具印结的京官必须在充分了解报捐者个人情况的前提下,自愿并亲自出具印结。但实际上,由于报捐者人数越来越多以及代办报捐的普遍存在,报捐者多是将印结等报捐手续一并委托给金融机构,而由后者去找由本省籍京官组成的印结局,在交纳印结局单方规定的手续费(印结银)后,再由印结局出具报捐者需要的印结。在此过程中,出结的京官与报捐者不碰面、不认识,当然更谈不上熟知情况,他们之间真正发生的关系,是以印结局为中介一手交钱、一手出结,这当然是一种权钱交易。

其三,署差、补缺任由长官意志。捐纳一般最多只能获得参选的资格,报捐者领取捐官执照,向吏部注册之后,即可参加吏部的铨选。当然,吏部的铨选则例对铨选有详细规定,有班次、花样、单双月、掣签之类,虽说吏部铨选的这些信息完全是公开的,捐纳出身的候选官员可以依次推算大致何时轮到自己;可由于官多缺少,即使捐纳花样,他们也很难按部就班在吏部等到官缺。基于此,大部分人选择分发指省,在京外候补,希冀获得署事、差委和补缺的机会。理论上讲,地方上的署事、差委和补缺也有一定的制度,但总体而言其决定权完全在督抚之手,加之候补官的人数远远超出了官制的规定和临时性行政事务所能容纳的人数。因此实践中,贿赂、人情等"潜规则"替代了关于署事补缺的种种公开规定,督抚藩台视贿赂的多少、人情的轻重来决定去取。《二十年目睹之怪现状》将一省之内的候补官分为四大宗:

> 第一宗,是给督抚同乡,或是世交,那不必说是一定好的了。第二宗,就是藩台的同乡世好,自然也是有照应的。第三宗,是顶了大帽子,挟了八行书来的。有了这三宗人,你想要多少差事才够安插?除了这三宗以外,腾下那一宗,自然是绝不相干的了,不要说是七八年,只要他的命尽长着,候到七八百年,只怕也没有人想着他呢。[110]

---

[110] (清)吴趼人:《二十年目睹之怪现状》,上海古籍出版社2011年版,第64页。

只有前三宗人有署事补缺的机会。但是，前三种人或者说资格，是可以用钱买到的，如同乡世交，花了钱就可以成为同乡世交，八行书之类的推荐信完全可以用钱买到。《官场现形记》里的钱典史，在指派江西上饶县典史后，为保险起见，花钱找京里的徐都老爷买了封八行书，到省后还得花钱疏通藩台的关系才能署事。[111]

此外，捐升的引见验看可以花钱找人顶替；捐复须由督抚先期向皇帝申请捐复，从而为督抚与希望捐复者之间的钱权交易提供了空间；金融机构在代办报捐的同时，又从事向资财不足的报捐者放贷的业务。由此，许多家境本不宽裕、科举又无望之人动起了举债捐官的心思，他们或向亲友熟人举债，或向金融机构借贷，打着补缺后捞钱还债的念头，成为"带肚子的官""债官"，完全失却了捐纳"使富厚之家叨授官职""富家子弟由捐纳一途而进"的本意，对吏治构成直接的危害。随着捐例越开越多，越开越久，仕途越发壅滞，许多捐官长年难以得缺成为普遍现实，各种报捐项目逐渐失去往日的魅力，难以聚敛到足够的钱财。对此，清政府一方面对捐项打折减价，另一方面发动地方官员向士民"劝捐"，其中自然又免不了加派、中饱与强制。

总之，清政府希望将卖官规范化，希望能尽揽卖官之利而遏其害，甚至希望捐纳能成为科举之外又一条促进社会阶层流动的有效路径，成为富家子弟、特殊人才的晋升之途。然而，看似完备的捐纳制度，根本阻挡不住捐纳实施中的私下交易、中饱私囊、弄虚作假，国家意图掌控的制度性卖官事实上被其无法掌控的非制度性卖官所渗透。对希望做官的报捐者来说，公开的捐官只是第一步，私下买缺是第二步，而且是真正关键的一步，捐官花的相对是小钱，买缺花的钱才是大头。易言之，体系化、看似规范的制度性卖官只是清代卖官的表面，非制度性卖官才是清代卖官的实质或者说主导，清政府规范卖官的努力最终被证明是失败的。

美国学者魏德安在《双重悖论》一书中提出，腐败可以分为发展性腐败和掠夺性腐败（退化性腐败）。发展性腐败是"一种有组织的犯罪形式"，在这个过程中，"政治上的黑手党从商界合法或非法所得中扣留一部分据为己有，然后出台有利于商业发展的宏观经济政策"，"政治机器从经济体中汲取养分，但不会做出竭泽而渔的事情"；掠夺性腐败是"掠夺式"的，类似于"明火执仗的抢劫"，

---

[111] 参见（清）李伯元：《官场现形记》，上海古籍出版社2011年版，第20~25页。

在这种腐败模式下,“腐败大多是国家组织的自体腐败,利益只是单向流动,政界打劫商界之后并没有基于长远利益的考量而出台促进商业发展的宏观经济政策”,“它(掠夺性腐败)直接掠夺经济体,政客只是一味打劫商界,而商界得不到任何利益”。魏德安承认,从来就没有什么“良性腐败”,但确实存在更为恶性的腐败,发展性腐败和掠夺性腐败都会造成严重的危害,但掠夺性腐败更有可能引发致命的后果,会更加迅速地暴露出恶劣影响,发展性腐败本身不会促进经济增长,但相对能遏制、消弭腐败造成的消极影响。[112]

魏德安关于腐败的这种分类,当然不能机械对应于传统中国的制度性卖官与非制度性卖官:私下、不公开、不规范的非制度性卖官可以说是一种掠夺性腐败,但制度性卖官却绝对不能说是发展性腐败。虽然从表面上看,官爵的公开买卖是一种自愿的交易,并非卖方对买方的强迫性掠夺;但正如宁欣所言,制度性卖官使得传统社会工商阶层的游动资金“投入钱权交易的领域”,而并没有“按照商品经济的自然规律,投入商品的再生产和扩大再生产,增加商业资本的总量,或在商品流通领域流动,这一流向是商人独立的前提条件”,[113] 结果是分散了商业资金,分化了工商阶层,某种程度上构成传统社会商品经济无法充分发展、难以走向成熟的原因。

制度性卖官不是发展性腐败,但按魏德安的标准和逻辑,它却似乎可以说是一种有组织的、可控的、可持续的腐败(至少从统治者的初心来看是这样)。魏德安认为,如果腐败实在难以避免,那就让腐败受到某种控制甚至利用它,如朴正熙在韩国、自民党在日本、国民党在我国台湾地区做的那样,控制腐败某种程度上是可以实现的。[114] 然而,传统中国制度性卖官终归失败的历史实践却证明,希冀规范、控制、利用腐败,只会是统治者的一厢情愿。因为从本质上讲,腐败是对规范化治理的违逆,是对法律秩序的破坏、对人之善良品质的腐蚀,对一次违法的放纵必然招来更多的违法,对某种腐败的容忍必然鼓励、创造更多的腐败。其实魏德安也承认发展性腐败和掠夺性腐败“只是两个理想

---

[112] 参见[美]魏德安:《双重悖论——腐败如何影响中国的经济增长》,蒋宗强译,中信出版社 2014 年版,第 72 页。

[113] 宁欣:《唐史识见录》,商务印书馆 2009 年版,第 9 ~ 10 页。

[114] 参见[美]魏德安:《双重悖论——腐败如何影响中国的经济增长》,第 29 ~ 67 页。

的极端”,[115]现实中看到的腐败一般都是两者的结合体,介于两者之间,理想的可控、受引导的腐败实践中是不存在的。当然,在腐败积重难返,反腐败斗争长期、复杂、艰巨的情况下,将规范、控制腐败作为反腐败斗争的阶段性工作及目标,未尝不可。但是,传统王朝将卖官制度化的努力并非基于长期反腐败斗争的需要,并非反腐败建设的权宜之举,而是为了独占卖官的收益,以之为满足财政需要的稳定的政策工具,其结果由此必然是,制度性卖官的法律越来越严密,非制度性卖官却越来越泛滥,制度性卖官在非制度性卖官的冲击下难以为继,最终被非制度性卖官所湮没。

结　语

在一个产权得不到充分保护、交易、投资没有足够法律保障的国家,社会资本必然流向公共领域,以公开或私下钱权交易的方式,购买足以为身份标识的官职、爵位、荣典、资格。而对缺乏更多有效税收手段的传统政府来说,卖官的确是一种相当见成效的提取社会财富的政策工具。从这个意义上说,制度性卖官是一种针对特定群体(有产阶级)的特殊形态的征税,是一种税外之税,是一种隐性腐败,如同传统中国的税收陋规一样。

腐败本身具有不确定性,无论它是显性腐败还是潜规则化的隐性腐败。我国有学者认为,明清陋规之类的隐性腐败的本质特征是“数量的定额化和相对稳定性”,“陋规数额虽不便明言,其实是要遵守某些约定俗成的则例的”。[116]但是,正如吴思所言,潜规则的约束力是“依据当事各方的造福或损害能力,在社会行为主体的互动中自发生成”,[117]隐性腐败下的权钱交易,其数额、程序最终由交易双方的需求、实力及相互的博弈而定,其中就算有一定的惯例或规则,对双方的约束也只是软约束而非硬约束。卖官作为传统中国铨选腐败的主要表现,不管是制度性卖官还是非制度性卖官,其本质上是反制度、不规范和不确定的,如果非得说它有什么规则,那么,无规则或者说永远不可能有规则就是它的规则。

---

[115] 参见[美]魏德安:《双重悖论——腐败如何影响中国的经济增长》,第 74 页。

[116] 晏爱红:《清代官场透视——以乾隆朝陋规案为中心》,天津古籍出版社 2012 年版,第 5 页。

[117] 吴思:《潜规则:中国历史中的真实游戏》,复旦大学出版社 2014 年版,第 193 页。

There Exists No Rule Where Corrupt of Selecting Officials Is Regulated —Thinking about Natural Laws of Corrupt of Selecting Officials in Ancient China

Xie Hongxing
(Law School of Jiangxi University of Finance and Economics, Nanchang, 330013)

Abstract: Selling officials was the major corrupt of selecting officials in ancient china, which included selling officials permitted by national laws and selling officials prohibited by national laws. Selling officials permitted by national laws was the dynasty country sold official positions and ranks to people according to standards regulated by laws in public, and the country earned the money; selling officials prohibited by national laws was influential persons sold officials beyond laws secretly, and influential persons earned the money. The dynasty country was deficient in collecting ability, regulating ability and allocating ability, and financial incomes couldn't increase along with economy increasing, on the other hand, financial pay expanded year by year, which means financial crisis happens again and again. To solve financial problems, the ancient government had to sell officials again and again, and improve the laws and system of selling officials, however, selling officials prohibited by national laws overflowed at the same time, which caused the failure of the country selling officials. The historical conclusion is that any administrative corrupt is anti-system, anti-order, anti-laws, in other words, regulating, controlling and taking advantage of corrupt may be a fantasy dream of government forever.

Key words: Selecting officials; Selling officials permitted by national laws; Selling officials prohibited by national laws; Secret corrupt; Hidden rules

(责任编辑:李展硕)

国家主义法律观研究:一个导论*

于　浩**

内容摘要:

国家主义作为一种思潮或学说,意指在秩序建构中"为了国家、倚重国家"。国家主义法律观就是在法律认识与法治实践中坚持国家主义的立场。关于国家主义及国家主义法律观的研究早已有之。当代中国法治建设中的诸多现象可以建构性地使用国家主义这一概念来概括。国家主义在推动当代中国法治建设的同时也产生了一些问题,这最终指向对国家主义在立法、执法和司法等层面的反思。

关键词:

国家主义　法治　立场　反思

人类处事一般在逻辑上需要解决好三个方面问题,即"是什么、为什么、如何做",也就是"界定之,正视之,践行之"。[1]对国家主义以及国家主义法律观问题的研究也概莫能外。具体而言,针对当代中国法治建设中存在的一些直观现象,我们可以建构性地使用国家主义这个概念来加以概括。而国家主义这一概念以及对国家主义的研究并非无中生有,它们存在于古往今来的法学理论与法治实践中。只是既有的研究存在这样或那样的不足,所以对这一问题继续深入研究便有了意义,并且这一问题也是当下中国法治建设立场选择中无法回避的问题。国家主义在推动当代中国法治建设的同时也产生了一些问题,这最终指向对国家主义在立法、执法和司法等层面的反思。

---

* 本文系中国法理学研究会 2016 年青年专项课题《共和国法治建设中的"主义"之争》的研究成果。

** 于浩,华东师范大学法学院紫江青年学者,法学博士。

[1] 参见张志铭、于浩:《共和国法治认识的逻辑展开》,载《法学研究》2013 年第 3 期。

一、现象、问题与方法

国家主义作为一种思潮或者说是立场,在1949年之后的中国社会治理中一直居于强势的主导地位,全方位、深层次地影响着国家、社会与个人三者之间的力量关系。20世纪90年代末,法治作为基本治国方略为中国根本大法所确立。由于党和国家对法治的高度重视,法治已然成为了当下中国最具正当性的治理方式。在如火如荼的法治中国建设中,国家主义的立场始终不可撼动。

法治建设作为一项系统性工程,需要选择一定的价值立场作为指导方针,对于立场的选择,不同的历史阶段和不同的国家地区往往存在差异。立场,简言之,就是人们在认识和处理问题时所处的地位以及所抱持的态度。法治建设中的国家主义立场指的就是,国家在法秩序形成中起着主导作用甚至是唯一的作用,国家利益至上。国家采取建构主义的思路进行法治建设,而社会和个人的作用则容易被遮蔽或者被忽视,概括起来就是在法治建设中"为了国家,倚重国家"。考察清末变法改制以后尤其是1949年以后的法制史,可以初步得出一个结论,即当代中国的法治建设凸显出了国家主义这一立场,法治建设中的诸多问题与国家主义立场有着深刻关联。在笔者看来,法治建设中的国家主义立场的问题,可以化约为国家(广义的政府即国家)与法律(法治)的关系问题,进一步可以化约为在法秩序生成中国家与社会以及个人之间的关系问题。从国家与法律的关系来看,近现代西方的法制史展现出的特点是,法律从依从国家到主宰国家,法律反治国家以形成法治国。而当代中国则是国家与法律的紧密捆绑,法律是国家的伴生物,这一特点在法学理论和法治实践过程中均有所体现。

客观地说,中国的国家主义是在历史中形成的。近代中国内忧外患,一盘散沙的局面无力抵抗外侮、重建秩序,因此需要不断增强国家能力和民族凝聚力。国家在民族解放和现代化建设等方面发挥巨大的动员和整合作用。具体到中国法治建设,国家为法治建设创造了稳定的环境,力推法律的一体化实施,加快了法治发展的速度,缩小了与法治发达国家间的差距;因此国家主义之于中国的重要意义不容置疑,必须予以肯定和承认。但是,就国家与社会和个人的关系而言,从人类历史发展趋势来看,体现出了一定的规律性,即国家统治逐渐松动,社会自治逐渐发展,个人自主性不断提高。转型中国引发的一系列问题,都促使我们不得不去反思,当下中国法治建设立足于国家是一种现实状态,但单纯立足国家本位进行法治建设是合理的吗?法律的制定、实施和目标都以国家为本位是合理的吗?仅仅立足于国家主义立场即国家本位来进行法治建设究竟会遮蔽什么?

在古希腊时期,亚里士多德就曾宣称城邦之外非神即兽,即不是人。人是社会动物和政治动物,强调的是先有国家,后有个体,国家处于优位。但近现代自然法提出了社会契约理论,即个人通过出让自己的权利,订立契约来组成国家,主张的是先有个体,后有国家。〔2〕近现代西方将国家与社会两分,社会是个人的自由组合,社会是自治自律的,个体可以自由加入或退出,因此社会可以还原为个体成员。而在当代中国,则表现为从国家一统到国家后撤。虽然出现了社会组织,但不可自由还原为个体,社会是凌驾于个体成员之上的,既可以对抗国家,也可以压迫个体成员。因此,在中国,国家一家独大,社会自治空间相对狭窄,个人因为承受来自国家和社会的双重压制,自主性相对较弱。

法治是一种秩序状态,秩序的生成与规范相关。规范可分为正式规范和非正式规范。法律作为一种社会控制的主要手段,是一种正式规范,需要同时借助大量的非正式规范,一并调整社会生活,才能形成社会法秩序。也就是说,只有当作为正式规范的国家法与社会规范以及个人在日常生活中形成的契约等相协同,才能出现社会法秩序状态。但在当下中国,由于国家遮蔽了社会、个体在社会规则创造中的作用,国家法的过度强势与社会法秩序之间也就无法达致平衡状态。比如,当下中国主流的法律定义,即法律是国家制定或认可,并由国家强制力保证实施的全部规范的总和,〔3〕就体现了浓厚的国家主义色彩。这一传统的主流法律定义由于过于突出国家的作用,导致法学理论上的一系列问题,比如社会法(如公司章程)是否具有法律效力?若无法律效力,社会秩序建构是否可能?按照契约自由神圣原则,契约是一种法律延伸意义上的概念,因此也应具有法律效力。但是现在的法律定义似乎只强调了国家在法秩序建构中的一维,而忽视了甚至是无视社会和个人在法秩序形成中的意义。因此也就产生了诸多问题,如"泸州遗赠案"中遗嘱的效力被道德否定;村规民约、宗教规则等被断然视作不具有法律效力。将国家制定法作为唯一的法律则体现了一

〔2〕 参见于浩:《国家主义源流考》,载《浙江社会科学》2014年第10期。

〔3〕 参见张文显主编:《法理学》,高等教育出版社2011年版,第45~47页。

种狂妄自大的建构主义理性,而哈耶克早已论证,由于人的知识有限性,建构主义理性具有内在的不完满性,容易对秩序造成破坏。[4]

法治作为一种良好的秩序状态,需要国家、社会、个人之间的协同来实现。但国家的过度强势,遮蔽了社会和个人的作用。因此,明确国家做什么,划定国家的界限,即哪些事项由国家去做就显得尤为重要。一种合理而又和谐的秩序状态应该是:国家统治—社会自治—个体自主三分。国家退出才能有社会自治空间,也才有社会组织中个体自主。只有国家进一步后撤,才能为社会自治腾挪出充足的发展空间;而只有个体自主,即防止个体成为社会压制或奴役的对象,才能实现真正的社会自治,而非社会独裁。因此,应突出有限政府(国家)的概念。毕竟,即使按照社会契约的理论假设,个人出让权利形成国家,但有些基本权利如人权也是不能克减的。

通过以上的初步分析,我们可以提炼出国家主义法律观研究中的论题:针对以国家为本位的法治建设进路,即法治建设中的国家主义立场,我们要问,单纯的国家本位,即国家主义立场在规则创设及法秩序建设或法治建设中是足够的吗?答案是不够的,还应该有社会和个人的维度。由于国家主义体现在社会治理的诸多方面。因此,对法治理论及其实践的理解和研究无法绕开国家主义这一思潮或立场。研究法治建设中的国家主义立场,包括对国家主义基本理论学说的梳理,以及国家主义在当代中国法治建设中,即立法、执法和司法中的表现,进而评析其利弊得失,以期为我国法治建设在未来的进一步发展开示出可供选择的方向和路径。

对于国家主义法律观的研究在方法层面,整体而言是规范指向的,即总体适用的是价值分析方法,尝试表述当代中国法治建设的应然立场。在国家主义与自由主义的对峙中,选取的是一种折中的立场,或者说是适度的国家主义立场作为价值坐标。中国的法治建设是在特定的时间和空间条件下进行的,具有自身独特的历史传统、生成条件、演进轨迹和发展趋向。依循由观念到制度再到实践的分析思路,明晰当代中国法治建设中的国家主义立场,并评析其存在的问题。唯有价值立场上的从容、自信,才能开拓出一条既与人类法治文明的普遍性准则相沟通,又能适合中国现实国情与政制架构的法治道路。

---

〔4〕 参见[英]哈耶克:《法律、立法与自由》(第 1 卷),邓正来、张守东、李静冰译,中国大百科全书出版社 2000 年版,第 8 ~ 12 页。

二、国家主义法律观：研究综述

在当下中国，推进国家治理体系和治理能力现代化，建设社会主义法治国家，必须重新审视国家的历史与价值以及国家与法律或者法治的关系。在马克思主义经典著作中，国家与法律相伴生长。国家主义作为一种历史传统和意识形态，熔铸在1949年以来的理论建构与制度实践中。当代中国经历着由国家统治的一元化到“国家—社会”二元结构，再到“国家统治—社会自治—个人自主”三者协同治理结构的转换。[5]对于国家主义及国家主义法律观的研究旨在反思国家主义立场下的社会治理和法治实践中暴露的问题及对策，并对其利弊得失进行评价。

在西方学术话语中，国家主义(Statism)作为分析工具被反复使用。在国内法方面，国家主义多运用于经济法治、家庭法、知识产权法以及司法制度等方向的研究中。在经济法治研究中，有从宪法文本和竞争法、规划法以及其他经济法规范分析入手，探讨了国家主义如何在相关法规范中被发现、释义和构建，最终随着经济形势与国家实力的变化，形成不同程度的国家主义经济法律制度。[6]除了对经济法治中的国家主义立场进行国别研究，也有学者从具有普世性的公司治理入手，研究公司法变迁中的国家主义问题。在这类研究中，研究者关注公司治理中的两个核心问题，即公司参与者的行为规则如何确定，以及违反规则后应如何处理。面对两个核心问题，社群主义与国家主义有着不同的回答。从公司法的历史变迁来看，多数国家在公司法中采取了国家主义立场，通过国家强制力保证公司治理规则得到参与者的遵守。在公司法变迁中，研究者还发现，国家主义在公司治理中的运用，可以纠正公司治理中因个体博弈而产生的不公正结果。通过法律的国家主义改造，原本弱势的部分参与者，能够

---

〔5〕 关于“国家—社会—个人”三元结构的具体论述，可参见张志铭：《中国社会的转型和律师业的发展》，载朱景文主编：《中国法理学论坛》，中国人民大学出版社2006年版，第347～348页。

〔6〕 See Rodolfo Batiza, “Legal and Political of Statism in Mexico”, 8 *Inter-American Law Review*(1966), p. 49.

在公司治理中获得更多博弈成功的机会。[7]除此之外,还有研究者从福利国家演进入手,探寻国家主义在经济法治不同阶段所发挥的作用。[8]在家庭法研究中,国家主义在家庭中所发挥的法治作用也被不断审视。国家主义一开始在家庭法中发挥积极作用,国家通过对个体的经济支持,将个体从家庭中解放出来,形成核心家庭,促使个体潜能得到最大限度的发挥。但在维护核心家庭制度的同时,国家主义也物化了家庭关系。国家主义下的家庭成为工具,人们在家庭纠纷中开始关注诸如抚养、监护等方面的权利、义务问题,而工具性之外的道德、人性则很少被顾及。随着家庭关系的扩张,这种物化的家庭法律关系与社会发展显得格格不入,由此产生了代际法律问题、同性婚姻问题以及同性家庭问题。但解决这些问题,并非要完全排除国家主义,而是要在国家主义与家庭主义之间寻找平衡,使得国家和家庭在各自范围内发挥最佳效用。[9]在知识产权法方面,相较于知识产权保护的个人主义,国家主义在跨国知识产权保护中所发挥的积极作用受到关注,并在各国知识产权立法中得到诸多体现。[10]司法制度研究也是较多运用国家主义作为分析工具的领域,国家主义在司法机关、行政机关、当事人以及律师的互动关系中所发挥的作用得到深入探讨。[11]国家主义在司法制度中发挥的不再仅是负面作用,而是开始具有多重效用。“去国

---

〔7〕 See Stephen M. Bainbridge,“Community and Statism: A Conservative Contractarian Critique of Progressive Corporate Law Scholarship”,82 *Cornell Law Review*(1997),p. 856.

〔8〕 See Peter Taylor-Gooby and Robyn Lawson (Eds.), *Markets and Managers: New Issues in the Delivery of Welfare. Buckingham*, England: Open University Press, 1993, pp. 456 – 478.

〔9〕 See Lynn D. Wardle,“Intergenerational Justice, Extended and Redefined Families, and the Challenge of Statist Paradigm”,3 *International Journal of Jurisprudence Family*(2012), p. 167; Francisco O. Ramirez, Statism, Equality, and Housewifery: A Cross-National Analysis, 24 Harvard Law Review(1981), pp. 175 – 195.

〔10〕 See Harker H. Hittso,“Individualism vs. Statism, as Exemplified by the Patent System”,27 *Harvard Law Review*(1995), p. 637.

〔11〕 See Frank E. Holman,“A Skeptical Look at Judicial Independence”,72 *Yale Law Review*(1998), p. 241; David A. Simmons,“Must America Succumb to Statism”,74 *Annual Report of American Bar Association*(1998), p. 367.

家主义”并非是司法制度改革的最优选择,而应当在司法视域中逐渐明晰国家、社会与个人的相对位置。在国际法研究中,国家主义被运用于国家主权〔12〕和国际法内国法化问题讨论中〔13〕,解决全球化下的国家自主问题。

国家主义作为分析工具虽然得到广泛运用,但对国家主义本身的探讨并不多见。通过对政府权力分配与政府架构的探讨,来探寻国家主义之本质,是西方学界较为常见的研究进路。但即使在这一进路下,关于国家主义的论述也仅仅是片段式的。〔14〕在直面国家主义的研究匮乏的情况下,将国家主义放置在与民族主义、普世主义和联邦主义对比框架下的研究就显得较为丰富。在国家主义与民族主义的对比研究中,国家主义平衡各国势力的作用得到彰显。〔15〕而在国家主义与联邦主义的对比研究中,从国家主义向联邦主义的范式转向得到了较多关注,并在此框架下加深了国家主义在经济、政治中所展现的多面向内涵的讨论。〔16〕同时,从国家主义立场相对的“自由主义立场”来对法治展开研究的文献也尤为充裕。哈耶克通过区分进化论的理性主义(与自由主义紧密相连)和建构论的理性主义(与国家主义紧密相连),指出建构论是一种谬误的观念。这主要源于现行的制度并非都来自人为的设计,单纯的人为设计不能导引出社会秩序。并且,人生的有限性与知识的无限性之间具有天然的张力。知识上的

---

〔12〕 See Odette Lienau, “Who is the ‘Sovereign’ in Sovereign Debt? Reinterpreting a Rule-of-Law Framework from the Early Twentieth Century”, 59 *Yale Journal of International Law*(2008), p. 63.

〔13〕 See Jeremy Webber, “Empire and Solidarity in International Legal Reform, Middle East Law and Governance”, 42 *Northwestern Law Review*(2012), p. 189.

〔14〕 See David Simmons, The Ditributhon of Power in Government, 31 Annual Report of American Bar Association(1985), p. 559; Frank E. Holman, *Forms of Government*, 32 Annual Report of American BarAssociation(1986), p. 190.

〔15〕 See Jeremy Webber, “Empire and Solidarity in International Legal Reform”, 42 *Northwestern Law Review*(2012), p. 189.

〔16〕 See Owen M. Fiss, “What is the Federalist Society”, 15 Pennsylvania Law Review (1992), p. 5; Daniel J. Elazar, “The State System + Globalization = Federalism”, 40 *South California Law Review*(1999), p. 555; Akhil Reed Amar, “Five Views of Federalism: ‘Converse - 1983’ in Context”, 47*Chicago Law Review*(1994), p. 325; Daniel J. Elaza, “From Statism to Federalism-A Paradigm Shift”, 17 *International Political Science Review*(1996), pp. 417 - 429.

构成性局限注定会使现代人无法经由理性而建构社会整体。这构成了人的宿命,但同时是人们不愿意承认的一个事实。[17]斯科特追随哈耶克的步伐,反对帝国主义式的或霸权式的计划思想,在这种思想中,所有地方知识和技术遭到排除。人为设计的正式规则不能产生有效的社会秩序,相反它会打破社会关系网络。这不仅损害了社会民众的利益,也最终导致设计者的失败。[18]塔玛纳哈通过对法治的历史、政治和理论的分析,得出三个贯彻法治传统始终的主题,即政府受法律限制,形式合法性以及法律而不是人的统治。[19]这是典型的西方自由主义法治观,与戴雪、富勒、拉兹、菲尼斯等人对法治原则的概括一脉相承。[20]在对国家主义与法治关系的研究中,有从哲学层面探讨国家主义与法律实证主义关系问题,提出法律实证主义根源在于国家主义[21];而一种基于公民、正义与司法层面的实证分析框架为认识国家主义与法治的关系提供了新的方法论视角[22]。现代西方对国家主义的研究多从国际法秩序或者区域内国家主义与部门法统一化的关系入手,在探寻国家主义与法律的关系问题上,也多基于区域性的实证分析[23],但以国家主义为视角来系统地研究法律观念与法律实践问题的文献则零散且少见。

国内学界对国家主义的理论与实践的研究已有百年历史,主要从正反两个

---

〔17〕 参见[英]哈耶克:《法律、立法与自由》(第1卷),邓正来、张守东、李静冰译,中国大百科全书出版社2000年版,第1~39页。

〔18〕 参见[美]詹姆斯·斯科特:《国家的视角——那些试图改善人类状况的项目是如何失败的》(修订版),王晓毅译,社会科学文献出版社2012年版,"导言",第1~8页。

〔19〕 参见[美]塔玛纳哈:《论法治——历史、政治和理论》,李桂林译,武汉大学出版社2010年版,第147~160页。

〔20〕 参见夏勇:《法治是什么——渊源、规诫与价值》,载《中国社会科学》1999年第4期。

〔21〕 See Sean Coly, "Positivism as a Statist Philosophy of Law", 58 *Yale Journal of International Law*(2007), p. 174.

〔22〕 See Iavor Rangelov, *Nationalism and the Rule of Law: Lessons from the Balkans and Beyond*. Cambridge University Press, 2015.

〔23〕 See John R. Campbell. *Nationalism, Law and Statelessness: Grand Illusions in the Horn of Africa*. Routledge, 2013.

方向论证或批判国家主义的历史功能。[24]当代中国重启对国家主义的研究则是晚近二十年之事。这主要源于国内外形势的变迁，尤其是伴随综合国力的提升所催生的大国意识。当下，围绕国家主义所展开的研究，在思路上主要有如下几种：一是从历史的角度出发，剖析古代中国的政治传统、域外政治理论和实践中所蕴含的国家主义色彩，尤其针对清末民初醒狮派（国家主义派）的评介及其对现代中国的影响；[25]二是沿着引介西学的进路，对以霍布斯、施密特为代表的思想家的国家主义学说做思想史上的梳理；[26]三是从比较的视角，即把着眼点放在国家主义与自由主义的对比上，分析和批判我国知识界当前关于国家主义和"新国家主义"的思潮，并论述国家主义与社会主义道路之间的契合关系；[27]四是从语境论的视角揭示了国家主义符合中国"赶超型"现代化的现实需要；[28]五是从社会治理的层面出发阐述国家主义在当前中国社会治理中的角色[29]以及从国家主义与全球主义的关系层面展开论述。[30]

让我们重点转向国内法学界，国家主义立场是一个随着法学基础理论（包含法治理论）的争论和法学研究的范式转换而引起法学界讨论与反思的话题。自改革开放以来，一个关于国家主义的基本共识就是，国家主义是一种式微的

---

〔24〕 代表性的文献如少年中国学会编：《国家主义论文集》（第1辑），文海出版社1973年版；少年中国学会编：《国家主义论文集》（第2辑），中华书局1926年版；余家菊、李璜：《国家主义的教育》，中华书局1936年版；余家菊：《国家主义概论》，新国家杂志社1927年版；汤澄波等：《反国家主义》，国民革命军总司令部政治部1927年版；钟离蒙、杨凤麟：《国家主义批判》，辽宁大学哲学系中国哲学史研究室1984年版。

〔25〕 参见高力克：《中国现代国家主义思潮的德国谱系》，载《华东师范大学学报》（哲学社会科学版）2010年第5期。

〔26〕 参见于浩：《法治建设中国家主义立场的"国家"内涵》，载《广东社会科学》2017年第2期。

〔27〕 参见许纪霖：《当代中国的启蒙与反启蒙》，社会科学文献出版社2011年版，第236～275页。

〔28〕 参见冯仕政：《当代中国的社会治理与政治秩序》，中国人民大学出版社2013年版，第21～24页。

〔29〕 参见顾昕、王旭：《从国家主义到法团主义——中国市场转型过程中国家与专业团体关系的演变》，载《社会学研究》2005年第2期。

〔30〕 参见蔡拓：《全球主义与国家主义》，载《中国社会科学》2000年第3期。

政治思想与理论。国家主义重国家、轻社会，重权力、轻权利，重人治、轻法治，重集权、轻人权，重集体、轻个体，重实体、轻程序的特征给法律意识形态带来了消极影响，反映在法概念、人权、法的性质与功能等法学理论诸方面，也影响了社会观念的形成。[31] 尊重国家威权是必要的，但威权支配的畸形化形式之一即国家主义治理恰恰又是建设现代宪政国家的障碍。这其中隐含一种深刻的内在矛盾。可以说，国家主义是一种关于现代国家建设的畸形理念，是一种“饮鸩止渴”式的国家建设理念。一方面，这种批判体现在诸多学术争议或对法学研究范式的反思之中，如在关于法的本质的争论中，传统的观点认为法是国家制定和认可，用国家强制力保障实施的规范的总和，这是一种典型的国家主义立场下的定义。这一定义受到了诘难和批判，同时也使法律治理中的国家主义立场遭到批判[32]；又如在反思法学研究的范式时，学者们提倡“国家—社会”的二元对立以及市民社会的分析框架，通过提供一种国家与社会的互动关系的视角，力图在法学界消解“政治全能”和“国家神话”的观念；并反思作为一门学科的法学，甚至认为法学之所以缺乏独立的学术品格源自法律缺乏独立之品格，而法律国家主义及其派生出的法律虚无主义、法律机会主义以及法律工具主义则共同导致了法律独立之品格的匮乏。[33] 另一方面，这种批判体现在当代中国具体法治实践的反思中，如在中国法律体系建构这一法治实践方面，有学者认为在法治建设中关注程序的意义，以程序限制国家权力的恣意；[34] 也有学者从立法主体和法律体系中的法律形式入手，归纳出我国法律体系建构过程中所体现出的国家主义特征，强调社会自治和个体自主在法秩序形成中的意义；[35] 也有学者指出，立法中存在“计划性”和非民主的特点。比如，国家一般通过“超前立法”来导引和改造社会；而在社会转型时期，社会生活的急剧变迁使“法律滞

[31] 参见吕世伦、贺小荣：《国家主义的衰微与中国法制现代化》，载《法律科学》1999年第3期。

[32] 参见叶传星：《转型社会中的法律治理——当代中国法治进程的理论检讨》，法律出版社2012年版，第99～138页。

[33] 参见邓正来：《国家与社会：中国市民社会研究》，北京大学出版社2008年版，第3～20页。

[34] 参见季卫东：《法治秩序的建构》，商务印书馆2014年版，第35～53页。

[35] 参见张志铭：《转型中国的法律体系建构》，载《中国法学》2009年第2期。

后”成为常态。无论“超前立法”还是“法律滞后”，都加速了法律与社会之间的脱节，尤其是随着立法中“长官意志”的滋长而愈加明显。[36]

具体而言，关于法治建设中国家主义立场的阐述，主要体现在：一是认为国家主义立场源自计划经济和高度集中的政治体制，不利于法治建设；[37]二是分析国家主义在社会发展和治理过程中的嬗变问题，指出从国家主义到社会自治是社会发展的趋势[38]，比较具体的研究如当代中国律师业的发展；[39]三是从法秩序形成的角度出发，认为国家主义的强势遮蔽了社会和个人在法秩序形成意义上的作用；[40]四是从法律史层面分析中国法律传统中的国家主义思想以及造成的当下中国法治建设的问题；[41]五是分析苏联的国家主义思想与实践对我国法治建设中的国家主义立场的影响。[42]

上述研究多将法治理论和实践中出现的诸多问题归结到国家主义立场，即对其多持批判态度。而也有学者对国家主义立场抱持一种历史同情式的理解，并主张一种适度的国家主义立场。如有学者指出，作为从西方移植输入的具有普遍性的制度和观念的“大传统”与中国传统文化中固有的“小传统”的冲突与断裂，集中体现在国家自上而下推行的正式制度同在社会中自发生成的非正式制度间的冲突与断裂，这意味着国家的合法性在社会中遭遇危机。只有通过重建国家与社会的关系才能重建国家在社会中的合法性。而国家主义的兴起则

---

〔36〕 参见梁治平：《法治：社会转型时期的制度建构——对中国法律现代化运动的一个内在观察》，载梁治平编：《法治在中国：制度、话语与实践》，中国政法大学出版社2002年版，第84～150页。

〔37〕 参见周永坤：《法律国家主义评析》，载《云南法学》1997年第1期。

〔38〕 参见吕世伦、薄振峰：《社会、国家与法——从法的视角思考国家回归社会问题》，载《法制与社会发展》2004年第3期。

〔39〕 参见张志铭：《当代中国的律师业——以民权为基本尺度》，载《比较法研究》1995年第1期。

〔40〕 参见张志铭：《转型中国的法律体系建构》，载《中国法学》2009年第2期。

〔41〕 参见吕世伦、张小平：《论中国法律文化传统中的国家主义》，载《金陵法律评论》2001年卷。

〔42〕 参见朱祥海：《国家主义法哲学——以前苏联法和国家理论为重点的考察》，吉林大学2008年博士学位论文。

是作为国家合法性重建一环意识形态层面合法化的努力,虽然同时强调对西方中心论的国家主义法律观也保持一种反思警醒的态度;[43]也有学者以1949～1957年我国法律实践为例,比较西方"基于法律的治理"和中国"通过法律的治理"之不同,指出自由主义法治观下的国家软弱无力容易引发内乱和外患,一味迁就个人权利容易导致公民精神的失落进而使国家堕入以"资产者"为主角的统治,因此强调中国语境下国家主义立场对法制建设中自由主义立场的矫正作用;[44]也有学者通过梳理改革开放后人民法院建设的历史,尤其是通过概括和分析人民司法传统的五个方面,即服从党的领导,为中心工作服务,走群众路线,实事求是、有错必纠,德才兼备的断裂与延续,指出中国在计划经济体制下建立起来的"总体性社会"业已日趋瓦解,执政党和国家权力正在从日常社会生活中逐渐淡出,并不断放松对社会的监控,但社会的存在和发展离不开权力和权威,主张在法治建设中采取一种适度的国家主义立场;[45]也有学者从对国家主义立场的相对面——自由主义立场的批判和反思出发,一定程度上实现了对国家主义立场的正名。如有学者指出,近几十年来,以自然法学派和实证主义法学派主张为基础的自由主义法治理论对我国影响深刻。自由主义法治理论所刻画的法治模式及法治的主要特征在很大程度上成为当代中国人认知和评判中国法治的依据。然而,自由主义法治理论不仅在理论上难以自洽,同时从历史上看,也并不是西方法治实践所真实奉行的理论,并且这一理论在输入后起法治国家的过程中,还搭载着西方国家的某些政治企图。因此,必须在充分吸收人类既有理论成果,充分尊重中国实际条件的基础上,构建当代中国自己的法治话语体系。[46]

国家主义立场作为一种思潮或者认知角度,对晚清变法改革以来,尤其是1949年以后的法治建设产生了巨大影响,其利弊得失,褒贬不一。对国家主义

〔43〕 参见强世功:《法制与治理——国家转型中的法律》,中国政法大学出版社2003年版,第8～10页。

〔44〕 参见刘诚、杜晓成:《为国家主义法制观正名——以新中国1949年至1957年的法律实践为例》,载《武汉大学学报》(哲学社会科学版)2005年第5期。

〔45〕 参见何永军:《断裂与延续——人民法院建设(1978—2005)》,中国社会科学出版社2008年版,第79～167页。

〔46〕 参见顾培东:《当代中国法治话语体系的构建》,载《法学研究》2012年第3期。

立场与法治建设的关系研究,实际上可以化约为在法治建设或者说法秩序建构过程中,国家、社会和个人的关系如何协调的问题。国家主义立场坚持的是国家本位、国家利益至上,国家在法治建设中起着主导甚至唯一的作用。因此,有必要引入“社会”的维度,如采用民主的方式,在改造既有民间社会形式的同时,引导和支持民间社会组织积极参与政治,实现社会与国家间的有效连接;运用法律程序构设理性交涉的空间,积极开展国家与社会之间的平等对话和良好互动,并在对话和互动过程中,达致国家、社会、个人三者的适度平衡,使转型期的社会整合顺利完成。法治的实现不能单靠国家的善意和努力,还要通过改造社会结构,为社会中间阶层及社会组织的发育和成长创造条件。[47]也有学者指出,国家转型为中国法治建设历程设定了“革命模式”“建设模式”以及“发展模式”,而国家转型的动力来自晚清以来的国家主义,就是如何建立一个强大国家的问题。[48]因此,对于国家主义对法治建设的功过是非,应当进行客观公允的评析。

这些文献所体现出来的对国家主义立场的研究,要么是在对其批判与反思立场下进行的一种基本的预设、粗略的分析与范式的借鉴,有些研究因为忽略了历史情境的考虑,而使结论先行,先入为主;要么是对具体法律领域或事件的细致刻画而忽视了法治建设作为一项体系性存在与经济、政治、社会、文化诸多因素的纠缠。

学界既有研究成果缺乏对当前中国法治建设具体语境下的国家主义立场的全面系统的研究,如国家主义立场下法的制定、法的实施所呈现出来的具体逻辑形态是什么?法律运行的逻辑与权威到底呈现出怎样的特色?国家主义建构思路所支撑起来的法律体系与司法实践呈现出怎样的风格?在反思国家主义立场的利弊得失的同时,我们的法治理论和法治实践远景目标应怎样建构,等等。这些问题都需要我们进行务实的探索和研究。

---

〔47〕 参见梁治平:《法治:社会转型时期的制度建构——对中国法律现代化运动的一个内在观察》,载梁治平编:《法治在中国:制度、话语与实践》,中国政法大学出版社2002年版,第131~138页。

〔48〕 参见潘伟杰:《法治与现代国家的成长》,法律出版社2009年版,第13~14页。

三、反思国家主义法律观

当前我国社会处于转型期,立法、执法和司法等方面存在诸多问题,如立法层面国家主导色彩浓厚、社会反馈不足、“宜粗不宜细”的思想仍在一定程度上影响着我国的立法工作;执法层面社会运行过程中行政管理失范、行政主体过于强势、行政执法方式不当;司法层面司法公开与民众诉求、独立行使司法权与其他因素不当干扰的博弈关系、司法公信不足等问题愈演愈烈,这些都与当下国家主义立场密切相关。而对法治建设中国家主义立场的理性反思有利于检讨法治建设中存在的问题,并开示社会治理的新思路和新办法。

(一)坚持法律多元主义

在国家主义立场下,法律被视为国家权力的重要组成部分,立法等同于行使国家权力,但并未考虑到立法、司法是尤其神圣的事业。法律作为一种文化现象,是“民族精神”的体现,具有内在的生命。民间法、村规民约这些行之有效的实践,都应该归入法律范畴,而并非专政机关颁布的才是法。[49] 法律多元主义意指法律有着多样的渊源,而非仅仅来自国家的立法行为,其旨在消解制定法的霸道化。法律多元的形式不仅是单独的国家立法,而且可以是经国家认可的民间法,也可以是经国家意志转化的传统法律,如在传统中国,家礼与国法共源并行,共同维系社会生活秩序。就反思国家主义的立场而言,坚持法律多元主义的价值首先在于防止法律中心主义所带来的权力垄断和国家话语。法律中心主义排斥来自国家立法之外的法源,认为只有国家才能够承担起立法的责任。但在这一造法的过程中,很难保证民间的法律资源得到国家的尊重和认可。[50] 关注民间法和坚持法律多元主义的立场,并不仅仅因为民间法与国家法相互对应的立场,更因为国家法背后所天然蕴含的权力垄断和话语将阻碍社会对法律的需求和社会公众对法律的认知,从而导致国家与社会、国家法与民间法的裂痕。因此,坚持法律多元主义能够消解单纯依靠国家法治理所带来的负面作用,并在一定程度上倒逼国家在立法过程中主动聆听

---

〔49〕 参见於兴中:《法理学前沿》,中国民主法制出版社 2015 年版,第 11 页。

〔50〕 参见王启梁:《法律移植与法律多元背景下的法制危机——当国家法成为“外来法”》,载《云南大学学报》(法学版)2010 年第 3 期。

民间诉求，主动关注民间法，在国家立法中引入民间法因素，进而削弱国家主义色彩。

国家立法、国家政策、在司法实践中被司法解释所实际认可的民间风俗习惯、村规民约等，共同展示出我国法律多元的现实景象。在这一景象中，公权力制定的国家立法和国家政策，即官方法，在我国法律体系中占据主导地位。因此，这种法律体系仍呈现出一种强势的国家主义话语。但在国家与社会、个人的分野逐步加剧的情况下，单纯以立法为中心进行理性的法律体系建构过程并不能全面完美地反映社会的整体需要，这就为坚持法律多元主义提供了合理性证明：一味坚持国家法的排他地位将导致法律规则的僵化和滞后，而社会改革中大量呈现出的“良性违法”现象又将进一步消解法律的权威，最终不利于法治体系的建构。与其容忍此种现象继续存在，不如以法律多元为路径，允许多种规则参与法律体系的构建活动，从而督促国家立法的完善。法治作为一项系统性工程，法治之法不应局限在制定法范围内，如国家认可的习惯即习惯法是法律渊源，当然应当享有法治之法的名分。“良性违法”的现象也恰好说明了国家不是万能的，国家法也不可能事事兼顾，从而为法律多元主义提供了现实的规则来源与合理性说明，并在一定程度上限制了国家的任意，削弱了国家主义的强势话语，迫使国家尊重并理解社会对规则的需求和对法律的基本认知，从而倒逼国家与社会和个人之间形成良好的合作关系。因此，坚持法律多元主义就是要克服规则中心主义。规则中心主义立足于对法律制度运作的深刻误解，因为任何法律规则在未经法官解释适用前都只能是法律的渊源而不是法律。规则中心主义忽视或拒绝接受法官在法律制度运作中的地位，强调作为演绎推理中大前提的规则的重要性，一味强调规则的完善与精确，这导致了对法律资源的浪费。因为把绝大部分精力投入法的制定上，投向法庭建设、司法执法人员的素质训练、一般人法律思维的培养等方面的精力势必受影响。因此，正视和尊重法律多元构成了走向法治的前提。

（二）改进行政执法方式

在我国行政执法尤其是基层执法中，存在大量非理性执法因素，不仅在执法依据上缺乏公开与可期待性，在执法方式中也掺杂进非理性因素，使公共权力的执法私人化，将按照法律的单向度执法和在法律范围内的协商执法变成了讲求“人情”和“关系”的差序执法，而固有的指标考核体系在实现上下级领导的同时,也使选择性执法成为执法中较为普遍的现象。[51] 在这一过程中,执法的困境主要体现在以讲策略、重“腔调”代替讲法律、重规范,以侧重社会效果和部门利益取代侧重法律效果和执法效益。也就是没有运用法治思维和法治方式进行执法。因此,反思行政执法过程中的国家主义色彩,就是要运用法治思维和法治方式进行执法。

深化行政执法体制改革是以法治思维和法治方式进行执法的前提条件。党的十八届四中全会通过的《全面推进依法治国若干重大问题的决定》要求合理配置执法力量、深入推进综合执法、严格执法准入、加强执法协调,这为深化行政执法体制改革提供了基本思路。在这一过程中,执法机关的任务是在当前法律框架下尽可能做到执法的公开、透明,保障相对人的可预期性和保护相对人的知情权。《全面推进依法治国若干重大问题的决定》还提出要深化城管执法体制改革,这意味着城管执法领域是以法治思维和法治方式进行执法的难点。实践表明,城管执法活动与群众关系密切,是国家权力末端与民众日常生活直接接触的场域,城管执法在很大程度上展现了我国执法体制和执法能力的现状。因此,深化城管执法体制改革,不仅能够抓住改革执法体制的关键,而且能够展示法治思维和法治方式对推进执法所起到的积极作用,从而增强执法机关的自信,提升民众对执法机关的信任和支持。这也就牵连出严格规范执法、公正文明执法的问题,即在法定框架内进行执法活动,并规范行使执法自由裁量权。严格执法不意味着执法完全转变为单向度的、刚性的执法,相关的“执法谈判”活动可以而且应当存在,但其发动必须是基于法律、基于法定范围内的自由裁量,而谈判过程必须公开化、透明化,必须在法律程序的范围内,并受到来自公权力和社会各界的监督。严格执法同时意味着执法活动要贯彻比例原则,自由裁量的区间必须与违法的程度、违法的效果、违法的方式等情况相适应,防止出现因执法结果大大超出相对人预期而导致抗拒执法的情况。《全面推进依法治国若干重大问题的决定》对此提出要建立行政裁量权基准制度,尽管这是行政立法方面的问题,但就现实而言,也不妨允许地方进行试验;在上位法所给予的自由裁量空间内进行基准制度的试验;不仅进一步规范行政执法的自由裁量权,而且可以协助立法机关将行之有效的具体的执法经验上升为具有普遍价

---

[51] 参见王波:《执法过程的性质:法律在一个城市工商所的现实运作》,法律出版社 2011 年版,第 50 页。

值的抽象的执法规则。这就使以法治思维和法治方式进行的执法活动与立法无缝对接，进一步完善我国的行政执法体制，最终为依法治国建设的全面推进提供助力。

（三）理顺司法与党的关系

当代中国的司法理念与实践具有能动型司法的特征，这意味着司法在讲求居中裁判、超然两造的价值之外，还要兼顾诸如协调社会发展、保护经济发展成果、促进社会和谐等人民司法的特性。这也就是有学者指出的“司法—治理理性”。“法院不仅完成原有的专政职能，还必须对本地区人民的福利，以及当地政府的经济、社会、行政目标的实现做出贡献。法律上的裁判职能要为中心的经济工作服务……以换取地方政府、企业和当事人的财政援助和对其工作的支持。”[52]这种“司法—治理理性”继承的是中国共产党从根据地革命时期就开始实践的“人民司法”的谱系，强调司法为民，走群众路线，有别于西方经典司法理性。[53]

中国共产党是我国政治体制的中轴，党的领导权是全方位的和独一无二的。有学者指出，在我国的党政体制中，党的领导在政权组织形式上的原则是“大权独揽，小权分散”。“具体到政法系统内，大权独揽是强调党对政法的领导，但党对政法领导的‘度’与具体的组织抓手在不断调整。小权分散特指各政法机关之间权力既相互分散又相互制约、监督的特殊状态。”[54]可以说，党对司法工作的领导构成了我国司法的最大特征。党对司法工作的领导主要是方针、政策上的领导。但在具体方式等问题上，如果不善于总结相关经验，使党的领导的具体方式与司法独立行使职权的定位相适应，那么司法权运作规律和党的领导方式将极有可能产生某种紧张关系，从而影响党领导司法的正当性。党的领导和监督确实有助于维护司法公正，但也有可能影响司法机关依法独立行使职权。反思司法运作中国家主义立场的关键，在于充分理顺司法与党的领导之间的关系。

---

〔52〕 赵晓力：《通过法律的治理：农村基层法院研究》，北京大学1999年博士学位论文。

〔53〕 参见赵晓力：《通过法律的治理：农村基层法院研究》，北京大学1999年博士学位论文。

〔54〕 景跃进等主编：《当代中国政府与政治》，中国人民大学出版社2016年版，第139页。

改进党对司法的领导方式,明确依法办事、依法独立行使职权就是司法坚持党的领导的体现。从理论上说,我国法律是党的意志与人民意志的统一。党领导人民制定法律,善于通过法定程序将党的意志上升为法律,这说明党的意志代表着法律的基本精神,体现了法律的精髓,也就意味着严格遵守法律、切实依照法律规定办事,就是服从党的意志。坚持依法办事、坚持依法独立行使职权,就是司法机关自觉接受党的领导的体现。司法机关在案件裁判中只要严格依法办事、依法独立裁判,坚持只服从法律的宪法精神,就能够落实党对司法的领导。而“党的各级组织和领导干部必须在宪法法律范围内活动,既是我们党在社会主义建设时期管党治党的一条基本经验,也是我们党在领导社会主义法治国家建设过程中确立的一项重大原则”。因此,“党对司法机关的领导,是党作为一个整体的领导,主要是政治、思想和组织领导,绝不能以党委决定改变、代替司法裁判,更不能包办、代替司法机关对具体案件作出处理”。[55] 党应当坚信法官在案件裁判中展示的法律职业基本素养就是司法队伍坚持党的领导的体现,只有这样才能更好地将党的领导与践行法治相统一。这不仅有助于防止司法在个案裁判中受到外来干预,避免将良法善治的重任完全依赖于党员领导干部的“党性”修养,更是将权力关进制度的笼子里,从而约束肆意的国家主义话语。

四、结 语

法治作为世界上诸多文明秩序和治理方式的一种,在理念上并非一种绝对的善,与柏拉图笔下的“哲学王统治”尚有距离,但它的优点让它在社会治理方式的多个选项中脱颖而出,成为人类社会到目前为止所能找寻到的最优的治国理政方式。尤其是伴随依法治国写入《宪法》以及党的十八届四中全会首次将“法治”作为主题,法治的价值正当性在当下中国不论官方还是民间都获得了高度认同。推进国家治理体系和治理能力现代化,实现依法治国,需要重新审视国家的意蕴及其与法律的关系。国家主义提供了研究国家与法律关系的新视角,它作为一种历史传统和意识形态,体现了国家的政治属性。国家主义认为

〔55〕 周强:《党的各级组织和领导干部必须在宪法法律范围内活动》,载《人民日报》2016年11月22日,第6版。

国家代表的是民族与人民的整体利益，有效防御私人利益对政治过程的搅扰与渗透，极力突出国家在社会生活每一领域中的核心地位。国家主义同样熔铸在1949年以来的理论建构与制度实践中，这种历史传统与意识形态在改革开放的背景下仍将长期存在，并对我国的治理模式与治道转型产生重要影响。可以说，我国治道转型的过程就是国家主义与其他思想主张不断博弈与融合的过程。国家主义与法治之间的博弈，也就是国家主义法律观的问题，既是当代中国法治建设过程中所必然遭遇的基本问题，也是后发型法制现代化国家或迟或早必须面对的问题。[56]对于这一问题的深入研究，必将有助于推进当代中国法学理论与法治实践的认识和发展。

On the Legal Ideas of Statism: An Introduction

Yu Hao

Abstract: As a trend of thought or doctrine, statism means "for the state, by the state" in order construction. Legal ideas of statism adhere to the stand of statism in the legal awareness and practice of the rule of law. The study of statism and legal ideas of statism has already existed. Many phenomena in the construction of the rule of law in contemporary China can be summed up constructively with the concept of statism. It has caused some problems when statism motivated the construction of the rule of law in contemporary China, and that finally pointed to the reflection of statism in legislation, law enforcement, judiciary and so on.

Key words: Statism; Rule of law; Stand; Reflection

（责任编辑：吴毅恒）

〔56〕 参见于浩：《转型中国的法治化治理》，载《华东政法大学学报》2017年第2期。

利益衡量方法在后果主义裁判中的运用[*]

杨知文[**]

内容摘要：

利益衡量的司法运用扩展甚或改变了法官的裁判思维及其推理结构。后果主义裁判需要利益衡量方法的引入，利益衡量的运用是基于后果评价的司法过程开展实质衡量的必要选择。根据理论上利益衡量的两种知识，利益衡量方法的运用存在两种进路，其中内控于实在法的利益衡量应该成为法官后果评判的操作进路。后果主义裁判通过利益衡量对裁决后果实施评价，是以对不同类型利益的考量和权衡来实现的。就此而言，无论是从当事人利益出发的比较，还是出于对社会公共利益或法制度利益的维护，司法活动所致力于寻求和确认的利益在性质上都应该是决策性利益。

关键词：

利益衡量方法　司法运用　后果主义裁判　决策性利益

在面对疑难案件时，相较于法条主义的裁判思维和方法，以后果为导向的司法裁判致力于实现一种“逆向”的推理，即先有意预设可能的裁判结论，通过考量不同结论的后果选择裁判的结果，然后再寻找可适用的法律来对裁决进行正当化。这种后果主义的司法裁判之运作包含对裁决后果的类型预

---

* 本文系教育部人文社科研究青年基金项目“基于后果评价的司法裁判及其方法研究”（项目编号：13YJC820093）的阶段性成果之一。

** 杨知文，华东政法大学法律方法研究院讲师，法学博士。

测、性质分析和实质评判等一系列活动,[1]可以说,后果衡量是这种裁判模式的核心所在。然而,对于裁决后果衡量过程中的实质操作在方法论上仍然存在诸多模糊之处,其中内含的问题也一直处于人们的不断讨论之中。例如,在法官根据裁判后果而为的司法推理中,某种可值得追求的裁决后果为最终裁判规范的选择和司法结论的作出提供了指引与证成。但是,在把握与评价某种后果可否追求的环节方面,又是怎样的一种(些)方法在为法官提供可以因循的恰当路径,学界对此并没有给出固定的回答。

本文将试图论述,后果主义裁判需要利益衡量方法的引入,利益衡量方法的运用是基于后果评价的司法过程中法官开展实质衡量并进行推理的必要途径。就此而言,司法裁判后果的实质评判其实就体现为对具体利益和价值的衡量,利益衡量的结果是决定某种裁决后果可否予以追求的根本缘由。当然,必须指出的是,利益衡量的理论与方法在我国法学研究中已获得了较为长足的发展。本文所聚焦的是讨论利益衡量方法在后果主义裁判中的具体运用,并倾向于基于一定的立场,对法官从事后果取向司法时运用利益衡量方法的进路、后果评价中司法衡量的利益类型及其规准等问题进行探索,以期提出符合后果取向司法推理特性的利益衡量方法论。

一、后果主义裁判对利益衡量方法的引入

(一)利益衡量作为裁判方法的运用

利益衡量是对各种利益在考察、比较的基础上进行权衡和取舍。利益衡量作为裁判方法是随着自由法学运动的兴起而提出的,其立基于从法律结构观与方法论上对概念法学的批判和反思。针对概念法学所设定的封闭无漏洞的法律体系观念及其司法上严格进行逻辑推演的方法论,以耶林为代表的目的法学者们提出了法律目的存在论,认为法律的目的是适用法律的准则,司法者只有

---

[1] 近年来有关后果主义裁判研究的文献,主要有:孙海波:《通过裁判后果论证裁判》,载《法律科学》2015 年第 3 期;杨知文:《基于后果评价的法律适用方法》,载《现代法学》2014 年第 4 期;王彬:《司法裁决中的“顺推法”与“逆推法”》,载《法制与社会发展》2014 年第 1 期;杨知文:《司法裁决的后果主义论证》,载《法律科学》2009 年第 3 期;张顺:《后果主义论辩的证成与具体适用》,载《北方法学》2016 年第 1 期。

在考量法律目的之基础上才能很好地进行法律适用。目的法学的最大意义就在于,“把人们从只是机械地关注法律概念的传统中拉回到对社会生活中现实利益的关注”。[2]在目的法学开启的理论语境下,自由法学的发展蔚为大观,到 20 世纪初期,德国法学家赫克(Hecker)直接创立了以强调裁判中的各种利益为核心思想的利益法学。在利益法学看来,法律是对利益的分配和保护,法学的最主要任务就是协调社会中的各种利益问题,在司法过程中,法官必须考察和确定立法者意在保护的利益,当其无法依据逻辑完美地解决社会的需要时,就必须主动地审视和权衡案件所涉及的各方面利益,以维护可被认为是优先的利益。[3]利益法学的主张将裁判者的视野引向了社会现实和实体价值层面,使法律方法论实现了由传统向现代的嬗变,由其发展出来的利益衡量方法也成为该学派的重要贡献。

利益衡量的要旨就在于强调法官对现实案件中利益关系的思考与权衡,这种方法在裁判活动中的运用已深入了法律适用与司法判断的实质合理性层面,使得以运用利益衡量方法为要素的司法推理与传统裁判方法产生了明显分野。以此来说,利益衡量也“强调法律解释取决于利益衡量的思考方法”“即关于某问题认为有 A、B 两种解释的情形,解释者究竟选择哪一种解释,只能依据利益衡量决定,并且在做选择时对既存法规及所谓法律构成不应考虑”。[4] 拉伦茨也认为,“一旦冲突发生,为重建法律和平状态,或者一种权利必须向另一种权利(或有关的利益)让步,或者两者在某种程度上必须各自让步”,“于此,司法裁判根据它在具体情况下赋予该法益的‘重要性’,来从事权利或法益的‘衡量’”。[5] 所以,“法官也要像立法者一样界定利益,并对利益冲突进行判决”。应该承认,面对案件中出现的实际利益重叠或冲突,利益衡量已成为“法院在选

[2] 郑金虎:《基于司法克制主义立场的利益衡量操作规则》,载《华东政法大学学报》2010 年第 1 期。

[3] See W. Friedmann, *Legal Theory*(*5th ed.*), London: Stevens and Sons, 1967, pp. 334 - 335.

[4] 梁慧星:《民法解释学》,中国政法大学出版社 2003 年版,第 314 页。

[5] 参见[德]卡尔·拉伦茨:《法学方法论》,陈爱娥译,商务印书馆 2003 年版,第 279 页。

择推理起点、在解释和标准的运用中经常要面对的问题”,[6]哪怕法官所能做的仅是“根据手头案件的具体情况,判断如何以最佳的方式保护利益”。[7]

总体来讲,利益衡量理论与方法揭示了法律(权利)冲突的实质在于利益,利益衡量在裁判中的运用可以对疑难案件的解决发挥积极作用,特别是其俨然扩展甚或改变了司法者的裁判思维过程及其推理结构。司法裁判运用利益衡量方法,就是“法官在法律推理过程中,结合个案情况,对案件所涉当事人的各种利益、相关法律规则所欲保护的利益进行评估与权衡,从微观的角度平衡利益关系,解决利益冲突,并据此对法律进行创造性的解释和适用,作出相应的判决”。[8] 利益衡量方法运用下的司法推理已然超越了传统法治所要求的形式理由的拘束,其倾向于把对相关利益的考察、评估和权衡当成法官做出合理裁决不可或缺的组成部分。一般形式逻辑关于“规则+事实”的法律推理结构不能满足这种裁判及其纠纷解决的需用,而以“(规则+事实)×利益”为构成要素的实质推理,才是疑难案件场合法官思维运作的真实所在。在这其中,司法者的积极性是显而易见的,“在阐释法律时,应摆脱逻辑的机械规则之束缚,而探求立法者于制定法律时衡量各种利益所为之取舍”。[9]当然,这种探求在很多情况下也是一个需要综合多方面因素而展开进行的过程。

(二)利益衡量方法与后果主义裁判的关系

就各自作为独立的法律方法而言,利益衡量与后果主义裁判都属于司法过程中法官解决疑难案件法律适用问题可供依靠和利用的思维路径。作为对直接根据规则进行推理而不能的应对措施,在某一事宜存在多个理由需要选择其一的场合,利益衡量方法的运用是先对不同的利益进行判断和比较,然后借助利益的权衡筛选出理由,进而确定可适用的裁判规范。就性质而言,应该说,无论是通过法律解释进行的漏洞填补,还是发现和适用法律过程中的自由裁量,都需要司法者“在衡量各种矛盾冲突的利益关系之后,根据社会的需要”等做出

---

[6] [美]罗斯科·庞德:《法理学》(第3卷),廖德宇译,法律出版社2007年版,第247页。

[7] 秦策、张镭:《司法方法与法学流派》,人民出版社2011年版,第306页。

[8] 同上注,第309页。

[9] 杨仁寿:《法学方法论》,中国政法大学出版社2004年版,第234页。

权衡。[10]后果主义裁判在处理此种情形中的运用则是强调对裁决各种可能的后果展开预测和评判,在寻找司法能够欲求的后果基础上,为要适用的裁判规范及其推导理由进行论证。从二者的关联性来看,毫无疑问,利益衡量方法的运用和后果主义裁判在实质上有共同的意蕴;在思维进路和特性方面,二者也都是"让法律条文为结论服务而不是从法律条文中引出结论",是"先有结论后找规范依据,以便使结论正当化或合理化"。[11] 概括地说,笔者认为,利益衡量方法在司法裁判中的运用与基于后果评价而为的裁判操作具有一种共发与耦合的关联性。可以说,利益衡量方法贯彻的就是后果主义的思维,后果主义裁判的价值诉求也自当经由利益的衡量来实现。

具体言之,在利益衡量方法获得运用的场合,依靠后果的评价来衡量倾向于保护的利益,是法官操作利益衡量方法的手段。正是基于后果评价的安排确定了何种利益具有优势,是司法裁判需要致力于维护的利益。从许多运用利益衡量方法裁判的案例来看,司法者有关利益冲突解决的论述基本上都要诉诸来自后果的考量和评价,出于对社会生活经验或推论的描述昭示着裁判支持某一方诉求所可能引发的情势,它反过来指示着裁决结论应该迈向的方位。与之相应,在根据后果进行推理并确定案件裁判规范的场合,法官的后果评价活动旨在达到以下的目标,即于各种可能的裁判后果中挑选满足司法可欲性要求的那种后果充当支持裁决结论的正当理由。而在此过程中,对后果的评价和权衡其实不是围绕作为陈述的各种后果本身来进行的,毋宁是对各种利益的考评和衡量,决定一种后果相较于其他后果具有司法可欲性的因素正是具有优势性的利益。所以,从司法活动中辩证推理的圆满构成来看,利益衡量方法诚然就是一种以后果为导向的处断案件方式,司法者往往就是在目的合理性的支配下决断利益权衡的结论,而从后果论出发的司法裁判则是在一定范围和程度上,由司法者通过对利益的关注与衡量来进行后果的考察和评价。

(三)后果主义裁判应当引入利益衡量方法

从以上论述可知,后果评价是利益衡量目标实现的手段,是利益衡量方法操作的构成要素。相应地,利益衡量是后果评价的真实内容,是后果主义裁判运行的实质环节和必备要件。也正是基于这种缘由,利益衡量与后果主义裁判

---

〔10〕 参见张娜:《民法解释学中的利益衡量》,载《人民司法》2015 年第 15 期。

〔11〕 参见杨力:《民事疑案裁判的利益衡量》,载《法学》2011 年第 1 期。

在一定程度上遵循着同样的运行逻辑。源于这种认识,笔者认为,后果主义裁判应当鲜明地引入和借用利益衡量方法:基于后果评价的裁判过程及其司法推理一直面临着一系列的难题,如果引入利益衡量的方法,并使之成为后果主义裁判的组成部分和实质要素,就能较好地帮助司法者应对和处理这些问题。就具体的司法实践来说,后果论裁判活动及其司法推理引入利益衡量方法,可从以下四个方面帮助法官消解在运用这种裁判模式时面临的难题。

1. 理解和把握一定裁决结论后果的本质

后果主义司法裁判的实质,是法官在不能寻找到明确的实在法规范适用于案件时,需要运用社会思维以探求合理的裁决结论,这种社会思维聚焦于衡量司法行为引发的可能后果。根据裁判的可能后果选择可适用的法律规范及其解释论点,是基于后果评价的司法裁判活动最鲜明的特征。但是,符合法律职业要求的后果论裁判并不意味着法官可以任意地预测和理解裁决后果并以之作出想要的裁判结论;相反,法官应根据法律和案件性质对裁决的可能后果恰当地进行深刻把握。而要做到这一点,就需要依据一定的思维方法去认识和理解一定裁决结论后果的本质。在此方面,利益衡量方法可谓“为适应法律的实际目的而创设的一种方法”“其目标是发现法官在处理案件过程中应该遵循的原则”。[12] 将利益衡量方法引入后果主义裁判过程,就可以帮助法官(也包括其他法律职业者和当事人)明确司法活动其实就是对各种利益的评判和选择过程;而通过后果评价来进行司法推理,其本质就是对利益的考察和衡量。从现实层面上看,虽然人们对此并不觉新鲜,但是就裁判明晰化的追求而言,法官对法律适用及其推理中的各种因素是需要做到明确和立场清晰的,毕竟“对于一些作为基础性理由的判断标准,在论证规则、在抽象层面的有效性与拘束力等方面,应用后果主义论证形式的法官必须给以恰当的明晰”。[13]

2. 避免从裁决后果到裁判规范逆向选择的随意化

基于后果评价的司法裁判及其推理给惯常的法律适用活动带来的是颠覆效应,其不是从事先选择的法律规范推导出裁决结论,而是裁决结论的后果逆向地决定法律规范的确定和解释。这种根据后果处断案件的方式在现实中容

[12] 潘福仁:《司法过程中的利益衡量》,载《东方法学》2008 年第 3 期。

[13] 杨知文编著:《法律论证具体方法的规范研究》,中国社会科学出版社 2013 年版,第 172 页。

易流向随意化,特别是在追求司法社会效果语境下的裁判操作就更使这种法律适用形式变得难以捉摸。更有甚者,虽然司法后果的考察与评判体现了对裁判社会需求和影响的重视;但是,裁判社会需求和影响如何恰当地被安置到司法推理之中,特别是如何以裁决后果的样式合理地成为裁判理由,是法官在审理疑难案件时需要面对的问题。在这种情势下,尤其是在遭遇舆论案件的场合,法官通过后果思维而做的裁判推理难免沦为一种平庸化的司法算计。把利益衡量方法引入后果主义裁判,并使之成为法官根据裁决后果构建裁判规范的方法要素,就可以在一定程度上从实质层面降低或避免司法行为的任意性和随意性。从一定范围内来看,利益衡量方法"实际上就是法官为了给结论赋予理由,验证结论的妥当性,针对不同阶层、群体如何分配利益所展开的精致考量","就是将当事人所在的阶层、群体的利益与目的建立相关性,并根据作为基础的准则,对各种可选择之决策作出判断"。[14] 这显然能够帮助司法者避免从事裁决后果评判的恣意性。

3. 合理甄别可依赖的裁决后果类型

一般来说,法官对裁决后果的主张必定要成为司法结论的理由,而能够成为裁判理由的后果必须满足以下的条件,即应当具备使司法结论正当化的资质和能力。所以,合理甄别可依赖的裁决后果是后果主义裁判具有正当性的关键所在。既然司法裁决造成的可能后果是多样式的和多层次的,那么,判断和把握各种后果的类型以确定裁判可依赖的后果通常是需要法官审慎完成的基本任务。从法理上讲,由于个案裁判兼具解决特定纠纷与指明行为标准的双重功能,[15] 法官对裁决后果的主张和认定就不能仅是针对当下个案的,而应该被要求为具有一般司法意义的后果类型。要做到这一点,法官理应掌握一定的权衡标准和方法,而利益衡量的运用无疑能够使法官的判断具有可认识性。对此,利益衡量方法通过对不同层次或性质利益的权衡与分配帮助法官甄别可取的裁决后果。在此方面,基于利益衡量形成裁判规范,如果能够将当事人的利益及其所在的阶层、群体的利益与法律调整的目的、基本原则,以及法律适用的普遍性要求等确立联系,那么就能获得制度建构的正当性基础,并经得起社会生

[14] 参见杨力:《基于利益衡量的裁判规则之形成》,载《法商研究》2012 年第 1 期。

[15] 参见陈景辉:《裁判可接受性概念之反省》,载《法学研究》2009 年第 4 期。

成的检验,使裁决形成规范性认同。[16] 由此而言,利益衡量方法为法官分析和甄别司法裁决的后果类型,并确认支撑裁判规范的可依赖后果找到了本质着眼点。如果说后果主义裁判的关键环节离不开对本质上一般利益的考察和选取,而利益衡量的核心要点也在于对不同主体追求的利益进行具有普遍意义的权衡,那么,在司法的后果推理中引入利益衡量方法就具有其内在的契合基础。

4. 恰当考量裁判后果评价的实质权衡根据

在以司法裁决后果为基础的法律适用过程中,法官对裁判后果的评价和选择从根本上又是基于一定的实质理由来实现的。何种影响或效应才是司法可欲的后果,就有赖于法官对某些实质衡量根据的选取。"最终决定裁决某种后果可依赖与否的根据在具体的实质衡量中,为基于后果评价的法律适用提供具有根本性的正当支持的,也是司法者在对裁决后果进行实质衡量时所考虑的那些根据。"[17] 在现代社会,虽然评价裁判后果的实质衡量根据是多种多样的,但是这些作为实质理由的根据诚然都是一定利益的要求、反映和展现。例如,在遭受舆论压力审判的案件中,公众意见常成为司法者进行裁判后果评判的依据,"公众意见,实际是法律推理中结果导向的理由",其"围绕判决结果发挥影响:在与裁判理由相符的多种可能的结果中,导向或限定一个具体的结果",相反,对公众意见的成功反驳,也会引发裁判结果上的修正。[18] 如果从利益衡量的观点来看,公众关注司法审判,根本原因在于司法审判的结果会牵涉自身利益,"司法领域公众诉求的本质在于追求司法裁判对其眼前利益或预期的惠及每个社会主体的社会利益的保护"。[19] 所以,利益衡量方法指向法律适用的实质合理性,可以为法官恰当思忖后果评价的实质权衡根据提供准则,帮助法官把握裁决后果评判应有的实质标准。

二、后果主义裁判运用利益衡量方法的进路

从理论上说,利益衡量的运用存在两种不同的知识传统,即作为方法的利

[16] 参见杨力:《基于利益衡量的裁判规则之形成》,载《法商研究》2012 年第 1 期。

[17] 杨知文:《基于后果评价的法律适用方法》,载《现代法学》2014 年第 4 期。

[18] 参见陈林林:《公众意见在裁判结构中的地位》,载《法学研究》2012 年第 1 期。

[19] 参见熊寿伟:《裁判结果对公众诉求的合理引入》,载《人民司法》2014 年第 21 期。

益衡量和作为方法论的利益衡量论。从这两种不同属性的利益衡量在学理背景、立场和目标要求上的差异来看,利益衡量在现实司法裁判中的操作可以归结为相互区分的不同进路。由此而言,经由后果推理的司法裁判运用利益衡量方法而展开的实质权衡也就面临着不同的抉择。

(一)理论上利益衡量运用的两种知识

以知识为基准来厘定一种事物,通常是说人们对该事物的认识已经达到了知识的概念意涵。所谓知识,就是"一种确证了的、真实的信念",它具有相对固定的指涉范围和相对稳定的概念边界。[20] 从法学史上的演进来看,自利益法学创立以来,利益衡量历经不同立场或标准的理论阐释和应用,时至今日已呈现出两种可以相互区分的知识,即在当下关于利益衡量的知识有两种:一是作为方法的利益衡量;二是作为方法论的利益衡量论。[21] 根据有关研究的比较,作为方法的利益衡量是由利益法学派最初提出的法律漏洞填补方法,这种利益衡量的具体操作,是透过现行法探寻立法者对利益取舍的评价,以此为标准来衡量当下案件中相互冲突的诸利益,在尽可能不损及法的安定性的前提下,来谋求具体裁判的妥当性;而作为方法论的利益衡量论是由日本学者发展出的一种指向整个裁判过程的民法方法论,其核心精神是强调决定裁判的实质因素不是法律的构成,而是法律之外的、对案件事实中诸冲突利益的比较衡量后所得出的决断。[22]

具体地说,作为方法的利益衡量坚持的是法教义学的立场,其在于承认法的真实权威性,"将现行实在法秩序作为其坚定信奉而不加怀疑的前提,并以此为出发点展开解释、建构与体系化工作"。[23] 在法教义学视野中,寻求法律问题之解答必须取向于现行法秩序的基本原则,并"假定现行法秩序大体看来是合理的"。[24] 所以,如果把衡量利益的立场分为普通人立场和法律人立场的话,作为方法的利益衡量所秉持的就是法律人的立场,其对事件评价的标准多是法律

---

〔20〕 参见方乐:《转型中国司法知识的理论与诠释》,人民出版社2013年版,第63、99页。

〔21〕 参见张利春:《关于利益衡量的两种知识》,载《法制与社会发展》2006年第5期。

〔22〕 参见张利春:《关于利益衡量的两种知识》,载《法制与社会发展》2006年第5期。

〔23〕 白斌:《宪法教义学》,北京大学出版社2014年版,第20页。

〔24〕 参见[德]卡尔·拉伦茨:《法学方法论》,陈爱娥译,商务印书馆2003年版,第77页。

的构成，且常以维护法律的权威与形式的完美为目标，其主张的利益衡量标准也是立法者关于为保护社会上的特定利益而牺牲其他利益的意思。[25]从早期利益法学者赫克的论述来看，“法官受制定法拘束”是绝对必要的条件，这个拘束原则指的就是，法官不受自己的价值理念及价值判断的拘束，而是受从制定法中所得出的价值判断的约束；利益冲突的解决要强调以法律保护的利益状态为基准，以贯彻法律保护法律共同体利益的基本使命。[26]

与之不同，作为方法论的利益衡量论主张在利益衡量时只需要常人的判断力就够了，它不要求利益衡量的标准非要在法律之内，其比自由法学的法律解释观走得还远。自由法学为了适应社会实际生活或社会变动，对法律采取能动和广泛的解释方针，但仍以承认妥当范围内的法规是解释应当遵守的基准。相比来说，作为方法论的利益衡量论则超越了这一限制，它已从法规的拘束性下解放出来，甚至在适用法律时让利益衡量先行一步，而法规等只不过是为了取得说服力而赋予理由的验证。[27]这种知识的利益衡量运用接近于法社会学的思考范式。从总体上看，其不仅“把外在于实在法、在当下看来是妥当的、符合于一般国民立场与社会潮流的外在型的标准当作自己进行利益衡量的标准”，还倾向于把“事件平息的优良”或者“现实的合理性”当作利益衡量的标准。[28]所以，作为方法论的利益衡量论在利益的理解和评判获取的是超越法律的标准。这种标准显然不是仅通过揣摩法律法规中所体现的立法者意思就能够得到的，其毋宁是对社会因素的实质考察与利用。

因此，虽然两种知识的利益衡量在对待司法裁判的态度上都强调对利益的重视和关注，都认为对冲突背后利益的比较和取舍才是解决案件纠纷的实质和决定环节，但是它们各自迥异的风格对比也较为鲜明：不仅在衡量利益的主体意识和立场上有所不同，而且在利益基准的选取上存在分野。相较而言，作为方法的利益衡量是一种因循法教义学传统的法律方法，凸显的是要求司法者坚

---

〔25〕 参见张利春：《关于利益衡量的两种知识》，载《法制与社会发展》2006年第5期。

〔26〕 参见吴从周：《概念法学、利益法学与价值法学：探索一部民法方法论的演变史》，中国法制出版社2011年版，第267～268、322页。

〔27〕 参见段匡：《日本的民法解释学》，复旦大学出版社2005年版，第253～254页。

〔28〕 参见张利春：《日本民法解释学中的利益衡量理论研究》，法律出版社2013年版，第265～266页。

守法律人法治的主体意识;而作为方法论的利益衡量论则倾向于发挥社会因素对司法解决纠纷的功能,体现了要求司法者在协调社会关系上的主体意识。与前者积极追求法律上的正义、始终强调法律构成以及立法者的意思在裁判中的决定性作用不同,后者淡化了法律在裁判中的作用,追求一种根植于普通民众意识中的社会正义,更强调法外的国民意志、社会评价以及以此为标准对案件事实中诸冲突利益的衡平。[29]据此,应该指出的是,理论上关于利益衡量的两种知识为我们理解和主张利益衡量方法的司法运用昭示了不同的原则和技术,使得我们在对待利益衡量时需要在方法层次上进行区分,避免对利益衡量问题的把握处于盲目或"囫囵吞枣"的状态。

(二)后果主义裁判对利益衡量操作进路的选择

区分利益衡量的两种知识对后果主义司法裁判运用利益衡量具有重要的方法论意义。如前所述,后果主义裁判引入和借用利益衡量方法,可以为法官考量司法裁决的不同后果和把握后果评判的实质标准等提供操作路径和检验工具。利益衡量不仅与后果主义裁判过程有着共通的志向,而且是司法裁决后果评价的真实内容和实质要素。所以,以理论上利益衡量的两种知识为依据,进一步厘清后果主义裁判对利益衡量操作进路的选择,就成为接下来要做的事情。笔者认为,从基本思维理念和方法上讲,根据衡量利益的视域和标准的差异,理论上关于利益衡量的两种知识为我们提供了在司法裁判中运用利益衡量方法的两种进路,即内控于实在法的利益衡量与外置于实在法的利益衡量。

所谓内控于实在法的利益衡量,是指把衡量利益的视域和基准限定在实在法秩序的内部,立法者在制定法律时所作的利益衡量就是司法者操作利益衡量方法的范围,针对法律的解释和适用都应该在有效法制度内完成对利益的考量。这正如杨仁寿所论,"利益衡量乃在发现立法者对各种问题或利害冲突,表现在法律秩序内,由法律秩序可观察而得之立法者的价值判断"。[30]"权威性与

---

〔29〕 参见张利春:《日本民法解释学中的利益衡量理论研究》,法律出版社2013年版,第270页。

〔30〕 杨仁寿:《法学方法论》,中国政法大学出版社2004年版,第235页。

合理性似乎在任何体系中都能够走在一起”,[31] 内控于实在法的利益衡量意味着,法律“如此这般地进行判断,那么这里也应该如此这般地进行判断”。[32] 相反,外置于实在法的利益衡量在视域上并不局限于由实在法所构建的秩序,衡量利益的基准也不必考虑实在法,来自法律外部的实质因素成为利益评判的准据,这本质上就是一种法外衡量。外置于实在法的利益衡量一般的操作模式是,法官有意识地将既存法规排除在外,以白纸状态去综合把握案件的实质,从生活环境、经济状况和价值观念等,对当事人的利害关系作比较衡量,最终得出保护哪一方当事人的判断。[33] 就后果主义裁判来说,由于追求裁决良好后果的司法行为必须立足于对规则之治的价值诉求并展现对法治价值的依归,内控于实在法的利益衡量应该成为法官在实施后果评价时选择的操作进路。后果主义裁判在此方面的常规定位就是要坚持法律人应有的法治立场,以既定的法教义学体系为基本框架,在遵循现代法治及其制度设置的原则下寻求对利益衡量方法的运用。

在现代司法权语境下,依法裁判始终是法律适用具有正当性的源泉。后果主义裁判虽然是以包括社会后果在内的裁决后果为依据来处理疑难案件的纠纷,但是却不能广泛地引入社会因素。由此说来,司法裁判对通过利益衡量来评判后果可欲性的过程也理应设定这种要求。法官根据后果评价及其利益衡量进行裁判,并不意味着可以对法律实行不受任何控制的背离或超越;相反,对实在法秩序的维护并以法律人的职业思维完成对后果评价及其利益衡量的论证,应该成为司法者应有的意识、意志和品质。尽管外置于实在法的利益衡量和后果论裁判活动在谋求得出妥当结论的“社会后果”方面有诸多共同之处,但是,外置于实在法的利益衡量“在实践中存在很多弊端,其最大的弊端在于给予了法官过大的法外裁量的空间,容易导致司法的恣意和不公”。[34] 职是之故,

[31] See Robert Alexy, “Habermas on Law and Democracy: Critical Exchanges: Law's Reconstruction, Justification, and Application: Jurgen Habermas's Theory of Legal Discourse”, *Cardozo Law Review*, Vol. 17, 1996, pp. 1027 - 1028.

[32] [日]大村敦志:《民法总论》,江溯、张立艳译,北京大学出版社2004年版,第96页。

[33] 参见段匡:《日本的民法解释学》,复旦大学出版社2005年版,第261~263页。

[34] 王利明:《法学方法论》,中国人民大学出版社2012年版,第626页。

后果主义裁判对利益衡量的运用需要以现行实在法秩序为基础及界限,对利益的判断和权衡要能够展现司法者对现行法秩序合理性的确信。“也就是说,利益衡量只能在法律的疆界内发挥其应有的作用,不能越出法律的边界。而且,利益衡量应当与妥当的法律制度相联系,必须选择在一个妥当的法律制度中进行衡量。”[35]选择内控于实在法的利益衡量作为司法裁判开展后果评价的操作进路,既可以促进法官后果考评实质合理性的实现,也有益于从思维上调控法官通过衡量利益而为后果推理的幅度,避免裁判的恣意性。

三、利益类型与后果主义裁判的利益衡量

(一)司法中的利益类型及其衡量

利益衡量本质上是处理不同利益之间的冲突问题,如果说立法是对各种利益进行分配和固定,司法则是对实际发生的纠纷中各种利益的重新矫正。在现实的司法过程中,需要法官面对和衡量的利益是多样的,既有同一种类的利益,又有不同种类的利益。后果主义裁判运用利益衡量方法对裁决后果进行评价,其中也是以对不同类型利益的比较和权衡来实现的。在一定层面上说,对不同类型的利益以一定规准进行衡量,也成为后果取向司法及其推理具有实质正当性的根本支撑。

1. 当事人利益

当事人利益是案件当事人希望通过诉讼得到的利益要求。诉讼的产生是由当事人的纠纷造成的,司法中利益衡量的目的就是解决当事人之间的利益冲突。当事人利益是法官开展利益衡量的出发点,对当事人的利益主张进行审理、判断并确认应当保护的利益,就是利益衡量的最初内容。在有明确法律规范可以直接适用的案件中,利益衡量的操作表现为对法律上规定的某一方当事人权利的认定过程。此时,法律上的权利就是具有正当性的利益,某种利益得到保护是司法落实立法者设定的权利的表现。在法律规定不明确或存在法律漏洞的情况下,对当事人利益的评估与取舍则较多地依赖于法官裁量权的行使。在利益衡量之时,哪一方当事人的利益应当保护就需要基于更多合理规准予以考量。

---

[35] 梁上上:《利益衡量的界碑》,载《政法论坛》2006年第5期。

一般而言,疑难案件的利益衡量如要在内控于实在法的秩序内进行,就必须切合既有法律的原则、目的或基本精神,并与法律的普遍性调整意图相协调。在此种约束性条件下,哪一方当事人的利益应当被支持或优先保护要取决于司法对个案解决的一般规范价值。在此方面,对具体案件当事人利益的衡量应该等同于对可被普遍适用的相关行为规范的衡量,而据此而被评判与确认的裁决后果也应该是具有一般意义的后果。于此,法官也不只是为了裁判而裁判,司法的最终功能在于通过对具体案件的处理,确认或创制有效的界定某种权益的规则,并通过这些规则来为社会成员的交往行为提供好的激励,"司法审判必须具有前瞻性,要充分考量当下的裁判对人们未来行为的影响,而非只是具体个案的特殊性影响"。〔36〕 假如只是专注于特定的决定和后果,我们就还没有达到以下一点,即澄清后果主义在法律决定证明中的作用。〔37〕

所以,把利益衡量的原理和方法运用到后果主义裁判,在以当事人利益为对象开展利益衡量并进而评定裁决后果,司法者就不能局限于仅就当事人之间的利益冲突思考解决方案,而是要积极考虑个案处断所具有的能够适用于未来类似案件的一般效果。例如,以民法上的"特殊重婚案"〔38〕为例,毫无疑问,陈某香与邓某贞之间在婚姻上的利益纠纷原本属于当事人的利益冲突。尽管如此,假设审理该案的台湾地区法院为保护陈某香的具体利益而撤销邓某贞在台湾的婚姻,虽然从当地"民法"上关于重婚的规定来看似乎也有道理,但是这种选择就会面临着巨大的司法代价。在台湾地区,像邓某贞和吴某琴这样的特殊

---

〔36〕 参见张伟强:《麦考密克法律论辩理论的经济学解读》,载《政法论丛》2008 年第 4 期。

〔37〕 See Neil MacCormick, *On Legal Decisions and Their Consequences: From Dewey to Dworkin*, New York University Law Review, 1983, Vol. 58, p. 248.

〔38〕 该案案情:邓某贞于 1940 年在福建与陈某香结婚,1949 年邓随军队撤往了台湾,之后两人就音讯全无。邓某贞于 1960 年在台湾与吴某琴又结为夫妻并生育子女。1986 年,随着两岸恢复交流和开放探亲,陈某香在得知邓某贞再婚后,向台中地方法院提起了诉讼,请求撤销邓某贞在台湾的婚姻。台中法院一审认定邓某贞构成民法中的重婚,判决撤销了邓在台湾的婚姻。邓某贞不服提起上诉,但二审和终审两次都驳回了其上诉,维持了原判。邓某贞继续请求再审,台湾地区"司法院"于 1989 年重新受理了此案并最终作出判决和解释,认定邓某贞与吴某琴的婚姻不是法律上的一般重婚,不应撤销。

婚姻并不少见,他们系在遭遇个人无能为力的重大变故情况下发生的重婚,终审法院只有选择保护诸多"邓某贞们"的利益才能具有普遍性的意义。从这一点来说,法院在进行利益衡量时,就认识到了判决所应实现的对社群民生的规范性作用。

2. 社会公共利益

司法中的利益衡量必须面对并回应社会公共利益,是人们在利益衡量问题上最具共识性的主张。裁判的历史表明,"每一个通过诉讼发展出来的重要原则,事实上,并且归根到底,都是或多或少地准确理解公共政策的结果"。[39] 在需要进行利益衡量的案件中,当事人利益与社会公共利益的相互影响几近不可避免;特别是当个案处断的目标与立法对社会公共利益关系的总体安排不相一致时,社会公共利益显然要成为司法利益衡量的规准。社会公共利益概念在个案裁判中的重要作用就在于,通过审视诉讼纠纷中一定主体的主张,规范当事人从事某种法律行为的目的与内容,并实现对该类法律行为效力的制约。

从价值判断视角来看,"在利益相互冲突不能两全的情况下,法律只能以那种不仅在当事人看来具有正价值、是善,而且在群体主体和社会主体看来也具有正价值、是善的行为事实为其保护的对象,并将其规定为'应当';而且当一方当事人的行为事实与社会公共利益相一致而另一方当事人的行为事实与社会公共利益相冲突时,法律只能认定与社会公共利益相一致一方的行为具有正价值,是法律'应当'保护的,与社会公共利益相互矛盾、相互冲突的一方当事人的行为具有负价值,是法律'应当'予以抑制的"。[40] 这种价值理念在司法利益衡量场合的表现就是,司法者需要把具体利益冲突中与社会公共利益不相融贯的利益归为不当。由此,基于社会公共利益的衡量在后果主义裁判中的地位也显而易见,社会公共利益在多种情境中都要被视为能够导出合理的裁判后果的必备要素或标准。

当然,社会公共利益具有不同的表现形态。在我国,公共利益、社会公德、公共秩序和善良风俗等常被不做严格区分地用来指称社会公共利益,在司法实

---

[39] [美]小奥利弗·温德尔·霍姆斯:《普通法》,冉昊、姚中秋译,中国政法大学出版社 2006 年版,第 32 页。

[40] 张继成:《从案件事实之"是"到当事人之"应当"》,载《法学研究》2003 年第 1 期。

践中,违反公序良俗也一般构成法律行为被归诸无效的依据。[41] 以“泸州遗赠案”为例,蒋某芳被丈夫黄某彬生前的姘居妻张某英起诉,张某英拿出黄某彬的遗嘱,称黄已以立遗嘱的方式将部分财产赠给了她,蒋某芳控制全部遗产侵害了她的合法权益,要求蒋执行遗嘱并向她转交部分遗产。该案一直被认为是以社会公共利益为准则进行利益衡量的代表。在此问题上,分析来看,在两方当事人各自主张的利益面前,法院判决确实是采用了以违反公共秩序、社会公德为由否定遗嘱有效性的衡量,驳回了张某英的诉讼请求。与此不同,南京彭宇案一审判决一度被认为是法官没能以社会公共利益为规准而为利益衡量的例子。在该案中,虽然一审法院通过保护徐老太的具体利益使老人群体的利益也看似得到了保护,但从社会公共利益角度考虑,因帮助他人而应获得公平对待的社会主流价值观遭到破坏,甚至该案裁判后不敢扶老年人现象的增多也验证了老人群体的利益反而更加没有保障。[42]

3.法制度利益

法制度利益是社会公共利益的一种形式,它是由作为公共产品的法律制度本身所生成的公共利益,这种公共利益体现在一国现实的既定法秩序之中或可以从中推导得出。[43] 既定法秩序不仅是既有实在法自身的秩序,也是实在法制度以之为前提的秩序。其除了由立法者创制的法律规范及其体系所确立的秩序之外,还包括由维持法制度所必需的原则、理念、价值、组织、程序等要素所构成的秩序。从一定意义上讲,既定法秩序就是国家现有法律制度存在和运行的秩序,由于秩序往往具有利益之义,基于既定法制度的这种秩序也就成为公共利益。诚然,“实在的法或法律体系所体现和保护的价值是‘制度化价值’”,[44] 这种制度化价值其实也就是法制度利益。通常来说,维护法律规范的权威性、法律体系的融贯性以及法律组织和程序的安定性等,都可被看作维护法制度利

---

〔41〕 参见郑永流、朱庆育等:《中国法律中的公共利益》,北京大学出版社 2014 年版,第 40~41 页。

〔42〕 参见熊寿伟:《裁判结果对公众诉求的合理引入》,载《人民司法》2014 年第 21 期。

〔43〕 本文提出的法制度利益主要是指与法律制度本身的存续、价值目标的实现及其程序操作的有序运转等方面的安定性等有关的根本利益,它关涉到法制度自身根基的完整和巩固。

〔44〕 舒国滢:《法哲学沉思录》,北京大学出版社 2010 年版,第 257 页。

益的要求。

法制度利益很显然需要得到包括司法在内的法律活动的维护,而司法对法制度利益的维护主要就体现在法官进行利益衡量的过程中。在实际的案件中,出于对法制度利益的尊重或捍卫,司法者从事利益取舍通常都要把视线置于法制度利益的界碑之下。在把利益衡量方法运用于司法裁判的后果评价之际,从维护法制度利益出发的理由也正是决定某种裁决后果可欲与否的实质根据。就此而言,后果主义裁判在涉及利益衡量方法的运用时,不仅应该详细阐明法制度利益作为评价规准的具体缘由,也应该对适用法制度利益的相关衡量过程仔细证成。下面也可以用案例对法制度利益的衡量予以说明。

在一起再审案件中,张家港市恒科公司因与傲科公司侵害实用新型专利权纠纷一案,不服江苏省高院的终审判决,向最高人民法院提请再审。再审申请人恒科公司在一审、二审阶段仅主张了先用权抗辩,在申请再审阶段新提出了现有技术抗辩,试图以此为由请求最高人民法院改判。最高人民法院审理后认为,对恒科公司在申请再审阶段才首次提出现有技术抗辩应依法不予理涉,否则不仅构成对被申请人的诉讼突击,也“将架空一、二审的诉讼程序,不利于引导当事人在法定的一、二审程序中解决纠纷”。[45] 在该案中,最高人民法院就是鲜明地运用了后果主义的论证方式,并在对裁决后果的评价中采用了考虑法制度利益的衡量。类似的后果论述和法制度利益考量也体现在“沈氏姐妹诉王某错告请求损害赔偿”案判决中。该案原告沈氏姐妹曾被王某以侵占房屋为由起诉,后来王某发现告错了对象就从法院撤诉。沈氏姐妹认为王某在没搞清事实真相情况下起诉,侵害了她们的名誉,她们为应对官司也遭受了经济与精神损失,故又起诉王某要求赔偿损失。后来法院驳回了她们的诉讼请求,法院认为,沈氏姐妹因被错告而遭受了损失,似应获得赔偿,但是一旦支持她们的诉讼请求,将导致今后不得不支持越来越多的胜诉被告人反过来对原告提起类似的诉讼,从而事实上会否定人们在没有绝对胜诉把握情况下的起诉权,这必定会破坏民事诉讼制度赖以建立的根基。[46] 法院在该案中所提出的“诉讼制度根基”也正是法制度的利益。

---

〔45〕 参见《中华人民共和国最高人民法院民事裁定书》(〔2014〕民申字第 712 号)。

〔46〕 参见石现明:《滑坡论及其在法律推理中的应用》,载《四川师范大学学报》(社会科学版)2003 年第 4 期。

(二)基于决策性利益的司法衡量

根据以上论述,本文提出决策性利益的概念用于从概括意义上说明司法利益衡量规准的基本趋向。无论是从案件当事人利益出发的利益比较,还是出于对社会公共利益或法制度利益的维护,法官通过裁判活动寻求和确认的利益在性质上都应该是决策性利益。决策性利益是一种把司法作为公共决策活动而应当给予考虑和保护的利益。与立法者对各种利益进行评估后做出一般化的权利安排一样,司法者对利益的权衡和取舍也不能仅是适用于当下个案的,而是要放在一般决策者的立场上的。决策性利益的主要特征是其具有针对某一类型利益的公共决策性,它的确定要求司法者不仅要从案件事实着眼对利益冲突进行考量,更需要从规则创制的层面思考利益的调整或衡平。基于决策性利益进行司法衡量,可以使对案件当事人以及不同阶层、群体乃至社会利益的分配与安排"符合众所周知的原理及规则,以实现同类案件同类处理,进而成为今后相关正式制度形成的经验模式"。[47] 基于决策性利益的司法衡量,体现了司法权作为国家公权力行使的根本要求,展现了司法裁决作为整个法律制度之组成部分也是理性建构的产物。

在现实的司法活动中,尽管规则之治的原则要求法官对利益衡量方法的运用要内控于实在法的体系,但疑难案件总是给利益衡量预留了一定的"开放地带",这使得司法裁决的作出过程很难不具有决策的性质。按照法律适用的"目光往返穿梭理论",法官通常运用"有节制的前理解"并结合"具体的法律政策考量"进行疑案决策。从形式上看,这一决策活动是法官在准用规范和个案事实之间不断进行比对、调适"初步结论"而得出结论性判断的过程。[48] 不仅如此,司法决策相对于规范执行而言,是有重大政治与社会影响的司法裁量活动,其"以法律适用技术为依托,来实现超越规则的司法目标"。[49] 就此而言,在以裁决后果为导向的司法裁判中,法官对疑难案件的处断应该说更具司法决策的特质,尤其是在根据不同司法结论的可能后果来理解裁判依据选择的不同意义方面,后果主义的司法行为必然要对将来同类案件的处理带来示范性作用。

---

〔47〕 杨力:《基于利益衡量的裁判规则之形成》,载《法商研究》2012 年第 1 期。

〔48〕 参见陈林林、张晓笑:《认知的双重加工模型与司法决策》,载《浙江学刊》2014 年第 5 期。

〔49〕 参见徐阳:《"舆情再审":司法决策的困境与出路》,载《中国法学》2012 年第 2 期。

“由于法律的价值在于追求安定性和妥当性,要考虑未来类似案件的判决后果,特别是利益衡量往往因法律空白而出现,必然对未来类似案件产生影响。”[50]所以,以基于决策性利益的衡量对司法裁决的后果进行实质评价才不失为一种妥当的做法。

由于利益衡量是司法裁判中最具能动性和创造性的领域,基于决策性利益而为司法衡量,能够促使法官把对裁决后果的考察与判断,建立在一种与一般性后果相关的衡量规准之基础上。究其原因,基于决策性利益的衡量会让司法者自觉运用类型化思维,推动裁判中的利益冲突解决从具体化向一般化转换,从而使疑难案件中的利益衡量不再是司法自由裁量权的完全任意发挥,而是成为从理性层面为司法后果的衡量乃至裁判规则的最终形成提供实质理由的恰当手段。在这个过程中,司法者“以现实的变迁社会结构为基石,逐步建立起一些可以把复杂情境加以简单化的利益衡量类型,并且根据它们对当下社会冲突的影响程度,以及未来可能产生的潜在效应,加以轻重有序的排列,使得面对客观、认同与行动阶层的复杂情境下的类似案件利益衡量,能够超越逐一个案的现实特征取舍,唯以类似指导性案件的类型化思维所形成的裁判规则,作出可预见及统一性的裁判”。[51] 这样,借助对决策性利益的衡量,司法裁判就不仅可以解决现实的个案纠纷,而且能够“以司法个案的解决方案为范例,司法决策意图形成以点代面的牵动效应,对既定法律关系进行结构性调整,达成某一治理目标”。[52] 因此,司法也是利益衡量的场域,该场域利益衡量的结果就体现为一定的决策性利益,并凝固在最终的司法裁决结论之中。

四、结　　语

综上所述,把利益衡量方法运用于后果主义裁判,可以在很大程度上消解法官在从事裁决后果考察和评价时所面临的部分难题。由于后果取向的司法思维与利益衡量方法具有共同的意蕴和逻辑,把利益衡量方法鲜明地引入和贯穿到后果主义裁判中,就能够为法官认识、评价和选择法律适用可依赖的裁决

〔50〕 梁上上:《利益的层次结构与利益衡量的展开》,载《法学研究》2002 年第 1 期。

〔51〕 杨力:《民事疑案裁判的利益衡量》,载《法学》2011 年第 1 期。

〔52〕 徐阳:《“舆情再审”:司法决策的困境与出路》,载《中国法学》2012 年第 2 期。

后果提供有章可循的操作进路。以理论上利益衡量的两种知识为依据,区分出在司法中操作利益衡量的两种进路,并选择把内控于实在法的利益衡量作为开展裁决后果评判的操作进路,有利于从思维上调控法官通过衡量利益而为后果推理的幅度,避免司法的恣意性。从利益的类型来说,后果主义裁判对当事人利益、社会公共利益或法制度利益的对比与权衡,只有把其规准建立在基于一定决策性利益衡量的基础上,才能够为司法结论的最终作出获得具有实质正当性的根本理由。据此而论,这正是利益衡量方法在后果主义司法裁判中得以运用的根本愿景。

The Use of Interests Balancing Method in the Consequentialist Judgment

Yang Zhiwen

Abstract: Consequentialist judgment need to bring in interests balancing method, and the use of interests balancing method is the necessary way to carry out the essential measure for the judicial process based on consequential evaluation. According to these two kinds of knowledge of interests balancing in the theory, the use of interests balancing method in justice has two kinds of approaches, and the interests balancing controlled within the positive law should be the operational approach to engaging in consequential evaluation for judge. That consequentialist judgment evaluates the decision consequences through interests balancing is completed by considering and weighing up the different types of interests. For that matter, the interests which judicial activities struggle to seek and confirm should be the decision-making interests in the nature, whether the comparison from the interests of the parties or the maintenance for social public interests or legal regime interests.

Key words: Interests balancing method; Consequentialist judgment; Use in justice; Decision-making interests

(责任编辑:安恒捷)

法律修辞方法的选择、运用与布局*
——以甘露案再审判决为例

吕玉赞**

内容摘要：

法律修辞的过程一般包括法律修辞方法的具体选择和运用以及法律修辞的整体布局。在“修辞发现”阶段，法律修辞方法需要结合案件的法律争议点及论辩前提体系进行针对性选择。在“修辞论证”阶段，法律修辞方法的运用需要遵循相应法律修辞规则的指引和规范。而在判决书的呈现形式上，法律修辞方法的选择和运用都要过渡或转化为法律修辞的布局，其“引言”“陈述”“论证”和“结语”每一部分都有各自的指导性布局原则。甘露案再审判决书虽然作为最高人民法院颁布的参照性案例，但在裁判说理上却几乎违反了所有的法律修辞方法的规范性要求。

关键词：

法律修辞方法　选择　运用　法律修辞规则　修辞布局

法律修辞学的整个理论体系包括法律修辞方法的具体选择、运用以及法律修辞的整体布局。法律修辞方法的选择和运用由传统的开题术、争议点理论、修辞图式、论辩前提或起点等发展而来，而法律修辞的布局则源于古典修辞学

---

* 本文系华东政法大学2015级科学研究项目《统一法律解释法制定研究（项目编号A－0333－16－20232）》的阶段性成果。

** 吕玉赞，华东政法大学科学研究院讲师，研究方向为法律方法论。

的谋篇布局理论。在"修辞发明"和"修辞论证"[1]的二分上，法律修辞方法的选择属于典型的"修辞发明"，它对应于修辞五艺中的开题术，而法律修辞方法的运用属于典型的"修辞论证"；但法律修辞方法的选择和运用最终都要过渡或转换为法律修辞的布局，它可归入"修辞表达"。法律修辞方法的选择、运用和法律修辞的布局都需要在融贯的法律体系和个案的修辞语境之间做动态的、具体的谋划。不过，我们可根据方法论的要求和特点将这些法律修辞技巧转化为规范性方法：个案争议点的归纳和整理会开启法律修辞方法的初步选择，个案的论辩前提体系将最终决定法律修辞方法的选择；法律修辞规则将把法律修辞方法的运用导向一种同时契合法治、体系性思维和问题性思维的理性论辩活动；而法律修辞在"引言""陈述""论证"和"结语"上的各种指导性规则将使法律修辞的布局在语篇上实现对听众最大可能的说服。

2012 年第 7 期的《最高人民法院公报案例》刊发了最高人民法院对甘露不服暨南大学开除学籍决定一案的再审判决书和判决摘要。该案虽非指导性案例，但作为最高人民法院审判委员会讨论通过、最高人民法院以公报方式公开发布的典型案例和参照性案例，对下级法院审判相似案件仍具有事实上的先例约束力，对下级法院运用法律修辞也具有相当的引导性。但这一判决书几乎违反了所有法律修辞运用的规范性要求。在法律修辞方法的选择上，它脱离该案的法律争议点和论辩前提体系，任意、随意地选择可倒推出其先入为主的裁判结论的法律修辞方法；在法律修辞方法的运用上，它又违反和错用了各种理应遵守的法律修辞规则；在法律修辞的布局上，虽然在形式上它也具备修辞布局的四个部分，但在每一部分上它的修辞安排都相当混乱，缺乏修辞效果。甘露案再审判决书在法律修辞上的瑕疵绝非该案法官个人裁判素养的问题，它作为最高人民法院颁布的参照性案例完全可以代表和反映我国法官在裁判书说理上一般的法律修辞技能和水准。因此，选取甘露案再审判决书作为案例样本审

---

[1] 在法律修辞学的理论视野中，法律修辞既可以做"修辞建立"与"修辞表达"的二分，也可以进行"修辞发现"与"修辞论证"的二分。其中，"修辞表达"和"修辞论证"并不对修辞结论真实的产生过程进行纪录片式的描述，也不探究修辞评价中的个人感情或动机，其仅要求为达成的决定提供在法律听众看来更好的理由。Vgl. Agnes Launhardt, Topik und Rhetorische Rechtstheorie Eine Untersuchung zu Rezeption und Relevanz der Rechtstheorie Theodor Viehwegs, Dissertation zur Erlangung des Doktorgrades der Juristischen Fakultät der Heinrich-Heine-Universität Düsseldorf, 2005, S. 162.

视和分析我国法官当下普遍的裁判说理水准,进而提出相应的规范性方案具有相当的代表性和可行性。

一、法律修辞方法的选择

(一)从案件的争议点出发

法律修辞意义上的论辩意味围绕词语和事实与他人或自己产生争议,这构成了其两种基本的争议点:法律争议点和事实争议点。[2] 法学的概念和命题必须以特殊的方式与所争论问题保持联系,只能从问题出发来加以理解,也只能被赋予与问题保持关联的含义。案件的争议点具有相应的论题学功能,能够变成"修辞发明"上的"寻找格式"(Suchformeln),能够在一介论题学和二介论题学范围内指导如何寻找解释问题的观点,并能充当进入商谈的可能性和客体以及其他更多的东西。[3] 案件的法律争议点对法律修辞方法的初步选择具有根本性的决定意义。案件的法律争议点可分为法律实体维度上权利和义务的分配性争议(以下简称权益性法律争议点)和法律思维意义上所涉法律条文意义的解释性争议(以下简称解释性法律争议点)。在法律修辞过程中,前者往往过渡或回溯到后者。根据西塞罗的观点,解释性法律争议点可细分为:文字和意义关系争议、法律之间的冲突争议、文字歧义争议、类比推理争议和定义争议。[4] 根据法律修辞学与其他法律方法的适用性关系,法律争议点不能径直呈现为裸的"法律与规范的目光往返"问题,它会遭遇法律解释、法律发现、法律推理等对事实与词语对应关系的初步加工和处理。如果它们一经适用便确定了法律词语的核心语义或规范与事实的涵摄关系,则这些语义和涵摄关系可直接转化为法律修辞论证的起点和前提,"修辞发明"就会告一段落,接着就该"修辞论证"出场了。如果它们没有解决论辩双方间的解释性争议点,反而因此导入或引入了更多的法律多义性、歧义性或模糊性,则"修辞发明"或"修辞论证"须将这些法律方法及其引致的解释性争议点作为进一步的论辩主题,并进而选择相应的

---

〔2〕 Vgl. Fritjof Haft, Juristische Rhetorik, Alber, 1995, S. 95.

〔3〕 参见[德]特奥多尔·菲韦格:《论题学与法学——论法学的基础研究》,舒国滢译,法律出版社 2012 年版,第 122 页。

〔4〕 参见舒国滢:《"争点论"探赜》,载《政法论坛》2012 年第 2 期。

法律修辞方法进行论辩层面的解决。因此,只有从案件的法律争议点出发,才能框定法律修辞方法的初步选择范围,进而为有效的案件说理指引一个明确的方向。

鉴于权益性法律争议点和解释性法律争议点的分类和甘露案再审判决书旨在说服的核心法律听众对象(甘露为一方,暨南大学、广州市天河区法院、广州市中级人民法院和广东省高级人民法院为另一方),甘露案再审判决的法律争议点可做如下分析和整理:

1. 权益性法律争议点:

(1)甘露一方的权益性主张

甘露请求撤销原审判决并撤销开除学籍决定,责令暨南大学重新作出具体行政行为或直接将开除学籍决定变更为其他适当的处分,同时赔偿因诉讼多年而支出的交通住宿等直接支出的费用和因丧失学习机会造成的间接损失、精神赔偿。

(2)暨南大学等一方的权益性主张

①暨南大学主张,给予甘露开除学籍处分。请求依法维持原审判决,并驳回甘露在原一、二审期间未曾提出的赔偿请求。

②天河区人民法院主张,维持开除学籍决定。

③广州市中级人民法院主张,暨南大学认为甘露违规行为属情节严重,主要证据充分,甘露认为其行为属考试作弊的理由不成立,不予采纳。暨南大学处理程序并未影响甘露行使法定权利,甘露认为开除学籍决定程序违法的主张缺乏依据,不予支持。驳回甘露上诉,维持原判。

④广东省高级人民法院主张,驳回再审申请。

(3)双方的权益性法律争议点

通过总结双方的权益性法律主张可知,甘露案再审判决的权益性法律争议点在于:甘露因其考试行为是否应被开除学籍或给予其他类型的处分?即暨南大学的开除学籍决定是否侵害和造成了甘露的受教育权或其他权益损失?天河区人民法院的初审判决、广州市中级人民法院的上诉判决以及广东省高级人民法院的再审驳回是否正确、适当和合理?

2. 解释性法律争议点

(1)甘露一方的解释性主张

甘露解释,其先后两次提交的课程论文存在抄袭现象属实。但所涉课程考试是以撰写课程论文方式进行的开卷考试,抄袭他人论文的行为违反了考试纪律,应按违反考试纪律的规定给予处分。不过,这种抄袭行为并不属于《普通高等学校学生管理规定》和《暨南大学学生管理暂行规定》所规定的“剽窃、抄袭他人研究成果”违纪行为。暨南大学依此给予开除学籍处分,犯了认定事实不清、适用国家法律不当、处分程序违法以及处分明显偏重的错误。

(2)暨南大学等一方的解释性主张

①暨南大学解释,学期课程论文作为研究生修读课程的考试形式之一,也是研究生学习期间研究成果的一部分。甘露连续两次的抄袭行为已经严重违反了《高等学校学生行为准则》《普通高等学校学生管理规定》以及《暨南大学学生管理暂行规定》,应按照《暨南大学学生违纪处分实施细则》进行处理。即使将其行为归类为考试作弊行为,按照《普通高等学校学生管理规定》第54条第4项规定:“由他人代替考试、替他人参加考试、组织作弊、使用通讯设备作弊及其他作弊行为严重的”,仍可给予甘露开除学籍处分。

②广州市中级人民法院解释,甘露两次抄袭他人论文作为自己考试论文的行为属于抄袭他人研究成果,在任课老师指出其错误行为后,甘露再次抄袭他人论文,属情节严重。甘露认为其行为属考试作弊的理由不成立,不予采纳。

(3)双方的解释性法律争议点

通过总结和分析双方的解释性法律主张可知,甘露案再审判决的解释性法律争议点在于:首先,甘露两次抄袭他人论文的行为究竟属于《普通高等学校学生管理规定》和《暨南大学学生管理暂行规定》所规定的“剽窃、抄袭他人研究成果”“其他严重的作弊”或“违反考试纪律规定”中的哪一种?这三种法律规定是否同时适用于甘露的行为而发生法律竞合?这属于法律争议点中的“法律之间的冲突争议、文字歧义争议和定义争议”。其次,甘露先后两次抄袭他人论文的行为是否属于《普通高等学校学生管理规定》和《暨南大学学生管理暂行规定》中关于开除学籍规定所要求的“情节严重”,即暨南大学作出的开除学籍决定是否“明显偏重”?这不仅涉及关于不确定法律概念“情节严重”的“文字争议和定义争议”,而且涉及对甘露行为如何进行法律评价和价值判断的争议。最后,之所以会出现上述法律争议点,系因双方采用了不同的法律解释、法律推理方法以及不同的衡量标准和衡量方法。在法律解释和法律推理方法上,甘露一方通过对《普通高等学校学生管理规定》和《暨南大学学生管理暂行规定》规定的“剽窃、抄袭他人研究成果”进行限缩解释或缩小解释后认为,其行为虽是抄袭行为,但(通过文义解释得出)仅系《普通高等学校学生管理规定》第16条规定的“违反考核纪律”,因此不属于(通过反面推论得出)“剽窃、抄袭他人研究成果”。而暨南大学同样采取文义解释方法辩驳,学期课程论文作为研究生课程的一种考试形式,属于研究生学习期间的研究成果,甘露的行为可涵摄入“剽窃、抄袭他人研究成果”这一规定。暨南大学进而借助论理解释和类比推理认为,即使甘露的行为属于考试作弊行为,仍可由《普通高等学校学生管理规定》第54条第4项内含的兜底条款“其他作弊行为严重的”涵括。广州市中级人民法院采用文义解释认为,该案中的课程形式可归入考试范围,甘露的行为属于抄袭他人研究成果,并通过采用反面解释方法指出,甘露的行为不属于考试作弊行为。这些争议构成了解释性法律争议点中的法律方法争议点。

在衡量基准和衡量方法上,甘露以其受教育权为衡量基准认为自己的行为并非严重违反“考核纪律”或严重作弊的行为,仅是一般的考试违纪行为。而暨南大学以学术的严肃性为裁量基础认为,甘露连续两次的抄袭行为是对相关规定的严重违反,丧失了作为一名学生所应具有的道德品质,即使将其作为考试作弊行为处理,也是一种严重的其他作弊行为。广州中院同样以学术的严肃性为衡量基准认为,甘露违规行为情节严重。

3. 法律修辞方法的选择不得偏离法律争议点

针对个案的法律论辩必须根据案件的法律争议点选择相干性的法律修辞方法。作为特定语境下的“运用性商谈”和“法律辩证”(Juristische Dialektik),法律修辞总以试图影响、说服他人为出发点,它是面向法律听众的讲演而非修辞者自己内心的独白。修辞学意义上的相关性强调论证内容和修辞语境的语用关系,法律修辞者只能选择有助于法律争议点论辩的修辞方法和论辩技巧。[5]甘露案再审判决书虽以近2/3的篇幅论述了该案的法律争议点,但仅是遵照我国裁判文书的格式化程式对法律争议点粗糙的勾勒和描述,并没有规整和总结该案争议点的性质、类型和发生因由。最高人民法院再审判决书说理选择的法律修辞方法对本案核心的法律争议点而言并不具有充足的相关性。该案的再审判决不同于其初审判决,其不但需要解决甘露与暨南大学之间行政法上的权益性法律争议,而且需要协调甘露一方和暨南大学等另一方之间的解释

[5] See Joseph W. Wenzel, “Relevance—and other Norms of Argument: A Rhetorical Exploration”, Robert Maier (ed.), *Norms in Argumentation*, Foris Publications, 1989, pp. 85 – 95.

性法律争议。再审判决书也需要同时将之前裁判甘露案的历届法院和本次再审中的双方当事人作为说服对象。

通过上述法律争议点的分析和整理,我们发现,甘露案的再审判决需要处理的论辩主题为:(1)甘露的行为究竟属于“剽窃、抄袭他人研究成果”“其他严重的作弊”或“违反考试纪律规定”中的哪一种?(2)甘露的行为是否达到了开除学籍所要求的“情节严重”?(3)双方解释性主张背后所依据的文义解释、论理解释、扩大解释、反面推论、类比推理以及衡量基准和衡量方法哪一个更为正确、合理而应被适用?

甘露案再审判决书为裁判说理选择的主要法律修辞方法是对《普通高等学校学生管理规定》第54条第5项中的“剽窃、抄袭他人研究成果”和“情节严重”分别进行“限缩解释”或“缩小解释”以及随后进行的补强论证或辅助论证,即指出“甘露作为在校研究生提交课程论文,属于课程考核的一种形式,即使其中存在抄袭行为,也不属于该项规定的情形”。但根据上述分析,我们发现,该案法官选择的法律修辞方法明显偏离了其核心的法律争议点:(1)即使甘露的行为在法律解释构造的语义界限上无法归入“剽窃、抄袭他人研究成果”,但也不可排除其可由《普通高等学校学生管理规定》第54条第4项中的兜底条款“其他严重的作弊”涵括;(2)将甘露的行为解释或论证为“课程考核行为”在法律竞合关系上可反面推出也无法排除其可与上述兜底条款产生涵摄关系;(3)即使只能将甘露的行为归类为课程考核行为,根据《普通高等学校学生管理规定》第12、16、52、53条的规定,若甘露的行为严重违反考核纪律,仍可被开除学籍;(4)对甘露行为违纪或作弊情节的判断,最高人民法院并没有像原、被告在解释性法律主张中那样采用利益衡量或价值判断,而是通过将“情节严重”置换成经验性概念后径直对之进行了限缩解释,作为说服对象的各方法律听众所分别认同、运用的衡量方法、衡量基准在再审判决书中都被一一忽略或省略了。

最高人民法院对甘露案的再审判决之所以陷入法律修辞方法选择的任意困境,主要原因在于,该判决书并没有从该案所涉的所有法律争议点出发寻求能够解决相关论辩主题的法律修辞方法,反而仅将本案涉及的权益性法律争议点作为主要的论辩主题,企图仅通过文义解释方法完成其裁判说理的法律修辞学构建。论辩双方间的解释性法律争议点,尤其是法律方法争议点并没有透过甘露案再审判决书法律修辞方法的安排和选择获得相应的反驳和回应。法律修辞的商谈程序和会话结构要求，修辞者在建构自己的法律论辩时，除了以法律理由证立自己的法律主张外，还应反驳和回应论辩相对人可能提出的反对性论据（Kontraargumente）。法律论证的论证规则（justification rules）要求每一个论证如果受到挑战必须由其他理性的论证给予支持。法律论证的真诚规则（sincerity rules）要求论辩的每一方都应该被认真对待，禁止在论辩中使用强力、欺诈以及针对相对的偏见。[6]遗憾的是，甘露案的法律争议点始终没有对其法律修辞方法的选择和构造发挥相应的指引和约束作用。

（二）结合案件的论辩前提体系

法律修辞方法除了根据案件的法律争议点进行初步选择外，还应使其与个案中可能使用的论辩前提体系勾连起来，从而实现其最终的筛选和确定。佩雷尔曼指出，论辩者为了获得听众对自己主张的认同，需要使用法律共同体一般接受的观点作为论辩前提，这些前提包括法律规则、一般法律原则以及特定法律共同体接受的原则。[7]W. 加斯特认为，在法律修辞中，不同类别和性质的前提都在被使用，其中，法律概念是一种完全的前提（der Begriff als totale Prämissen），法教义学是一种特殊的操作性前提（operative Prämissen）。[8]法律概念、法律规范、法律原则、法律条文和法律条款作为"正式法律渊源"的表现形式或内在组成部分，具有当然的法律效力和听众不得任意挑战的法律权威，可构成法律修辞的客观前提或完全的前提。法学原理、一般法理、法律学说以及部门法学说等作为有效法（geltdendes Recht）的教义性知识（doctrinal Knowledge），具有根本的教义学属性，能够生产和提供关于法律和法律体系的相关信息，[9]也属于法律修辞主要的论辩前提。在法律论辩前提的分类上，它们属于加斯特认为的特殊的可操作性前提。在法律修辞中，这些论辩前提之间的体系关系和效力结构在案件争议点之外也会影响裁判书修辞具体修辞图式

〔6〕 See Aulis Aarnio, *The Rational as Reasonable: A Treatise on Legal Justification*, Springer, 1987, pp. 196 - 198.

〔7〕 参见［荷］伊芙琳·菲特丽丝：《法律论证原理——司法裁决之证立理论概览》，张其山等译，商务印书馆2005年版，第51~58页。

〔8〕 Wolfgang Gast, Juristische Rhetorik, Hüthig Jehle Rehm, 4., neubearbeite und erweiterte Auflage, 2006, S. 50.

〔9〕 See Aulis Aarnio, *Essays on the Doctrinal Study of law*, Springer, 2011, p. 11.

或修辞方法的选择。如果说,案件的争议点是从其修辞语境或论辩情景的角度影响法律修辞方法的选择,那么案件的论辩前提体系关系是从法教义学和法律方法论的立场进一步确定法律修辞方法的选择。两者的协作和合力将实现案件法律修辞方法的最终确定。

如果修辞者与其听众没有共同达成的论辩前提,具体的论辩将是不可能的。论辩前提首先必须是听众能够接受的、无异议的,同时,它的内容及其产生的一切也必须是有效的。只有如此,论辩前提才能成为法律修辞中更大范围内可接受性的"源泉"。[10] 依据上述法律修辞之论辩前提的分类,可对甘露案再审判决所涉及的论辩前提做如下分析和整理:

1. 甘露案再审判决涉及的论辩前提体系

甘露案再审判决涉及的各种形式论辩前提包括:

(1)法律规则形式的论辩前提

①《普通高等学校学生管理规定》第 12 条规定:"考核分为考试和考查两种。考核和成绩评定方式,以及考核不合格的课程是否重修或者补考,由学校规定。"

②《普通高等学校学生管理规定》第 16 条规定:"学生严重违反考核纪律或者作弊的,该课程考核成绩记为无效,并由学校视其违纪或者作弊情节,给予批评教育和相应的纪律处分。给予警告、严重警告、记过及留校察看处分的,经教育表现较好,在毕业前对该课程可以给予补考或者重修机会。"

③《普通高等学校学生管理规定》第 52 条第 1 款规定:"对有违法、违规、违纪行为的学生,学校应当给予批评教育或者纪律处分。"

④《普通高等学校学生管理规定》第 53 条规定:"纪律处分的种类分为:(一)警告;(二)严重警告;(三)记过;(四)留校察看;(五)开除学籍。"

⑤《普通高等学校学生管理规定》第 54 条规定:"学生有下列情形之一,学校可以给予开除学籍处分……(四)由他人代替考试、替他人参加考试、组织作弊、使用通讯设备作弊及其他作弊行为严重的;(五)剽窃、抄袭他人研究成果,情节严重的……(七)屡次违反学校规定受到纪律处分,经教育不改的。"

同时,由于《暨南大学学生管理暂行规定》是完全依据《普通高等学校学生管理规定》制定的,且不违背《普通高等学校学生管理规定》相应条文的主观意

〔10〕 Artiukhova A. A., Das rhetorische Grundmuster der juristischen Kommunikation, Одеський лінгвістичний вісник, 2013, Вип. 1.

思。因此,《暨南大学学生管理暂行规定》相应的规定也构成了甘露案法律规则形式的论辩前提。

(2)法律原则形式的论辩前提

由于甘露案关涉到甘露的受教育权问题,因此,宪法关于国家尊重和保障公民人权和受教育权的相关条款理应成为甘露案的论辩前提。根据阿列克西的观点,宪法权利构成了一种意味着最大化律令(optimisation requirements)的法律原则。[11]因此,宪法关于公民人权和受教育权的相关规定可构成甘露案法律原则形式的论辩前提。甘露案再审判决原则形式的论辩前提包括:

①《宪法》第33条第3款:国家尊重和保障人权。

②《宪法》第46条:中华人民共和国公民有受教育的权利和义务。

③《普通高等学校学生管理规定》第5条规定:"学生在校期间依法享有下列权利:(一)参加学校教育教学计划安排的各项活动,使用学校提供的教育教学资源……(四)在思想品德、学业成绩等方面获得公正评价,完成学校规定学业后获得相应的学历证书、学位证书;(五)对学校给予的处分或者处理有异议,向学校或者教育行政部门提出申诉;对学校、教职员工侵犯其人身权、财产权等合法权益,提出申诉或者依法提起诉讼;(六)法律、法规规定的其他权利。"

④《普通高等学校学生管理规定》第52条第2款规定:"学校给予学生的纪律处分,应当与学生违法、违规、违纪行为的性质和过错的严重程度相适应。"

⑤《普通高等学校学生管理规定》第55条规定:"学校对学生的处分,应当做到程序正当、证据充足、依据明确、定性准确、处分恰当。"

(3)法教义学形式的论辩前提

甘露案的再审判决不但涉及复杂的法律修辞、法律解释等方法论问题,还关涉到基本的行政法教义学问题。甘露案再审判决教义学类别的论辩前提包括:

①甘露案涉及大学自治与强制退学制度[12]以及大学自治与学生受教育权

---

[11] See Alexy Robert, *A Theory of Constitutional Rights*, Trans. J. Rivers, Oxford University Press, 2002, p. 47.

[12] 参见周志宏:《大学自治与强制退学制度》,载《台湾本土法学杂志》2001年第29期。

之间的平衡问题。[13]

②由于甘露案作为一种行政诉讼涉及对“情节严重”的法律解释和司法审查。因此,该案涉及行政法上不确定性法律概念的具体化、解释及其司法审查[14]、判断余地[15]以及一般性的行政自由裁量等问题,如合理性原则和比例原则对行政自由裁量的约束。[16]

2. 各种论辩前提的定位及其体系性结构

以上述《宪法》《普通高等学校学生管理规定》和《暨南大学学生管理暂行规定》规定为文本载体的法律规则和法律原则及其包括的各种关键的法律概念共同构成了甘露案再审判决的客观前提或完全的前提,而甘露案涉及的各种行政法教义学知识是甘露案再审判决特殊的操作性论辩前提。法律规则和法律原则因有典型的文本形式可直接作为论辩起点,根据两者初显性特征的差异,[17]如果它们发生冲突,则应按如下原则处理它们的关系:“穷尽法律规则,方得适用法律原则”“若无更强理由,不适用法律原则。”[18]若两者属于同一论辩结论的支持性论据或反对性论据,则两者可作为互补的论辩前提被同时适用。甘露案涉及的行政法教义学属于广义的行政法范畴,它是以法学内部组织的观点(the internal organisational point of view)对立法、法院判决等各种行政法素料的解释和体系化,并且它能够形成一套比法律条文更加细致、更具解释性的法律学说和法学知识。它们能为行政法提供一个透明的结构(a transparent

---

[13] 参见李建良:《大学自治与法治国家——再探“二一退学制度”的相关法律问题》,载《月旦法学杂志》2003 年第 101 期。

[14] 参见盛子龙:《行政法上不确定法律概念具体化之司法审查密度——德国实务发展与新趋势之分析》,载《法令月刊》2000 年第 51 卷第 10 期。

[15] Vgl. Otto Bachof, Beurteilungsspielraum, Ermessen und unbestimmter Rechtsbegriff im Verwaltungsrecht, Juristenzeitung, 1955, S. 97.

[16] 参见余凌云:《行政自由裁量论》,中国人民公安大学出版社 2005 年版,第 45 ~ 86 页。

[17] See Alexy Robert, *A Theory of Constitutional Rights*, Trans. J. Rivers, Oxford University Press, 2002, pp. 19 – 110.

[18] 舒国滢:《法律原则适用中的难题何在》,载《苏州大学学报》(哲学社会科学版) 2004 年第 6 期。

structure),促进它的精确性、融贯性,并使行政法在政治动态中保持自身的稳定性和权威性。[19] 在甘露案的说理或论证过程中,案件的具体决定以及它的法律商谈结构(the judicial discursive structure)、论辩前提的选择在某种意义上都会受到上述行政法教义学的规范性影响。[20] 相较于法律规则和法律原则,法教义学具有更强的可争论性和可辩驳性,并且一国实证法的状态和立法水平也会影响法教义学的一般性效力。因此,修辞者对法教义学作为论辩前提具有较强的选择性和可操作性空间。按照上述对各种论辩前提的分析和定位,这些论辩提前可以形成一种初步的体系性结构,但若真正形成裁判规则意义上的融贯性体系,它们还需要结合该案的法律争议点和主要的论辩主题进行更加细致的构造和协调:

(1)若将甘露撰写课程论文的行为定性为考核中的“考察”,因其作弊或违反考核纪律,则可给予相应的纪律处分,而纪律处分的种类可包括开除学籍。因此,根据法律规则间的语义关系和逻辑结构,甘露仍可被开除学籍。但《宪法》和《普通高等学校学生管理规定》中的相关法律原则却构成了相反的或反对性的论辩前提。甘露的行为在语义上即使可构成开除学籍的形式要件,但根据上述法律原则,其行为未必达到了开除学籍的实质要件,悬疑的问题是如何对甘露的违纪或作弊情节进行法律评价和价值判断。上述论辩前提间冲突的衡量需要参照我国行政法教义学发展出的相应法律学说和法学知识的接受和吸纳状态进行。

(2)若将甘露撰写课程论文的行为定性为考核中的“考试”,则其被开除学籍可获取多种平行的法律规则链条的支持:第一,因其“违反考核纪律或作弊”,可给予相应的纪律处分,而纪律处分的种类又包括开除学籍。因此,甘露可被开除学籍;第二,因其“剽窃、抄袭他人研究成果,情节严重”,可被开除学籍处分;第三,由于甘露的行为与“他人代替考试、替他人参加考试、组织作弊、使用通讯设备作弊”行为具有相似性,因此属于“其他作弊行为严重的”行为,可被开除学籍;第四,因甘露“屡次违反学校规定受到纪律处分,经教育不改”,也可被

[19] See Aleksander Peczenik,“A Theory of Legal Doctrine”,*Ratio Juris*,14,2001.

[20] 法律适用的整体过程在一般上都会受到法教义学的各种影响。Vgl. Dieter Leipold,Die Rolle der Rechtswissenschaft in der gegenwärtigen Gesellschaft,Ritsumeikan Law Review,No. 30,2013.

开除学籍。将甘露的行为定性为考试与将其定性为考察具有相同的反对性论辩前提,而且法律规则和法律原则间冲突的衡量也需要参照我国目前的行政法教义学知识。

综上,在是否"开除学籍"的论辩上,共有五种平行的法律规则链条构成的论辩前提,而且,每一种规则形式的论辩前提都面临着相同的原则形式的论辩前提的挑战,同时不同的行政法教义学可供相应的选择性备用。因此,上述各种形式的论辩前提可形成内在协调、融贯的论辩前提体系。

3. 肢解论辩前提体系的法律修辞方法选择

甘露案的再审判决没有根据上述的论辩前提体系选择和安排相应的法律修辞方法,反而通过肢解各种论辩前提之间的体系性关系而随意选取了一种法律规则形式的论辩前提,并试图借助限缩解释来迎合其"前见"和法律感早已锁定的裁判结论。[21] 最高人民法院的法官在该再审判决中通过不余遗力地对"剽窃、抄袭他人研究成果"和"情节严重"同时进行缩小解释来极力否认甘露的行为属于该项规定的情形,并通过将甘露提交论文的课程类型解释成课程考核的"考察"对之进行相应的补充论证或辅助论证。但根据甘露案的论辩前提体系,甘露被开除学籍具有五种不同形式的规则类别的论辩前提,它们在逻辑关系上的平行性或并列性决定了对其中任一论辩前提的反驳并都不能否定其他前提进入论辩的可能性。即使甘露的行为不属于"剽窃、抄袭他人研究成果"或无法满足其"情节严重"的要求,但仍有其他四种论辩前提为"开除学籍"的行政处罚提供法律规则上的理由。甘露案的再审法官虽然认识到了甘露参加的课程可定性为"考察"的课程考核,但却没有认识到违反考核纪律仍可被开除学籍。根据甘露案的论辩前提体系,最高人民法院的再审法官在法律修辞方法的选择上合理的做法应是:承认五种规则链条作为论辩前提的可能性以及它们间的法律竞合关系,但要认真审视前述法律原则形式的论辩前提与这些法律规则的价值性冲突,然后选择针对法律冲突的修辞规则以及其他法律修辞规则,如文义论辩规则、目的论辩规则和结果论辩规则。[22] 一一解决这些法律冲突和法律争

[21] 甘露案的再审判决书在具体构造其裁判说理之前,其在强调处罚违纪学生所应遵守的各种法律原则时便已暴露了其对具体裁判结论的倾向和法律感。

[22] Vgl. Deckert, Martina R., Folgenorientierung in der Rechtsanwendung, München, 1995, S. 115.

议点,而不可径直选取一种规则形式的论辩前提,试图仅透过文义解释、目的解释来敷衍和修饰其"先入为主"认定的裁判结论。其他论辩前提的存在以及它们之间的体系性关系决定了本案的法律修辞方法应该有更大的选择范围和适用种类。

甘露案再审判决在法律修辞方法的选择上完全放弃了该案的法律争议点和论辩前提体系可能具有的指引和限定作用。从而,该案对法律修辞方法的选择在总体上是盲目的、缺乏计划的。案件说理在法律修辞方法上的合理选择无法脱离案件的争议点和论辩前提体系中的任何一个,两者的合力和联结才能实现法律修辞方法的有效选择。在某种意义上,它们都属于修辞发明或修辞发现层面的技术,它们是一般意义上的论题学或开题术在法律修辞领域的具体化和精致化,而且为了实现法教义学与个案语境、修辞发明与修辞论证的有效衔接,案件争议点及论辩前提体系的分析和构造需要更多法律体系元素的加入和运作。只有如此才能真正为案件说理法律修辞方法的选择提供一个合理的、规范性的和有约束力的指引。

二、法律修辞方法的运用

法律修辞方法的运用由传统的开题术、论题学、争议点理论、听众理论、修辞图式、论辩前提或起点等发展而来,它属于"修辞论证"中最关键的环节,也是修辞布局的主体部分。法律修辞方法必须从法律修辞学对修辞语境和听众过度的依赖中解放出来,并按照各种相应的法律修辞规则运用,才可将法律修辞导向为一种既满足法教义学要求又能对修辞语境保持开放的实践理性论辩活动。法律修辞规则隶属于一般意义上的法律思维规则或法律方法规则,它是针对法律修辞活动并约束法律论辩主体的规定性/实践性语用论辩规则,它通过对特定修辞图式和修辞方法的规则化指引而将所有修辞者的修辞性论辩导入一种同时契合法治、体系性思维和问题性思维的理性论辩活动。古代法律修辞学和新法律修辞学因过度倚重修辞术、修辞技巧、听众理论和修辞语境而致使其缺乏统一的科学范式〔23〕、相应的分析性和规范性,也缺乏法律论辩不可或缺

〔23〕 [奥]京特·克罗伊斯鲍尔:《法律论证理论研究史导论》,张青波译,载《法哲学和法社会学论丛》(第15期),北京大学出版社2010年版,第14页。

的批判性思维。新修辞学对法律论辩的各种构造在不同层面上都是模糊的,而且充满了不同形式的内在张力和矛盾〔24〕。

为了克服这些问题,法律修辞规则要求,修辞者在论辩活动中不但需要遵守法典、法律概念和法律规定等构成的各种语义界限,还应满足法教义学、法律解释规则、法律推理规则、法律逻辑规则和程序性论证规则等构成的体系要求和论辩规则。但是,法律修辞规则的效用并不在于将法律修辞学导向法教义学的体系性思维和传统的法律方法论,而在于实现体系性思维、传统的法律方法论与法律修辞学的问题性思维〔25〕、对修辞语境的开放性以及建立在普遍听众基础上的有效性标准的内在融通,从而法治的各种要求在法律论辩中可得以动态实现〔26〕。具体的法律修辞规则可分为针对规则冲突的修辞规则、基于规则的修辞规则、基于规则外要素的论辩规则和基于推论的修辞规则四种基本形式。其中,针对规则冲突的修辞规则分为针对逻辑性规则冲突的修辞规则和针对价值性规则冲突的修辞规则;基于规则的修辞规则分为文义论辩规则、目的论辩规则和体系论辩规则;基于规则外要素的修辞规则分为基于原则的论辩规则、基于价值的论辩规则和后果论辩规则;基于推论的修辞规则分为反面论辩规则、正面论辩规则和类比论辩规则。这些论辩规则构成了同时满足合法性、合理性和实用性的法律修辞规则体系,构成了具体的法律修辞活动必须遵守的规范性指令。然而,最高人民法院对甘露案的再审判决在很多地方都违反了法律修辞规则,其法律适用、法律解释和法律推理中充满了各种各样的修辞性"硬伤"和错误。

(一)"针对法律冲突的修辞规则"

在法律修辞方法的运用过程中,首先应该分析和确定该案是否存在法律冲突以及存在什么类型的法律冲突,然后根据法律冲突的有无和类型适用相应的法律修辞方法。针对法律冲突的修辞规则主要的作用在于迅速地框定个案的各种可能的论据,并有效地厘清和解决它们之间的关系和冲突。只有如此,个案法律修辞方法的

---

〔24〕 参见[美]彼特·古德里奇:《法律话语》,赵洪芳、毛凤凡译,法律出版社 2007 年版,第 113 页。

〔25〕 关于体系性思维和问题性思维的分析和比较参见[德]克劳斯·罗可辛:《德国刑法总论——犯罪原理的基础构造》,王世洲译,法律出版社 2005 年版,第 128 ~ 130 页。

〔26〕 See Andrew Sunter, Rhetoric and the Rule of Law: A Theory of Legal Reasoning, by Neil MacCormick, Volume 44, Number 1 (Spring 2006).

运用才能按照论证计划(Argumentationplanung)[27]在正确的论证方向上前行。

针对法律冲突的修辞规则包括针对逻辑性法律冲突的修辞规则和针对评价性法律冲突的修辞规则[28]。其中,针对逻辑性法律冲突的修辞规则为:(1)若法律间发生逻辑性冲突,则论辩者可按照上位法优于下位法、特别法优于一般性、新法优于旧法等构成的冲突规则选择法律规则,除非论辩相对人能举出更强的理由;(2)若法律间的逻辑性冲突无法通过冲突规则解决或者冲突规则自身矛盾,则论辩者可进行"基于特性的论辩"[29],但这一特征须为法律规则的逻辑结构所限定的句法性特性;(3)若法律间发生逻辑性冲突,并且这些规则在文本关系或句法关系上构成了"一般—例外"的逻辑关系[30],则论辩者须选取作为"例外"的法律规则;(4)若论辩者以法教义学上的法律渊源理论、法律位阶理论、法律竞合理论、法律规则的类型和性质、请求权体系理论、犯罪论体系理论等解决法律规则间的逻辑性冲突,则论辩相对人不得反对,除非其能提出更合理的反驳;(5)若论辩者以体系论辩规则和反面论辩规则等解决法律规则间的逻辑性冲突,则论辩相对人不得反对,除非其能提出合理的反驳。针对评价性法律冲突的修辞规则为:(1)若法律间发生评价性法律冲突,则论辩者对规则的评价应该依赖于规则的普遍适用所产生的利益,而不是由特定人在特定案件中适用它所产生

---

〔27〕 每一所争论的问题都会包含各种可能的论据,为了限缩各种论据被任意使用的可能性,我们需要制定和总结论据的适用计划。其中,线性论证(Lineare Argumentation)和辩证论证(die dialektische Argumentation)是两种主要的论证策略。Vgl. Fritjof Haft, Juristische Rhetorik, Alber, 1995, S. 95.

〔28〕 逻辑性的法律冲突是指,法律规则间的矛盾和竞合可以通过其间逻辑关系的分析和论辩解决的规则冲突,评价性法律冲突是指优位规则和劣位规则之间并没有逻辑上的属种关系,而是处于一种法律评价上的不一致关系。参见杨阅、李立新:《论法规竞合优位法条之区分与适用》,载《苏州大学学报》(哲学社会科学版)2008年第2期。

〔29〕 基于特性的论辩意指论辩双方争辩哪一个冲突规则锁定的法律规则对案件而言更为特殊,即由双方论辩一个法律规则的前提条件是否必须导致对另一规则的否定。See Giovanni Sartor, *Legal Reasoning: A Cognitive Approach to the Law*, The Netherlands, Springer, 2005, p. 206.

〔30〕 See Giovanni Sartor, *Legal Reasoning: A Cognitive Approach to the Law*, The Netherlands, Springer, 2005, p. 208.

的利益;(2)若法律间发生评价性法律冲突,则论辩者对规则价值的评价应首先基于法教义学所提供的评价标准,若没有这种评价标准,则应选择论辩双方共同接受的评价标准;(3)若法律间发生评价性法律冲突,则论辩双方应比较冲突规则对所争议价值的影响,而不能泛泛地比较价值;(4)若法律间发生评价性法律冲突,在必要时论辩双方需通过论辩分析是否存在比冲突规则能更好地促进价值的替代性规则。甘露案的再审判决对法律冲突的处理没有参照和遵守上述针对法律冲突的修辞规则,犯了严重的法律修辞方法适用错误。

首先,由上述可知,在开除学籍上共有 5 条可供选择的法律规则形式的论据链条:(1)《普通高等学校学生管理规定》第 12 条(选取"考试"义项)→《普通高等学校学生管理规定》第 16 条(违反考核纪律或作弊)→《普通高等学校学生管理规定》第 52 条第 1 项(应当给予批评教育或者纪律处分)→《普通高等学校学生管理规定》第 53 条(纪律处分的种类包括开除学籍);(2)《普通高等学校学生管理规定》第 12 条(选取"考试"义项)→《普通高等学校学生管理规定》第 54 条(选取第 4 项"由他人代替考试、替他人参加考试、组织作弊、使用通讯设备作弊及其他作弊行为严重的");(3)《普通高等学校学生管理规定》第 12 条(选取"考试"义项)→《普通高等学校学生管理规定》第 54 条(选取第 5 项"剽窃、抄袭他人研究成果,情节严重的");(4)《普通高等学校学生管理规定》第 12 条(选取"考试"义项)→《普通高等学校学生管理规定》第 54 条(选取第 7 项"屡次违反学校规定受到纪律处分,经教育不改的");(5)《普通高等学校学生管理规定》第 12 条(选取"考察"义项)→《普通高等学校学生管理规定》第 16 条(违反考核纪律或作弊)→《普通高等学校学生管理规定》第 52 条第 1 项(应当给予批评教育或者纪律处分)→《普通高等学校学生管理规定》第 53 条(纪律处分的种类包括开除学籍)。

这 5 条规则形式的论据链可同时适用于本案而产生逻辑性的法律竞合或法律冲突。它们因同处于一部行政法规章的内部,而无法通过相应的冲突规则解决。它们之间在文本关系或句法关系上也不存在"一般—例外"的逻辑关系,也不存在法教义学方面的理论性解决方案,而且体系论辩规则和反面论辩规则在解决法律冲突方面的优势只能随着论辩的深入才能发挥出来。所以,面对这些法律冲突,甘露案再审判决的法官只能进行"基于特性的论辩",即确定一个法律规则的前提条件是否必须导致对另一规则的否定。它相当于佩雷尔曼在《法律逻辑》中所提出的矛盾论辩型式[31]。“基于特性的论辩”具有如下的规则形式：

如果经论辩确定，规则[如果A1，那么B1]比规则[如果A2，那么B2]更为特殊，那么须将规则[如果A1，那么B1]作为论据。而规则[如果A1，那么B1]比规则[如果A2，那么B2]特殊，必须满足以下两个条件：(1)在任何条件下，若A1符合要求，A2也符合要求；(2)在某些条件下，A2符合要求，而A1不符合要求[32]。

通过“基于特性的论辩”规则，我们可以发现，《普通高等学校学生管理规定》第54条中的第5项比第4项、第7项更为特殊。因为，若甘露的行为属于“剽窃、抄袭他人研究成果”并且“情节严重”，则在语义和逻辑关系上，第5项将导致对第4项、第7项的否定。但反过来则非如此。同时，不管将该案中的课程在语义划界上定性为考试还是考察，都会因作弊或违反考核纪律而被开除学籍，而根据“基于特性的论辩”第54条第5项比第16、52、53条构成的论据链条更为特殊——因为“剽窃、抄袭他人研究成果，情节严重的”属于“严重违反考核纪律或者作弊的”一种行为形式。所以，在开除学籍的支持性理由上，理应优先选择《普通高等学校学生管理规定》第54条第5项作为论辩理由。该案的主审法官在甘露案的再审判决中为“开除学籍”仅列举了《普通高等学校学生管理规定》第54条第4项和第5项这两种支持性论据，而直接约去了其他可能的支持性论据。可能在他们看来这两项规定对本案而言更为特殊，这也映射了最高人民法院的法官在本案中无意识进行“基于特性的论辩”。但即使如此，甘露案的再审判决并没有正视和正确处理《普通高等学校学生管理规定》第54条第4项和第5项与该案的法律竞合而发生的法律冲突。即便可通过对第5项中的法律概念——“剽窃、抄袭他人研究成果”和“情节严重”同时进行限缩解释或缩小解释而将甘露的行为排除于该项规，也无法否定甘露因第4项规定被开除学籍的可能。也许我们可以假设，该案的再审判决又通过“基于特性的论辩”而将列举出的第5项作为“开除学籍”更为特殊的支持性论据。但反过来，既然甘露的行为并不属于第5项规定的情形，所以，在开除学籍的支持力强度上，第5项

[31] See Eveline T. Feteris, *Fundamentals of legal argumentation: A Survery of Theories on the Justification of Judicial Decisions*, Springer, 1999, p. 54.

[32] See Giovanni Sartor, *Legal Reasoning: A Cognitive Approach to the Law*, The Netherlands, Springer, 2005, p. 206.

规定并不比其他规定特殊。甘露案再审判决书的论证思路和修辞计划从反面暴露了其他相关规定进入论辩前提而发生法律竞合的可能,它却没有发现或故意回避这一可能。它前后矛盾的论证使其对法律听众的可接受性和说服力大打折扣,更遑论它作为参照性案例对其他法院的指引和规范效力。

其次,除了法律规则链条之间的逻辑性冲突外,还存在这些法律规则与诸如《宪法》第 33 条第 3 项(国家保护人权原则)、《宪法》第 46 条(公民的受教育权)、《普通高等学校学生管理规定》第 5 条第 1 项、第 4 项、第 5 项和第 6 项(具体的受教育权)、《普通高等学校学生管理规定》第 52 条第 2 项(学生处分相当原则)和《普通高等学校学生管理规定》第 55 条(学生处分正当原则)等相关法律原则的评价性冲突。即使甘露的行为在语义划界和文义解释上可归入上述法律规则的指称对象,但由于这些反对性或对抗性的法律原则,甘露并不能因此被径直开除学籍,具体给予何种处分还需要一个过渡性的法律评价。针对这些评价性的法律冲突,根据"针对评价性法律冲突的修辞规则"修辞者首先应该分析和比较这些"法律规范的普遍适用所产生的利益",它们对甘露受教育权、大学学术的严肃性的影响程度以及是否存在法教义学提供的评价标准、论辩双方共同接受的评价标准或其他替代性规则,只有如此才能决定适用何种法律修辞方法。甘露案再审判决书在其裁判说理的开头便首先论述了这些反对"开除学籍处分"的法律原则,但它的修辞者并没有真正意识到这些法律原则与《普通高等学校学生管理规定》第 54 条第 4 项、第 5 项的评价性冲突,反而将这些法律原则直接塑造成了其对本案的"前理解"和法律感——甘露不应被开除学籍。他在后面通过第 5 项的限缩解释而将甘露的行为排除在该项规定外仅是为了对其法律感进行合法化粉饰,使甘露不被开除学籍看起来"于法有据""合理合情"。甘露案再审判决对"针对评价性法律冲突的修辞规则"的违反也导致了其修辞者对"甘露是否被开除学籍"的替代性规则(如给予其他形式的处分)的无视和无知。主要的是,若不将这些法律原则合理带入法律论辩并依据"针对评价性法律冲突的修辞规则"解决它们与第 4 项和第 5 项的评价性冲突,该案的法律修辞方法运用注定只能在错误的论辩道路上前行。这由以下的论述可见一斑。

(二)"基于规则的修辞规则"

甘露案再审判决书对"针对法律冲突的修辞规则"的背离已经使其不可能在正确的论证结构上运用其他法律修辞方法。除此之外,甘露案再审判决书也因明显违反"基于规则的修辞规则"而深陷法律修辞方法错误运用的泥潭。该判决书为了倒推或论证其“甘露不应被开除学籍”的法律感或修辞结论而不惜论证笔墨同时对《普通高等学校学生管理规定》第54条第5项中的法律概念“剽窃、抄袭他人研究成果”和“情节严重”进行了实质意义上的目的性限缩。目的性限缩并非法律解释而是一种典型的法律续造方法〔33〕。目的性限缩和限制解释具有根本性的不同，目的性限缩系根据法律规范之目的透过为法规范附加限制条款的方式将原本由法条文义所涵盖的案件类型排除于法规范的适用范围之外。相反，限制解释是以采取较为狭窄的文义方式而为之，它仍处于法律文义之内，只不过其所欲解释之法律概念因具有模糊性、歧义性、评价上之开放性而具有语义上的游动空间（semantischer Spielraum）〔34〕。根据“基于规则的修辞规则”和相应的行政法教义，该案的法律概念“剽窃、抄袭他人研究成果”和“情节严重”并不能被进行目的性限缩或限制解释，甘露案再审判决书对《普通高等学校学生管理规定》第54条第5项的解释性说理在法律修辞方法上是根本错误的，它同时违反了“基于规则的修辞规则”中的文义论辩规则、目的论辩规则、体系论辩规则。

首先，甘露案再审判决书误用了文义论辩规则。在法律修辞学的理论体系中，文义论辩规则为：（1）在文义论辩中，修辞者应明确分类概念、类型概念和价值开放的概念（value-open legal concepts）〔35〕之间的区别，不得混淆其间的界

〔33〕 法律解释和法律续造是两种不同的法律方法或法律论证，以法律词语的语义界限为标准，所有的法律解释都是在法律语义界限范围之内的运作，而法律续造会超越法律可能的语义界限，它具有4种不同的类型：废止、创设、扩张和限缩。See Matthias Klatt, Making the Law Explicit: *The Normativity of Legal Argumentation*, Hart Publishing, 2008, p. 5; Vgl. Aarnio/Alexy/Peczenik, Grundlage der juristischen Argumentation, in: Alexy/Krawietz (Hg.), Metatheorie juristischer Argumentation, Berlin, 1983, S. 33.

〔34〕 参见王鹏翔：《目的性限缩之论证结构》，载《月旦民商法》2004年第4期。

〔35〕 类型概念，是指在这一概念中，出现了至少一个可区分的等级要素。这个要素以外的其他要素，要不就同样也是可分层升的等级要素，否则就是仅为选择性的必要要素。相对于分类概念，类型概念的语义界限是流动的，其在个案中的适用需要一定的评价行为。参见［德］英格博格·普珀：《法律思维小学堂》，蔡圣伟译，北京大学出版社2011年版，第23页。价值开放的法律概念具有与类型概念类似的“开放结构”，但它的功能在于反映相应法律规则背后的法律原则。See Alecsander Peczenik, *Legal Doctrine as Knowledge of Law and as a Source of Law*, Springer, 2005, p. 158.

限;(2)若法律规则的语义明确或无歧义,则修辞者不得再进行解释;(3)若存在明确的法律概念定义,且其为一种分类概念,则论辩相对人不得任意反驳;(4)在文义论辩中,论辩者须明确选言式概念与连言式概念〔36〕的差别,不得将其混用;(5)若分类概念存在判例和法教义学上的明确含义,则应适用之;(6)论辩者只能根据类型概念和价值开放概念的肯定语义选项或中间语义选项〔37〕进行论辩,在中间语义选项下时要承担相应的论辩责任;(7)若存在法律概念的判例和法教义学上的专业含义,则修辞者不得运用日常含义;(8)修辞者须对法律文本中重复出现的概念和规则作统一解释,除非法律明文规定了不同的含义;(9)若法律规则语义不够清晰,则修辞者应根据该概念涉及的同类或同级事项以及所处的上下文的语境或其目的进行解释,而不得断章取义、望文生义;(10)若论辩者以文义解释进行论辩,则论辩相对人不得随意否定或转移。

根据分类概念、类型概念和价值开放的概念的分类,"剽窃、抄袭他人研究成果"是一种典型的类型概念,它相当于行政法教义学上所谓的不确定性法律概念。不确定性法律概念是指在法定构成要件中所明白使用的具有多义性的法律概念,它可以分为不确定性的描述性概念和不确定性的规范性概念,即不确定的经验概念和不确定的价值概念〔38〕。但是,作为类型概念和不确定性的

〔36〕 选言式概念与连言式概念是分类概念的两种基本形式,分类概念的定义是通过列举其必要且充分的要素来进行的。个别的要素可以是累积的必要,但也可以是选择式的必要。在前者,这些要素是通过"及"或"并且"联结的,人们称为"连言式定义"。在后者,是通过"或"来连接的,人们称为"选言式定义"。参见[德]英格博格·普珀:《法律思维小学堂》,蔡圣伟译,北京大学出版社 2011 年版,第 23 页。

〔37〕 不管是类型概念还是价值开放的概念都有一个概念核心和概念边缘,在概念核心上,它们具有明确的语义;而在概念边缘上,它们的语义则呈现模糊性。Klatt 后来借用 Koch 和 Rubmann 关于模糊性概念或法律规则之语义分析的三领域模式(three-sphere model)将类型概念和价值开放的概念的语义项划分为三个部分:肯定语义域,它对其对象 x 的涵摄具有必然性;否定语义域,它对其对象 x 的涵摄是禁止的;中立语义域,它对其对象 x 的涵摄既不是必然的也不是禁止的。See Matthias Klatt, *Making the Law Explicit: The Normativity of Legal Argumentation*, Hart Publishing, 2008, p. 274.

〔38〕 参见盛子龙:《行政法上不确定法律概念具体化之司法审查密度》,台湾大学法律学研究所 1998 年博士学位论文。

描述性概念的“剽窃、抄袭他人研究成果”仍有自己明确的语义界限。类型概念和不确定性的描述性概念并非模糊概念，而具有“理念的素材确定性”和“素材的理念确定性”〔39〕，它们都由一个确定的意义内核和一个逐渐淡化的意义外围构成，其可能的语义界限可以更精确地划分为肯定语义项、中间语义项和否定语义项。在意义内核、肯定语义项和否定语义项上，类型概念和不确定性的描述性概念都有明确的语义。关于“剽窃、抄袭他人研究成果”概念的含义，国家版权局版权管理司已在权司〔1999〕第6号批复中指出：“著作权法所称抄袭、剽窃，是同一概念，指将他人作品或者作品的片段窃为己有。”《著作权法》第2条第一款也规定，“中国公民、法人或者其他组织的作品，不论是否发表，依照本法享有著作权”。解亘认为，著作权是一种典型的支配权，它的权能分为著作人身权和著作财产权，任何触及和侵害这些利益的行为都应被评价为权利侵害，不仅无须罗列具体的加害行为，而且实践上也无法穷尽〔40〕。

因此，作品是否发表并不影响其著作权因被“抄袭”或“剽窃”而被侵害的可能。甘露的行为是一种典型的抄袭和剽窃行为，她替换原作者的署名而冠上自己的名字，其中并无任何的学术加工，这种粗糙的“改头换面”并非高级抄袭之类的“学术失范”。甘露案的再审法官为了将甘露的行为从《普通高等学校学生管理规定》第54条第5项规定中排除出去在对“剽窃、抄袭他人研究成果”解释时，故意偷偷混入了其立法定义中并不存在的语义界限——研究成果的公开性〔41〕。他在法律规则的语义存在明确的立法定义、法教义学定义时，仍对其进行了另外的解释，并杜撰了原概念中并不存在的语义界限从而甘露的行为纳入了其否定语义项。这不仅错用了相关的文义论辩规则，而且也违反了行政法上的法律明确性原则〔42〕。

同时，甘露案再审判决对“情节严重”概念的解释也错用了相关的文义论辩规则。“情节严重”是一种价值开放的法律概念，它虽然和类型概念一样，具有

〔39〕［德］考夫曼：《类推与“事物本质”——兼论类型理论》，吴从周译，学林文化事业有限公司1999年版，“译序”第13页。

〔40〕解亘：《驱逐搅乱著作权法的概念：“剽窃”》，载《华东政法大学学报》2012年第1期。

〔41〕“毕业论文”“学位论文”“公开发表的学术文章、著作”以及“所承担科研课题的研究成果”都属于公开发表的学术作品。

〔42〕李震山：《行政法意义下之法律明确性原则》，载《月旦法学杂志》2000年第2期。

"家族相似性"和自己的意义内核,但它的意义与法律规则的目的及其背后的法律原则具有更强的联系,而且只有诉诸衡量才能确定其适用对象(identify objects)[43]。在行政法教义学关于不确定法律概念的分类上,"情节严重"并非描述性的不确定概念,而是带有评价性意义成分的不确定性概念。价值开放的法律概念和评价性的规范性概念只有借助"具体化"、法律衡量或"裁量"才能被适用,单纯的法律解释并不足以奏效。但是,甘露案再审判决书并没有结合《普通高等学校学生管理规定》第 54 条的目的或其背后的法律原则裁量和衡量"甘露连续两次抄袭论文"行为的情节严重程度,却直接对该概念进行了法律解释。这种混淆类型概念和价值开放概念的做法以及对概念的"断章取义、望文生义"是对文义论辩规则的一种严重错用。

其次,甘露再审判决书对法律概念"剽窃、抄袭他人研究成果"和"情节严重"的解释尽管不符合文义论辩规则,但因这些解释掺入了该法律规则背后的目的要素因而有可能符合目的论辩规则。它为这两个概念尤其是"情节严重"附加了另外的语义界限,将其本来能够明确涵摄的案件排除在了其语义和构成要件之外,而且强调"《普通高等学校学生管理规定》相应条文的立法本意"不能被违反,因此,这是一种典型的根据法律规则的目的限缩其语义指涉范围的目的性限缩方法。所以,甘露再审判决书对这两个法律概念的解释在某种意义上也可以归入目的解释。但遗憾的是,甘露再审判决书在此仍然没有满足目的论辩规则的要求。

根据既有的理论总结,目的论辩规则为:(1)在修辞者主张主观—历史目的解释时,不得违背所涉规范的语义界限,且须通过立法准备资料、官方立法理由说明书等给予相应的补充论辩;(2)若修辞者主张客观目的解释,则其应尊重法律的各种发生史线索以及立法者的目的以及合目的性决定,不得不必要地偏离明确认识到的法律的主观性目的,同时也应尊重所涉规范所处的外部体系位置以及其他由法律预留的供意义精确化的语义界限所提供的目的线索[44];(3)在

---

[43] See Alecsander Peczenik, *Legal Doctrine as Knowledge of Law and as a Source of Law*, Springer, 2005, p. 158.

[44] 法律的目的线索也可以在法律本身当中找到,如法律的序言、法律的上下文以及待解释之规范在该法律的外部体系中所处之位置。参见[德]齐佩利乌斯:《法学方法论》,金振豹译,法律出版社 2009 年版,第 72 页。

修辞者主张客观目的解释时,需要证明其所论述的客观目的符合待解释法律所处的内部体系[45],且须证明对于完整实现这个目的而言,规范是一个适当的手段,且这个规范目的的实现并未引起超乎规范目的价值的不利附属后果。也许正为了实现《普通高等学校学生管理规定》第54条第5项的"立法本意",甘露案的再审判决才为"剽窃、抄袭他人研究成果"和"情节严重"添加了判决书中所论述的"限定情形"和"裁量基准"。但是,通过这样的解释发现的"法律"并非法的证成[46],它没有履行其在裁判说理上应尽的法律论辩义务。该案再审的修辞者在主张上述法律规则的主观目的时,不仅没有提供相关的立法准备资料和官方立法理由说明书等对其进行相应的辅助论证,而且也毫无必要地突破了这一规则明确的语义界限。即使它可能是在通过上述法律规则的客观目的进行法律续造上的限缩,它也应该尊重和提示该规则的主观性目的及其发生史线索,并应尊重所涉规范所处的外部体系和内部体系位置以及法律预留的供意义精确化的语义界限等所提供的目的线索。更重要的是,它必须说服其法律听众,对于实现规则的客观目的而言,只有这样的解释才是最适当的,并且也不会引起任何超乎规范客观目的的不利附属后果。但是,甘露案再审判决书却完全放弃或遗忘了进行目的解释所应该遵守的各种目的论辩规则。

最后,甘露案再审判决书的裁判说理同样也违反了体系论辩规则。体系论辩规则可以部分地总结为:(1)论辩者应尊重法律作为一种融贯体系的完整性和完备性[47]以及宪法对其他法律的第三人效力、各种法律之间在法秩序上的关联意义;(2)论辩者不得使自己的前后论辩自相矛盾,也不能使自己的论辩与同位阶、更高位阶的规范发生逻辑冲突,对于法律应作"与宪法一致"的解释,对于行

---

[45] 外部体系和内部体系是法律体系的两种基本形式,其中,外部体系是根据形式逻辑的规则,通过抽象的一般概念建立起来的体系;内部体系是通过法律原则、法律规范的目的以及功能性概念和类型建立起来的体系。参见黄茂荣:《法学方法与现代民法》,法律出版社2007年版,第417~419页。

[46] 蔡琳:《不确定法律概念的法律解释——基于"甘露案"的分析》,载《第四届全国法律修辞学会议论文集》,第382页。

[47] 法律的完整性,即法律不允许规定漏洞,它建立在以下的前提下:如果我们先指定了一个领域,数个规范应该无漏洞地规定该领域。参见[德]英格博格·普珀:《法律思维小学堂》,蔡圣伟译,北京大学出版社2011年版,第62~63页。

政法规应作“与法律一致”的解释;(3)论辩者应尊重法律规定的次序编排[48]以及法教义学发展出的外部体系,并使自己的论辩主张符合这些体系所能提供的解释论据,且应避免具有特定目的的解决方式;(4)若论辩者主张的不同解释方法所导致的结果无法一致或互相冲突,则其须对所解释条款进行再解释,直至获得一个协调的结果。甘露案再审判决之所以错用和违反文义论辩规则和目的论辩规则其中的一个原因就在于,它没有遵守体系论辩规则在法律修辞方法运用过程中的规范性指引。在著作权法及其法教义学上,“剽窃、抄袭”作为法律概念已有明确的立法定义和专业含义,但该案的主审法官却并没有尊重这一概念既有的体系性含义反而另起灶炉为其赋予了一种独特的语义,而《普通高校学生管理规定》第 55 条第 5 项的次序编排及其所处的内/外部体系位置也未提供进行这种限缩的解释性论据。因此,他没有认真对待法律作为一种融贯体系的完整性和完备性,使其对这一行政法规的解释性说理和论辩“与法律一致”,反而导致与更高位阶的规范发生了体系性冲突。而且,如前述该案的法律争议点所示,作为论辩双方的甘露和暨南大学等关于“剽窃、抄袭他人研究成果”的解释并不一致、相互冲突,但该案的再审判决在此也没有关注和协调这些既有的解释冲突,反而给出了争议点之外的第三种解释。

(三)“基于规则外要素的修辞规则”

根据法律逻辑学,《普通高校学生管理规定》第 55 条第 5 项可以形式化或重构为这样的大前提或规范性命题 P:“剽窃、抄袭他人研究成果,情节严重的,学校可以给予开除学籍处分。”在法律适用上,这一规范命题的构成要件要素“情节严重”作为价值开放的概念或不确定的评价性概念及其谓词或规范词“可以”会分别要求对该规则进行“构成要件上的裁量”和“法律效果上的裁量”。在行政法教义学中,构成要件的裁量和法律效果的裁量都隶属于行政裁量,但构成要件作为法律效果发生的必要条件而最终导致所有法律效果裁量上的意志行为将转化或回溯为构成要件裁量上的认知行为[49]。所以,行政裁量的本

[48] 法律规定之间存在有意义的次序编排(die sinnvolle Ordnung),它对体系解释和体系论辩具有重要的意义。参见[德]英格博格·普珀:《法律思维小学堂》,蔡圣伟译,北京大学出版社 2011 年版,第 63 ~ 64 页。

[49] 参见盛子龙:《行政法上不确定法律概念具体化之司法审查密度》,台湾大学 1998 年博士学位论文。

质和重心仅在于构成要件上的裁量。行政机关在行使法律明示或者暗示规定的裁量权时,应当权衡各种处理方式的必要性和合理性,尤其是法律目的方面的各种理由,以作出最合乎目的的决定[50]。所以,“情节严重”的行政裁量在法律修辞上的论证和证成,所关涉的并非是“情节严重”的法律解释,而是如何根据该规则的目的判断情节的严重性,这是一种典型的“合目的性”或合理性的价值判断和利益衡量问题。但在法本体论和法认识论上,法律规则与其目的之间并非处于一一对应的简单关系:一方面,多个规则可能针对同一目的;而另一方面,一个规则也可能推出多个目的。所以,规则目的的获得或寻求不仅是依据某一规则做单向推理的结果,而是必须符合该规则不但是特定规则所必然能够推导出的目标,同时依据该目标同样也能合理推导出该规则存在的必要性。[51]

本案中,《普通高校学生管理规定》第55条第5项作为一项针对高校和学生的“管理规定”,它真正的目的并不能由该单一的规则或规定发现和获得,而必须借助其所处的法体系中其他的法律规则和法律原则。通过上述该案的法律原则类别的论辩前提我们发现,该规则的目的不仅涉及规范和约束普通高等学校的行政管理行为及其行政裁量权,而且也关涉学生受教育权等合法权益的保护问题。我们在判断甘露抄袭行为的情节严重性或决定是否要给予其开除学籍的处分时,不仅要注意甘露作为硕士研究生两次抄袭学术论文的行为对他人著作权、暨南大学学术声誉和高校学术严谨性的侵害和潜在影响,而且更要分析和衡量对甘露作出开除学籍的惩戒是否直接影响了其受教育权、这样的处分是否与甘露“违法、违规、违纪行为的性质和过错的严重程度相适应”以及暨南大学对甘露的处分是否做到了“证据充分、依据明确、定性准确、处分适当”?因此,《普通高校学生管理规定》第55条第5项的法律适用必然要受到《宪法》第33条第3款、第46条,《普通高等学校学生管理规定》第5条、第52条第2款和第55条的限制。在该案中,若实现正确的法律修辞方法运用,除了应对“抄袭、剽窃他人研究成果”进行法律解释外,还应针对何为“情节严重”或是否可给予“开除学籍”处分进行各种“基于规则外要素的修辞论证”。

---

[50] [德]汉斯·J.沃尔夫、奥托·巴霍夫、罗尔夫·施托贝尔:《行政法》,高家伟译,商务印书馆2002年版,第363~364页。

[51] 陈景辉:《规则的扩张:类比推理的结构与正当化》,载郑永流主编:《法哲学与法社会学论丛》(第15期),北京大学出版社2010年版,第190~191页。

“基于规则外要素的修辞论证”分为“基于原则的修辞论证”“基于价值的修辞论证”和结果论辩。《普通高校学生管理规定》第55条第5项与其他法律原则的衡量可主要通过“基于原则的修辞论证”解决;同时,须辅之以“基于价值的修辞论证”和结果论辩。“基于原则的修辞规则”由下列具体规则组成:(1)若存在可直接适用的法律规则,则论辩者应以法律规则作为主要的论辩前提,也可通过法律原则进行辅助论证,但不可单独以法律原则进行论辩;(2)若没有可供适用的法律规则,则论辩者可以法律原则作为论辩前提,但须对法律原则进行具体化;(3)若没有可供适用的法律规则,论辩者基于法律原则进行论辩并对之进行了相应的具体化,则论辩相对人仅能以相反的法律原则进行反驳;(4)若存在绝对的法律原则,如罪刑法定原则、法律保留原则等,则论辩者不得选择与其相对的法律原则作为论辩前提;(5)论辩者或相对人对规则与原则间冲突、原则与原则间冲突的衡量应按照适当性原则、必要性原则和狭义的比例原则进行。因本案存在可供直接适用的法律规则和法律原则并且两者构成了法律冲突,因此,修辞者应根据“基于原则的修辞规则”进行法律修辞论证。本案中并不存在相关的绝对性法律原则。因此,修辞者对该案中规则与原则间冲突的衡量应根据比例原则进行。

比例原则要求行政权力的行使除了有法律依据这一前提外,行政主体还必须选择对相对人侵害最小的方式进行。其核心在于通过目的与手段间的衡量,兼顾国家、社会及公共利益,同时又不妨害第三人的权利,确保基本人权的实现。广义的比例原则包含适当性原则、必要性原则和狭义的比例原则。适当性原则,又称适合性原则、妥当性原则,要求行政机关执行职务,面对多种选择时,仅得择取可达到所欲求之行政目的之方法而为之。必要性原则,又称最温和方式原则,要求行政机关执行职务时,面对多数可选方法,应尽可能选择最少不良作用者。狭义比例原则,要求行政机关执行职务时,面对多数可供选择之处置,应就方法与目的关系权衡更有利者而为之〔52〕。综上所述,适当性原则要求行政手段有助于法律目的的实现,必要性原则要求实现法律目的的行政手段能实现侵害最小,而狭义比例原则通过对行政手段负面效用的考量,要求法律目的本身的适当、不过分。这三项原则是分别从“目的取向”“法律后果”“价值取

〔52〕 [德]格奥尔格·塔尔特:《德国和欧洲行政法的一般原则——历史角度的比较》,于安译,载《行政法学研究》1994年第2期。

向”上规范行政权力与其行使之间的比例关系。在甘露案再审判决中,因开除学籍已经影响了甘露的受教育权,所以,它的修辞者在裁判说理和法律修辞方法的适用中,理应对这一惩罚方式的合目的性进行审慎的修辞论证:暨南大学对甘露的这一处分方式是否分别符合了适当性原则、必要性原则和狭义的比例原则,即暨南大学是否从数个相同有效的处分方式中选择了对甘露侵害最小的惩戒;质言之,暨南大学可否通过其他侵害较少的纪律处分,督促甘露认识和改正错误并观其后效,也可以达到相同之目的〔53〕。

由上述比例原则可知,“基于原则的修辞论证”与“基于价值的修辞论证”和结果论辩并不存在泾渭分明的论证界限,而处于一种论辩上的相互支持关系,只是在论辩责任的分配上,“基于原则的修辞论证”相对于后两者更易被成功证成。在法律修辞方法的适用上,因狭义的比例原则要求行政机关不得任其所欲地行使其自由裁量权,而须适当地平衡一种行政措施对个人造成的损害和对社会获得之利益之间的关系,禁止那些对个人的损害超过了对社会利益之措施,即避免采取一种对某一个人生活方式产生实质性负担的行为〔54〕。在该案中,“基于价值的修辞论证”无法单独解决甘露行为之情节严重程度的判断或甘露应否被开除学籍的衡量,只有通过开除学籍对甘露受教育权等各种权益造成的损害和以暨南大学为代表的社会所获得的利益之间的比较才能顺利进行。因此,该案的“基于原则的修辞论证”可升华为或过渡到更加抽象的“基于价值的修辞论证”。“基于价值的修辞论证”须遵守如下修辞规则:(1)若存在法律论辩型式的适用困境,论辩者可基于过渡规则进行基于价值的论辩,但所依据的价值观念和价值层级必须能经得起批判的、历史生成的检验〔55〕;(2)论辩者可根据法秩序的一般原则和宪法的“价值秩序”或者法律共同体普遍接受的法教

---

〔53〕 沈岿:《析论高校惩戒学生行为的司法审查》,载《华东政法学院学报》2005 年第 6 期。

〔54〕 参考阮文泉:《比例原则与量刑》,载《法律评论》(台)1991 年第 9 期;陈新民:《德国行政法学的先驱者——谈德国 19 世纪行政法学的发展》,载《行政法学研究》1998 年第 1 期。

〔55〕 这符合阿列克西意义上普遍实践论辩规则中的证立规则之一,即言谈者之道德观念所依据的道德规则,则必须能够经得起批判的、历史生成的检验。参见[德]罗伯特·阿列克西:《法律论证理论——作为法律证立理论的理性论辩理论》,舒国滢译,中国法制出版社 2002 年版,第 254 ~255 页。

义学的内部体系进行价值衡量,但不得违反制定法中明确的内部评价,并应遵守由法教义学发展出的价值学说及价值位阶谱系;(3)论辩者不得直接将法律外的价值作为论辩的理由,而只有结合法律内的评价及法教义学的内部体系进行相应的具体化和转化后才能基于价值进行论辩;(4)若存在制定法、宪法、法教义学、指导性案例或一般社会观念等的具体价值、抽象价值和价值层级〔56〕,则论辩者应首先适用具体价值并遵守价值层级对相应价值的位阶安排,但选择的具体价值不得违反抽象价值〔57〕;(5)若论辩者从案件事实本身内在的"事物本质"、实质正义、"事物的逻辑结构"或地域性的流行意见等出发进行价值论辩,则这些价值只有经过与制定法、宪法以及法秩序中的一般价值、法教义学相应的内部体系的比较被一般化和整合后才能作为法律论辩的规范性标准。

在本案中,修辞者若想借助于"基于价值的修辞论证"解决相关的价值衡量问题,其所依据的价值观念和价值层级须存在相应的立法史或立法材料的支持,而不得直接将法律外的价值作为论辩的理由。同时,本案中的修辞者也可根据相关法律秩序的一般原则、宪法的"价值秩序"或法律共同体普遍接受的行政法教义学的内部体系进行价值衡量,但不得违反《宪法》《普通高等学校学生管理规定》和《暨南大学学生管理暂行规定》等既有的明确的内部评价,并应遵守由行政法教义学发展出的价值位阶谱系。若存在相应的具体价值、抽象价值和价值层级,论辩者应优先适用具体价值并遵守价值层级对相应价值的位阶安排。如果这些法律文本上的价值秩序无法发现,修辞者也可以从案件事实自身

〔56〕 佩雷尔曼将价值分为具体价值和抽象价值两种。具体价值是指一个人、一个群体或被视作一个独特实体的特定客体所拥有的价值,与其相对,抽象价值在社会中是被不特定的多数人所拥有的一般价值。而"价值层级"是指以价值判断为基础而对多种并存的价值所作的层级排序,它应根据各种价值在听众中接受程度的不同来建立。See Chaim Perelman, L,Olbrechts-Tyteca:*The New Rhetoric*,*A Treatise on Argumentation*,University of Norte Dame Press,1969,pp. 77 – 82.

〔57〕 萨托认为,法律解释者在长期的司法实践中会依照价值的重要性及其对法律受众可接受性的大小形成法律价值之间的一种词汇学位序(lexicographic order),它会规定两个或者多个既定价值或原则之间的位序关系。在这种价值的词汇学位序中,位于上层的价值,在权重上一般大于位于下层的价值。See Giovanni Sartor, *Legal Reasoning*:*A Cognitive Approach to the Law*,The Netherlands,Springer,2005,p. 160.

的“事物本质”“事物的逻辑结构”或地域性的流行意见等出发进行价值论辩，但要经过与前者的比较、整合才能作为价值衡量论证的标准。尽管该案判决书援引了相关的法律原则尤其是宪法原则作为其价值诉求及其衡量的价值标准，它在裁判上的某些论辩也可看作在进行“基于价值的修辞论证”，但是它却没有展示和论证这一论证的任何过程和结构。

进行完前述两种修辞论证后，本案还可以根据结果论辩进行某种形式的修正和调整。结果论辩是基于规则外要素论辩的最后一种形式和类型，它是通过普遍实践论辩过渡规则进入法律论辩的，主要根据普遍实践论辩和法律论辩中的经验规则来进行。结果论辩的意义在于对其他论辩型式进行补充和修正。在法律论辩中，结果论辩总是试图在既定情况下，根据其他思维规则的运用带来的各种后果来修正它们。因此，结果论辩并非传统解释与涵摄模式的组成部分。结果论辩须遵循如下修辞规则：(1)当解释的结果根据一般社会观念、经济常识等被认为是被禁止的，若论辩者提出后果论辩，则相对人不得拒绝回应；(2)在后果论辩中，当论辩者置身于当事人之处境时也须接受由其提出的命题预设为前提的规则所造成的后果；(3)结果论辩中的后果须是法律规范适用导致的经验上能够把握的现实后果〔58〕以及来自有效规则的普遍效果，而不能包括对规范适用者后果、裁判是否可以贯彻的后果以及对上级法院和法律界的后果。在“对当事人的后果”和“对社会的后果”〔59〕的比较和衡量中，须将判决对直接当事人及其余规范受众(Normadressaten)未来行为的调适效果作为一种决

〔58〕 按照沃尔夫的观点，通过法律规范与存在的特定前提条件的每一次连接都属于法律效果。而现实效果是法律规范的适用和发挥作用所带来的实际后果。现实效果必须是经验上能够把握的后果，它是一种根据规则的一般性和可普遍性来自有效规则的普遍效果，而非个案的特殊效果。现实效果可进一步分为对直接受评价影响的当事人的微观效果和对全体社会的宏观效果。Vgl. Deckert, Martina R. , Folgenorientierung in der Rechtsanwendung, München, 1995, S. 115; Lübbe-Wolff, Gertrude, Rechtsfolgen und Realfolgen. Welche Rolle können Folgenerwägungen in der juristischen Regel-und Begriffsbildung spielen?, Freiburg, München, 1981, S. 25.

〔59〕 “对社会的后果”是指公众为适应判决而产生的后果，它包括宏观后果、社会后果、间接后果和调适后果。参见张青波：《理性实践法律——当代德国的法之适用理论》，法律出版社 2012 年版，第 265 页。

定性后果[60];(4)在结果论辩中,论辩人对各种现实结果的指涉、选择须遵守相关规范的目的、一般法律原则等构成的规范性语境和规范性标准;(5)论辩者对各种现实结果的预测以及对这些后果的外在成本和后续成本的分析须借助相应的社会科学知识来进行,若有疑问,可申请相关专家介入预测法律适用的现实后果;(6)在结果论辩的最后环节,论辩者需按照相关法律规范的"构成要件—法律效果"的逻辑结构将其对各种现实结果的预测和评价进行理性的重构和整合,以满足法律裁判的连续性和融贯性要求[61]。

"基于原则的修辞论证和基于价值的修辞论证"在修辞方法归类上仍属于权威论证,而后果论辩则取向于裁判的实质理性标准。尽管相对于法律和法教义学的权威,后果论辩居于论证上的次要位置[62],但后果论辩所带来的修辞论证视角的转换更利于实现对论辩相对人或听众的说服。在判断应否给予甘露开除学籍的处分时,除了考虑甘露行为本身的情节严重性时,还应考虑和比较甘露被开除学籍或不被开除学籍这两种不同的方案,即《普通高等学校学生管理规定》第 54 条第 5 项和《暨南大学学生管理暂行规定》第 53 条第 5 项被适用或不被适用所带来的实现后果。甘露案的再审判决作为最高人民法院公布的参照性案例对其他法院相似案例的裁判具有一定的指导效力和规范作用,它的具体裁判结论和论证理由会将案件的当事人和社会上潜在的其他人引向不同的行为选择。该案的再审判决书在无意识中进行了某种形式的"后果论辩":"鉴于开除学籍决定已生效并已实际执行,甘露已离校多年且目前已无意返校继续学习,撤销开除学籍决定已无实际意义,但该开除学籍决定的违法性仍应

[60] Vgl. Lübbe-Wolff, Gertrude, Rechtsfolgen und Realfolgen. Welche Rolle können Folgenerwägungen in der juristischen Regel-und Begriffsbildung spielen?, Freiburg, München, 1981, S. 139.

[61] 克劳斯·马西斯认为,结果导向的论辩仍以特定的体系和逻辑为导向,并且在立法性的构成要件和法律效果的限度内运作,它契合法教义学的整体结构。所以,在结果论辩中,法律裁判的连续性和融贯性仍会被实现。Vgl. Michael Anderheiden, Stephan Kirste (Hrsg.), Interdisziplinarität in den Rechtswissenschaften. Innen-und Aussenperspektiven, Mohr Siebeck, 2012, SS. 6 – 7.

[62] 参见[德]乌尔弗里德·诺伊曼:《法律论证学》,张青波译,法律出版社 2014 年版,第 14 页。

予以确认。”但这种“后果论辩”并非严格的后果论辩，因为它仅考量了该案的裁判对规范适用者的后果以及是否可以贯彻的后果，而没有预测和评价其“对当事人的后果”和“对社会的后果”。因此，甘露案的再审判决在衡量“应否对甘露开除学籍”时所适用的法律修辞方法也未遵循相应的结果论辩规则，反而将该案导向了一种似是而非、前后矛盾的说理——“撤销开除学籍决定已无实际意义，但该开除学籍决定的违法性仍应予以确认”。

按照上述后果论辩规则，针对“应否对甘露开除学籍”正确的后果修辞论辩应是：结果论辩中的后果应是《普通高等学校学生管理规定》第 54 条第 5 项和《暨南大学学生管理暂行规定》第 53 条第 5 项适用导致的经验上能够把握的现实后果以及来自它们的普遍效果，而不能包括其他法律后果。其中，判决对直接当事人及其余的规范受众未来行为的调适效果是一种决定性的后果。同时，论辩人对各种现实结果的指涉、选择须参照相关的规则目的、一般法律原则等，并且其对各种现实结果的预测以及对这些后果的外在成本和后续成本的分析也须借助相应的社会科学知识，而不能在这些界限之外任意进行各种法律后果和现实后果的交替和衡量。

三、法律修辞的“谋篇布局”

法律修辞学的布局或谋篇布局（Arrangement，Die Dispositio）源于古典修辞学之“修辞五艺”或五种修辞规范（The Canons of Rhetoric）中的布局（dispositio）。亚里士多德虽尚未提出完整的修辞论证的步骤或法则，但他已提出了比较成熟的修辞布局的思想原型。他认为，演说辞各部分在安排上需遵守由“序论”“提出陈述”“说服论证”和“结束语”组成的篇章结构〔63〕。后来拉丁语修辞学家在亚里士多德的基础上，对修辞语篇的结构进行更详尽的划分，认为演讲者在演讲需要按照如下 6 个部分进行修辞的布局：第一，引言；第二，陈述，即论述或解释正在讨论的主题；第三，提纲，即概观地介绍立论的步骤和论点；第四，论证，即进一步证明自己的观点；第五，反驳，即驳斥对方的观点；第

〔63〕 参见［古希腊］亚里士多德：《修辞学》，罗念生译，上海人民出版社 2006 年版，第 9、13 页。

六,结语。[64]在当代,修辞布局理论获得了更大程度的发展,它不再仅意味着演讲中所观察到的顺序或规则,而是涉及所有类型的论辩尤其是更大规模的论辩在安排或排序中所有的考虑事项。[65]在修辞的步骤上,布局直接承接于"开题",它的主要功能在于,通过对开题发现的各种论题、论据或其他论证素材进行合理的安排和取舍,使它们以最恰当的顺序和方式呈现在听众面前,从而确保论证对听众最大可能的说服力。西塞罗认为修辞者在修辞布局时不仅需要依据特定的顺序,而且需要按照问题的重要性和自己的主观判断对论辩素材做出灵活的取舍和安排[66]。科比特认为,修辞者可通过如下几个方面对论题和论辩材料做出取舍和安排:第一,语篇的种类,语篇属于法律、政治议论还是道德宣讲;第二,主题的性质,论辩的主题是科学方面的还是其他方面的;第三,修辞者的个人特质,包括修辞者的个性特征、道德观念、世界观、自身的禀赋和局限;第四,受众的特点,即受众的年龄、社会阶层、政治团体、经济状况、教育程度、当时的情绪等[67]。

修辞规范主要服务于修辞的分析性和生成性目的(analytical and generative purposes),即为论辩的批判和修辞教育提供相应的模板和模式。[68]因此,修辞布局为了实现其修辞效果,仍需为修辞布局确立具有一定规范性的模式。由于法律修辞必须从整体上镶嵌于法教义学、传统法律方法论和程序性法律论证等构成的规范性语境。因此,法律修辞的谋篇布局更需要结合法律论辩的目标对修辞的总体安排作为规范性的指引和规定。在现代修辞学理论中,修辞布局可以分为典型的四个部分:引言、陈述、论证和结语。裁判书一般也具有这样的语

〔64〕 Corbertt, E. P. J, *Classical Rhetoric for the Modern Student*, Oxford University Press, 1990, p. 278.

〔65〕 See Gideon O. Burton, The Forest of Rhetoric: silva rhetoricae, "Silva Rhetoricae", rhetoric. byu. edu.

〔66〕 See Cicero, *De Oratore*, *Books* Ⅰ, E. W. Sutton, H. Rackham (trans), Harvard University Press, 1942, p. 31.

〔67〕 See Corbertt, E. P. J, *Classical Rhetoric for the Modern Student*, Oxford University Press, 1990, p. 278.

〔68〕 See Gideon O. Burton, The Forest of Rhetoric: silva rhetoricae, "Silva Rhetoricae", rhetoric. byu. edu.

篇结构。所以,法律修辞的布局也应按照引言→陈述→论证→结语这样的修辞框架(rhetorische Gerüste)对各种法律论证材料做出合理的安排。根据修辞布局理论,法律修辞方法的运用属于其中的"论证"部分。甘露案再审判决不但错用了各种法律修辞方法,而且该判决书整体的语篇安排和表述也违反了各种修辞布局要求,大大降低了其作为参照性案例对其受众的说理力和指导力效力。

(一)"引言"

该判决书在开头对该案申请再审人及其委托代理人、被申请人及其法定代表人和委托代理人的介绍以及其后一段的论述属于修辞布局上的"引言"部分。"引言"的主要目的是引导受众走进某个语篇,告知其该语篇的观点和主题,并让听众对接下来的论证形成初步的信任。它具有如下几种功能:吸引听众的注意、论述该言说的主题和目的、建立主题与听众间的联系、确立相应的论调、向听众预览主要的论点并提供一个过渡到演讲的主体。为了实现这些功能,修辞者在"引言"的布局上应运用相应的策略或方法。理查德·奥特利总结了5种关于"引言"布局的方案:第一,设问性的开头,即激起听众对语篇的好奇心和了解的兴趣;第二,诡论式的开头,即提出与普遍认可的观点矛盾的观点,并指出它的合理性;第三,矫正式的开头,即明确地告知听众自己将要主张的观点;第四,铺垫式的开头,即向听众说明自己将以一种不同一般的方式论辩,并解释这么做的原因;第五,叙事性开头,即通过讲述故事的方式唤起听众的听讲愿望。[69]

甘露案的再审判决书在其"引言"部分指出,"本院经审查后认为原生效判决可能存在适用国家法律错误的情形,以(2010)行监字第1023号行政裁定提审本案。"这样的"引言"布局传达或显示了本案之所以被提起再审的原因以及该判决书在裁判说理上将要展开的不同以往的裁判结论。在"引言"的布局类型上,它可同时归入诡论式开头、矫正式开头和铺垫式的开头。不过,甘露案的再审判决书在此犯了一个致命的布局错误,它认为,原生效判决"可能"存在适用国家法律的错误,看似提出了与原生判决结论不同的观点,并向听众显示和传递了自己将以一种不同的方式主张自己的结论。但是,"可能"这种似是而非、模棱两可的表述会使之不能完全发挥或起到"引言"向听众介绍论题、让听众产生信任的功能和作用。听众无法从这样的表述中直接发现和找到该裁判

〔69〕 See Richard Whately, *Elements of Rhetoric: Comprising an Analysis of the Laws of Moral Evidence and of Persuasion*, SIU Press, 2010, pp. 142 – 172.

书将要表达和主张的裁判结论。也许这种“委婉”或故弄玄虚的表达会激起听众的好奇心和兴趣,但它对“引言”功能的破坏以及与法律裁判独断性[70]的冲突都使其在该“引言”布局中难免有狗尾续貂之嫌。而且,我们由本文第二部分的论述可知,甘露案既有的各种判决所存在的问题并非其所谓的“法律适用错误”,而是典型的法律适用之后的法律裁量瑕疵。因此,甘露案再审判决在其“引言”上的表述和布局上暴露出了其错误的修辞计划和修辞思路,这样的“引言”结构注定了其不可能运行在正确的修辞论证的道路上,发挥相应的修辞效果。

(二)“陈述”

“陈述”在修辞上的作用是向听众充分提供其理解论证语境所需的信息。在“陈述”部分,除了总结前人在相关问题上的观点,修辞者还可以着意介绍接下来将要支持或反驳的观点[71]。“陈述”并非对事实的简单和枯燥列举,它本身即是一种有力的说服工具。我们可利用对某些事实的故意强调或有意忽略达成相应的论证效果。在所有的语篇类型中,“陈述”对于法律修辞显得尤其重要。在庭审中,辩护律师通常会在程式化的开场白之后随即进入事实陈述阶段,把案件的基本事实一一列举出来[72],他们经常通过使用特定的语言或对特定事实的强调或忽略来帮助他们的案件和当事人[73]。在“陈述”部分,修辞者通常会向受众介绍有关语篇的一些背景知识。如果受众对论题已相当了解,则修辞者的“陈述”可适当简短;反之,则要详细论述。此外,“陈述”的长短还应考虑全部语篇的长短和主题的难易,如果主题复杂,语篇较长,那么“陈述”也应同比例地加长。古希腊自然哲学家,米利都学派三大思想家之一的阿那克西米尼(Anaximenes)认为,“陈述”应该遵守简洁(brevity)、清楚(clarity)和可信(credibility)三项原则。其中,简洁原则并不要求陈述的迅速,而只要求将事实

---

[70] 法律裁判的独断性来源于法教义学的知识论立场,虽然在“法的发现”和外部证成或次级证成上法律裁判无法满足独断性,但法律论证关于“正确性”的规制性理念仍要求法律裁判在内部证成、初级证成上坚守和维护其“存在唯一正确答案”的独断性形象。

[71] 蓝纯编著:《修辞学:理论与实践》,外语教学与研究出版社 2010 年版,第 170 页。

[72] 同上书,第 167 页。

[73] See Brett & Kate McKay, Classical Rhetoric 101: The Five Canons of Rhetoric-Arrangement, February 26, 2011, Manly Knowledge.

“解释”到听众能够理解的程度〔74〕。这和昆提利安的观点类似。昆提利安认为,“陈述”的篇幅应根据具体的修辞语境调整到刚刚好(just enough)的状态:在合适的地方开始陈述;略去所有不相关的细节;剔除看似相关、但无助于受众理解的枝节〔75〕。清楚原则要求,一方面,“陈述”须将听众需要了解的事实充分地交代清楚;而另一方面,在陈述中不得添加无关的、不必要的细枝末节。同时,清楚原则还要求陈述应按照一定的时间顺序或逻辑关系展开。“陈述”的可信度源于修辞者自身的人品形象以及修辞者在语篇中所营造的风格、口吻和感受。所以,修辞者在“陈述”中应该尽量避免违背常理和事实,所作的分析应合情合理、留有余地〔76〕。

甘露案再审判决书“引言”之后一直到关于《暨南大学学生管理暂行规定》第53条第5项的解释之前的内容都属于修辞布局的“陈述”阶段,它占了该判决书将近70%的语篇内容。其中,关于广州市中级人民法院认定的事实、具体的判决理由,广东省高级人民法院的再审结论,甘露、暨南大学在最高人民法院再审时论述的事实和主张以及最高人民法院在复查期间和提审组织双方当事人进行的调解情况等的论述属于“陈述”中的事实陈述部分,而“本院认为”开头的那一段属于“陈述”中的观点陈述部分。以修辞布局的“陈述”理论为参照,我们发现,甘露案再审判决书对其“陈述”的设计并不符合“陈述”的简洁、清楚和可信原则,其反映的只是我国目前判决书在格式化或程式化书写上的一种普遍模式。

首先,该判决书在事实陈述部分同时违反了布局的简洁、清楚原则,其对广州市中级人民法院认定的事实及其裁判说理、广东省高级人民法院的再审结论以及甘露与暨南大学在最高人民法院再审时分别论述的事实和主张等只进行了简单的事实列举,它包括了太多不相关的以及看似相关、但无助于受众理解的细节。如广东省教育厅具体的申诉决定以及暨南大学按照教育厅的决定书重新给予甘露开除学籍处分的过程是该判决书的主要听众已完全了解的内容,

---

〔74〕 See David Mirhady, “Aristotle and Anaximenes on Arrangement”, *Rhetorica*, Vol. XXIX, 2011(1).

〔75〕 See Corbertt, E. P. J, *Classical Rhetoric for the Modern Student*, Oxford University Press, 1990, p. 299.

〔76〕 蓝纯编著:《修辞学:理论与实践》,外语教学与研究出版社2010年版,第173页。

而且它与该判决书的论辩主题——甘露应否被开学学籍的相关性并不大。甘露案再审判决书没有根据听众对该案背景知识的理解状态和该案的修辞语境及其核心的论辩主题和争议点进行"陈述"部分的语篇设计,从而导致了该案的事实陈述部分与该判决书总体的语篇幅度相比极不相称。该判决书虽然按照甘露案原生判决产生的时间顺序以及甘露、暨南大学在最高院答辩时先后论辩的顺序关系"陈述"了相关的案件事实,但未对这些事实进行相应的总结和解释以便其受众更容易理解和清楚该案的关键事实、论辩主题和双方争议点。

其次,该判决书在事实陈述之后紧接着用一段相当长的段落"陈述"了高校学生应当遵守的法律规定、高等学校对学生的处分权限以及高等学校对学生处分时、法院审理此类案件时应该注意的法律原则、法律程序。虽然这些"陈述"并没有直接表明该判决书接下来将要主张的论点和论据,但从这些陈述的语篇结构和论述顺序可以看出其所倾向的裁判结论观点——甘露应该得到公平对待,即不应被开除学籍。尽管高等学校对学生的处分和法院对此类案件的审理理应遵守《普通高等学校学生管理规定》第 52 条和第 55 条的规定,使"学校给予学生的纪律处分与学生违法、违规、违纪行为的性质和过错的严重程度相适应"并"做到程序正当、证据充足、依据明确、定性准确、处分恰当",但根据事实的"陈述"该案的当事人存在截然不同的观点和论辩理由。因此,该判决书在"陈述"中若陈述相应的观点陈述应全面、客观地描述双方不同的观点以及不同法院的裁判结论和裁判依据,以明确在"论证"阶段将要支持和反驳的观点。

(三)"论证"

"论证"是修辞布局的第三步,也是整个修辞布局的主体部分,它承载着阐述主题、实现修辞目的的重任。修辞者在开题阶段所发现和收集到的论辩素材只有通过"论证"才能得到有序的整理和编排。因此,修辞者若想有效地实现其修辞行为的目的必须进行合理的"论证"布局。[77] 在结构上,"论证"一般由两部分构成,即证明(Beweisführung)和反驳(Erwiderung)。"论证"的合理构造和布局要求修辞者遵守特定的规范论证规则并使用特定的反驳技术,如前提的预防

〔77〕 参见蓝纯编著:《修辞学:理论与实践》,外语教学与研究出版社 2010 年版,第 177 页。

技术、对描述性前提和评价性前提的反驳。[78]

在证明阶段，具体论据间的排列共有三种顺序：逐渐增强的顺序，即从最弱的论据开始逐步提出最强的论据；逐渐减弱的顺序，即最强的论据开始逐步提出最弱的论据；基督教派的顺序（the Nestorian order），即在开头和结尾都提出最强的论据，而把其余的论据留在中间。[79]有些修辞学家建议，在议论性的文体中，最好从较弱的论据开始，层层推进，最后提出最有力的论据。这样当论证结束时，修辞者的论辩仍会在听众的记忆中留下深刻的印象。如果一开始便抛出最强的论据，以至于在最后只能提出最弱的论据，那么论证的力度便会深受影响，这也会反过来影响听众对修辞者论证的信任。[80]但佩雷尔曼认为，这三种论证顺序都存在各自的不足，并没有独立于听众不变的论证顺序，所有的论证安排都应该满足修辞对听众的说服目的，每一论证需要在其最具影响力的时候被提出。[81]

在议论性的文体中，我们除了要论证自己的观点外，还需要反驳对方的观点。在修辞中，我们所有的论辩都会有一个明确的对手或一个隐性的对立面。若是将这些对手的相反主张或潜在的对立论据完全置之不理，而只顾树立自己的观点，恐怕很难使读者信服[82]。如果对手或相对人已通过相应的修辞行为使自己的观点被听众接受，那么修辞者在这种情况下就必须先驳斥对方的观点，再论证自己的主张，否则听众根本就不会接受修辞者的论证，无论它是否正确。即使对方的观点根据无法成立，在论证自己的观点之后，修辞者也需要反驳对方的主张。但具体选择何种反驳方法，需要修辞者根据个案的修辞语境做

---

[78] Vgl. Wolfgang Gast, Juristische Rhetorik, Hüthig Jehle Rehm, 4, neubearbeite und erweiterte Auflage, 2006, SS. 315 - 324.

[79] See CH. Perelman, *The Realm of Rhetoric*, University of Nortre Dame Press, 1982, p. 148.

[80] See Corbertt, E. P. J, *Classical Rhetoric for the Modern Student*, Oxford University Press, 1990, pp. 300 - 301.

[81] See CH. Perelman, *The Realm of Rhetoric*, University of Nortre Dame Press, 1982, p. 149.

[82] 参见蓝纯编著：《修辞学：理论与实践》，外语教学与研究出版社 2010 年版，第 179 页。

出选择。[83]

本文第二部分已指出了甘露案判决书在法律修辞方法运用上的各种错误,但从修辞布局的角度观察,该判决书在论证顺序的安排上还存在严重的问题。为了证成甘露案的原生判决存在"法律适用上的错误",即甘露不应被开除学籍,该案再审的法官们首先选择了对法律概念"剽窃、抄袭他人研究成果"进行法律解释。如果这一概念能被成功地限缩解释从而将甘露抄袭论文的行为排除于它的语义指涉范围,则这样的解释将是最有力的论证。为了对这一论证进行补充和支持,甘露案再审判决书又对法律概念"情节严重"进行了"法律解释",但"情节严重"作为不确定概念其语义界限并不能通过法律解释方法被明确划定或确定。因此,针对"情节严重"的"法律解释"在论证的强弱上只能是一种较弱的论证。在"论证"的最后,该判决书的修辞者又指出,即使甘露的行为属于抄袭行为,也不属于"情节严重"的情形。这一论证建立在上述两项论证的基础上,但其本身是一种最弱的论证。即使"剽窃、抄袭他人研究成果"和"情节严重"可被解释成判决书中的情形——"甘露作为在校研究生提交课程论文,属于课程考核的一种形式",但既然"其中存在抄袭行为"并且甘露抄袭的论文典型地属于他人的研究成果,为什么甘露的行为就不属于"该项规定的情形"。这样自相矛盾的论证使该论证的说服力大打折扣,并且严重影响了该案的再审法官在听众心中的形象。上述两种论据尤其是第二项较弱的论据在论证上的瑕疵通过论证的传递性都被投放在了这一论据上。因此,第三项论证是修辞者所选的论据中最弱的论证。在听众的接受维度上,该案的再审法官们在"论证"的布局上选择的是一种逐渐减弱的论证顺序。

但由上述可知,"剽窃、抄袭他人研究成果"作为明确的法律概念并不能被限缩解释,即使能将之归入法律续造的目的性限缩,但该判决书却未提供任何相应的支持性论证和补充论证。同时,"情节严重"作为评价性的不确定法律概念并不能在法律文义界限的范围之内被解释而只能根据比例原则以行政裁量和司法衡量的方式被具体化。因此,该判决书在"论证"的布局上所先后选择的论据只是无法成立或被无法证成的"解释"和论证,而第三项论据本身就建立在这两项论据的基础上而其本身又在论证上自相矛盾。因此,第三项论据也无法

---

[83] See Corbertt, E. P. J, *Classical Rhetoric for the Modern Student*, Oxford University Press, 1990, p. 302.

成立。逐渐减弱的论证顺序本来就不被修辞学家们看好,它在结束时最弱的论据会给听众留下较坏的印象,也会使听众在最后通常只能记住这些最糟糕的论证[84]。而甘露案再审判决书“论证”链条中的每一论据又都无法真正成立或被证成。因此,该判决书在正向论证上的布局是全线崩溃的,它根本无力为其所倾向的裁判结论提供任何说服性的论据和论据顺序。

甘露案再审判决书在“论证”布局上的问题还在于,其在建构论证和论据的过程中并没有通过回应和回溯“陈述”阶段的事实和观点来寻找支持自己的论据,它也没有反驳“陈述”中所显示出或隐藏的相反论据。修辞者若想提出有力的和令人信服的论证,就必须适时地向听众表明自己论证上的弱点。只有承认自己论证的不足,才会找到预先回答对方提出的相反论证(counterarguments)、解决对方疑问的机会,这也是一种有效的情感运用,能够获取听众对自己更多的同情和信任。[85]根据该判决书的“陈述”以及本文第一部分对本案法律争议点的分析,我们发现,甘露及其代理人与暨南大学以及曾经审理该案的各种法院在论辩中所持有的论点和论据适逢相对、难以调和。不过,甘露案的再审法官们在“论证”中并没有采纳任何一方的论证作为论据,而是另辟蹊径试图仅通过对《普通高等学校学生管理规定》第54条第5项的“法律解释”来论证自己的观点。暨南大学答辩时所提出的“根据《普通高等学校学生管理规定》第54条第4项的规定:‘由他人代替考试、替他人参加考试、组织作弊、使用通讯设备作弊及其他作弊行为严重的’,仍然可以给予申请人开除学籍处分”的论据以及广州市中级人民法院提出的其他反对的论据都没有在该判决书的“论证”环节获得相应的回应和反驳。这种在“论证”上与“陈述”的脱节,使该论证走向了一种自言自语的独白,它在修辞上的这种“傲慢”并不会因为它的法律权威而获得听众的信服和接受。

甘露案再审判决在“论证”上正确的论证顺序应是,首先,承认根据《普通高等学校学生管理规定》第16条、第52条、第53条以及第54条第4项、第5项和第6项等法律规则甘露都“可以”被给予开除学籍的处分,这是一种最弱的论

---

〔84〕 See CH. Perelman, *The Realm of Rhetoric*, University of Nortre Dame Press, 1982, p. 148.

〔85〕 See Brett & Kate McKay, Classical Rhetoric 101: The Five Canons of Rhetoric-Arrangement, February 26, 2011, Manly Knowledge.

据。通过这种看似最弱的论证只可以减缓对《普通高等学校学生管理规定》第 54 条进行"法律解释"的论证压力,并且意味着承认了广州市中级人民法院、暨南大学等关于甘露的行为是否属于"剽窃、抄袭他人研究成果"或"其他违纪行为"的论辩主张,而且也扩展了"可以"给予甘露开除学籍处分的法律依据和论证理由。

其次,根据《普通高等学校学生管理规定》第 5 条、第 52 条和第 55 条等法律原则提出,对甘露给予何种处分应当与其违纪行为的性质和过错程度相适应,并且这种处分"应当做到程序正当、证据充足、依据明确、定性准确、处分恰当"。通过这种论证说服力较大的论证,可以实现本次法律修辞的话题转移,使听众以及潜在的法律受众认识到,本案的关键和争议点其实并非甘露的行为是否属于"剽窃、抄袭他人研究成果"而是这种抄袭行为或违纪行为应给予何种种类和程度的纪律处分,这涉及典型的行政裁量、利益衡量、价值判断或结果论辩问题。

最后,根据甘露在宪法上的受教育权及其在接受高等教育期间享有的其他权利,通过运用上述"基于原则的修辞论证""基于价值的修辞论证"以及结果论辩衡量和解决相关法律原则和法律规则在支持和反对给予甘露开除学籍上的冲突和矛盾。如果甘露被开除学籍会侵害其受教育权和其他权利,且存在其他与其违纪程度相应的纪律处分方式,如补考、严重警告、记过及留校察看等,那么给予甘露开除学籍的处分未必就是一种最合理的选择。这里提出的论证是一种最强的论证。通过这样的论证顺序,该判决书的论证强度可逐渐增强,实现其对听众最大可能的说服,使主审法官们获得听众充分的信任和好感,并使修辞者的论证在听众的记忆中留下深刻的印象。

(四)"结语"

"结语"是修辞布局的最后一步。如果说"引言"的目的是吸引听众对论辩的注意和兴趣,那么"结语"的目的便是满足他们的愿望,使他们感觉到演讲是作为一个统一的整体出现的并具有规定性的统一形式。具体而言,它具有如下功能:总结主要的论点;帮助听众记住演讲;呼吁听众采取特定的行动;清楚地结束演讲;以一个肯定的基调结束。[86] 其中,扼要地总结和收束语篇是"结语"所承载的最重要的功能。为了更有效地总结论点并令人印象深刻,亚里士多德

---

〔86〕 See Chapter 1: The Canons of Rhetoric, pp. 25 – 26, catalogue. pearsoned. co. uk/assets/hip/gb/.../0205943586. pdf,最后访问日期:2014 年 9 月 2 日。

建议修辞者应按照如下4个指导性原则安排"结语":第一,进一步巩固和强化听众对修辞者的好感,并巩固和强化听众对相对人的反感;第二,进一步巩固和强化在语篇的各个部分提出的论点和论据;第三,进一步调动听众的情感;第四,简要地总结语篇各个部分所列举的事实和提出的观点,结束全篇。[87] 在一段较长的语篇结束之后,简明扼要的总结不仅可以巩固受众的记忆,而且还可通过观点的高度浓缩增强修辞效果,起到画龙点睛的作用。除此之外,若有必要,"结语"还应在对语篇"重述"的基础上提升和扩展论辩的主题和结论。[88] 最后,"结语"的篇幅须与整个语篇的长度相称,但一般而言,"结语"要尽量简短。

在甘露案再审判决书中以"因此"开始的后半部分属于判决书布局的"结语"部分,这是一种中国目前的判决书典型的"结语"方式,实属无可厚非。但就修辞布局的要求而言,这样的"结语"并不真正具有"结语"的修辞功能和效果。它只是"论证"阶段所构造的论证链条一种自然的逻辑推论,它既没有巩固和强化其在语篇的前半部分所提出的论点和论据,也没有总结其在语篇的其他部分所列举的事实和提出的观点。这样的"结语"不会在听众的记忆中留下深刻的印象,也不会"因为观点的高度浓缩"增强修辞的效果,"起到画龙点睛的作用"。

Selection, Application and Arrangement of LegalRhetoric Method
—Taking retrial judgment of Ganlu caseas an example

Lv Yuzan

Abstract: General process of legal rhetoric includes specific selection and application of legal rhetoric methods and overall arrangement of legal rhetoric. In "Rhetorischefindung" stage, rhetoric method is subject to a combination of case law dispute and its argument premise system to choose. In "Rhetorischebegründung" stage, the application of rhetorical methods should conform to corresponding guide and regulation of law rhetoric rules. In regard to the present form of the judgment,

〔87〕 See Corbertt, E. P. J, *Classical Rhetoric for the Modern Student*, Oxford University Press, 1990, p. 308.

〔88〕 蓝纯编著:《修辞学:理论与实践》,外语教学与研究出版社2010年版,第183页。

selection and application of legal rhetoric method should be transited or converted into arrangement thereof, and the "introduction", "presentation", "demonstration" and "conclusion" layout of each part should have its own guiding principles. Though the retrial judgment of Ganlu case has been promulgated as a reference case by the Supreme Court, it violated almost all normative requirements of legal rhetoric methods in referee angel.

Key words: Legal rhetoric method; Selection; Application; Legal rules of rhetoric; Arrangement of the rhetoric

(责任编辑:彭　浩)

后劳动教养时代完善我国人身自由法律制裁体系的难题及解决方案*

王瑞君**

内容摘要：

我国劳动教养废止后，有必要沿着劳动教养制度废止所形成的新理念，对我国人身自由法律制裁体系进行一次整体性的反思、改革与完善。一国或地区选择怎样的人身自由法律制裁体系，核心问题是如何动用公权力对违法犯罪行为进行管控。在现代社会，集中表现为通过立法权设置行政权和司法权的分工，来解决公正与效率的关系问题。我国人身自由法律制裁体系的完善，应在不断提升司法承受能力的前提下，设定过渡期，构建剥夺公民人身自由最终纳入司法审查的制度。

关键词：

权力配置　人身自由　法律制裁　公正与效率

我国劳动教养制度的废止，引起了学界对我国今后违法犯罪行为惩治和矫正的激烈争论，从寻求劳动教养替代措施的具体问题的研究，延伸至对我国刑法架构和刑罚结构、重罪和轻罪的区分、保安处分和其他限制和剥夺人身自由的措施，乃至其他类型教育教养制度的改革与完善等深层次问题的研究。事实上，对违法犯罪行为的惩治和矫正，是人类社会存续和发展的一个永恒的话题。

---

* 基金项目：2015 年山东省社会科学规划研究重点项目“量刑规范化实施情况研究——以‘实体量刑规范化文本’的适用为视角”（15BFXJ01）、教育部人文社会科学重点研究基地——吉林大学理论法学研究中心重大项目“当代中国司法实践的方法论反思”（15JJD820003）的阶段成果。

** 王瑞君，山东大学（威海）法学院教授，博士生导师，研究方向为刑法学、刑法方法论。

在我国劳动教养制度废止之际,整体上的违法犯罪行为的惩治和矫正,特别是我国的人身自由法律制裁体系是否存在实体内容结构和程序设计上的缺陷,应如何完善,值得我们进行认真的思考和改进,这也是本文重点要探讨的问题。

一、人身自由法律制裁体系构建和完善面对的难题

人类存续和发展的规律告诉我们,任何社会的存续和发展始终摆脱不了一些对立和紧张关系。与违法犯罪现象相关,至少有如下紧张关系需要我们不断地思考:(1)打击、规制违法犯罪及其所伴随的“恶”与社会主体自由空间大小之间的紧张关系,也可以概括为保障人权和维护秩序之间的价值权衡的关系;(2)对违法犯罪的惩罚强度与违法犯罪行为轻重程度之间是否对应的紧张关系;(3)惩治违法犯罪行为的实体法规范法源位阶之间是否有序的紧张关系;(4)实体规范与适用程序之间的紧张关系;(5)具体问题的解决与整个法秩序协调之间的紧张关系。

上述紧张关系中的(1),作为最基本的紧张关系,于制度设计和实施层面,在近现代以来的国家管理中,突出地表现为行政权与司法权之间的紧张关系。从早期资本主义时代,西方国家政府的“守夜人”时代、18世纪末19世纪初的行政国时代、到“二战”后各国选择的法治国时代、再到当今以福利手段为治国之策的所谓福利国时代,西方国家所经历的这四个历史阶段,历史背景、面临的社会管理难题不同,行政权和司法权所获得的地位、扮演的角色也随之不同。行政权以如何更好地管理社会公共事务为目标,以效率作为权力运作的基本准则;司法权偏向于抗辩式,通过个案审理,通过保护个体的权益以实现社会的公平正义,其核心价值在于程序的正当性、个人应享有的实质权利和法律的平等保护权,以及平等理念。比较而言,行政权以效率为优先选择,司法权以公平正义为价值方面的优先选择。换句话说,在当代,人类社会面临的应对违法犯罪现象的紧张关系,突出地表现为在公平正义与效率之间,如何进行优先选择的问题。

实际上,全国人大常委会废止的劳动教养,仅仅是限制或剥夺人身自由的法律制裁手段中的一种,有学者将劳动教养比作“小劳教”。此外还有类似劳动教养性质的限制甚至实质上是剥夺人身自由的制度和措施,如针对卖淫嫖娼人

员的收容教育制度，针对未达到刑事责任年龄的收容教养制度，针对吸毒成瘾者的强制戒毒制度，针对精神病人的强制医疗制度和针对严重精神障碍者的强制住院治疗制度，以及治安拘留、留置等。这些行政性限制人身自由的法律处分手段，在我国沿用了多年，时至今日，它们分散规定在不同的法律、法规中。

“小劳教”以及类似劳教的与人身自由有关的制度和手段，其合理性都面临价值选择的检验。如果以公平正义为优先选择，那么，最理想的是将所有与人身自由有关的法律制裁、法律处分、教育手段，全部纳入司法审查的范围；如果选择效率优先，那么类似劳动教养的制度，仍然予以保留，甚至劳动教养的废止都是多余的。然而，劳动教养饱受诟病和最后被废止的结局，意味着我们在价值选择上，显然不能仅考虑效率、社会秩序的高效率维系。换言之，当需要动用限制和剥夺人身自由手段来打击违法犯罪行为时，效率不能作为唯一的，同样也不能作为优先的价值选择。

仍以劳动教养制度为例。在上述(1)至(4)的紧张关系当中，劳动教养制度存在适用范围宽泛、行为类型化边界模糊、相关规定法源位阶低、缺乏中立裁判者等弊端，结论是废止劳动教养制度。最后一个，即劳动教养制度被废除后，“如何处置原来劳动教养的违法行为”这一具体问题与整个法秩序协调之间的关系，是我们当下面临和需要解决的问题。问题的核心和难点又自然回到人身自由法律制裁体系的重新构建和完善的问题上来。所以，我们面临的难题仍然是上述概括出来的一对对紧张关系。当然，最根本的是保障人权和维护秩序之间的紧张的关系，这一深层次的紧张关系，在现代社会以公平正义与效率之间的紧张关系出现，在制度层面表现为司法权和行政权之间的纠葛，进一步具体化为通过怎样的程序设计来实现实体规范的内容。

二、完善人身自由法律制裁体系需重点权衡的因素

一个国家采取什么样的制度设计，是对该国执政者政治智慧和法律技巧的考验，其背后所蕴含的则是价值取向的选择。适合本国国情、促进社会进步和发展需求的、顺民意、经得起历史检验的理念和价值定位和取向，决定着一个国家管控社会制度的顶层设计和制度构建。一个国家对违法犯罪行为的制裁体系的设计，面临的同样是价值选择和落实的可行性问题，并且是最根本的问题。价值的取舍，要求我们站在当下的社会发展阶段，并就对未来社会发展的预期

和展望进行判断的基础上,进行理性的选择和判断。所谓适合国情,是要考虑从顶层到具体制度的设计,实际落实的可行性。

(一)完善人身自由法律制裁体系面临的价值选择

一个国家或地区选择构建怎样的法律规制体系,包括今后我国人身自由法律制裁体系的完善,核心的问题是如何动用公权力对侵犯国家、社会、公民利益的行为进行管控。在现代社会,表现为通过立法权的行使,设置行政权和司法权的分工和二者的边际问题。

早期自由资本主义时代,西方国家政府只是充当“守夜人”的角色,那时的行政原则是“最好政府,最少管理”。随着近代资产阶级革命的胜利,西方各国逐渐建立起以分权制约为基础的宪政制度,立法权、司法权和行政权被分配到不同的国家机关行使,相互监督和制约,以避免权力滥用。18 世纪末 19 世纪初,西方国家逐步进入行政国时代。政府职能逐步加强,行政权逐步扩大,行政法的种类日益增多,行政管理规范的范围日益庞大,国民的行为触犯行政管理法规的情形日益增多,不仅可以处以行政处罚,严重的甚至可以加以刑罚处罚,警察权力不断延伸和扩张。为保护行政权的独立地位,法国、德国设立了行政法院。在亚洲,“二战”前,日本也采取了行政法院与普通法院并立的模式,即行政领域绝对排除司法权的干预。[1]“二战”之后,“法治国”的理念与形态逐渐形成,国家非经现行法律,不得对公民进行处罚和制裁。严格依法办事、国家不得随意介入私人领域、法律以保障公民的权利为中心,成为这一时期权力运行的特点和价值约束,学者称为法治国时代。这一时代,法律体现的是“权利本位”,法治第一。在这种情况下,行政刑法是附属在罪刑法定的刑法理念之中的,立法者在“轻罪”“违警罪”等名目下把一部分“行政国”时期由国家行政机关处理的案件纳入刑罚调整的范围,这在“二战”后的德国、日本等国家表现得尤为明显。随着世界经济的日益繁荣,西方国家特别是东欧国家,利用福利社会政策或行政手段来化解社会矛盾,已经成为国家治理社会的必要手段。以福利手段为治国之策的国家可称为福利型国家,即利用行政手段来推动整个社会福利,一起使国家和民众的利益达到和谐状态。未来的福利国家是行政国家和法治国家的结晶,既充分发挥了国家行政权灵活性的效能与作用,又兼顾到了国家

[1] 黄河:《行政刑法比较研究》,中国方正出版社 2001 年版,第 93 页。

司法权终局性、制约性的效能和作用。[2]

西方发达国家在经历了历史上行政权与司法权在管控违法犯罪行为的纠葛和紧张关系之后,现在总体情况是:无论现在处于法治国阶段或是福利国阶段,无论是应对传统的社会管理问题还是风险社会带来的新的挑战,在行政权和司法权平衡关系的动态发展中,应对违法犯罪的政策和具体制度的设计上尽管存在很大的差异,但有一个共同点:各国涉及人身自由的制裁措施的适用,均已实现由中立的一方即法院来裁量。当然会在程序上,体现繁简的区别。

各国有自己不同的国情,他国的经验和做法可以为我们提供借鉴和参考,但不能照搬,我们需要选择适合我国国情的能够推进中国法治进程、促进社会福祉的制度设计和选择。我国处在推进依法治国的进程中,从学术界提出依法治国,到成为执政党治国方略,从成为治国方略到今天全力推进,已经过去了30多年。可以预见,在我们这样一个13亿多人口的发展中大国,依法治国的真正实现还有一个漫长的过程。在这一进程中,党和国家的任务十分繁重,完备的法律规范体系、高效的法治实施体系、严密的法治监督体系、有力的法治保障体系、完善的党内法规体系,都是对国家的政治智慧和法律智慧的考验。

自2013年年底我国劳动教养制度被废止,相关的探讨和争论早已不在是对劳动教养制度存与废以及原劳动教养对象如何分流的问题上,而是逐渐延伸到对我国现在的法律制裁体系,特别是人身自由法律制裁体系的科学性、合理性的争论上来。如张绍彦研究员就提出,党的十八届二中全会《关于全面深化改革若干重大问题的决定》(以下简称《决定》)明确提出"废止劳动教养制度,完善对违法犯罪行为的惩治和矫正法律,健全社区矫正制度"。但我们不应该把《决定》废止劳动教养的战略部署理解为仅仅是针对传统劳教。《决定》之所以废止劳动教养制度并不是因为它的适用缺乏恰当、充分的法律依据,而是因为其实质是没有依据《宪法》和国家基本法律,未经司法机关依司法程序进行审判而较长时间地限制和剥夺了公民的人身自由,这与依法治国的基本方略和法治中国建设、人权司法保障的战略目标相背离,不符合国家治理和社会管理法治化、司法化的基本原则。因此,废止劳动教养制度之后,那些和劳动教养制度性质相同的制度和措施的改革和衔接是贯彻落实《决定》战略部署面临的重要

〔2〕 参见李晓明:《行政刑法导论》,法律出版社2003年版,第45、88~92页。

课题。[3]

因此,我们现在讨论的已经不仅仅是劳动教养废止后,原劳动教养对象的分流问题,而是,与劳动教养相类似的属于限制或剥夺人身自由的法律制裁措施,如何纳入法治轨道的问题。

我国劳动教养制度之所以被废止,主要的原因在于该项制度存在的处罚重、缺乏程序保障等突出问题。那么,如果假定,原劳动教养中仍有部分对象有继续需要强制教育的情形,那么,解决这一问题的最直接、最简单的办法,就是在我国将其纳入司法化的范畴。相应地,现有的刑罚、行政处罚、收容教养、收容教育、强制医疗、工读学校等所有人身自由制裁措施,均应纳入司法程序的审查范围,实现人身自由法律制裁的司法化。

然而,人身自由法律制裁在我国实现司法化,面临的首要问题和挑战就是高成本、低效率的问题。与行政权的行使不同,司法权强调程序的正当性和裁判者的中立地位,由对立双方提出事实证明自身主张的真实性、正确性,程序的规范、讲究甚至繁琐带来的是高成本、低效率,这是不争的事实。所以,各国在选择将什么样的事项纳入司法权管辖范围时,都要面临公平正义与效率,何者优先选择的纠葛。当代各国在面对这一价值选择时,表现为通过构建不同的法律制裁体系来解决这一难题。大致可分为两种情况:

第一种是采用一元的制裁体系,即轻微反社会行为和严重的反社会行为一样,均由司法机关处理,如英国、美国、法国等。在英国,行政处罚即被当成轻罪来处理,通过治安法院由治安法官办理。治安法院是审理绝大多数刑事案件的机关,从某种意义上讲,英国治安法院处理轻微刑事案件(行政犯罪)上的职能类似于我国的公安机关在这一领域的职能,而治安法官则可以命名为行政法官。[4]以英国的行政理念而言,在英国只有罪与非罪的区别,而不存在刑罚与行政处罚的区别。[5]在美国等其他英美法系国家和地区,无论是普通犯罪还是轻微犯罪均由法院处理,当然,在程序的繁简上进行区分,以实现公平正义与效率的效益最大化。英美的一元制制裁体系和程序设计,这是由其任何人不经过法

[3] 参见张绍彦:《劳动教养制度废止后限制自由的规制问题》,载《环球法律评论》2014 年第 1 期。

[4] 李辰星:《行政执法与刑事司法衔接机制研究》,武汉大学 2013 年博士学位论文。

[5] 参见张越编著:《英国行政法》,中国政法大学出版社 2004 年版,第 476 页。

院的审判都不能确定有罪和给予惩罚的法律传统所决定的。在英美法系主要的国家和地区,其限制或者剥夺人身自由的处罚,自然是由法院作出的。根据法国法,犯罪分为重罪、轻罪与违警罪三类,1994 年法国新刑法典中对违警罪取消了一切自由刑,只有重罪与轻罪有自由刑,因具体罪名不同,分设重罪法庭、轻罪法庭、违警罪法庭。法国拥有普通法院和行政法院两套体系,互不隶属,各自有自己的最高法院。但在法国,不仅剥夺人身自由的处罚权交由司法权管辖,即由重罪或轻罪法院行使,就连原本不属于法律规定范围而属于法规范畴的违警罪,也划归普通法院系统而非行政法院系统管辖,目前法国违警罪案件根据严重程度分别属于近民法院和治安法院审理。违警罪案件根据严重程度同时配置了社区法庭、简易程序、刑事和解等灵活便捷的审判机构和程序,既体现了其对法治主义的坚守,也折射出其对效率原则的追求。〔6〕

第二种是采用二元的制裁体系,由司法机关和行政机关分享对反社会行为的制裁权,犯罪由司法机关按照刑事诉讼程序处理,轻微违法行为则由行政机关处理,如德国。德国法律严格区分犯罪和一般违法行为,1952 年颁布的《违反秩序法》,这是一个行政法性质的法律,规定了对一般违法行为的处理,《违法秩序法》经过多次修改,内容不断完善。当然,德国《违法秩序法》,对违法行为的制裁措施规定的仅限于是罚款、警告、充公、没收等非自由制裁手段。

(二)构建理想的人身自由法律制裁体系的可行性判断

如前所述,一项限制和剥夺人身自由的措施,其决定程序是行政程序还是司法程序,在法治社会选择上的难题,实际上是效率与公平的关系问题,理想的情形是将人身自由制裁全部纳入司法审查。劳动教养存在的处罚重、缺乏程序保障等突出问题也提醒我们,最直接、最简单的解决办法,就是在我国实现人身自由法律制裁的司法化。然而,人身自由法律制裁在我国实现司法化,是需要成本的。“司法化及其程度反映了一个国家可以承受的司法资源支出的上限和必须保有的最低效率的下限。”〔7〕将人身自由制裁全部纳入司法裁量的最大的现实问题是司法资源能否满足制度设计的需要问题。我国人身自由法律制裁

---

〔6〕 参见卢建平:《法国违警罪制度对我国劳教制度改革的借鉴意义》,载《清华法学》2013 年第 3 期。

〔7〕 陈泽宪:《劳教制度的前世今生与后续改革》,中国民主法制出版社 2014 年版,第 29 页。

体系的完善,需要考虑对是否能够实现现存的所有涉及人身自由制裁措施的司法化,即能否将现有的刑罚、行政处罚、收容教养、收容教育、强制医疗、工读学校等均纳入司法程序的审查范围。

关于人身自由制裁措施的司法化,我们在刑罚的适用司法化的基础上,于2012 年新修订的《刑事诉讼法》,把对精神病人的强制医疗的决定权由原来的公安机关转移到了人民法院。行政处罚以及现存的收容教养、收容教育、强制医疗、工读学校等,也都涉及剥夺和限制人身自由。如果实现司法化,法院现有的资源是否能够满足需要?缺口有多大?补上这个缺口,预计需要多少资源?

从目前的情况来看,我国刑法中的人身自由制裁和对精神病人的强制医疗,均已纳入司法审查的范围。剩下的还有上面所说的行政拘留、收容教养、收容教育、工读学校等所有人身自由制裁措施。相比较而言,行政拘留的案件数量和人数应该最多。首先,可以以立法层面的规定作为一个参照,即以《治安管理处罚法》规定的行政拘留的适用对象为例,共计 120 种处罚对象,具体情况如下表所示:

违法行为类型	条文	处罚对象数量
扰乱公共秩序	第 23 ~ 29 条	24 种处罚对象
妨害公共管理	第 30 ~ 35 条;第 37 ~ 39 条	18 种处罚对象
侵犯人身权利、财产权利	第 40 ~ 49 条	23 种处罚对象
妨害社会管理,第 58 条除外	第 50 ~ 57 条;第 59 ~ 75 条	55 种处罚对象

我国每年实际适用的行政拘留的案件数量和人数,笔者无从了解。仅所了解的某市 2015 年的治安案件处理情况来看,该市 2015 共查处治安案件 21,600 余起,查处违法人员 9700 余人次,拘留 4600 余人次。如某市拘留比例达 47.4%。

"后劳教时代"对公安部门打击违法犯罪的活动提出了更高的法治化要求,行政拘留是否会成为紧随劳动教养之后的另一个被关注的焦点?还不好说。但目前,将我国所有行政拘留纳入司法程序,实施起来困难很大。因此,不妨将其他的限制或者实质剥夺人身自由的制裁或控制措施逐步纳入司法审查的范围,行政拘留仍然保持现在的行政制裁的性质。当然,可在适用中尽量减少适用的比例。从笔者参与的当地行政复议案件来看,行政拘留在有的个案中的适用比较随便。如李某某诉县级市公安局行政复议一案。李某某等某科技股份有限公司的9名股东,因公司经营不善,多年未给股东分红,申请人等股东与公司之间产生股权纠纷。某日,股东们到公司要求解决股份问题未果,遂共同商议将公司公章进行保管,因董事长曲某伟不在办公室,申请人便和其他股东共同将董事长的办公室门推开,导致门锁和门框损坏,并将公司公章取走。公司职工报警后,该市公安机关立即出警并对案件予以立案,根据上述调查事实,认定李某某等人将公司董事长办公室大门损坏的行为,构成故意损毁财物,对李某某等处以行政拘留三日的处罚。事后,公司工作人员证明,公司花了15元修好了董事长办公室的门。该市公安局对李某某等人是以故意损毁财物的行为性质认定的,根据《治安管理处罚法》第49条的规定,故意损毁公私财物的行为,有行政拘留的处罚手段。但是,这个案件中李某某等人,核心行为是扰乱企业秩序,如果按扰乱企业秩序的行为来认定,那么一般的扰乱企业秩序的行为,只有警告和罚款两种处罚后果,情节较重的,才有可能进行行政拘留。因此,该案件定性和行政拘留的处理结论,都值得质疑。还有曲某伟诉某公安局行政复议案件,公安机关将曲某伟正当行为,认定为是故意伤害行为,处以行政拘留5日的处罚,好在于后来通过行政复议得以纠正。

在处罚种类上,治安管理处罚法规定了警告、罚款、行政拘留、吊销公安机关发放的许可证、先期出境或驱逐出境5种行政处罚。从剥夺人身自由的期限来看,行政拘留的时间为1日至15日,最长不超过20日。建议多用警告、罚款等手段,非用不可时,再运用行政拘留的制裁手段。

(三)人身自由法律制裁体系是否存在结构上的缺陷

研究我国人身自由法律制裁体系的完善,乃至整体上的违法犯罪行为的惩治和矫正,有一个问题不能忽略,就是我国目前的人身自由法律制裁体系是否存在结构上的缺陷,劳动教养制度废止后,我国的治安管理处罚法中的行政拘留与刑法中的刑法管制、拘役是否能够实现对接?现在有不同的看法。有的观点认为,我国法律制裁体系并不存在这种缺失。“当前,我国的行政处罚中,行政拘留最高期限可以达到15天,并罚的时候可以达到20天。而拘役的起点则是1个月,管制这种限制自由的刑罚的起点也只有3个月,再加上剥夺政治权利和罚金等附加刑,实际上行政处罚与刑事制裁之间完全可以对接。因而,即便中国的刑法有量的规定,也不至于导致对特定的行为束手无策。当前经常被提起的'大罪不犯,小(罪)错不断,气死公安,难倒法院'[8]或'大法不犯、罪错不断,危害治安、公众憎恶、法院难办'的刑法边缘行为,[9]实际上是权力过于膨胀的缘故,既然没有'大罪',自然就不必要动用刑罚,也没有必要动用可能比刑罚更重的劳动教养,适用行政处罚已经足以应对这些问题。"[10]"犯罪的认定必须满足定量要素并不会造成制裁体系的结构性缺损……从法律上讲,刑法与治安管理处罚法之间式无缝对接的,两者之间存在非此即彼的关系,刑罚与治安管理处罚之间不存在制裁难以触及的领域,造成行为人逃脱惩罚。对于恶行较轻二恶习较重的行为人,通过多次的行政处罚便已经完成法律的制裁职能,即便多次的行政违法认定行为人对社会造成较为严重的侵害,但国家公权机关也仅能对行为人当时做出的行为进行惩处,这是法治国理念(一事不二罚)的必然要求,是对公权力行驶的必要限制,而非制裁本身存在结构性缺陷。"[11]有的观点态度更明确,即直接废止,不需要替代措施。[12]

有的观点认为存在,储槐植教授持肯定的观点。储教授认为,我国的刑法建立在"结果本位"的基础上,这与"行为本位"的刑法有重大差别,后者重行为人的主观恶性和恶习,即使客观恶性轻微但恶习较深者仍然可以纳入刑法的调整范围。"结果本位"的刑法看重行为的客观实害,而客观实害是可以计量的,这种特征导致我国的犯罪概念兼具定性与定量因素的特点,也即行为在客观上不达到一定的量的标准,便不构成犯罪;即使行为人的主观恶习较深,但若罪行不重,刑法对此只能表示无奈。这就是我国刑法的结构性缺损。[13]

---

[8] 梁根林:《劳动教养何去何从》,载《法学》2001 年第 6 期。

[9] 储槐植:《从国情出发思考劳动教养制度改革》,载《中国司法》2009 年第 3 期。

[10] 陈金林:《看上去很美——劳动教养制度的本质分析》,载《劳教制度的前世今生与后续改革》,中国民主法制出版社 2014 年版,第 127 ~ 128 页。

[11] 陈少青:《论劳动教养制度的性质与完善》,载《劳教制度的前世今生与后续改革》,中国民主法制出版社 2014 年版,第 137 页。

[12] 参见崔敏:《劳动教养的历史、弊端和出路》,载《劳教制度的前世今生与后续改革》,中国民主法制出版社 2014 年版,第 166 页。

[13] 参见储槐植:《从国情出发思考劳动教养制度改革》,载《中国司法》2009 年第 3 期。

在认为存在结构上的缺陷的学者中，关于是降低刑罚中拘役的最低刑期还是提高治安管理处罚中的行政拘留的最高期限来实现行政拘留和拘役的无缝对接，又有不同的主张。有学者主张使用行政拘留、通过提高行政拘留期限的办法，惩治原劳动教养对象中的部分违法行为人。[14] 其优点是不需要扩大犯罪圈，并且在立法改革上比较简单，缺点是程序正当性无法保证。还有学者主张通过将具有较大危害性的违法行为犯罪化，降低拘役的最低刑期。[15] 这种主张的优点是能够实现正当程序的保障，缺点是面临犯罪标签的副作用问题。在比较衡量上述主张的优缺点时，一是要考虑可行性，二是要注意涉及人身自由措施的国际社会整体的未来走向和发展趋势。特别是我国已经签署并正在准备批准《公民权利和政治权利国际公约》，公约要求对剥夺人身自由的一切措施，都要经过一个不偏不倚的法庭或类似法庭这样的司法机构来裁决。加之，遵循法治和人权保障底线的要求，行政拘留期限不宜扩大，扩大行政拘留期限莫不如降低拘役下限，然后在降低和消除轻罪犯罪标签的消极后果上解决问题，即建立轻罪前科消灭制度。

我们认为，现在 15 日行政拘留和 1 个月的拘役，中间存在间隔，有必要进行无缝对接。一是符合公法的比例原则；二是我国经常被学者们提起的“大罪不犯，小(罪)错不断，气死公安，难倒法院”或“大法不犯、罪错不断，危害治安、公众憎恶、法院难办”的刑法边缘行为，也被视为危险性比较大的人员。对这些人员我国过去是通过劳动教养来规制的，劳动教养被废止后，从我国目前的现状和法治发展阶段来看，我国“人身危险性”判断手段和程序上不成熟，无法避免随意性的判断，建立在人身危险性基础上的保安处分在中国适用，也存在随意适用的可能。因此，还是需要根据一个人的违法行为轻重程度和次数，以判断对其适用什么样的惩罚措施。目前来说，要么是行政拘留要么是拘役，当然管制刑也可以适用，只是作为限制人身自由的管制刑在我国的适用越来越少。因此，就剥夺人身自由的惩罚措施而言，降低拘役的刑期，将原来适用劳动教养的部分行为，仅仅基于行政拘留不足以实现违法与惩罚比例均衡原则的，

---

〔14〕 参见李本森：《中国停止劳动教养制度的路径探索》，载《劳教制度的前世今生与后续改革》，中国民主法制出版社 2014 年版，第 209 页。

〔15〕 参见刘仁文：《劳动教养制度如何改？》，载《劳教制度的前世今生与后续改革》，中国民主法制出版社 2014 年版，第 240 页。

纳入刑法的范畴,作为轻罪,《刑法修正案(九)》(草案)第28条规定,"在刑法第二百九十条中增加二款,作为第三款、第四款:'多次扰乱国家机关工作秩序,经处罚后仍不改正,造成严重后果的,处三年以下有期徒刑、拘役或者管制。''多次组织、资助他人非法聚集,扰乱社会秩序,情节严重的,依照前款的规定处罚。'"此外,我国的司法解释在规定盗窃、抢夺、敲诈勒索、寻衅滋事等因为次数多而降低犯罪入罪"量"的门槛的同时,也解决了部分劳动教养对象的刑法化问题。

(四)降低犯罪门槛带来的犯罪标签的副作用问题

一旦有必要将某些行为犯罪化如纳入轻微罪、违警罪的范畴,可能会导致犯罪圈的扩大。随着犯罪圈的扩大,"犯罪人"标签的副作用如何得到最大限度的控制和降低,这些是我国废止劳动教养后,研究我国人身自由法律制裁体系的完善,乃至整体上的违法犯罪行为的惩治和矫正,不能够回避的实质性问题。

关于犯罪标签及其副作用的问题,在我国,由于犯罪门槛较高,对于按违法行为认定和处理的,事实上减少了犯罪标签的适用数量。如果降低犯罪门槛,行为人一旦由普通违法变为犯罪,"犯罪人"的这种谴责与排斥将终其一生,因此犯罪的代价不仅仅体现在固定的刑罚上,道德谴责乃至"歧视"同样是行为人必须承担的持久性惩罚。[16]那么,出于程序正义的考虑,而纳入刑罚惩罚的部分违法行为人,在贴上犯罪标签之后,就必须要考虑他们回归社会后的问题。特别是在中国,传统文化观念根深蒂固,针对犯罪人的每一次刑罚的施加都意味着,对当事人而言几乎是"一辈子的耻辱",不仅犯罪者本人回归社会难,家人和亲属也跟着抬不起头来。对于犯了罪的人,不仅有规范内的排斥的歧视如某些类型的工作不得接受有前科的人员,有的表现为规范外的歧视,如即使不明确写明对有前科人员的歧视,但事实上好多用人单位都不愿意聘用有前科之人。我国在协调打击犯罪和降低犯罪标签的副作用方面,面临的问题更复杂、更艰巨,这是必须引起重视的问题。

---

〔16〕 陈少青:《论劳动教养制度的性质与完善》,载《劳教制度的前世今生与后续改革》,中国民主法制出版社2014年版,第137页。

三、劳动教养后时代我国人身自由法律制裁体系完善的建议

(一)我国人身自由法律制裁体系完善的原则和底线

1. 以提升可承受能力前提下的公平正义优先的选择为原则。"刑法哲学的核心理念应该是公正和该当性,而不是经济效率。"[17]要承认价值的可选择性与承载能力的可提升性。可行性,无非是对一项制度构建后如何落地,即社会各方面主体从理念接纳到实施的承载能力及效果的预期。一种是在对现有的条件、承载能力的基础上,进行价值的选择,然后建构和完善制度;另一种是在提升现有条件、承载能力的同时,进行制度构建和完善。后者更为可取,因为所谓可行性不是固定不变的,是可以通过挖掘现有的潜力或者通过进一步增强必要的配备、配置而提升的。

可见,面对我国人身自由法律制裁体系完善的难题,一种选择是保持现有的状况,容忍不合理制度、做法的延续;另一种是要对不适应社会发展的制度和措施、做法进行改革。本着对社会、对国家、对民众、对历史负责的态度,我们应选择后者,干预面对难题,不断优化价值选择和制度设计。

2. 长时间剥夺公民人身自由纳入司法程序为底线,待条件成熟时,所有剥夺人身自由的措施一律纳入司法审查的范畴。"笔者认为,一个法律制度存在的正当性奠基于其存在的功利性、合理性和合法性。比较而言,功利性和合理性是深层性的、根基性的和观念性的,而合法性则是技术性的、表层性的。需要是功利之本,满足功利需要是法律制度存在的内在动因。而法律制度正当性的内在根据则在于合理性,即不同需要和利益的平衡。具体表现为人权保障和秩序维护的兼顾。合理性构成对功利性的制约,而合法性不过是对正当性和功利性的确认……在强调依法治国、国家权力制约、个人人权保障的法治大背景下,对劳动教养制度不仅应当进行必要性和功利性考量,而且应当进行正当性和合法性的批判。"[18]

---

〔17〕 [美]道格拉斯·胡萨克:《刑法哲学》,姜敏译,中国法制出版社 2015 年版,第 15 页。

〔18〕 梁根林:《劳动教养:嬗变、危机、存废与出路》,载《劳教制度的前世今生与后续改革》,中国民主法制出版社 2014 年版,第 231 页。

基于秩序本位观念建立的劳教制度被废止,彰显的是法治、人权保障理念成为党和国家的选择。也为今后对违法犯罪行为的制裁指明了方向,即应以法治思维和法治方式来构建相应的法律体系。必要的合理的惩治和矫正法律制度,包括人身自由法律制裁体系的完善,更应严格遵守"国家尊重和保障人权"的宪法原则和以法治思维和法治方式管理社会的要求与中央关于法治中国建设的总体要求。

将人身自由法律制裁体系的完善纳入法治思维和法治方式的轨道,根据历史和现实经验,好的办法就是将其纳入司法程序,正如有学者所言:"无论具体的制度怎么设计,必须改变行政机关可以在没有司法控制的情况下长时间剥夺公民人身自由的现状。这就是劳教制度改革的底线。任何在不改变刑法与行政关系现状前提下的局部修饰和缝缝补补都是无济于事的……行政机关未经司法程序不得长时间剥夺人身自由,这应当是处理刑法与行政法衔接关系的一个基本原则。这一点既是联合国公约的规定,也是中国立法法的规定;这既是劳教制度改革的底线,也应是其他行政性限制人身自由措施的底线,强制戒毒、收容教养、收容教育等制度的后续改革也必须坚守这一底线。"[19]

(二)完善我国人身自由法律制裁体系制度的具体构想

对涉及人身自由的制裁手段,是选择司法化还是行政化的处理方式,很大程度上是一种政治选择,或者说,劳动教养制度的改革和劳动教养废止后违法犯罪惩治和矫正法律体系的构建,是一个刑事政策问题。司法效率低但更公正,行政效率高但欠公平。如果一个国家司法资源足够多,刑事案件又相当少,让所有案件都流经司法程序,自然是理想的选择。但这是不现实的。实体立法的变革,必然需要程序上跟进和相应配套制度的建立,这必然是一场大刀阔斧的改革。基本构想是公平与效率最大化、自由与秩序的有效协调。为此,要分类进行制度的完善。

1. 设立保安处分制度。国家刑罚,包含施加严厉的痛苦(或剥夺)和污名。"这两种要素中的任何一种要素,都必须是故意施加而非偶然施加的……一种制裁如若不是以使公民个体受耻辱和剥夺权利为目的,那么这种制裁就不能称为刑罚……像强制监禁精神病患者,因为缺乏刑罚的故意性,所以这种制裁不

[19] 陈泽宪、刘瑞平:《论刑法与行政法的衔接——以劳动教养制度改革为切入点》,载《劳教制度的前世今生与后续改革》,中国民主法制出版社 2014 年版,第 115 页。

是刑罚……如若不参考目的,就不能正确识别刑罚及刑法本身。"[20]受这一思想的启发,为避免刑罚污名化的效应和犯罪标签给行为人带来的不利影响,我们也有必要采用一种非定罪判刑的制裁制度,达到对行为人的惩戒教育作用。为此,笔者建议通过刑法修正案的方式,在刑法总则中,将现存的各类限制或剥夺人身自由的强制性收容教育措施、强制性隔离措施、强制性治疗措施、强制性剥夺资格与身份措施、强制性监督指导措施、强制性训诫教育措施,统一纳入保安处分制度的范畴,并增加对物的强制性收缴与其他处置等保安处分措施。对于原属于劳动教养对象,因劳动教养制度废止后,仍有必要进行保安处分的,纳入保安处分的范畴,即多次实施吸毒、诈骗、抢夺、寻衅滋事、聚众斗殴、煽动闹事、教唆他人自杀等严重违反治安管理处罚法行为,屡教不改而有必要予以保安处分的,可以依法予以保安处分。

与刑罚等剥夺人身自由的处罚相比,保安处分化的最大的好处之一在于:能够消除犯罪标签对行为人今后就业、工作、生活的影响。在我国,犯罪的代价不仅仅体现在固定的刑罚上,道德谴责乃至"歧视"同样是行为人必须承担的持久性惩罚,犯罪标签带给行为人的代价非常大。我国现在刑法中类似保安处分的规定,如针对精神病人的非罪化认定但同时强制医疗的规定,这一类原本就不存在犯罪标签化的问题,正好通过保安处分制度的构建,统一到这一制度中来。

2. 拓宽前科封存制度的适用主体,直至设立犯罪前科消灭制度。如前所述,犯罪标签具有副作用,在我国,犯罪的附带的后果非常严重,不仅会失去工作,今后将不能从事公务员、法官、检察官等工作,不能从事教师、企业高管等职业,有的还会使从事特定行业的子女工作受到影响,同时,犯罪这个标签给犯罪人带来的道德上的否定也不容小觑。当然,在我国,靠人们观念的转变是需要时日的。因此,想尽量降低犯罪标签带来的负面影响,就需要在制度上寻求解决的办法。

我国已经开始注意到司法活动对于犯罪人尤其是未成年犯罪人日后行为产生的不良影响,并且积极减轻这种不良后果的影响,如我国在《刑法修正案(八)》第100条中增加了一款,规定了犯罪行为较轻微的未成年犯罪人可以在

---

[20] [美]道格拉斯·胡萨克:《刑法哲学》,姜敏译,中国法制出版社2015年版,第98~99页。

入伍、就业的时候,免除其如实向有关单位报告自己曾受过刑事处罚的义务,初步实现了我国前科封存制度的法律化。新《刑事诉讼法》第275条更进一步,规定了未成年人犯罪记录封存制度,即“犯罪的时候不满十八周岁,被判处五年有期徒刑以下刑罚的,应当对相关犯罪记录予以封存”。将未成年罪犯的犯罪记录封存,对于弱化其“标签”心理,对今后的学习就业等不至于造成影响,使其重获生活的勇气和信心,更好地回归社会、防止再犯具有重要的意义。

对于成人犯罪,特别是轻罪,建议同样可以设立前科记录封存制度,乃至犯罪前科消灭制度,让有前科、罪行不严重的人,放下包袱,不自暴自弃,在社会中重新找回自信,重新融入社会、感恩社会,防止其重新走向犯罪的道路,都具有积极的意义。

3. 程序上,将15日以上的人身自由制裁,无论是限制或是剥夺人身自由的措施,一律纳入司法审查的范围。我国《宪法》第37条规定:“中华人民共和国公民的人身自由不受侵犯。任何公民,非经人民检察院批准或者决定或者人民法院决定,并由公安机关执行,不受逮捕。禁止非法拘禁和以其他方法非法剥夺或者限制公民的人身自由,禁止非法搜查公民的身体。”《立法法》第8条规定:“下列事项只能制定法律……(四)犯罪和刑罚;(五)对公民政治权利的剥夺、限制人身自由的强制措施和处罚……”将15日以上的人身自由制裁,不论是限制或是剥夺人身自由的措施,一律纳入司法审查的范围。这意味着“类劳教”的措施即上面所说的行政拘留、收容教养、收容教育、工读学校等所有人身自由制裁或控制措施,均有必要纳入司法审查的范围,实现程序再造。这是我国《宪法》和《立法法》的要求。当然,如何进行程序的改革,这是关键。

我国学者在归纳出有的国家解决这一问题的不同方案。第一个方案就是在法院系统增设治安法庭,按照审理刑事案件的简化标准,建立审理包括收容教育、收容教养等治安案件的程序。“这个方案的优点就是可以一劳永逸地解决治安案件处罚以及警察对公民人身自由的正当程序,比较好地解决公安机关对人身自由限制的处罚权滥用问题。这个方案的主要缺点是,改革成本比较高,因为在法院和检察院要增设新的机构和编制,国家要增加这方面的财政投入。”第二个方案就是保留目前公安机关的处罚构架,但是程序上进行司法化改造。[21]笔者赞

〔21〕　李本森:《中国停止劳动教养制度的路径探索》,载《劳教制度的前世今生与后续改革》,中国民主法制出版社2014年版,第212页。

同第一个方案。这个方案看上去,程序构建的工程大、成本高,需要增加一定数量的人员。但是,它却能够从根本上实现限制、剥夺人身自由措施的司法审查,履行我们的宪法承诺,提升人权保护的实效。如果在公安内部通过权力配置,让公安内部不同处、科室之间进行制约和监督,相当于依靠内部监督来实现公权力的公正运作,未必有实际的效果。

4. 实体法设计与程序法的完善同步,可考虑与当下进行的轻罪速裁改革同步进行。党的十八届四中全会通过的《中共中央关于全面推进依法治国若干重大问题的决定》提出:“完善刑事诉讼中认罪认罚从宽制度。”据此,2015 年 2 月 26 日最高人民法院正式发布了《人民法院第四个五年改革纲要(2014 - 2018)》,要求:“完善刑事诉讼中认罪认罚从宽制度。明确被告人自愿认罪、自愿接受处罚、积极退赃退赔案件的诉讼程序、处罚标准和处理方式,构建被告人认罪案件和不认罪案件的分流机制,优化配置司法资源。”在此之前,2003 年 3 月 14 日最高人民法院、最高人民检察院、司法部颁布的《关于适用普通程序审理“被告人认罪案件”的若干问题意见(试行)》和《关于适用简易程序审理公诉案件的若干意见》、2006 年 12 月 28 日最高人民检察院通过的《关于依法快速办理轻微刑事案件的意见》、2012 年 10 月 16 日最高人民检察院公布的《人民检察院刑事诉讼规则》,均对“认罪从宽”作出了规定。2014 年 6 月 27 日,全国人大常委会表决通过《关于授权最高人民法院、最高人民检察院在部分地区开展刑事案件速裁程序试点工作的决定》,对部分轻微刑事案件适用刑事速裁程序,就轻罪案件被告人认罪认罚程序的试点工作进行了部署。[22]

这就意味着要简化现在一些刑事案件的程序。同样,对未来设想法院系统设立的治安法庭,适用简化程序。可有一个过渡期,先将行政拘留以外的其他限制、剥夺人身自由的措施,纳入司法审查的范围,待条件具备时,将行政拘留也一并纳入司法审查的范畴。

5. 15 日以下的人身自由制裁体系,即行政拘留,在未来几年,仍然留给公安机关来行使。建议公安机关在适用时,一是案件的定性要准确,二是要尽量减

---

〔22〕 事实上,我国新《刑事诉讼法》对简易程序的修改,对提高我国的司法效率有很大的促进作用。当然,其适用需要具备的前提条件中,除了“被告人认罪”(条文中表述为“被告人承认自己所犯罪行,对指控的犯罪事实没有异议”)之外,还需要具备案件事实清楚、证据充分和被告人同意等条件。“被告人认罪”不是适用简易程序的唯一条件。

少行政拘留的适用,能用其他制裁措施起到惩治和教育效果的,尽量不用行政拘留这种措施。并且笔者建议,在未来修改治安管理处罚法时,扩大非人身自由制裁手段的规范设计和适用范围。

Problems and Responses on the Perfection of the Legal System of Personal Freedom in China after the Era of Labor Reeducation

Wang Ruijun

Abstract:After the abolition of labor reeducation in China, it is necessary to reflect and reintegrate and improve the system of legal sanctions against China's personal freedom from the new concept formed by the abolition of the system of labor reeducation. The core issue of one country or region choosing what kind of personal freedom legal sanctions system is how to use public power to control illegal and criminal acts. And in modern society focusing on setting the division of the administrative power and the judicial power through legislative in order to solve the problem of the relationship between justice and efficiency. The perfection of the legal punishment system of personal freedom in our country should set the transition period, and build the system of judicial review under the premise of continuous improvement of the judicial capacity.

Key words:Power allocation; Personal freedom; Legal sanction; Justice and efficiency

(责任编辑:胡宗金)

黑格尔行为概念的困境及克服*

——“有意性”及“回避可能性论”的刑法哲学意义

张小宁**

内容摘要：

黑格尔将“行为”界定为主观、道德意志的外在表现，即“行为”应当是“有意”的。受此影响，刑法学界的黑格尔学派将行为表述为“具备责任能力的人在意志支配下实施的举动”。这种行为论在促进间接正犯论发展的同时也导致了“处罚的漏洞”。李斯特以降的行为论实际上都是在坚持“有意性”的同时修正黑格尔学派行为论。但在说明过失犯以及不作为犯的“有意性”方面，各种行为论都遭遇了不同方式的困境，也都在谋求某种方式的突破。近年来兴起的“否定的行为概念”（“个人的回避可能性论”）试图以“回避可能性”取代“有意性”来说明行为的本质属性。虽然该理论尚未成为德日刑法学的通说，但在统合作为与不作为，说明过失犯的行为性等方面，该理论已经显现出了独特的优势。

关键词：

行为论　有意性　否定的行为概念　个人的回避可能性论

对于法律而言，除了我的行为以外，我是根本不存在的，我根本不是法律的对象。

——卡尔·马克思

---

* 基金项目：本文系中国博士后科学基金第56批面上资助一等资助“否定的行为概念分析”（项目编号：2014M560542）的阶段性成果。

** 张小宁，山东大学（威海）法学院副教授，硕士生导师。

作为构成要件符合性、违法性与有责性的连接点,行为概念依然是必不可少的,刑法解释论的骰子在行为研究的后期才能投下。

——汉斯·海因里希·耶塞克

引 言

按照德日刑法学的通说,犯罪是符合构成要件的违法并且有责的行为。如果将文中的限定语全部剔除的话,那便会得出犯罪首先必须是"行为"(Handlung)的命题。因此,从犯罪定义中的"行为"必须与其他要素或特征相联系的角度来看,行为是符合构成要件的行为,是违法的行为,是有责的行为,即"行为是判断犯罪特征时用以修饰该特征的基础、底座、对象。在判断犯罪时,首先需要认定行为,而后才能追加构成要件符合性、违法性、有责性等要素"。[1] 这是自近代刑法诞生以来,刑法学界一直坚持的基础理念:"无行为,无犯罪。"因此,关于行为本质的认定便显得至关重要,德日刑法学围绕"行为"(Handlung)这一基础概念已经进行了 150 多年的争论。直到现在,这一概念还被视为刑法体系的基石。[2]

实际上,在这长达 150 余年的争论过程中,自黑格尔学派以降的德日刑法学曾经一直以黑格尔关于行为的表述作为研究的基轴。详言之,黑格尔将行为描述为主观、道德意志的外在表现,行为应当是受意志支配的,是"有意"的。行为的"有意性"成为了行为论研究的一大理论支柱。[3] 但关于"有意性"的内涵却是一个很难说清楚的话题。例如,黑格尔学派将有意性与责任能力做捆绑理解,这种理解在促使间接正犯论发展的同时也导致了处罚的漏洞,而这种处罚的漏洞正是自然行为论等次第登上历史舞台的理论背景。此外,从时代背景上来看,黑格尔病逝于 1831 年,时间远在第二次工业革命开始之前。因此,黑格

---

[1] [日]中山研一:《刑法総論》,成文堂 1982 年版,第 131 页。

[2] 参见[德]冈特·施特拉腾韦特、洛塔尔·库伦:《刑法总论 I ——犯罪论》,杨萌译,法律出版社 2006 年版,第 68 页。

[3] 另一大理论支柱是拉德布鲁赫提出的"A(行为)与非 A(非行为)"研究公式,而下文中的"否定的行为概念(个人的回避可能性论)"便是对这两大理论支柱的颠覆性研究。

尔描述行为时并未预见到过失犯的大量涌现。[4]他关于行为“有意性”的描述实际上仅限于“故意行为”。但伴随着第二次工业革命的兴起,过失犯与不作为犯大量出现,过失犯以及不作为犯的“有意性”问题成了后世学者无法回避的话题。既不愿与黑格尔的行为理论彻底决裂,又试图说明新的时代背景下的过失犯等问题的左右为难引发了行为论研究的困境,同时也促成了行为论研究的兴盛。但问题在于任何一种行为论都无法解释所有行为的“有意性”。尽管如此,在坚持行为论是犯罪论体系之基础并且可以为犯罪论的各阶层提供评价依据这些方面,德日刑法学的研究一直在推进之中。例如,近年来,“个人的回避可能性论”提供的新思路给人以耳目一新的感觉。不过,关于该理论的内涵及意义,目前我国的研究仅限于只言片语的介绍而已。因此,本人将对行为的“有意性”引发的理论困境进行梳理,并在此基础上运用“个人的回避可能性论”对该困境的克服加以说明。

一、黑格尔行为概念的初登场:行为“有意性”之始

(一)有意性与责任能力的结合:黑格尔学派行为论的兴盛

众所周知,在费尔巴哈时代,行为并不是刑法学独立研究的对象,当时的行为尚隐藏于犯罪的必要条件之中。[5]关于犯罪论,当时占据主流地位的是费尔巴哈(Feuerbach)体系与格罗尔曼(Grolmann)体系。两大体系都没有将行为作为独立的要素。在费尔巴哈体系中,犯罪论分为必要要素与选择要素,前者包括外部认识可能性、违法性,后者包括正犯与共犯、既遂与未遂、故意与过失。在格罗尔曼体系中,犯罪论分为客观(事实)要素与主观(意思)要素,前者包括违法性、既遂与未遂、正犯与共犯,后者包括故意与过失、责任能力。两大体系都不考虑行为的定位问题。原因在于:两种体系提起问题的方式都是“怎样的

---

〔4〕 众所周知,黑格尔生于1770年,卒于1831年。而一般认为第二次工业革命肇始于19世纪60、70年代,最早也应当以德国人西门子于1866年制成了发电机为开端。此时距离黑格尔离世已经35年了。而过失犯的大量涌现则是在第二次工业革命蓬勃发展之际。因此,仅从时代背景上来看,黑格尔对于过失的行为性的忽视也在情理之中。

〔5〕 参见[德]费尔巴哈:《德国刑法教科书》,徐久生译,中国方正出版社2010年版,第39~40页。

标志才可以将行为归类为犯罪,而不是什么是犯罪的标志”。[6] 换言之,在两大体系中,“犯罪必须是行为”属于不证自明的前提。例如,在格罗尔曼体系中,主观的意思与客观的行动(Tat[7])两个要素是构成犯罪的最高要素,两者相结合即为行为,同时也就是犯罪。与之相对,在费尔巴哈体系中,行动(Tat)是犯罪的必要条件,但故意、过失只是选择要素,而缺少将故意、过失统合起来的要素。因此,只能在可以统合犯罪论、刑罚论以及刑法论的更高层次上寻求这种要素。这便是归属性(Zurechnung),其含义是“构成原因的违反刑法的意思与构成结果的可罚行为之间的联系”。[8]

后来,黑格尔在《法哲学原理》一书中界定了“行为”(Handlung)的概念:“意志作为主观的或道德的意志表现于外时,便是行为。”[9] 在黑格尔看来,不受意志支配的不是行为,行为应当是意志的外在表现,是主观意志与客观表现的结合体,即“行为应当是主观的或者道德的意志的外在表现。(1)当其表现于外时我意识到这是我的行为;(2)它与作为应然的概念有本质上的联系;(3)它又与他人的意志有本质上的联系”。[10] 换言之,“只有将外部事实归属于主体即意思时,该外部事实才是行为人的作品”。[11] 黑格尔是从意志自由论的角度出发以哲学思维界定行为,关于“意志性”的坚持有助于将不受意志支配的举动从行为中排除出去,从而贯彻罪刑法定主义,因而具有伟大的历史意义。受黑格尔的影响,其弟子在论述刑法意义上的行为时也坚持“有意性”,这进而影响到了此后行为论的发展。因此,刑法学界将黑格尔奉为行为论的鼻祖。不过,黑格尔谈到的“行为”必须是受“意志”支配的,而此处的“意志”在刑法学中的投影便是“故意”。换言之,黑格尔谈到的仅仅是“故意行为”而已。正因如此,黑格尔学派的行为论或有心或无意地忽略了过失行为的研究,而这种忽略导致

[6] [日]平场安治:《刑法における行為概念の研究》,有信堂 1961 年版,第 50 页。

[7] 德文“Tat”一词在刑法中的含义几经变化,本文将根据其含义的变化分别译为“行动”“犯罪行为”等。

[8] [日]平场安治:《刑法における行為概念の研究》,有信堂 1961 年版,第 51 页。

[9] [德]黑格尔:《法哲学原理》,范扬、张企泰译,商务印书馆 1961 年版,第 116 页。

[10] 同上。

[11] 张明楷:《也谈客观归责理论——兼与周光权、刘艳红教授商榷》,载《中外法学》2013 年第 2 期。

了此后百余年间德国刑法学一直纠结于如何解释过失犯的“有意性”问题。

但至少在德意志第二帝国诞生前后,在普鲁士以及德国刑法学界长期占据主流地位的是以阿贝格、贝尔纳以及凯斯特林为代表的黑格尔学派。正如拉德布鲁赫所言:行为概念原本既无名且无实,因而只能在犯罪论体系内彷徨,将它实现了实质化的是黑格尔在刑法学中的继承人,首推阿贝格,其次是贝尔纳与凯斯特林。例如,阿贝格率先指出:“归属是指将举动认定为行为的判断过程,归属性是行为的内涵要素而非外部条件。”〔12〕贝尔纳则认为:“行为概念透析了归属性的所有本质……归属性是指存在现实行为的判断,在着眼于行为的两个抽象要因时,归属性意为实现的事物正是意欲的事物这一判断过程。”〔13〕为了贯彻罪刑法定主义,排斥主观归罪,贝尔纳将“行为”概念设定为犯罪论体系的根基。根据贝尔纳的观点,“行为(Handlung)是连接犯罪主体的意志与客观的犯罪行为(Tat)的纽带”。〔14〕其中的“犯罪主体”必须是具备了刑事责任能力的行为人。因此,无责任能力人无行为,即贝尔纳将“意志”与“刑事责任能力”同等看待,将犯罪的主观方面与主体捆绑理解。例如,在研究如何将责任归属于行为人时,贝尔纳认为“归属是指行为的存在并实现主观要素的客观化和客观要素的主观化”。〔15〕换言之,所谓“行为”,应当是由具备责任能力的人在意志支配下实施的侵害法益的举动。针对反对者提出的应当区分“事实归属”(imputation facti)与“法归属”(imputation Juris)的意见,凯斯特林也表示了反对。在黑格尔学派看来,行为是主客观相结合的存在。因此,与客观要素相结合的“事实归属”和与主观要素相联系的“法归属”也不需要分别成立,行为的成立就意味着归属(责任)的成立。这种理念在当年盛极一时,1871 年制定的德国刑法典也深深地刻上了黑格尔学派的烙印。例如,在表述共犯的从属对象时,当时的德国刑法典使用的便是“可罚的行为”(strafbare Handlung)一词。

---

〔12〕 Abegg, Lehrbuch der Strafrechtswissenschaft, 1836., S. 124. (Radbruch, Der Handlungsbegriff. S. 86。转引自[日]平场安治:《刑法における行為概念の研究》,有信堂 1961 年版,第 60 页注释(18)。

〔13〕 Berner, Grundlinien der criminalistischen Imputationslehre, 1843., S. 41. 转引自[日]平场安治:《刑法における行為概念の研究》,有信堂 1961 年版,第 60 页注释(19)。

〔14〕 Berner, Lehrbuch Des Deutschen Strafrechtes, Nabu Press, 2012, S. 138f.

〔15〕 Berner, Grundlinien Der Criminalistischen Imputationslehre, Nabu Press, 2012, S. 246.

这种行为论具备如下两点优势:(1)可以将间接正犯与共犯区分开来。例如,当成年人甲利用未成年乙杀害丙时,乙虽然侵害了他人的生命,但因为无责任能力,实施的并非"行为"。所以,乙因没有实施行为而不构成正犯。而当时的刑法理论要求共犯应当完全从属于正犯,如果正犯不成立,那么幕后人甲也不可能构成共犯。此时,对于甲的利用行为而言,乙类似于工具或动物。所以,依据"工具理论",甲构成杀人罪的"间接正犯"而非教唆犯或帮助犯。(2)可以与"禁止溯及论"相契合。"禁止溯及论"认为:当幕后人以教唆或帮助等方式参与犯罪时,不应将幕后人作为"(直接)正犯"处罚。与之相同,黑格尔学派的行为论也认为上述幕后人甲只能构成杀人罪的间接正犯,不应追究其作为"(直接)正犯"的罪责。总之,该行为论为间接正犯在直接正犯与共犯之间争取到了空间,对间接正犯论的发展成熟可谓居功至伟。

(二)结合导致的处罚漏洞

然而,兴盛与危机并存,在历经近30年的荣光后,这种行为论隐含的漏洞彻底地暴露了出来。具体而言,在实行人无责任能力但幕后人误认为他有责任能力而实施帮助时,由于被帮助人(实行人)无责任能力,因而其实施的侵害法益的行为并非黑格尔学派的"行为",不构成正犯。也因此,以正犯实施了"行为"(Handlung)为必要条件的帮助犯〔16〕也无法成立。反之,由于帮助人(幕后人)并没有利用无责任能力的被帮助人实施犯罪的故意,所以此时的帮助人会因为欠缺间接正犯的故意而不能构成间接正犯。如此一来,便会出现一种既无法作为帮助犯也无法作为间接正犯处理的"处罚的漏洞"。〔17〕在教唆犯中也存在同样的问题。实际上,1884年,真实的案例终于揭开了黑格尔学派行为论的伤疤。在该案中,帮助人误认为被帮助人有责任能力而帮助其实施了犯罪,当时的帝国法院最终不得不判定该帮助行为不可罚。也就是说,在实行人无责任能力但帮助人误认为其有责任能力而提供帮助时,由于帮助犯具有"从属性",

〔16〕 需要指出的是,在普鲁士普通法时代并没有"正犯""教唆犯""帮助犯"等概念,当时采用的是"发起人"(Urheber, auctordelicti)与"帮助人"(Gehülfe, sociusdelicti)等术语,"教唆犯"尚隐藏于"发起人"之中,而"帮助人"的含义等同于后来的"帮助犯"。参见[日]安达光治:《客観的帰属論の展開及び課題(一)》,载《立命馆法学》2000年第269期。

〔17〕 [日]松宫孝明:《犯罪论体系的意义》,张小宁译,载《法学评论》2014年第3期。

所以该帮助行为不构成帮助犯,并且也无法作为"帮助未遂"处罚。[18] 此外,在共同正犯中也会出现类似的问题,当有责任能力的甲与无责任能力的乙共同实施犯罪时,因为乙无责任能力,不能实行"行为",所以,法院最终认定甲是单独实施了犯罪。[19]

为了弥补这种"处罚的漏洞",麦茨格主张采用"扩张的正犯概念"。即正犯的概念本来可以扩张到将教唆犯与帮助犯等从犯都纳入其中,只不过是因为现行法特殊地规定了限制刑罚的事由而将教唆犯等作为共犯处罚。换言之,从犯罪论上来讲,所有的参与人都是正犯,只不过在处罚时针对教唆犯等处以共犯的刑罚。而在上述1884年的案件中,关于幕后人甲的罪责,虽然他不构成共犯,但却可以作为正犯处罚。[20] 但这种理解却没能解释清楚如下两个问题:(1)针对认识错误的幕后人,为什么刑法不将其视为从犯,不为其设定特别的限制刑罚事由?(2)即使退一步来谈,当无身份人参与身份犯罪时,无身份人原本便不会构成正犯,那么,此时又何来正犯的扩张性呢?针对这两个问题,麦茨格不得不放弃体系论的思考方式转而采用见招拆招的对策。关于问题(1),麦氏认为可以将认识错误的幕后人视为从犯。关于问题(2),麦氏则认为在身份犯中还是应当适用"限缩的正犯概念"。但这种解决方法显然与体系性思考相悖。因此,"扩张的正犯概念"从未被德国刑法典所采纳。[21]

---

〔18〕 RGSt 11,56. 转引自[日]松宫孝明:《刑事立法と犯罪体系》,成文堂2003年版,第226页。

〔19〕 RGSt 40,21. 转引自[日]松宫孝明:《刑事立法と犯罪体系》,成文堂2003年版,第226页。

〔20〕 Mezger, Strafrecht, 1. Aufl., C. H. Beck, 1931, S. 449.

〔21〕 不过,《奥地利刑法典》采用了"扩张的正犯概念"。例如,该法典第12条规定:自己实施应受刑罚处罚的行为,或者通过他人实施应受刑罚处罚的行为,或者为应受刑罚处罚的行为的实施给予帮助的,均是正犯。第34条规定:在数人实施的应受刑罚处罚的行为中仅起辅助作用的,可以减轻处罚。参见[日]佐川友佳子、金子博:《犯罪体系と共犯体系》,载《立命馆法学》2011年第1期。

二、黑格尔行为概念的修正:行为“有意性”的虚化

(一)“有意性”与责任能力的分离

为了弥补上述“处罚的漏洞”,最有效的途径是承认无责任能力人也能实施“行为”,即必须和黑格尔学派的行为论痛苦地诀别。关于该问题,斯鸠贝尔首先论证了不法与犯罪行为的不同。伦登则进一步将犯罪区分为三个层次:(1)人类活动引发的犯罪现象;(2)行为的违法性(客观);(3)行为的故意或过失。伦登还以此为基础提出了“行为·违法性·责任”的阶层式犯罪论体系。此后,布黎主张区分客观的因果联系和主观的责任联系。在布黎看来,由意思支配而实施的是行为,属于因果联系,而以行为人的自我决定为基础的故意或过失(对意思的答责)属于责任要素。因此,行为应当有别于归属(责任)。换言之,斯鸠贝尔、伦登、布黎都主张区分犯罪中的客观要素与主观要素,前者的核心是行为,而后者的核心是责任。这种区分方式为自然行为论的远航提供了指南。

不过,直接为自然行为论奠定基础的是贝克与齐特尔曼。贝克认为:“犯罪是行为,而行为是意思的外在化,只有行为才能凭借其性状作用于外部事物,所以思想犯不受处罚。当拥有该性状的行为现实化时,导致外在感觉世界真正发生变化,事物才会与之发生直接联系。”[22]齐特尔曼则指出:“只有当身体运动是受意思支配而做出时,这种身体运动(行为)才是导致结果发生的原因。意思位于与表象相结合的内部,其内容并非表象本身,而是构成表象之内容的部分。”[23]两者的行为论直接催生了李斯特的自然行为论。

李斯特从严格区分违法性与责任的角度出发,认为可以将犯罪区分为“客观的犯罪构成”与“主观的犯罪构成”,并进而提出了“自然行为论”。该理论认为:“行为是根据意思而表现于外部的,可以被感知察觉的变化,在无责任能力人身上也存在可以引起这种变化的‘意思’。”[24]行为的特征在于“有意性”与

---

〔22〕 E. I. Bekker, Theorie des Strafrechts, Nabu Press, 2012, S. 86.

〔23〕 Zitelmann, Irrtum und Rechtsgschäft: Eine Psychologischjuristische Untersuchung, Nabu Press, 2013, S. 36.

〔24〕 F. v. Liszt, Lehrbuch des Deutschen Strafrechts, Nabu Press, 2010, S. 115ff..

“表现于外部并引起变化”。行为是纯客观的，无须考虑其主体是否具有责任能力等。以这种行为为基础，在判断过程中依次叠加“违法的”“有责的”以及“可罚的”等要素后，才能最终被确定为构成刑罚对象的“犯罪行为”。以此为依托，李斯特构建出了“行为·违法性·责任”的犯罪论体系。[25] 从行为论的角度来看，该犯罪论体系的特色在于：“行为”(Handlung)不同于“犯罪行为”(Tat)，前者是纯客观的，与行为人的责任能力毫无关联，而后者则包含主观要素，并且是由有责能力人实施的；前者是判断犯罪成立与否的起点，而后者是认定犯罪成立的终点；前者位于该体系的第一单元，后者则是该体系之整体。因为自然行为论中的行为是有意的行为，因而又被称为“有意行为论”。并且，因为该理论注重“行为是由于心理原因而展开的”这一因果事实，所以也被称为“因果行为论”。[26]

自李斯特开始，行为论进入了“乱哄哄你方唱罢我登场”的时代。也正是从此时起，客观违法论的通说地位才得以确立。关于犯罪论体系与共犯从属形式的长达百余年的争论也拉开了帷幕，直至今日仍是刑法学研究的主旋律。详言之，以李斯特的“违法客观、责任主观”的行为论为依托，贝林创立了“构成要件符合性·违法性·有责性”的三阶层体系，因为两者在“违法客观、责任主观”方面具有共通性，所以后世称为“李斯特·贝林体系”。[27] 以李斯特与贝林的理论为依托，迈耶主张在共犯论中采用“限制从属形式”，即只要正犯实施的是符合构成要件并且违法的行为，共犯便可以成立，有责性的问题与共犯的成立并无关联。[28] 如此一来，在前述案例中，当幕后人不知道实行人无责任能力而实施教唆时，虽然实行人不构成正犯，但其行为是违法的，所以不影响教唆犯的成立。

---

〔25〕 如上所述，该体系的真正创立人是伦登，而李斯特的功绩在于完善了该体系。

〔26〕 关于行为与结果之间的逻辑联系，该行为论作如下理解：心理事实—(因果关系)→行为—(因果关系)→结果。

〔27〕 但必须说明的是，贝林创立三阶层体系之初采用的是“身体动作说”而非李斯特的“有意行为论”。与“有意行为论”不同，“身体动作说”将意志因素从行为中彻底删除了出去。不过，晚年的贝林转而接受了“有意行为论”，参见[德]恩施特·贝林：《构成要件理论》，王安异译，中国人民公安大学出版社2006年版，第65页。

〔28〕 M. E. Mayer, Der Allgemeine Teil des Deutschen Strafrechts, 2. unveränderte Aufl., 1923, S. 391. 转引自[日]松宫孝明：《刑事立法と犯罪体系》，成文堂2003年版，第63页。

因此,与黑格尔学派的诀别虽然是痛苦的,但收获却是丰厚的:上述“处罚的漏洞”被克服了。这种思想也深刻地影响到了立法。例如,1943 年《德国刑法典》修订时,共犯所从属的对象由正犯的“可罚的行为”变成了“刑罚所威吓的行为”,而这种“刑罚所威吓的行为”并不需要正犯的有责性。

(二)对“有意性”的初批判

不过,关于这种自然行为论,一直有研究者提出质疑,质疑的矛头直指“有意性”与“表现于外部并引起变化”这两大要素。首先,关于“有意性”,自然行为论认为行为有意即可,但却并未解明“意”的真实内涵,尤其是它与主观要素诸如“故意”“过失”的关系问题。这其实仍然是黑格尔的行为概念引发的纠结:既要强调行为是受意志支配的,又要认为行为是客观的,那么,便只能对“有意性”做空洞化处理了。岂止自然行为论如此,这一点是所有纠结于黑格尔行为概念的行为论都无法克服的难题。其次,关于“表现于外部并引起变化”,批评者认为在不作为犯中这是一个自相矛盾的概念。具体而言,行为的成立需要变化,并且这种变化必须表现出来,那么,在不作为犯中,尤其是在不真正不作为犯中,这种“变化”真的存在吗?

为了解决上述问题,拉德布鲁赫主张:刑法的基础概念应当是“犯罪行为”(Tat)或“构成要件”(Tatbestand)而非“行为”(Handlung)。原因在于:“行为”一词的涵盖范围不广,不能将“不作为”纳入其中,而“犯罪行为”则可以涵盖“作为”与“不作为”。在拉德布鲁赫的影响下,德国 20 世纪 20 年代的刑法修正草案都以“犯罪行为”(Tat)作为共犯的对象。不过,如后所述,拉德布鲁赫观点的完胜则要等到半个世纪后的 1975 年了。顺便指出,拉德布鲁赫的另一贡献是,创立了“A(行为)与非 A(非行为)”的研究公式。该公式与黑格尔的行为概念构成了德国行为论百年研究的两大支柱。

与之相对,恩吉施则试图在“行为”的框架内解决问题。他的构思是,回避关于行为“有意性”内涵的阐释,转而从“引起”即“因果主义”的视角寻求作为与不作为的共通性。在恩吉施看来,不作为的条件关系与作为的条件关系具有共同的因果性,因此,不作为也具有“行为性”。在具体分析中,恩吉施利用“合法则条件公式”来论证不作为的因果性。即在不作为犯中,“‘表现于外部并引起变化’不是指因为‘实在的力’而导致了变化,而是指从时间上来看这种不作为与后来出现的结果之间存在合法则关系”。[29] 只要这种合法则关系得以确认,就可以认定不作为的因果力而无须考虑不作为的“有意性”之有无。例如,“社会生活法则要求父母抚养子女,如果母亲不积极履行抚养义务导致婴儿饿死的话,这种不作为与结果之间便存在合法则关系”。[30] 而这里的法则不仅指自然法则,也包括伦理法则以及社会生活法则。虽然恩吉施的理论未能解决行为性的问题,但“合法则条件公式”却为相当因果关系提供了一个可资借鉴的标准,从而保证了“相当因果关系说”在“二战”之前的通说地位。真可谓“有心栽花花不开,无心插柳柳成荫”。

拉德布鲁赫与恩吉施的解决方法都不无道理,但问题在于:在描述共犯的从属对象时,《德国刑法典》中使用的都是“行为”一词。换言之,拉德布鲁赫的影响力在当时仅限于刑法修正案而已。直到 1975 年《德国刑法典》修订时才将“可罚的行为”替换为“刑罚所威吓的行为”,而这种“刑罚所威吓的行为”是无需责任能力的。换言之,拉德布鲁赫观点的完胜要迟滞到半个世纪之后了。此外,关于恩吉施谈到的“法则”究竟是自然法则还是社会法则的问题,他本人的表述其实并不明确。更何况,当行为人过失参与了正犯的故意犯罪时,自然行为论无论如何无法给出圆满的回答。

概言之,李斯特的自然行为论将“有意性”与责任能力分离,这促成了犯罪论体系与共犯论的飞速发展。但是,李斯特在设定行为概念时为了虚化“有意性”而过于恪守因果主义,从而导致了行为实质的空洞化。为了克服这种空洞化,威尔策尔的“目的行为论”才得以出现,而出现的契机恰好是两起共犯以过失帮助了正犯实施故意犯罪的案例。

三、故意正犯幕后的过失正犯的“有意性”

(一)“无意性”的过失帮助犯:目的行为论的登场

众所周知,目的行为论是威尔策尔提出的。但是,许多研究者对于“目的行为论”的思路大感困惑,为什么要将行为限定为“目的行为”,为什么过失与不作

〔29〕 K. Engisch, Die Kausalitätals Merkmal der strafrechtlichen Tatbestände, 1931, S. 31. 转引自[日]松宫孝明:《刑事立法と犯罪体系》,成文堂 2003 年版,第 64 页。

〔30〕 同上书,第 64 页。

为不是行为？其实，从目的行为论中可以清楚地探知黑格尔行为概念的雪泥鸿爪：行为的意义规定取决于主观的、个人的知识与意欲。不过，威尔策尔毕竟是从刑法的角度出手，所以与黑格尔的理论还略有不同。详言之，黑格尔认为行为的意志性问题可以放在道德的层面中解决，而威尔策尔则认为应视为法律问题解决。从这一点上来看，威尔策尔的目的行为论才是真正彻底地贯彻了黑格尔行为概念的内涵。只有威尔策尔彻底地做到了将行为限定为“意志支配的行为”，既坚持了行为的“有意性”，又阐明了“有意性”的内涵。但也正因如此，威尔策尔的行为论最纠结于过失行为的难解释性。

目的行为论登场的契机是两起性质相同的疑难案例。其中的一起被称为“仓库火灾事件”。被告人是一名工厂主，他为员工安排的宿舍位于仓库的二楼，但既缺少灭火设施，也没有逃生渠道，一旦发生火灾，则员工生命堪忧。后来，果然发生了火灾，员工因为无法逃生而丧命。对于员工的死亡，该工厂主有过失，但火灾却是他人故意纵火所致。因此，被告人是以过失的形式帮助了他人实行放火罪。如果根据自然行为论并结合共犯的限制从属形式，则被告人将构成放火罪的从犯。但对于没有放火故意的被告来说，这显然是过于苛刻的。因此，法院最终认定被告人构成过失致死罪的正犯。〔31〕同样地，在另一起案例中，丈夫与情妇(护士)合谋毒死妻子，并且配置好了毒牛奶。几天后，当三人共处一室时，丈夫却忘记了牛奶有毒，随手递给了情妇，而情妇误认为丈夫示意自己动手，于是倒给妻子将其毒死。在该案件的判决中，法院认为：根据现有的证据，无法证明丈夫在递给情妇牛奶时具有杀人的故意。因此，丈夫不构成杀人罪的帮助犯，而是过失致死罪的正犯。〔32〕

为了圆满地解说这两起案件的结论，更为了说明故意正犯的幕后可以存在过失正犯的问题。研究界开始探索如何才能解释如下问题：为什么过失帮助可以构成“过失正犯”而非“故意正犯的共犯”。解决的思路有两种：(1)仍以李斯特·贝林体系为依托，但需要改用“扩张的正犯概念”；(2)维持“限缩的正犯概念”，但需要突破自然行为论的拘束。详细状况如下：

---

〔31〕 RGSt 61,318.转引自[日]松宫孝明：《刑事立法と犯罪体系》，成文堂2003年版，第65页。

〔32〕 RGSt 64,370.转引自[日]松宫孝明：《刑事立法と犯罪体系》，成文堂2003年版，第65页。

如果仍以李斯特·贝林体系为基础,换言之,如果仍然认为违法性是客观的而有责性是主观的话,那么,为了得出与上述两案例相吻合的结论,刑法学便必须放弃“限缩的正犯概念”而改用“扩张的正犯概念”。具体而言,如果根据“限缩的正犯概念”,故意的实行犯自然是正犯,而幕后人则只可能是共犯,并且,共犯必须与正犯相连带。因此,无论其主观心态是故意还是过失,幕后人都应当是放火罪或杀人罪的共犯。而这显然与前述案例的结论相悖。与之相对,根据“扩张的正犯概念”,正犯被扩张至幕后人,所以,上述两案件中的幕后人都可以凭借其过失心态独立地构成(过失)正犯,而无须与实行人的故意以及罪名相关联。并且,如果幕后人与实行人具有相同的故意的话,幕后人同样可以构成正犯,但仅作为共犯处罚。仅作为共犯处罚的根据在于现行法规定了刑罚限制事由而将其特殊地以共犯论处。由此一来,“所有参与犯罪的行为人都是正犯,而共犯不过是制定法的产物而已”。[33] 换言之,根据“扩张的正犯概念”,从犯罪论上来讲,所有参与犯罪的行为人都是正犯,只不过在科处刑罚时,对共犯的处罚轻于正犯。虽然这种理解方式颇为别扭,但毕竟坚持了李斯特·贝林体系,是在该体系的框架内进行的微调。所以,在此后的很长一段时间内,特别是在20世纪30年代,“扩张的正犯概念”曾经得到了许多人的拥护。

与之相对,威尔策尔的“目的行为论”则是在维持“限缩的正犯概念”的前提下解决问题。威尔策尔认为:能够被称为“行为”的仅限于“目的行为”即故意的作为,而不作为与过失都不是“行为”。详言之,根据目的行为论,只有被实现目的之意志控制的举动才是“行为”,而没有实现目的之意志控制的不作为并非“行为”。此外,关于“欠缺实现目的的不行为”即“过失”,只能从“人与人的关系”上进行把握。[34] 传统的共犯论正是以这种“行为”为前提的,所以不能适用于不作为犯与过失犯。过失正犯是一种独立的正犯,与故意的作为正犯即目的正犯迥然不同。因此,传统的共犯论仅适用于故意正犯。[35] 威尔策尔的“目的行为论”具有如下特点:首先,关于行为的解释,“行为”即“目的行为”是一种行为人为了实现目标而有意识地操纵自己行动的过程,即故意的作为。其次,过失与不作为都不是“行为”,而是“态度”或“行态”(Verhalten)。因此,“犯罪

---

〔33〕 Mezger, Strafrecht, 1. Aufl., C. H. Beck, 1931, S. 415ff..

〔34〕 [日]平场安治:《刑法における行為概念の研究》,有信堂1961年版,第79页。

〔35〕 H. Welzel, Studienzum System Des Strafrechts, ZStW 58(1939), S. 491.

是行为”的表述并不正确,正确的表述是:犯罪包含“行为”(Handlung)与“非行为”(Nichthandlung)两种类型。也因此,犯罪论体系应当区分为“行为的犯罪论体系”与“非行为的犯罪论体系”。[36] 由此可以看出,威尔策尔不仅忠实于黑格尔关于行为“有意性”的表述,而且还贯彻了拉德布鲁赫的“A(行为)与非 A(非行为)”公式。通过将犯罪区分为行为与非行为,构建两种并行的犯罪论体系,威尔策尔得以在维持“限缩的正犯概念”的前提下圆满地解释上述案例。正因如此,直到 20 世纪 40 年代末,目的行为论在德国都牢牢把持着通说的地位。

(二)目的行为论的尴尬:违反罪刑法定主义

但是,到 1949 年,目的行为论不得不直面违反罪刑法定主义的批判。众所周知,“二战”后德国分裂为东西德国。西德于 1949 年 5 月 23 日通过了《德意志联邦共和国基本法》(以下简称《波恩基本法》)。该法第 103 条第 2 款明文规定了罪刑法定原则,而这直接刺激到了目的行为论的发展。原因在于:此时的刑法中表述“行为”时使用的仍然是“Handlung”一词,那么,如果像目的行为论一样认为并非“行为”时也可以构成犯罪的话,就将直接违反《波恩基本法》了。威尔策尔的弟子尼泽便以此为依据提出了批评。[37] 此外,威尔策尔对于过失犯中的“目的性”的解释是“潜在目的性”,但以潜在目的性来解释过失犯的做法无论如何也让人难以接受。面对上述棘手的问题,威尔策尔必须接招。

威尔策尔仍然坚持认为过失犯也有目的,不过,关于这种目的,晚年的威尔策尔不再使用“潜在目的性”,而是作如下表述:“以构成要件符合结果之外的刑法上并不重要的结果为目的。”[38] 以交通肇事罪为例,“行为人着急赶到目的地”的目的便是其目的,虽然该目的并不是交通肇事罪的必备要素,但仍然构成其目的。[39] 但是,这种目的仅限于过失作为犯中的目的。而关于过失不作为犯

〔36〕 深受威尔策尔影响的平场安治教授也将犯罪区分为“行为”(行為)与“非行为”(非行為)。参见[日]平场安治:《刑法総論講義》,有信堂 1952 年版,第 32 页。

〔37〕 [日]中山研一、浅田和茂、松宫孝明:《レヴィジオン刑法(3)構成要件·違法性·責任》,成文堂 2009 年版,第 10 页。

〔38〕 H. Welzel, Das Deutsche Strafrecht, 11. Aufl., Walter de Gruyter, 1969, S. 129.

〔39〕 坚持目的行为论的福田平也做同样的阐述:例如,交通肇事罪中行为人的目的是“到达目的地”。参见[日]福田平:《新版刑法総論「増補版」》,日本评论社 1982 年版,第 51 页。

的目的,威尔策尔始终没有给出明确的答复。正如宾丁的哀叹:过失不作为犯是犯罪世界中小之又小但却占据着至高荣耀的领域。岂止如此,关于不作为犯尤其是不真正不作为犯,当被问到为什么可以准用作为犯的规定来处罚不真正不作为犯时,威尔策尔只能作近乎无奈的狡辩:不真正不作为犯的构成要件具备无限多样性,在制定法上将其全部列举出来的做法是不现实的。换言之,在他看来,“罪刑法定原则也不能适用于所有的犯罪,在不真正不作为犯中,甚至连罪刑法定原则也需要做出让步”。[40] 由此不难想象,为了维系目的行为论的基本构想,晚年的威尔策尔着实不易。

概言之,威尔策尔的目的行为论很好地解决了故意作为犯的“有意性”问题,而且也彻底贯彻了拉德布鲁赫的“A 与非 A”公式。但由于其过度的主观主义倾向导致了行为存在结构的过度狭窄。关于过失犯、不作为犯的“有意性”问题,目的行为论难以自圆其说。

四、行为的存在论结构:行为“有意性”的社会评价

针对自然行为论与目的行为论的不足,索尔认为既然法学是规范科学,那就不应从纯自然主义的角度进行阐释,还是应当在违法论之内结合行为的社会意义探讨行为。因为索尔强调行为的客观倾向及其社会有意性,所以被奉为社会行为论的鼻祖。但问题在于:更强调社会有意性或其规范性的应当是违法论而非行为论,如果在行为论中强调社会有意性的话,那么行为将很难成为责任论的基础了。[41] 因此,迈霍弗从行为论是违法论、责任论之基础的角度出发,探讨行为论的存在论结构,并由此提出了社会行为论。根据迈霍弗的理解,“行为应当是伴随有(客观预见可能性的)社会结果的客观支配可能性的态度”。[42]

---

〔40〕 H. Welzel, Das Deutsche Strafrecht, 11. Aufl., Walter de Gruyter, 1969. S. 209f. 威尔策尔的弟子阿明·考夫曼也持同样的观点。Armin Kaufmann, Die Dogmatik Der Unterlassungsdelikte, Schwartz, 1959, S. 282ff..

〔41〕 必须指出的是,此处论证的前提是“行为·违法性(不法)·责任”的犯罪论体系。毕竟直到 20 世纪 60 年代,该体系无论在德国还是日本都牢牢占据着通说的地位。

〔42〕 W. Maihofer, Der Handlungsbegriff In Verbrechenssystem, Mohr (Siebeck), 1953, S. 72.

在迈霍弗看来,自然行为论的问题在于紧盯行为的"有意性"而导致非行为被排斥,而目的行为论的问题则在于限缩了行为的"有意性"而无法将过失与不作为纳入其中。因此,为了避免由于过度重视"有意"或"目的"等主观要素而导致行为范围的缩小,需要将行为理解为"行为人客观支配社会结果的可能性"。迈霍弗认为这种行为概念可以发挥行为论的界限机能等作用。即仍然坚持伦登的"行为·违法性·责任"的三阶层模式,在行为论中探讨的是"人的支配可能性"即"行为的自由",在违法论中探讨的是"拥有该地位的人的支配可能性"[43]即"社会的自由",而在责任论中探讨的是"具体的人的支配可能性"即"个人的自由"。通过这种模式,存在论的行为概念可以成为"人的违法论"以及"人的责任论"的理论基石。

如此一来,在不作为犯中,行为人因为具有作为义务而存在客观支配社会结果的可能性,而在过失犯中,行为人则是因为违反了注意义务而在客观上支配了结果的发生。通过这种方式,迈霍弗可以在"行为"的框架内解决不作为与过失的"行为性"问题。不过,或许是为了与"有意性"或"目的性"等主观要素划清界限,迈霍弗过于强调了客观标准,以至于针对身体与生理能力等,迈霍弗都采用了平均人标准说。但是,在过失犯中,德国的通说却是要考虑行为人回避违法性错误的可能性等因素的。因此,针对迈霍弗的客观标准,雅克布斯作如下批判:"刑法不可能保证对于社会成员的平均身体机能的期待,而只能保证法规范所通常具有的支配性动机的期待。"[44]

尽管后世的雅克布斯等对于社会行为论的客观标准问题提出了质疑,但自迈霍弗创制社会行为论之后,该理论便成为了德国的通说。例如,施密特将行为称为"面向社会外界的有意的举动",恩吉施则表述为"客观地有意引起可得为目的的结果",耶塞克与魏根特则简洁明了地称"行为是具有社会意义的人的态度"。[45] 概言之,社会行为论所意图实现的是,一方面,将自然行为论的"有意性"与"有体性"缓和至社会意义上的程度,从而将不作为与过失包含于其中;

---

〔43〕 并且,迈霍弗认为:在这一阶段上便可以具体探讨行为人的专业知识问题。因此,狡猾的犯罪人可以在违法论的阶段上得到评价。这被称为"客观的人的违法论"。

〔44〕 G. Jakobs, Strafrecht Allgemeiner Teil, De Gruyter, 1991, S. 139.

〔45〕 [德]耶塞克、魏根特:《德国刑法教科书》,徐久生译,中国法制出版社2001年版,第275页。

另一方面,批判目的行为论的"目的性"中的主观色彩与过度限定化,实现其客观化,并将社会程度上的客观支配可能性作为行为的外延。但从整体上来说,社会行为论并没有背弃目的行为论的初衷,而不过是修订了目的行为论过于主观化的弊端。因此,研究界也将最初的社会行为论称为"客观性目的行为论"。

与德国相同,日本刑法学最初引进的社会行为论也被称为"客观性目的行为论"。该理论得到了佐伯千仞、莊子邦雄、内田文昭等人的支持而占据了通说地位。[46] 例如,莊子邦雄与内田文昭都将自己的行为论直接称为"客观性目的行为论"。[47] 而佐伯千仞则干脆认为行为的本质便在于其社会意义之有无,即行为是"具有某种社会意义的人的态度",因此可以将行为人主观意思的限制全部排除,进而认为如果反射动作与受物理强制的动作具有社会意义的话也属于行为。[48] 但平场安治认为如此一来行为将不再受任何限制。[49] 因此,佐伯的支持者们对佐伯说进行了些许修正,目前形成的定论是,行为是"具有社会意义的人的外部态度"。[50]

五、人格性:行为"有意性"的内部探究

人格行为论出现于 20 世纪 60 年代,当时正值行为论之争进入白热化阶段。一般认为人格行为论的理念可以追溯到鲁道菲的"人格可归责性"思想,而该理论的初创者是阿图尔·考夫曼。阿图尔·考夫曼在 1966 年提出了"人格行为理论",并将行为视为"具有可责性的人的人格化行动"[51],即"行为应当是

---

〔46〕 参见张小宁:《日本的行为论之争及最新的研究趋向》,载《学术界》2014 年第 11 期。

〔47〕 [日]莊子邦雄:《刑法総論》,青林书院新社 1969 年版,第 150 页;[日]内田文昭:《刑法Ⅰ(総論)改訂補正版》,青林书院 1997 年版,第 77 页。

〔48〕 参见[日]佐伯千仞:《刑法総論講義「四訂版」》,有斐阁 1984 年版,第 145 页。

〔49〕 参见[日]平场安治:《刑法における行為概念の研究》,有信堂 1961 年版,第 48 页。

〔50〕 [日]浅田和茂:《刑法総論「補正版」》,成文堂 2007 年版,第 106 页。

〔51〕 [德]阿图尔·考夫曼:"Strafrechtsphilosophie in der Zeitenwende",[日]上田健二等译:《転換期の刑法哲学》,成文堂 1999 年版,第 63 页。

有责任的、符合意识的现实形态与由意志可以控制的因果性结果。”[52] 此后,金贝尔纳特、赫鲁斯卡、金德豪伊泽尔、施密特霍伊泽尔、阿尔瓦特以及卡格尔等支持阿图尔·考夫曼的观点。因此,虽然自 1975 年之后行为论之争迅速降温,[53] 但人格行为论的影响力却持续上升。公认的人格行为论之集大成者是慕尼黑大学的罗克辛教授。在《德国刑法学总论》(第 1 卷)中,罗克辛认为行为的核心在于“人格的主体现实化”,并只有这种行为论才能同时发挥行为的三大机能:(1)包含犯罪性举止行动的全部表现形式的“基础机能”;(2)用于连接不法与责任的“连接机能”;(3)区分行为与非行为的“界限机能”。此外,通过列举反射性动作、不受意志控制的自动动作、高度冲动中的构成行为以及无意识的心醉神迷状态四个案例,罗克辛进一步指出只有人格行为论可以毫无困难地解决问题。[54] 在日本,人格行为论的集大成者是团藤重光教授:刑法中考察的行为是行为人人格的主体现实化。详言之,“人的身体动静与位于其背后的主体性人格态度相结合,并表现为其人格的主体现实化时,便是行为。行为是行为人人格的主体现实化的存在(Leben)的活动,构成其生物学基础与社会基础”。[55] 大塚仁教授认为人格行为论的意义在于如下四个方面:(1)能够更好地发挥行为概念的机能特别是作为界限要素的机能;(2)正确地探求构成犯罪论之基础并且作为刑法之判断对象的行为;(3)立足于行为论的学说发展史的稳妥的理论志向;(4)在犯罪论体系中,可以在“构成要件符合性·违法性·有责性”的

---

[52] [德]克洛斯·罗克辛:《德国刑法学总论》(第 1 卷),王世洲译,法律出版社 2005 年版,第 161 页。

[53] 如上所述,德国行为论之争降温的原因在于,1975 年德国刑法典经过修订将共犯的从属对象从“行为”(Handlung)替换为“犯罪行为”(Tat),这标志着拉德布鲁赫的观点取得了最终的胜利。而日本行为论之争降温的原因在于小野清一郎的构成要件论占据了通说的地位,犯罪论体系演变为“构成要件符合性·违法性·有责性”。详见[日]小野清一郎:《犯罪構成要件の理論》,有斐阁 1953 年版,第 1 页以下,尤其是第四节“構成要件と行為論”(第 47 ~68 页)。

[54] 参见[德]克洛斯·罗克辛:《德国刑法学总论》(第 1 卷),王世洲译,法律出版社 2005 年版,第 160 ~170 页。

[55] [日]团藤重光:《刑法綱要総論》,创文社 1990 年版,第 105 页。

每个阶段上构成判断的对象。[56]

但是,人格行为论依然未能抵抗必然面对的如下批判:(1)"人格的主体现实化"的含义并不清晰,特别是关于它是否体现行为人"意志"的问题,"人格的主体现实化"的解释远不如目的行为论明确。因此,平野龙一认为"'人格的主体现实化'实际上与责任能力人的有责态度是一回事。"[57]换言之,与黑格尔学派行为论相同,"有意性"与"责任能力"又一次出现了混同。进一步说,从犯罪论体系的角度来看,行为论与责任论混同了,而这可能导致犯罪论体系的崩溃。即如果严格地解释该要素的话,则可能将无责任能力人的行为排除在外,而这将导致共犯成立范围的缩小。反之,如果不做严格解释的话,又可能将无意识的举动包含在内,反而扩张了行为的范围。(2)人格行为论与阶层式犯罪论体系[58]之间还存在难以契合之处。即如果坚持人格行为论,在构成要件符合性阶段上探讨行为时,便必须分析行为人的主观意思以及人格甚至责任能力等责任要素,那么,在责任论部分还有什么是值得讨论的呢。(3)"人格行为论将行为归属于行为人的人格,采用了综合性的判断标准,归纳出的是一个实质性的行为概念。这个概念越实质性越综合性,便越需要将其他犯罪要素纳入其中,从而也就导致其越发肥大化。"[59](4)关于忘却犯(过失不作为犯)的"有意性",人格行为论同样无法给出明确的解答,因为忘却犯中显然是体现不出行为人的人格的。

六、"回避可能性论"取代"有意性"

(一)"回避可能性"的萌发:可回避原则

在长达百余年的争论过程中,德日刑法学关于行为论的研究始终遵循两条基本思路:(1)以黑格尔的行为概念为哲学基础,即将行为理解为意志的外在体

〔56〕 参见[日]大塚仁:《人格的行為論について》,载平场安治等编:《团藤重光博士古稀祝賀論文集第1卷》,有斐阁1983年版,第126~131页。

〔57〕 [日]平野龙一:《刑法総論Ⅰ》,有斐阁1972年版,第109页。

〔58〕 此处是指直到20世纪70年代都占据着通说地位的"行为·不法(构成要件符合性·违法性)责任"体系。

〔59〕 《行為の存在論的構造——人格的行為論概要》,[日]上田健二译,载《同志社法学》1967年第19卷第1期。

现。受此影响,除“身体动作说”之外,行为的“有意性”问题一直为德日刑法学所坚持。但是,关于如何理解行为的“有意性”,特别是过失犯与不作为犯的“有意性”问题,各种行为论都未能提供令人信服的解答。(2)以拉德布鲁赫的“A(行为)与非 A(非行为)”作为基本架构,试图在“非 A”的框架内解决过失与不作为的问题。但这却导致了作为与不作为的尖锐对立,进而影响到了行为性的统一。

因此,近年来,有学者尝试跳出行为本质的内部讨论,转而从外部视角解析行为人的回避可能性问题。其基本思想在于“可回避原则”,即行为人应受责难的根据在于,他原本可以回避侵害结果的发生但却未能回避。这种思考方式的初创者是卡尔斯。“如果一个行为人能够回避一个结果的发生,并且法律也要求他回避这个结果的发生,那么,只要他不回避而使这个结果发生的,就应当将这个结果归责于这个行为人。”[60] 此后,霍茨贝格将其总结为一个成熟的理论,并首次使用了“否定的行为概念”(der negative Handlungsbegriff)一词,以便将作为与不作为都纳入其中。并且,为了保障纳入方式的完整性,霍茨贝格以“保证人地位”为作为和不作为设定根据。[61] 详言之,霍茨贝格从“抽取出作为与不作为的上位概念”这一问题意识出发,于 1972 年提出了“处于保证人地位的人员可以回避却不回避”(das vermeidbare Nichtvermeiden in Garantenstellung)的理念。与前述行为论不同,该理念避开了行为的“有意性”之争,转而从规范论视角使用“回避”(Vermeiden)概念来统合作为与不作为,并因此改变了拉德布鲁赫的“A(行为)与非 A(非行为)”公式,采用“非 A(非回避)与非 A(非回避)”公式。因为该理念绕开了直接回答行为之本质的问题,因而被称为“否定的行为概念(也称为‘消极的行为概念’或‘假定的行为概念’)”。在“否定的行为概念”问世后不久,贝伦特从弗洛伊德的精神分析学说出发推进了该理论。在贝伦特看来,“回避可能性”的衡量标准便是反对统制机构中的“反对统制能力”在刑法学上的投影,即“回避可能性的问题实际上是某人面对回避统制时的

[60] [德]克洛斯·罗克辛:《德国刑法学总论》(第 1 卷),王世洲译,法律出版社 2005 年版,第 156 页注(69)、第 160 ~ 170 页。

[61] R. D. Herzberg, Die Unterlassung im Strafrecht und Das Garantenprinzip, Walter de Gruyter. 1972, S. 156.

现实及心理能力问题”。[62] 因此,在确定行为人的责任归属时,重要的是他原本可以回避但却怠于回避从而导致他人陷入危险这一要素。而在做具体判断时,则需要参考“存在危险状况”“存在回避可能性”以及“不回避”三项标准。与霍茨贝格相比,贝伦特的贡献在于以“反对统制动机”为基础为“否定的行为概念”填补了实质内容。此外,在该理论的发展过程中,霍茨贝格与恩吉施、罗克辛等人进行了长达十余年的论战,论战的内容涉及行为论的基础理论、归属论、行为主义、作为犯的特征、行为概念的机能等各个方面。[63] 该论战在广度方面无法与李斯特、比克迈耶的新旧派论战相比,但在深度方面却远超过之。这场论战也催生了“否定的行为概念”的成熟形态——“个人的回避可能性论”。

(二)“个人的回避可能性”

从总体上来看,“否定的行为概念”的出现与“客观归属论”的兴起存在密切关联。“客观归属论”采用结果主义、以结果主义为基础的规范论以及规范主义的思维方法看待行为与结果之间的联系,从而颠覆了传统的行为论与因果关系理论,[64] 甚至还导致了“不法・责任体系论”中的“不法论”的重构。但正是以“否定的行为概念”与“客观归属论”为依托,雅克布斯提出了“个人的回避可能性论”(individuelle Vermeidbarkeit)[65],该理论扬弃了“保证人地位”但采用了类似于“否定的行为概念”的思路。具体而言,与霍茨贝格的“否定的行为概念”相同,“个人的回避可能性论”也回避了直接谈论行为“有意性”的问题,转而从归属论的角度探讨不作为与作为的同质性。但又与“否定的行为概念”不

[62] H. J. Behrent. Die Unterlassung im Strafrecht: Entwurf eines negativen Handlungsbegriffs auf psychoanalytischer Grundlage. Nomos. 1979. 9.

[63] 参见[日]仲道佑树:《行為概念の再定位》,成文堂2013年版,第131~144页。

[64] 张小宁:《相当因果关系说的兴盛与危机》,载《东岳论丛》2014年第8期。

[65] 王世洲教授在翻译罗克辛教授的《德国刑法学总论》(第1卷)时将“individuelle Vermeidbarkeit”译为“具体的回避可能性”,但雅克布斯教授使用“individuelle”时更强调行为人的个人因素。因此,日本学者一般将“individuelle Vermeidbarkeit”译为“个人的回避可能性”。但必须说明的是,这里的“个人的”判断标准是一般市民,因而实际上是客观的。

同,“个人的回避可能性论”依然从社会意义的角度把握行为论的本质。[66] 例如,雅克布斯明确指出:“行为概念是指,在社会世界与刑法的关系方面对于社会世界的解释,是可以了解该社会世界的概念,即刑法上的行为概念必须纳入社会与刑法之中进行把握。”[67] 在雅克布斯眼中,“刑法中的行为概念应当是(刑法中的可以归属的)态度的统一体,而非多种元素的简单集合”。[68] 因此,只有将行为视为犯罪论体系之基石,并且从客观答责性的角度出发,才能更好地阐释行为的本质。换言之,“个人的回避可能性论”可以说是“否定的行为概念”“客观归属论”与“社会行为论”的糅合。

关于“个人的回避可能性”,雅克布斯认为应当做如下理解:其出发点在于回避可能性是客观的而非个人的,即一个可以设定动机的正常市民能够回避并且也实施了回避。故意与(个人的)过失的表现形式便是欠缺上述状况中的遵守支配规范的动机。换言之,“故意与过失并不是为‘作为个人心理事实的’不法设定根据,而是为‘体现为个人表现出来的,客观规定的欠缺’的不法设定根据”。[69] 在将行为虚化处理为“客观支配之可能性”的问题上,雅克布斯的观点与“否定的行为概念”保持一致。[70] 但是,雅克布斯说的特点在于:通过这种处理方式,行为可以与故意、过失建立更密切的连接,并因而为“责任”设定根据。在雅克布斯看来,关于犯罪论体系,德国的通说仍然是“不法·责任论”体系,而行为仍然要位于“不法”之中,那么,以往的行为论虽然可以为“不法”设定根

〔66〕 从这个角度上来看,罗克辛教授在其《德国刑法学总论》(第1卷)中将“个人的回避可能性论”归入“否定的行为概念”之类的做法是对该理论的误读。对此,雅克布斯教授认为将“作为”理解为“不作为”会导致术语混乱,并且会破坏行为概念的体系意义。Jakobs, Strafrecht Allgemener Teil, 2. Aufl, 1993, 6/36.

〔67〕 《刑法上の行為概念》,[日]上田健二、浅田和茂译,载《立命館法学》1993年第227期。

〔68〕 同上。

〔69〕 同上。

〔70〕 虽然雅克布斯教授认为“个人的回避可能性论”不同于“否定的行为概念”,但霍茨贝格教授还是认为前者在思想和论证方式上都是与后者具备共通性的。Herzberg, »Die Vermeidbarkeit einer Erfolgsdifferenz « – Überlegungen zu Günther Jakobs' strafrechtlichem Handlungs-und Verhaltensbegriff, in: Festschrift für Günther Jakobs, 2007, S. 156。

据，但却无法为“责任”设定根据，而这将导致行为机能的不健全。与之相对，“个人的回避可能性论”可以克服这一缺陷。[71]

笔者认为：“个人的回避可能性论”回避了关于行为本质的直接论证，因而确实给人一种虚化处理行为论的感觉，但该理论却在如下方面具有无可比拟的优势：(1)与阶层式犯罪论体系的契合性。例如，在德国通说的“不法·责任论”体系中，可以一方面将行为列为“不法”的构成要素，另一方面又将行为作为“责任”的基础要素，即这种行为论彻底地完成了浇筑犯罪论体系之基石的任务。正如雅克布斯教授所言：“不法概念不过是刑法的辅助概念。将刑法的整体程序纳入自己之内的行为概念必须扩展至责任。行为应当是将‘有责’归于自己”。[72]再如，除“裸的行为论”体系之外，目前其他的犯罪论体系都将行为置于构成要件符合性[73]之内。如果采纳之前的行为论，行为可以成为“构成要件符合性”的根据，也可以成为“不法”的根据。但由于“责任”独立于“构成要件符合性”或“不法”，所以行为不可能成为“责任”的根据。[74]而在“裸的行为论”体系中，行为位于“构成要件符合性·违法性·有责性”之前，看似可以发挥结合三者的机能，但由于该体系的支持者都主张“社会行为论”，并且为了不与构成要件中的实行行为相抵触而采纳较为宽泛的标志，这导致了行为内涵的不明确性。[75]此外，既然进入“构成要件符合性”之后还要探讨实行行为，那么，在“构成要件符合性”之前单独探讨行为的意义还剩多少呢？因此，无论是否采纳“裸的行为论”体系，只要不从“回避可能性”的角度理解行为，行为便无法发挥将犯罪的各个阶层结合在一起的机能。因此，无论是在德国通说的“不法·责

---

〔71〕 支持“裸的行为论”的学者便以“行为应当同时是违法性与责任的基础”为理由，将行为作为犯罪论体系的第一个阶层，即采用“行为·构成要件·违法性·责任”或“行为·不法·责任”的体系。而雅克布斯却巧妙地在不改变犯罪论体系的前提下解决了该问题。

〔72〕 《刑法上の行為概念》，[日]上田健二、浅田和茂译，载《立命館法学》1993年第227期。

〔73〕 在“不法·责任论”体系中，行为也是位于“不法论”之中的“构成要件符合性”之内的。

〔74〕 即使在“违法·有责类型说”中，负责连接违法与有责的也是构成要件而非行为，因而行为还是无法成为责任的根据。

〔75〕 主张“裸的行为论”的学者实际上便无法绕开这一批判。

任”体系中,还是在日本通说的“构成要件·违法性·有责性”体系中,能够保障行为同时发挥各阶层之基石作用的理论只有“个人的回避可能性论”。伴随着德日阶层式犯罪论体系在中国的逐渐推广,“个人的回避可能性论”必将赢得更多的支持者。(2)在与共犯论的结合方面,只要采纳限制从属形式,那么“回避可能性”的视角同样可以填补“处罚的漏洞”。而在故意正犯幕后的过失正犯问题中,该理论可以依据故意正犯与过失正犯在“可以回避而不回避”方面的不同分别认定其刑事责任,从而坚持通说的“限缩的正犯概念”。因此,关于“处罚的漏洞”的填补方法以及“扩张的正犯概念”与“限缩的正犯概念”的孰是孰非等问题不会出现新的争议。(3)便于对过失犯、不作为犯以及忘却犯的“行为性”进行说明。根据“个人的回避可能性论”,只要对规范的侵害是在行为人的有责并且可以管辖(回避)的范围内实现的,便可以认定其“行为性”。详言之,关于过失犯,“个人的回避可能性论”将从违反注意义务的角度加以阐释。关于不作为犯,该理论将从违反作为义务的角度进行说明,关于“有意性”最难解释的忘却犯,既然其不过是不作为犯的一种形态,当然可以从违反作为义务的角度进行说明。如此一来,通过这种回避可能性的客观判断,关于过失犯、不作为犯以及忘却犯的“行为性”都得到了合理的说明。(4)与规范责任论的关联性。既然客观的回避可能性是行为的本质所在,那么,“规范责任论”便可以得到彻底的贯彻。在“个人的回避可能性论”看来,当行为人的心理、生理态度引发的客观状况可以被客观归属时,换言之,具有回避可能性时,责任便可以成立。关于这种“回避可能性”,如果从责任主义的角度出发来看,便是指行为人实施合法行为的可能性,换个说法便是“非难可能性”。而“非难可能性”恰好是规范责任论的核心。并且,“回避可能性”的客观且具体的判断标准也与“规范责任论”的通说并无二致。(5)关于回避可能性的判断是实质判断,而这种实质性源自于社会性,而关于行为性的认定应纳入社会之中而非游离于社会之外。它既不同于因果行为论的自然主义判断,也不同于目的行为论的主观主义判断。同时,它又克服了人格行为论的模糊性与社会行为论欠缺界限机能的弊端。因此,正如雅克布斯所言:“是一种可以作为各种社会系统的通行证被使用的行为概念。”[76]

---

〔76〕《刑法上の行為概念》,[日]上田健二、浅田和茂译,载《立命館法学》1993 年第 227 期。

结 语

如上所述,在德日刑法学者眼中,行为始终是犯罪论的基石。关于行为论的研究不仅是为了阐明行为的本质,更重要的意义在于更好地贯彻"无行为,无犯罪"的理念。并且,在具体案例的处理过程中,共犯对于正犯的有责性存在错误认识,故意正犯幕后的过失正犯等疑难问题的解决都离不开行为论的研究。因此,近代刑法才会将"无行为,无犯罪"视为基本原则。同样地,"行为论是刑法学中的一个重要单元,它为犯罪概念提供基底,为犯罪论体系提供前置性条件"。[77] 行为论的发展与犯罪论体系、共犯论的发展息息相关。在这一意义上,我们不妨说"无行为论、无犯罪论"。正因如此,德国刑法学才会情有独钟地反复研讨行为的本质。这种探讨的热情深刻地影响到了日本,但却未能同样深刻地影响到中国。仅从行为论研究的进程上来看,关于行为论研究的起点——黑格尔的行为概念,以及行为论的最新进展——"个人的回避可能性论"等问题,我国目前的研究几乎呈空白状态。究其原因,或许可以列举如下几点:(1)作为行为论研究之载体的犯罪论体系迥然不同;(2)作为研究契机的经典案例之有无;(3)对构成行为论之哲学基础的黑格尔学说的认同度的高低有别;(4)对德国刑法学研究脉络的趋同性之欠缺。

但即使存在上述原因,"在对行为论进行正本清源的当下,在构建以行为论为中心的犯罪论体系的目前,我国刑法学必由的学术径路应当实现从犯罪概念论向行为论的转变",[78] 而不能简单地将行为论视为"无用的思考浪费",或者武断地得出"无论哪种行为论都不会影响实际结论"的论断。否则,这一在德日刑法学中历经"百年纠结"的话题将要在中国刑法学中寂寥地品味"百年孤独"了。

诚然,在与实务问题的契合性方面,行为论不如实行行为论。因此,有学者认为行为论的意义不大:"从实务上来说,通过否认行为性而宣告无罪的极为罕见,大多是因为否认构成要件符合性而宣告无罪。"[79] 更有学者干脆称为"无用

---

〔77〕 陈兴良:《行为论的正本清源——一个学术史的考察》,载《中国法学》2009 年第 5 期。

〔78〕 同上。

〔79〕 张明楷:《刑法学》(第 4 版),法律出版社 2011 年版,第 145 页。

的思考浪费”。[80]不过,笔者仍然认为关于行为论的研究具有重要意义。首先,如前文所述,作为犯罪论体系的基石,行为论在构建犯罪论体系的过程中曾经发挥过并且依旧发挥着重要作用。关于行为内涵的解明对于我国犯罪论体系的改造(或重塑)影响深远,特别是“在构建以行为论为中心的犯罪论体系的目前,实现从犯罪概念论向行为论转变”的当下更是如此。例如,对于“裸的行为论”的赞否便直接影响到犯罪论体系究竟是“行为·不法·责任”或“行为·构成要件符合性·违法性·有责性”还是“构成要件符合性·违法性·有责性”。[81]其次,关于行为性(特别是回避可能性论中的“回避可能性”)的阐释对于理解过失犯与不作为犯具有积极意义。无论是过失犯的行为性(注意义务的违反)还是不作为犯的行为性(不作为义务的违反)都可以从回避可能性的角度进行论证。再次,必须指出的是,实行行为论是日本刑法学的理论贡献,是以日本通说的“构成要件符合性·违法性·有责性”的三阶层犯罪论体系为依托的。如果脱离这种体系,其实可以在不讨论实行行为论的前提下对犯罪论体系进行新的推演。例如,以否定行为论、保障人说以及客观归属论等依托进行研究,而这已经不仅仅是对行为论研究的颠覆了,更是对阶层式犯罪论体系的重塑。[82]最后,行为论其实并非与实务问题相隔甚远。仍以否定行为论为例,关于反射性举动、受物理强制的举动、无意识状态下的举动以及法人的犯罪能力等问题,都可以凭借回避可能性之有无加以说明。[83]

当然了,虽然“个人的回避可能性论”在解释过失犯、不作为犯时更具说服力,但我国刑法学关于“个人的回避可能性论”的接受必然要经历一个较长的过程。岂止我国如此,在其母国德国,该理论的影响力虽日渐加强,但目前只能算

---

〔80〕［日］平场安治:《刑法学における本人の立場》,载《刑法雜誌》1990 年第 3 期。

〔81〕日本京大系的学者深受德国刑法学的影响,更倾向于赞成“裸的行为论”,如中山研一、浅田和茂等。参见［日］中山研一:《刑法総論》,成文堂 1982 年版,第 131 页以下;［日］中山研一、浅田和茂、松宫孝明:《レヴィジオン刑法(3)構成要件·違法性·責任》,成文堂 2009 年版,第 7 页。与之相对,其他学派的学者则多持否定态度。例如,［日］前田雅英:《刑法総論講義》(第 6 版),东京大学出版会 2015 年版,第 76 页;［日］佐久间修:《刑法総論》,成文堂 2009 年版,第 29 页。

〔82〕《ギュンター·ヤコブス著作集「第 1 巻」犯罪論の基礎》,［日］松宫孝明编译,成文堂 2014 年版,第 30 ~ 31 页。

〔83〕［日］仲道佑树:《行為概念の再定位》,成文堂 2013 年版,第 128 ~ 130 页。

是与社会行为论、人格行为论鼎足而立的学说。而在日本,关于该理论的赞赏也不过是近两三年的事情而已,并且尚未取得撼动社会行为论与人格行为论的有利地位。因此,本文虽然对于“个人的回避可能性论”持推介态度,但却并不打算颠覆在中国刑法学界甫立未定的行为论〔84〕,而仅仅是强调如下问题:在从犯罪概念论向行为论的转变过程中,“个人的回避可能性论”凭借其独特的理论优势可以为行为论等一系列问题的深化研究提供参考。关于该理论的判断模式、实务运用,以及霍茨贝格与恩吉施、罗克辛之间长达十余年的论战经过等问题,笔者将另行著文以求教于方家。

The Difficulties and Overcome of the Behavior Concept Described by Hegel
—The Significance of Criminal Law Philosophy about
“Intentionality” and “Individuelle Vermeidbarkeit”

Zhang Xiaoning

Abstract: Hegel said the “behavior” is the external manifestations of subjective and moral will, so “behavior” should be intentional. Hegel school said the “behavior” is “the act implemented by the ability of people with responsibility”. The theory promoted the development of indirect principal theory, but led to the vulnerability of punishment. So the theories about behavior from F. v. liszt insisted on the “intentionality” and overcame the vulnerability. But in explaining the “intentionality”, the theories encountered difficulties. “Der Negative Handlungsbegriff” (“Individuelle Vermeidbarkeit”) explains the connotation of behavior by “Vermeidbarkeit” not “intentionality”. The theory is not the general theory in German and Japanese criminal law theories, but in integrating involuntary crime and negative crime, and enplaning the attribute of involuntary crime, the theory has unique advantage.

Key words: Theory of behavior; Intentionality; Der Negative Handlungsbegriff; Individuelle Vermeidbarkeit

(责任编辑:胡宗金)

〔84〕 如陈兴良教授的“人格与社会相统一的行为论”、张明楷教授的“有意的社会行为论”。

可持续发展视域下的集体林权制度改革之反思[*]

——从“物权化”走向“生态化”

秦天宝[**]

内容摘要：

集体林作为具有巨大战略意义的森林资源，其林权制度的改革对我国经济社会的可持续发展亦有着深远的影响。但集体林权制度的改革却被罔置于民法思维与物权化的迷思之下，将森林、林木、林地等视为掘取经济价值之“物”，而忽略了对其作为环境要素所独具之生态功能价值的关注。因此，如何在可持续发展的思维之下对林权制度改革建构一条衡平生态效益、社会效益与经济效益的可持续发展路径就显得尤为必要。本文在分析了2008年以来本轮林改的背景以及“林权”这一语汇法律表达的政策性之殇与物权化之困的基础之上，探讨了生态化集体林权改革的法理依据，进而提出了生态化集体林权改革路径的建构模式。

关键词：

集体林权改革　物权化　生态化　法律制度

集体林是中国森林资源的重要组成部分，对中国经济、社会与环境的可持续发展有着极为重要的战略意义。集体林权制度的改革被视为继土地改革、家

* 本文系国家社会科学基金重点项目“生物技术及其产业发展的法律保障机制研究”(11AZD105)和教育部人文社会科学重点研究基地重大课题“国外环境法理论与实践的最新发展——兼论新时期中国环境法律的发展”(2009JJD820005)的阶段性成果。

** 秦天宝，武汉大学环境法研究所(教育部文科重点研究基地)所长，教授、博士生导师，教育部长江青年学者。

庭联产承包责任制后中国农村经营制度与产权改革的第三座里程碑。这一变革集中体现了中国新旧经济体制的碰撞、传统法律部门与新兴环境法的激荡、经济价值与生态价值的冲突与整合。1949年以来,集体林权制度经历了数次变革,始终围绕广大林农与集体林权关系进行调整,探索"分与统""放与收"的林业管理和经营模式。为了发展现代林业,2008年中共中央、国务院制定《关于全面推进集体林权制度改革的意见》(以下简称2008年《林改意见》),中国的集体林权改革进入了一个全新的阶段。随着改革的推进,经济社会发展和农村改革对集体林权制度也提出了新的要求。为了维护森林生态安全、推动农村经济社会可持续发展,2016年国务院办公厅出台《关于完善集体林权制度的意见》(以下简称2016年《林权意见》),这是中央层面对集体林权制度改革工作进行全面部署的又一个重要里程碑。国际产权与资源组织总裁安迪·怀特(Andy White)评价说:"中国集体林权制度改革是世界林业史上最大规模、最具影响、最有成效的改革。"[1]本轮林权改革充分调动了广大林农经营林业的积极性,释放了集体林的巨大潜能,增加了林农财产性收入。然而,中国的集体林制度虽历经数次变革,其产权不明晰、经营主体不落实、经营机制不灵活、利益分配不合理等痼疾依然亟待解决。特别是"生态问题依然是中国可持续发展最突出的问题之一,生态产品已成为当今社会最为短缺的产品之一,生态差距已构成中国与发达国家之间最主要的差距之一"。[2]这样的社会大背景之下,集体林权制度改革却被罔置于民法物权思维的迷思之下,将森林、林木、林地等视为掘取经济价值之"物",而忽略了对其作为环境要素所独具的生态功能价值的关注。因此,如何在可持续发展的思维之下对林权制度改革建构一条平衡生态效益、社会效益与经济效益的可持续发展路径就显得尤为必要。

---

[1] 《国际专家点评中国集体林权制度改革》,载中华国林网:http://www.yuanlin365.com/news/165347.shtml,最后访问日期:2012年6月18日。

[2] 回良玉:《全面推进集体林权制度改革、切实加强生态文明建设》,载《求是》2009年第16期。

一、问题的提出

(一)集体林权改革的背景及现状概说

中国林地所有权分为集体所有和国家所有两种土地产权类型。最近一次发布的中国第八次森林资源清查结果表明:"在林地权属方面,国有 1.24 亿公顷,占 40%;集体 1.86 亿公顷,占 60%;而关于林木权属方面,森林面积中,国有占 39%,集体所有占 19%,个体所有占 42%。森林蓄积中,国有占 63%,集体所有占 15%,个体所有占 22%。"[3]"中国集体林蓄积量每亩仅为 3.3m^3,为全国平均水平的 58.5%、发达国家的 20%。"[4]与此同时,正如世界银行的评估报告中所指出,"集体林区尤其是森林资源丰沛的地区,是中国扶贫开发的重点地区"。[5] 因此,在这种发掘林业经济发展潜力、促进林农致富增收的思维模式之下,采取集体林权私权化的改革路径安排与制度建构以实现林业生产要素的优化组合,实现林业产出的最优化自然地成为了决策者最为需要的优选方案。这一集体林权改革的意图也可以从 2008 年《林改意见》中"发展现代林业、增加农民收入"的目的表述中窥其一二。

纵析中国林权改革的发展脉络,2008 年《林改意见》是中国集体林权制度改革进程中最为重要的一个历史坐标和时间节点,自此以后中国集体林权制度改革的面貌焕然一新,赋予了全新的内涵和生命力,林业领域也随之进入了一个跨越式发展的新时期。在 2008 年《林改意见》出台之前,中国的集体林权改革共经历了四个阶段:(1)土改时期的林改(1949—1952 年),以"分山分林到

〔3〕《第八次全国森林资源清查主要结果(2009 - 2013 年)》,载国家林业局官网:http://www.forestry.gov.cn/main/65/content - 659670.html,最后访问日期:2017 年 4 月 9 日。

〔4〕贺东航、朱春燕:《集体林权制度改革顶层设计述评及启示》,载《林业经济》2011 年第 4 期。

〔5〕《从贫困地区到贫困人群:中国扶贫议程的演进——中国贫困和不平等问题评估》,载世界银行官网:http://siteresources.worldbank.org/EXTEAPCHINAINCHINESE/Resources/3885741 - 1199439668180/China_PA_Report_March_2009_chn.pdf,最后访问日期:2017 年 5 月 29 日。

户"为特征的林权私有化改革;(2)农业合作化时期的林改(1953—1956年),以"山林入社"为特征的林权私有制向集体所有制转向;(3)人民公社时期的林改(1956—1981年),以"山林集体所有、统一经营"为特征的林权集体所有制的顶峰;(4)改革开放初期的林改(1981—2008年),其特征是以"林业三定"为特征的政策性林改,向逐步放开的林权私权化转向。2008年《林改意见》出台之前,虽然中国的集体林权制度还存在产权不明晰、经营主体不落实、经营机制不灵活、利益分配不合理等问题,但已经基本形成了以家庭承包经营为主导、多种产权模式并存的林权体系。因此,2008年之后的林权改革正向着权利主体多元化、权利形态动态化、权利形态的多样化方向发展。但显然,政策上的"明晰产权"已不尽然是本次林改的核心目标,而通过"减轻税费、放活经营、规范流转"等配套措施消除限制林业权能发挥的障碍性因素,以实现《林改意见》所述的发展现代林业、增加农民收入的目的才是其最终指向所在。所以,究其本质,2008年后彻底分林到户的本次林改,在路径上是借由政策林改向法律固定的制度化走向。在具体操作层面上,对于权利类型实行使用权与所有权相分离,对于权利客体实行林地与林木相分离,对于山林类型化经营管理实行商品林与生态公益林相分离。通过上述分析,不难得出对于政策林权的法律确权与赋权,显然是采取了民法思维模式之下集体林权物权化的范式取向,这种对于集体林权财产权属性与经济价值的侧重,也显然与激发林业经济活力、促进林农增收与林业产业发展的改革宗旨不谋而合,也是这一目标之下最富效率的法制化范式。

本轮林改实施以来,改革平稳顺利、成效逐步显现,初步解决了集体林产权不明晰、经营主体不落实、经营机制不灵活、利益分配不合理等问题,充分调动了广大林农经营林业的积极性,释放了集体林的巨大潜能,增加了林农财产性收入。截至2016年年底,全国已确权面积27.05亿亩,累计发证面积26.41亿亩,占确权面积的97.6%,共有1亿多农户直接受益,实现了"山定权、树定根、人定心"〔6〕。但集体林业发展中仍然存在产权保护不严格、生产经营自主权落实不到位、规模经营支持政策不完善、管理服务体系不健全等问题。而完

〔6〕《国家林业局就〈关于完善集体林权制度的意见〉答问》,载国务院新闻办公室官网:http://www.scio.gov.cn/xwfbh/gbwxwfbh/xwfbh/lyj/Document/1531694/1531694.htm,最后访问日期:2017年4月9日。

善集体林权制度,核心是要建立健全集体林业良性发展机制,在坚持和完善农村基本经营制度的基础上,落实集体所有权,稳定农户承包权,放活林地经营权,推进集体林权规范有序流转,促进集体林业适度规模经营,完善扶持政策和社会化服务体系,创新产权模式和国土绿化机制,广泛调动农民和社会力量发展林业,充分发挥集体林生态、经济和社会效益,切实推进增绿、增质和增效。因此,2016 年《林权意见》明确提出了到 2020 年的改革目标:集体林业良性发展机制基本形成,产权保护更加有力,承包权更加稳定,经营权更加灵活,林权流转和抵押贷款制度更加健全,管理服务体系更加完善,实现集体林区森林资源持续增长、农民林业收入显著增加、国家森林生态安全得到保障。〔7〕自此,中国集体林权改革进程实现了由全面推进阶段到深化完善阶段的转折。

总的来看,本次集体林权制度改革在本质上是一场以激发林农经济利益、实现林业经济效益与林业资源配置最优化为主的帕累托改进。相应地,在制度层面上充斥着民法物权思维范式雕琢的痕迹,其在坚持集体林权所有权不变的前提下,依法将林地承包经营权和林木所有权,通过家庭承包方式落实到集体经济组织的农户,确立林农作为林地承包经营权权利人的主体地位,放活林业经营权、落实处置权、保障林农收益权。从实证分析上来看,本轮林改也确实激发了林业经济的潜能,充分调动了林农经营林业的主体积极性,实现了农民的增收。但在这一改革范式之下,资源稀缺的原始动因、经济利益的诱导,财产性权利排他性与独占性的加持,经济效率的激励无可避免地将林权权利人塑造成最大限度追逐林业资源财产性价值的自利经济人,而这对于更为重要的生态功能价值与社会价值来讲无疑是一场灾难性的失衡。仅关注伐林产品而漠视生态效益,带来的很有可能只是单一林种面积和数量的短线提高,而降低的则是森林、林木的质量,甚至威胁到森林生态系统的生物多样性;对社会效益的失焦,成就的则可能只是少数的山林大户,而在山林流转过程中却衍生出更多的失地林农。

(二)"涉林"相关要素的概念及其权属的厘定

林权改革,主要是围绕森林、林木、林地的相关权属制度的改革。因此,在论及林权改革这一问题时,首先将森林、林木、林地的概念以及现行法律对其权

---

〔7〕 国务院办公厅:《关于完善集体林权制度的意见》(国办发〔2016〕83 号)。

属制度的规定进行清晰明确的厘定就显得尤为必要。

《森林法实施条例》第2条规定:"森林,包括乔木林和竹林。"中国《森林法》又将森林划分为防护林、用材林、经济林、薪炭林和特种用途林五种。而相较于此,森林资源的概念则比森林的概念更为宽泛,"它除了包括森林、林地、林木之外还包括了依托其而生存的动植物和微生物"。[8] 根据《宪法》和《森林法》的有关规定,森林资源属于国家所有,由法律规定属于集体所有的除外。因此,森林资源所有权的主体只能是国家或农民集体。

林木是森林资源的重要组成部分,其包含了树木和竹子。"国有企业事业单位、机关、团体、部队营造的林木,由营造单位经营并按国家规定支配林木收益;集体所有制单位营造的林木,归该单位所有;农村居民在房前屋后、自留地、自留山种植的林木,归个人所有;城镇居民和职工在自有房屋的庭院内种植的林木,归个人所有;集体或者个人承包全民所有和集体所有的宜林荒山荒地造林的,承包种植的林木归承包的集体或者个人所有。"[9]

林地属于土地类型中的一种,主要是指郁闭度0.2以上的乔木林地以及竹林地、灌木林地、疏林地、采伐迹地、火烧迹地、未成林造林地、苗圃地和县级以上人民政府规划的宜林地。在中国的现行制度下,林地的所有权主体只能是国家和村民集体。林地使用权是指林木所有者依法取得的对其林木赖以生存之土地所享有的占有、使用、收益以及在特定条件下予以处分的权利,其性质是用益物权。[10] 此外,根据我国《森林法》及其实施条例的规定,国家或集体所有的森林、林木和林地,个人所有的林木和使用的林地,由县级以上人民政府登记造册、发放证书,确认所有权和使用权。

二、"林权"法律表达的政策性之殇与物权化之困

"林权"作为中国集体林权制度改革领域中的一个核心概念,在法制化固定林改成果的过程中,无疑应该成为一个法律概念。然而,由于林权问题的复杂性以及历次林改均是由政策推动作为其变革的动力源,"林权"这一语汇在中国

[8] 周珂主编:《环境法学研究》,中国人民大学出版社2008年版,第246页。

[9] 蔡守秋主编:《环境资源法教程》,高等教育出版社2010年版,第301页。

[10] 参见周珂主编:《环境法学研究》,中国人民大学出版社2008年版,第246页。

实际上多是作为一个复合性的政策用语加以表达。

2008年《林改意见》对于林改的主要任务概括为“明晰产权、放活经营权、落实处置权、保障收益权”这四项权能。所谓明晰产权,就是在坚持集体林地所有权不变的前提下,依法将林地承包经营权和林木所有权,通过家庭承包方式落实到本集体经济组织的农户,确立农民作为林地承包经营权人的主体地位;放活经营权,就是对商品林和公益林实行分类经营管理;落实处置权,就是在不改变林地用途的前提下,林地承包经营权人可依法对拥有的林地承包经营权和林木所有权进行流转;保障收益权,就是林农承包经营林地的收益,归农户所有,征收林地必须补偿,森林生态效益补偿要落实到农户。但这四项权能带有极大的政策性、不确定性,指向不明、界定混乱,导致林权当事人对权利义务的认识不清,林农合法权益与深入林改的保障后继乏力,这些都会成为由政策林改向集体林权制度法制化迈进的巨大障碍。

权利源于法律。在中国现行法律体系中,除《物权法》第127条和《农村土地承包法》第23条在使用“林权证”一词时提及“林权”二字外,目前尚无法律法规对“林权”作专门的法律界定。法律虽未言明“林权”二字,但缺失并不意味着空白,更不意味着中国现行的法律法规并未对涉及“林权”的有关事项作出相应的规制。(参见表1)《物权法》第48条规定:“森林、山岭、草原、荒地、滩涂等自然资源,属于国家所有,但法律规定属于集体所有的除外。”第118条规定:“国家所有或者国家所有由集体使用以及法律规定属于集体所有的自然资源,单位、个人依法可以占有、使用和收益。”第180条规定:“债务人或者第三人有权处分的下列财产可以抵押……(三)以招标、拍卖、公开协商等方式取得的荒地等土地承包经营权……”《物权法》第11章专门规定了土地承包经营权,将其纳入到了用益物权的体系。《农村土地承包法》第9条规定:“国家保护集体土地所有者的合法权益,保护承包方的土地承包经营权,任何组织和个人不得侵犯。”《森林法》第3条第2款规定:“国家所有和集体所有的森林、林木和林地,个人所有的树木和使用的组织林地,由县级以上地方人民政府登记造册,发放证书,确认所有权或使用权。”第3条第3款规定:“森林、林木、林地的所有者和使用者的合法权益,受法律保护,任何单位和个人不得侵犯。”《森林法实施条例》第3条规定:“国家依法实行森林、林木和林地登记发证制度。依法登记的森林、林木和林地所有权、使用权受法律保护……”

表1 “涉林”相关法律规范与政策列举

法律法规	规范性文件	其他部门法	政策性文件
《森林法》(1998)	《林地管理暂行办法》(1993)	《宪法》(1982)	中共中央国务院《关于加快林业发展的决定》(2003)
《森林法实施条例》(2000)	《沿海国家特殊保护林带管理规定》(1996)	《物权法》(2007)	中共中央国务院《关于全面推进集体林权制度改革的意见》(2008)
《森林病虫害防治条例》(1989)	《林木和林地权属登记管理办法》(2000)	《刑法》(2015)	国务院办公厅《关于完善集体林权制度的意见》(2016)
《城市绿化条例》(1992)	《森林资源监督工作管理办法》(2002)	《环境保护法》(1989)	
《退耕还林条例》(2002)	《中央财政森林生态效益补偿基金管理办法》(2007)	《农村土地承包法》(2002)	
《森林防火条例》(2008)	《育林基金征收使用管理办法》(2009)		

从上述法律法规的表述中,我们不难看出集体林权的法制化首先被置于民法思维范式之下,进而作为一项重要的物权来加以塑造。有学者更是引据上述“《物权法》是民事基本法,《森林法》《土地承包经营法》对于涉及林权的相关规定也属民法范畴,而据此得出林权属于民事权利,属于物权范畴”[11]的结论。在这种民法思维范式之下,多数学者和立法者也大多认同我国虽然奉行物权法定主义,但物权的体系并非是封闭不变的,而“林权”虽无法被并入某一类具体的物权类型之中,但其是一类复合型“涉林物权”的统称,应当被作为一类新型物权来加以建构。具体而言,对于林权的法律内涵,民法学界主要存在以下三种理解:第一种观点认为“林权是指权利人对森林、林木和林地依法享有的所有权和使用权”。[12]“包括国家和集体对森林、林地、林木的所有权和个人对林木

〔11〕 温世扬:《“林权”的物权法解读》,载《江西社会科学》2008年第4期。

〔12〕 吴勇:《林权法律问题探究》,载《中国林业》2003年第5期。

的所有权和林地使用权。"[13] 第二种观点认为"林权是指国家、集体、自然人、法人或其他组织对森林、林木和林地依法享有的占有、使用、收益或者处分的权利,包括森林、林木和林地所有权,森林、林木和林地使用权与林地承包经营权等财产性权利"。[14] 第三种观点认为"林权是源于森林资源所有权的一种他物权行使,是森林资源非所有人依法取得,自主开发森林资源获取收益的民事权利"。[15] 但"无论按哪种学说来给林权定性,都难以得出其为公权的结论。林权的性质应该是私权"。[16]

虽然对林权的法制化建构,正在逐步走出政策性林权的迷障,但将其完全置于民法思维之下的物权化范式所带来的局限性也是不言而喻的。林业资源不仅仅是物权所述之"物",其更是构成环境整体所不可或缺之一类环境要素。对其财产权属性之保护与经济价值之追求,不能以牺牲其所负载之生态功能价值与社会效益为代价。对"林权"法制化的建构,不仅应当是"物权化"的过程,更应该是一条"绿化"的路径。这种林权的生态化不仅应当是在立法上对所有权绝对做出必要的限制,更应当通过在林业资源之上设定环境权益的积极方式来实现对其生态功能价值以及社会效益的有效保护。这样一种关注生态价值的"人民得享受良好之生活环境,且支配此生活环境之权利"[17],例如,"知情权、参与权、惠益分享权、环境损害救济请求权"[18] 以及生态补偿权是物权的具体权能所不能涵盖,或是通过物权化来构建林权所不能保护的。对林权的法律确认,不纯然是为了谋求在林业领域建构另一个"市民社会",更为重要的是要让中国的林业发展从此走上一条可持续发展的良治之路。

---

[13] 周珂主编:《环境法学研究》,中国人民大学出版社 2008 年版,第 246 页。

[14] 刘宏明:《我国林权若干法律问题研究》,载《北京林业大学学报》(社会科学版)2004 年第 12 期。

[15] 高桂林、吴国刚:《我国林权制度构建之研究》,载《法学杂志》2005 年第 5 期。

[16] 李延荣:《浅谈林权制度改革中的"林权"》,载《法学杂志》2009 年第 1 期。

[17] 叶俊荣:《环境政策与法律》,中国政法大学出版社 2003 年版,第 39 页。

[18] 廖奕、陈娟:《环境权视野下的集体林权制度分析》,载《林业经济》2010 年第 10 期。

三、生态化集体林权改革的法理思源——环境正义价值理念的引入

围绕“林权”展开的良序法律制度之建构是集体林权改革所倾力追求的题中之义。“制度建立的基本规则支配着所有公共的和私人的行动,即从个人财产到社会处理公共物品的方式,以及影响着收入的分配、资源的分配的效率和人力资源的发展。制度直接影响到社会福利、效率、均衡和效率。”[19] 而选择一个什么样的理念,将决定这一制度顶层设计的蓝图,进而深刻影响这样一场声势浩大的集体林权制度改革将走向何方。“理念为理性之原理”,就法律制度的理念而言,其指向着“法律应该如何”[20],即“人们在法律实践中通过理性能力所把握到的法的内在精神和普遍范型”。[21] 因此,作为反思林改路径的逻辑起点,集体林权改革也同样面临这样一个“该由何种理念来指引”以及“应当如何”的法理层面之问题。

民法理念治下的“集体林权”被塑造成一种“林业物权”,其善良的本意是为了让国家管制之下如一潭死水般沉寂的集体林业吹进几缕“市民社会”的清风,让这一领域实现由“职能国家”到“夜警国家”的转变,在这一走向之下的林权无可避免地带上了绝对性、排他性和支配性的深刻烙印。由于民法的本质是私法,旨在规范个人间利益,其所奉行的所有权绝对原则是以利己主义为核心。在这一理念的统治下,林权主体自然地蜕变为一个逐利的“理性经济人”,经济效益、货币财富的最大化成为其唯一的价值考量。而沿着这一路径,林权改革所欲抵达的彼岸也就变成了实现“帕累托最优”的效率天堂,即林业资源的配置到了一种“不损人就不能利己”的状态。这一强调“个人权属优位”和“效率至上”的理念设计与制度安排,虽然可以在一定程度上促进林业产业的发展、经济效益的实现,但在另一方面却也极易造成经济价值与社会价值、生态功能价值

〔19〕 [美]道格拉斯·C.诺斯:《经济史上的结构与变迁》,陈郁、罗华平等译,上海三联书店、上海人民出版社2003年版,第89页。

〔20〕 史尚宽:《法律之理念与经验主义法学之综合》,载刁荣华主编:《中西法律思想论集》,台北汉林出版社1984年版,第262页。

〔21〕 李昌麒主编:《经济法理念研究》,法律出版社2009年版,第18页。

的对立与撕裂。而森林、林木、林地等林业资源这种防风固沙、涵养水源、减碳固碳、调节气候的生态效益却更值得被法律所关切。但正如休谟所言:"人类在很大程度上是被利益所支配的,并且甚至当他把关切扩展到自身以外时,也不会扩展得很远。"〔22〕这种民法理念之下的集体林权物权化的制度安排既不利于实现社会整体的公平正义,也不利于对作为环境要素而存在的林业资源的保护。相反物权化的集体林权之滥用则更易成为贫富悬殊、唯利是图、环境污染和生态破坏之共犯结构中的一员。这也是财产权本性使然的结果。耶林对此也有过精辟的论述:"如果财产权可以任意妨害其邻人,或不能对其造成任何妨害,财产权将毫无意义。"

在上述情况之下,"环境资源保护的公益性与民法制度个人利益本位的矛盾,环境资源的生态价值和经济价值的冲突始终是不可逾越的客观存在"。〔23〕另外,虽然物权化的集体林权具有排他性,但作为其权利客体的林木资源的外部性却是不排他的,无论是过度砍伐造成的负外部性,还是其良好生态效益的正外部性。因此,对于所谓"涉林物权"的"绿化"就显得尤为必要,以矫正民法思维理念下强调个人权利和忽视生态价值的偏颇。"虽然在传统民法上,所有权人对于自己之使用有完全的权利,但问题在于土地的拥有人、水源的拥有者及所有权人本身的利益经常不会跟环境利益相结合,甚至常常是矛盾和冲突的。在今日生态环境与经济条件同样皆是人民赖以生存之基础,因此对于此二者之确保则为民主国家责无旁贷之责任,而所存在之问题当然亦需透过国家的力量来加以解决。基于此理念,对于一些优先或不足的资源、能源、环境资源的分配,国家有义务去确保每一个人在生态上最低生存的基础。"〔24〕"有私有财产保护在公共生活或防卫公共危险所必要者,仍受公法秩序之规范,而不受私法秩序规范。"〔25〕这在一定程度上可以表现为对林权权利人义务的附加以及权利行使的合理限制,即"义务之负担,不必尽由于义务人之意思,法律之任务,亦未必尽在保护个人之权利。为使社会共同生活之增进,法律即强使负担特定之义

---

〔22〕 [英]休谟:《人性论》(下册),关文运译,商务印书馆2005年版,第574页。

〔23〕 吕忠梅:《"绿色"民法典的制定——21世纪环境资源法展望》,载《郑州大学学报》(哲学社会科学版)2002年第2期。

〔24〕 赵绘宇:《林权改革的生态风险及应对策略》,载《法学》2009年第12期。

〔25〕 陈慈阳:《环境法总论》,中国政法大学出版社2003年版,第282页。

务，限制或剥夺其某种权利。”[26]

从某种意义上讲，任何制度变革的过程，都可被描述为利益格局的调整与再分配。因此，这一语境下的集体林权制度改革，无论是经济利益抑或是环境利益都断没有守陈不变的可能，多元价值的冲突与整合也必然面临着新的境局。集体林权领域在国家强力管制的影响逐渐淡出的过程中，这场变革定要防止由一个极端走向另一个极端。集体林权制度的改革应回归到多重价值合比例的生态化状态。从这一点来看，环境法的价值理念似乎更为适合在集体林权制度改革的顶层建构中持重扛鼎。因为环境法的任务之一即在于“使环境使用利益上的竞合与冲突具衡平性，也就是必须衡平环境使用者彼此间或其与公益间的利益冲突与矛盾”。[27] 所以，环境正义的价值理念也就自然地成为这场集体林权的变革中最为适格的衡平者。环境正义（environmental justice）是指“不问来源或者存在形式如何，一切权利主体在社会和法律上都平等地享有利用环境的权利。后来有学者将这一概念的主体扩大到未来世代人类甚至自然物种。其主要包括代内环境正义、代际环境正义和种际环境正义三大类。”[28] 在林业资源领域内，这一环境正义主要表现为：森林、林木、林地等林业资源利益相关方的分配正义以及生态价值与经济价值的协调与衡平。

在这一环境正义的价值理念之下，要求在实体上达到良序的生态秩序，即“人类社会发展进程中围绕环境而建立的某种一致性、连续性和确定性。其主要包括两个层面：人与人之间对环境利用的秩序以及人类与环境之间的秩序”。[29] 在程序上，强调通过理性商谈达成生态价值、社会价值与经济价值取向上的动态平衡这一良序状态。按照哈贝马斯的交往行为理论，人的行为可分为“工具行为”和“交往行为”两类。“工具行为”即通常所说的劳动行为，它涉及的是人与自然的关系；“交往行为”是指人与人之间的相互作用，它以语言为媒介，通过对话，达到人与人之间的相互“理解”与“一致”，即伦理商谈。[30] 在集体林权制度领域，前者表现为林权权利人通过伐林产品实现林业资

[26] 史尚宽：《债法总论》，中国政法大学出版社 2000 年版，第 5 页。

[27] 陈慈阳：《环境法总论》，中国政法大学出版社 2003 年版，第 37 页。

[28] 周珂主编：《环境法学研究》，中国人民大学出版社 2008 年版，第 42 页。

[29] 同上书，第 48 页。

[30] 刘放桐：《现代西方哲学》，人民出版社 2000 年版，第 476 页。

源的经济效益;后者则表现为林业资源的利益相关方通过理性商谈来建构知情同意与协商共担的决策机制,以实现生态效益、社会效益与经济效益的协同发展。

四、集体林权改革的生态化路径

(一)前端环节的失衡——健全林业资源评估机制与商品林公益林划分机制

1. 林业资源评估机制

集体林地承包经营与良序流转的一个重要前提就是对林业资源进行准确合理的评估。而林业资源不仅仅是可被无限攫取经济价值之"财源",更是集聚经济效益、社会效益以及社会效益之一类环境要素。一直以来,对生态效益的漠视就是因为其难于通过"投入—产出—市场交易"的模式进行完美的货币化跳跃。"从传统上说,森林的价值是通过采伐林木——伐林产品来实现的,但事实上森林还蕴含许多别的商业价值。"[31]因而,从前端环节将社会效益与生态效益纳入林业资源的评估机制中,就是在源头上"给市场经济这只看不见的手添上一个绿色的大拇指"[32]。其在本质上可归为一类关注生态效益的经济激励机制。

目前,对林业资源生态化评估机制的健全主要存在以下障碍性因素:一是在对经济效益的评估上,由于森林、林木的生长需要一个相对较长的生物周期,这就造成了对其收益的评估只能是一种预期价值,而难于精准地衡量林木资源的实际收益。二是体现在评估机制对社会效益的反射上,无论是对森林、林木资源的过高过低的评估,建立在这种评估机制之上的必然是一种林权主体之间不公平的林木、林地流转,其在结果上都会导致集体资产的流失和集体福利的不当减损。三是由于林业资源的生态功能价值的难以量化,导致了评估机制中对于生态功能价值的空白与失衡,尤其是评估体系中对于生物多样性价值以及森林碳汇价值的长期漠视。生物多样性价值没能充分纳入林业资源的评估体系中,导致自利林农对高回报率低成本树种的偏好,进而造成林区树种的单一,

---

〔31〕 [美]杰弗里·希尔:《自然与市场——捕获生态服务链的价值》,胡颖廉译,中信出版社2006年版,第99页。

〔32〕 同上书,第121页。

以致最终对森林生态系统的稳定与安全造成灾难性的影响。另外,森林的增汇减排功能已经得到了国际社会的一致认可,根据《联合国气候变化框架公约》第7次缔约方会议通过的《马拉喀什协定》,以造林再造林为核心的林业碳汇项目已成为《京都议定书》第一承诺期清洁发展机制的一个重要组成部分。而国际碳市场的兴起,使得通过市场实现森林生态效益的价值成为可能,因此建立科学合理的森林碳汇计量体系与标准并将其纳入进林业资源的评估机制中就显得尤为必要。

事实上,上述林业资源生态化评估机制中所出现的问题,无论是对预期价值的误判,还是由此所导致的集体福利的不当减损,归根结底都和生态功能价值未能全面充分地反映进评估体系内有关。因此,如何避免生态功能价值在评估机制内的失衡地位就成为了解决上述问题的主轴所在。第一,设立独立于发包方与承包方的第三方独立林业资源评估机构以及制定公正透明的评估程序和操作规范等实施细则。并且这一独立之评估机构也不宜有政府主导设立或与政府存在隶属关系。因为在中国特殊的语境下,公权力同集体经济组织存在着天然的联系,其很容易成为集体经济组织的代言人,使平等主体间的市场行为发生严重失衡。第二,"基于区域林地的生产类型、立地条件、林木产品价值等因素的综合考量,动态确立林地流转的基准价格,建立起市场通行的评估参数体系"。[33] 第三,生物多样性具有丰富的工农业利用、医学药用、科研开发以及景观娱乐价值,对这些可市场量化的价值因素要合理纳入林业资源的评估指标中。从而引导林农从促进生物多样性的角度,科学安排林种结构。第四,林业碳汇巨大的商业价值应当被吸收进林业资源评估体系中,成为构成林业资源整体价值量表的一个重要参数。"人们初步估算每吨二氧化碳许可证的价值是15~100美元,每公顷森林可以有每年2~15吨的碳汇产量。"[34] 而根据德班会议之后的新形势,我国也将于2020年之后面临加入"强制减排俱乐部"的巨大压力。因此,我国要将正在开展的集体林权改革与应对气候变化的国际行动相连接,通过森林碳汇为我国在应对气候变化的国际谈判和国际环境外交上争取

---

〔33〕 朱春燕、孙双义:《林权流转中的风险监察制度与政府监管》,载《林业经济》2010年第7期。

〔34〕 [美]杰弗里·希尔:《自然与市场——捕获生态服务链的价值》,胡颖廉译,中信出版社2006年版,第74~75页。

更大的空间。具体而言,作为前端性的步骤应尽快建立全国统一、与国际接轨的森林碳汇计量评估体系和标准,逐步将林业碳汇纳入林业资源评估机制的统计范畴,为顺利获得联合国 EB 组织签发的 CERS,继而进入国际碳汇市场实现林业资源的生态价值奠定基础。

2. 商品林与公益林的划分

我国《森林法》虽然规定了森林的分类管理,但没有建构具体的操作与实施方案。尤其是在集体林权制度改革过程中,虽然也确立了商品林与公益林分类经营的思路,但是其在前端的两林划分的环节就暴露出了诸多不足。

其一,区别划分两林的技术规范并不明晰。由于自然区位的原因,"中国东部沿海和中部地区以人工林为主,分类经营相对比较容易。而西南地区森林资源丰富,种类复杂,商品林与公益林的划分混乱,会影响到林改的最终生态效果或林农收益"。[35] 其二,生态公益林的划分比例失调。由于某些地区的生态区位较为重要,如公路沿线、水土流失和荒漠化治理区,在林改过程中,部分林农的林地被不同程度地划为生态公益林,最高者甚至达到 100%,如"山西省共划定的公益林面积占林业用地总面积的 82.1%"。[36] 其三,由于分类经营所带来的对公益林经营主体之权利的限制,使其难于通过市场途径实现林业资源的经济效益,加之森林生态补偿机制这一政策性调控措施的不完备,导致两林之间出现巨大的经济收益鸿沟,继而使得林农不乐见自己的山林划入生态公益林,管护积极性严重受挫,这些都给两林划分的分类经营思路带来严峻的挑战。

针对上述困境,除科学制定兼顾现实情况的划分两林之技术规范外,一方面,在林权类型化的设计中要充分考虑对于两林划分的配套,针对不同的商品林和生态林区建构不同的经营管护制度,采取不同的权利形态;另一方面,在两林划分后的经济激励手段方面,需要在坚持贯彻落实"受益者补偿"原则之下完善森林生态效益补偿机制,拓宽补偿路径,在此基础之上也应适当考虑引入市场机制共同参与对于生态公益林的建设性效益开发。因为对于经济效益的过分抑制最终会阻碍生态效益的顺利实现。

---

〔35〕 赵绘宇:《林权改革的生态风险及应对策略》,载《法学》2009 年第 12 期。

〔36〕《中央森林生态效益基金的补偿范围、布局和规模》,载山西省国有林管理局官网:http://www.1630.gov.cn/ArticleShow.asp? ArticleID=730,最后访问日期:2012 年 3 月 24 日。

（二）中端环节的断裂——完善采伐管理、林权流转与生态补偿机制

1. 采伐管理机制

采伐限额和采伐许可构成了中国现行森林采伐管理机制的核心组成部分。伐林产品成为了目前林业资源经济效益实现的主要途径，为了从宏观上规制过度砍伐所造成的林业资源的消耗，国家通过在森林资源管理立法中设立采伐限额的条款，来抑制私主体采伐权无限逐利的膨胀；而在林木采伐的实施环节又通过设置采伐许可，用以配套保障有关采伐限额规定的有效落实。从本质上讲采伐管理机制应当是一类为了需求林业资源经济效益、生态效益、社会效益动态平衡的法律措施。从法理上分析，采伐许可是行政许可的一种，理论上主要有"赋权说"和"解禁说"两种不同的观点。林权权利人采伐权的行使主要是依据《物权法》，其第 116 条规定："天然孳息，由所有权人取得；既有所有权人又有用益物权人的，由用益物权取得。当事人另有约定的，按照约定。"由此可见，采伐权本身就属于集体林地的承包经营人所享有，承包人采伐自己的林木，是行使自身合法权利的表现。但由于林业资源并非单纯意义上的传统民法所述之物，其更是一类不可或缺之环境要素，所以从保护其生态功能价值的角度出发，而对承包经营人之采伐权行使予以一定的限制。从这一角度来看，笔者认为采伐许可在本质上是对权利人之权利行使限制的解除，其更为符合"解禁说"。但这种限制的解禁与否完全不取决于经济效益与生态效益的力量对比，而需要看自诩为"公众环境利益代理人"的政府之脸色。"采伐许可证对于林木的所有权而言，最有说服力的解释，是寻求生态价值保护的理性支持，从而将其归纳为是对所有权行使方式的一种限制。"〔37〕总的来说，采伐管理机制设立之目的，即在于沟通和平衡个人所求之经济利益与公共环境利益之间的冲突与矛盾。

无论是采伐限额还是采伐许可的设定，其重视林业资源生态效益的出发点都是善意并值得鼓励的，但在实际操作中不得不正视其在某种程度上剥夺林农正当收益权能所带来的消极后果。现行的采伐管理机制，对权利人采伐权行使的制约，妨碍了其正常经济利益的实现，这是不争的事实。但在伐林产品是林农从林业资源上获取经济回报的主要财源的情况下，上述限制显然是其不愿接受的，尤其对于经营生态公益林的林农来说无疑不吝于是一场灾难。在集体林

〔37〕 高丽红：《森林权属的法律体系构造》，载《现代法学》2004 年第 5 期。

业逐步市场化放开的进程中,集体林承包经营者也与其他市场主体一样,其承包经营林地,种植林木的主要目的就在于通过尽可能地生产伐林产品来获取最大化的经济利益。“如果林业经营者所经营的林木为社会提供巨大且无偿的生态效益居然成为限制其经营和收益的根本原因,就显然违背了正义和公平的基本法律价值。”[38] 由于采伐限额和采伐许可证限制了承包经营人的自主经营的权益,必然会造成其经营林业资源积极性的弱化,以及对林业发展资本挹注和劳动投入的减损,这也将最终阻碍社会整体之环境利益的顺利实现。善良愿望之束缚,也有可能导向其本不所乐见的悲剧结局。

因此,有必要在平衡经济效益与生态效益的主轴之下,拆除障碍性因素,完善采伐管理机制。其一,应当针对商品林和生态公益林分别采取不同的采伐管理措施。对待商品林中的人工林实行采伐备案制管理模式,适当放宽人工商品林的采伐限制条件,采取采伐备案制,简化审批的行政流程,容许承包经营人根据自身商品林的自然条件、经济功能、市场需求自主行使采伐权;对待商品林中的天然林设立采伐审批公示制,即在“积极管理,有效放活”的原则下,对采伐条件、采伐方式、采伐义务以及采伐审批公示程序上,作出合理的限制规定;对待生态公益林,由于其特殊的生态功能定位,应采严格的保护措施,即规定依法禁伐、加强抚育以及只准许更新性质下的严格采伐。其二,在采伐限额的改进上,应注重国家总体宏观限额指标与灵活的市场化运作机制相结合。具体而言,法律仅在依照“消耗量小于生长量”的原则之下,对采伐限额进行总体性规划。授权地方政府根据自身自然环境、地理区位以及林木生长条件,具体确定符合自身实际情况的采伐配额、采伐时期以及采伐方式。对于商品林,在符合国家法律法规的前提之下,应允许林农根据市场机制灵活决定实际采伐量。即在不突破采伐总量、确保林地及时更新、采伐时间合理的情况下,对于各年度的采伐数量可以依据市场供求状况自行确定。

2. 集体林权流转机制

2008 年《林改意见》明确将“落实处置权”作为集体林权制度改革的主要任务之一。而落实处置权的核心环节从本质上讲,就是落实在不改变林地用途的前提下,林地承包经营权人可依法对拥有的林地承包经营权和林木所有权进行

---

[38] 王清军:《集体林权制度改革背景下森林采伐管理体制变革研究——兼论森林法的完善》,载《东南学术》2010 年第 5 期。

流转。而这也是林权状态动态化之最为主要的特征。集体林权流转机制的合理安排,既要考虑到适于市场化运作的“流动性”,更要兼顾实现三大效益平衡的“稳定性”。

当前,在改革过程中,集体林权流转机制所反映出的突出问题主要包括以下几个方面:一是从相关法规规章、地方性立法以及政策层面上来看,主要是以鼓励林权流转、促进林权流转市场化运作的条款居多,而涉及监管和规制性的内容则相对较少。“流动性”与“稳定性”之协调在立法上表现得较为失衡。二是流转程序与流转定价机制的不规范。在实际操作过程中,一些农村集体组织基于急功近利的思维,未经充分的民主议事程序流转山林造成了诸多林权纠纷。即便通过一定的村民合议达成山林流转的共识,但由于部分村民代表在林权流转事务中缺乏全局与长远考量,再加上林业资产评估的专业性较强,合同订立涉及专业的法律知识,这种客观的局限性导致了他们在集体决策的过程中易落入群体性错误的困境,出现群体性决策失误,造成集体资产的流失和集体福利的不当减损。此外,在流转定价环节,则表现为易受政府行政干预等非市场因素影响,政府的职能不清、不当介入流转定价,导致政府监管职能的“越位”与“缺位”并存。加之林权流转通常涉及较大的资金数额,在强烈的现实利益诱惑面前,易造成权力“寻租”。三是对公益林动态流转的过多限制,导致其经济价值与生态价值的断裂。依照目前我国《森林法》第 15 条的有关规定,能够进行合法流转的林种仅限于“用材林、经济林、薪炭林”等商品林,而“防护林和特种用途林”等公益林则不适用于允许流转的范围,这就完全限制了其经济价值通过流转这一市场化渠道实现,再加之森林生态效益补偿的杯水车薪,使得同经济价值全然撕裂的生态价值之前景堪忧。

针对上述问题,集体林权流转机制之完善对策,主要由以下几个方面构成。其一,在立法层面加强规制性、监管性规定的供给与构成比例,完善与细化集体林业资源产权变动的申请、审批、评估以及合同订立等程序性规定,使之兼具即能有效保障林权的合法流转又具有较强的现实可操作性。其二,完善集体林权流转过程中的村民参与、集体协商环节,注重村民在这一议题上参与民主管理与决策的可能限度。横向参考我国台湾地区之“公民投票法”,该法规定了预算类和投资类等领域之议题,因为涉及较强的专业性,为避免民粹影响正确的政策决断,而不在可进行公投的范围之列。这对我们思考如何在集体林权流转过程中完善村民参与机制具有正面的借鉴意义。因为集体林权流转涉及较大的资金数额与较强的专业性判断,应当要在村民民主决策的过程中纳入专业机构与专业人员参与决策的形成过程,将民主治理与专业决策相结合,引导村民审慎处置自己的权利,防止其在信息与知识不完整的情况下功利性地流转山林。其三,应在 2008 年《林改意见》"落实处置权"之精神的指导下,对于生态林的流转给予适当松绑,妥善协调经济收益与生态效益之间的关系。在满足对于其生态价值保护的前提要件之下,许可"有条件的事业单位、科研院所、环保 NGO 等在给予林农充分补偿后接手公益林进行相关科研、保育、保护性开发、生态建设,这无论对于林农增收、公益林建设还是林业资源高效利用都大有裨益,国家也可节约大笔补偿金而获得更加优质的林业公益"。[39] 将公益林的流转由完全限制过渡到适当引入动态流转的活水,利用一定的流转机制激励生态价值与经济价值冲突的调和。

3. 公益林的生态补偿机制

近年来,我国政府实施了应对气候变化林业行动计划,建立了亚太森林网络中心,提前兑现了 2010 年森林覆盖率达到 20% 的承诺,林业的生态效益愈加彰显。但在林业分类经营管理的格局之下,对承担着巨大生态功能的公益林的管护却面临极大的挑战。公益的管护问题集中体现了林农作为"理性自利经济人"对经济私利的追求与公益林所负载之特殊生态公益的矛盾与冲突。我国的"十二五"规划明确指出,按照"谁开发谁保护、谁受益谁补偿"的原则,加快建立生态补偿机制。但在林业生态补偿机制尚不成熟与完善的情况下,林农为寻求对经济私利的自保,尤其在政府林业监管不到位的推波助澜之下,极易出现林农直接将公益林种置换成商品林种经营以弥补因经营公益林所造成的机会成本升高、收益的降低。"这种现象正如之前中国环境污染防治领域所面临的困局:由于守法成本高,违法成本低,污染企业纷纷通过偷排等方式取得了环保监管不到位下的非法利润。"[40] 而公益林的承包经营业者,在上述情形之下,也可以透过林业监管的缺位,而将公益林品非法置换或砍伐,从而对林业的生态功能价值造成极大的危害。因此,加快建立完善、合理的公益林生态补偿机制就显得尤为必要。

---

〔39〕 巩固:《林改背景下林权流转的法律障碍及其拆除》,载《法学论坛》2011 年第 5 期。

〔40〕 赵绘宇:《林权改革的生态风险及应对策略》,载《法学》2009 年第 12 期。

当前,中国的公益林生态补偿机制主要存在这样几类问题:

一是补偿标准设计的不完善。这一缺陷首先表现为补偿标准偏低,虽然中央财政森林生态效益补偿基金已将平均补偿标准由每 $1/15hm^2$ 每年 5 元上调至每 $1/15hm^2$ 每年 10 元,但这和林农期望补偿标准的中位值:每 $1/15hm^2$ 每年 30 元[41]的心理预期还是相去甚远。即便是维持现有的补偿标准,当前的生态效益补偿基金的补偿范围也并未覆盖所有的公益林,中央财政森林生态效益补偿基金也仅负担重点公益林。而对于绝大多数普通公益林,仅有大约 50%[42]的省级政府已建立补偿基金,对所辖行政区内的所有生态公益林实施国家、省、市三级联合补偿。此外,现行的补偿标准并未设计根据价格指数变化而做出相应调整的灵活机制。补偿标准"一刀切",单一的补偿标准并未体现林业发展的地域性特征。中央补偿标准的订立并未综合考量森林的质量、立地条件、区域经济发展水平、交通区位等因素,全国范围使用相同的补偿标准。补偿标准的机会成本计算也并未形成涵盖经济效益、生态效益与社会效益的综合计量机制。生态效益补偿基金在补偿标准设计上的先天不足,使这种对公益林的补偿在面对林农巨大的"逐利"需求时,深显杯水车薪,犹如食之无味弃之可惜的"鸡肋",根本难以起到其原本所应发挥的功效与作用。

二是目前我国确立的以国家补偿为主的森林生态补偿机制有很大的局限性,随着生态林范围与面积的扩大、林权改革之后商品林市场竞争优势的显现。林农对生态补偿标准心理预期的不断提高,公益林的生态补偿将会对国家以及各级政府财政造成巨大的负担和挑战。从国外的森林生态补偿实践来看,目前比较有借鉴意义的主要有:日本的安保林、美国和德国的国有林所实行的国家购买和提供模式;瑞典的支持私有林业发挥生态效益的模式;以及巴西、美国和墨西哥所实行的社区参与生态补偿模式。我国也应加快建立政府补偿、市场补偿、社会补偿以及国际项目补偿有机结合的多元化森林生态效益补偿机制。尤其是在森林的增汇减排功能已经得到国际社会的一致认可,成为国家履行减排承诺的重要途径这一背景之下,应当要切实思考如何建立基于森林碳汇交易的

---

〔41〕 参见国家林业局经济发展研究中心课题组:《中国集体林产权制度改革主要政策问题研究》,载《林业经济》2011 年第 9 期。

〔42〕 参见刘灵芝、刘冬古、郭媛媛:《森林生态补偿方式运行实践探讨》,载《林业经济问题》2011 年第 4 期。

市场化补偿机制,并将森林生态效益的补偿与“京都规则”所确立的造林、再造林CDM项目以及以防止森林退化、森林保护为核心的REDDD+项目相结合,增加森林生态补偿的广度与厚度,扩宽融资渠道、完善与活化补偿的资金来源体系。

三是面对公益林管护的巨大压力,对公益林的经营简单地采取完全一禁了之的做法,将公益林生态效益的维持以及林农经济利益的弥补纯粹依靠“补偿养着”,不仅不切实际,并且也不利于公益林生态价值与经济价值的弥合以及公益林健康、可持续发展。一方面,应当走出将生态公益林区完全等同于自然保护区,不分类别一律采取严格禁伐的保护性措施这一困局。因为设置过高的限制,仅仅是一种最为“粗糙”的保护手段,容易激化政府和广大林农的矛盾,最终将威胁到林业生态价值的实现。另一方面,现代林业多样化的经营模式并不必然等同于对公益林的砍伐和破坏。因此,应当赋予公益林的经营者更多的灵活经营自主权,鼓励其在不破坏公益林生态功能的前提下发展林下种养殖业、合理利用森林景观发展森林生态旅游等。引导林农改变以往“种植—砍伐”粗放型增长模式之下单纯依靠伐林产品为主的传统收益模式,通过发展生态化的灵活林下经营方式为生态公益林注入林农“自我补偿”、公益林可持续发展、生态效益与经济效益相协调的活水。

当前,中国的公益林生态补偿机制存在诸多亟待解决的问题。总的来说,现行的补偿机制主要依靠短期的政策性惠林激励与扶持为主,一旦这种短线的政策性利多效应一次性释放之后,根深蒂固的制度性、结构性短板与利空将会逐步显现与扩大,这对于公益林的可持续发展有着极大的危害。尤其是缺乏稳定的法制保障下的长期补偿机制,将会严重挫伤林农经营管护生态公益的积极性。因此,在法制层面上,尤其是环境法,有必要对公益林生态补偿机制所存在前述问题进行有效的制度回应。

其一,针对补偿标准本身设计上的缺陷,应尝试建立具有差异性的补偿标准体系,采分级分类的公益林生态补偿标准。具体而言,“就是要根据生态区位的重要性和各地社会经济发展水平的差异,设计差异性补偿标准,经济发达地区的生态公益林补偿主要有地方负担,经济欠发达地区的生态公益林补偿主要由地方负担,生态区位重要的地区补偿标准可适当调高,生态区位相对不太敏感地区的补偿标准可适当降低”。[43] 此外,要将树种类型、森林林木品质、自然区位等影响公益林生态价值的重要影响因子纳入生态补偿标准体系中来,结合社会、经济与生态因素来全面核算机会成本,完善补偿计量机制。做到综合平衡与可持续发展,实现林业经济发展、地方社会安定、生态效益良好的三赢局面。

其二,应加快建立政府补偿、市场补偿、社会补偿以及国际项目补偿有机结合的多元化森林生态效益补偿机制。深化落实“谁开发谁保护,谁受益谁补偿”的原则,鼓励多渠道拓宽公益林生态补偿的模式与资金来源体系,将真正的生态外部效益内化于市场。尤其是在德班会议之后,我国将面临发展经济与强制减排的双重压力,因此有必要大力发展林业,全面增进森林的碳汇功能。在此一背景之下,应加强建立与完善基于森林碳汇交易的市场化补偿机制,深度参与国际碳汇市场。“京都规则”所确立的造林、再造林 CDM 项目以及以减少毁林、防止森林退化、森林保护、森林可持续发展为核心的 REDDD + 项目[44] 在实质上皆是通过经济激励与市场手段来实现林业碳汇功能的增进以及保护森林生态服务功能特别是森林碳服务。因此,应将森林生态效益的补偿与造林、再造林 CDM 项目以及 REDDD + 项目相结合。重视我国森林碳汇资源核算方法、体系以及交易机制的建立与完善。此外,德班会议决议启动“绿色气候基金”、成立基金管理架构,这都将成为我国公益林深度参与国际气候变化项目,通过国际资金协助扩宽公益林生态补偿渠道的绝佳契机。

其三,适当放宽对于公益林经营管护的限制,推进和鼓励对于公益林在不影响其生态功能的前提下,开展多样化的灵活林下经营模式,打破单纯依靠“伐林产品”获取经济收益的传统“种植—砍伐”经营模式,完善相关配套措施。尤其是在“补偿标准难以达到合理水平的情况下,要出台相应的公益林经营办法,

---

〔43〕 国家林业局经济发展研究中心课题组:《中国集体林产权制度改革主要政策问题研究》,载《林业经济》2011 年第 9 期。

〔44〕 REDD + 机制最初来源于雨林国家联盟于 2005 年所提出的“我们来保护雨林、发达国家提供资金协助”全球雨林保护计划,该项目历经数次联合国气候变化会议而得以确认和发展。其主要内容为:减少砍伐和森林退化造成的排放(REDD)都是减少空气中的碳排放活动。其中的“ + ”代表碳封存或去除大气中的碳。

挖掘公益林的经济产出能力,提高林农管护公益林的积极性”。[45] 对此,在政策层面上,国家发布的《林改意见》已经明确指出“对公益林,在不破坏生态功能的前提下,可依法合理利用林地资源开发林下种养业,利用森林景观发展森林旅游等”。在实践层面上,“上海、浙江、湖南等地通过财政扶持,引导农民自愿组织林业专业合作社。辽宁、江苏、湖北、安徽、广西、天津等地通过抓林下种养殖示范点、产业基地建设和工业园区建设等途径,积极指导林业产业特别是林下经济发展,促进了农民增收致富”。[46] 在法制层面上,虽然广大经营公益林的林农有较强的意愿开展林下经营,但由于制度性的障碍因素尚未拆除,导致其公益林的林下经营活动受阻或不被允许。因此应当赋予公益林的经营者更多的林下经营自主权,确保其合法收益权的实现。“只要经营者不破坏森林资源,在不影响生态公益林提供生态环境服务的同时,经营者应拥有合理开展必要的生产、开发活动的权利。这种权利不仅包括把生态公益林建成森林公园,供人们游憩、观光、野营、避暑和度假等,以及进行林中间作、林副产品生产、开发生态保健食品等的权利,而且还包括必要的抚育性和更新性采伐利用等的权利,以增加经营者的经济收入,缓解政府对生态公益林保护的压力。政府或林业管理部门要建立限制性利用机制,对生态公益林经营者的各种经营、开发利用权做出界定,使之既能保证生态质量不受影响,又能增加林农的经济收入。同时,林业主管部门还应加强技术指导和监督。”[47] 这些都需要通过完善公益林经营管护的相关法律规定来加以实现和制度化固定,以促进和保障林农经济利益与森林生态公益的和谐统一、相互促进、可持续发展。

(三)末端环节的缺失——建立公平公正的林权纠纷解决机制与承包经营的后评估机制

1. 林权纠纷解决机制

集体林权改革作为一项触动农村社会深层利益调整和分配的深刻变革,加

---

〔45〕 国家林业局经济发展研究中心课题组:《中国集体林产权制度改革主要政策问题研究》,载《林业经济》2011 年第 9 期。

〔46〕 张建龙:《我国集体林权制度改革态势与重点任务》,载《林业经济》2011 年第 3 期。

〔47〕 国家林业局经济发展研究中心课题组:《中国集体林产权制度改革主要政策问题研究》,载《林业经济》2011 年第 9 期。

之历次林改遗留问题的积重难返，各种利益相关方与价值取舍的相互博弈，以及政策推动型改革的稳定性与制度化较为缺乏、易为权利"寻租"留下灰色空间，这些问题的纵横交错导致了林权纠纷的复杂性与数量上的激增。以福建省三明市为例，该市是国家确定的唯一一个"国家林业改革与发展综合实验区"，其在2004年率先启动了集体林权制度改革。"据统计，该市下辖的永安县自林改以来，共发生山林纠纷306起，涉及面积72，478亩。"〔48〕由此可以一窥林权纠纷状况的严峻以及旧有解决机制在面临这一类问题时的乏力与不兼容。

这种林权纠纷不同于以往传统意义上的物权纠纷，其外化表现为利益的再调整与再分配所引致的冲突。特别是由于某些地方的集体林改革，背离了改革的初衷，使得林地承包经营权过度地集中于少部分人或者是林业经济实体手中，强烈的被剥夺感以及对于公平公正的原始追求都使林农采取了各种抗争方式来表达自身的利益诉求，因而由此引发林权纠纷的骤增。但在法律层面上，这种林权纠纷所投射出的是林农传统的乡土公平观在现有的法律政策框架内难于寻求到合理有效的制度回应，所导致的乡土公平观治下的伦理秩序与现代法治观治下的法律秩序的冲突。众所周知，我国的传统林农有着较为根深蒂固的乡土情结以及对于林木、林地的生计和情感依赖，正所谓"人亲土亲、安土重迁"。因此，一旦发生林权纠纷，对于林农而言，其所要求矫正和实现的是合乎乡土公平观下的伦理秩序，其内心的正义准则更多的来自乡规民约，而不是寻求对法律秩序的回归与强调。加之这种涉林纠纷的复杂性以及国家林权制度建设的滞后性，都决定了林权纠纷的调处不仅应当注重"依法办事"，更要强调"合情合理"，既要合法还要合理，寻求乡土伦理秩序与现代法律秩序之间的衡平。

其一，我国虽然是大陆法系国家，但可以灵活借鉴普通法系国家衡平法以及衡平法院的有益经验，创造性地进行符合林权纠纷实际的司法制度设计。例如，"设立直接受省级法院管辖的林权纠纷巡回工作组，专门处理所辖区域内农村的土地流转案件"。〔49〕最高人民法院也应当注意收集整理有代表性的纠纷

---

〔48〕 贺东航、叶劲松：《集体林权制度改革与农村社会管理创新研究》，载《东南学术》2011年第5期。

〔49〕 贺东航、储建国、朱冬亮：《集体林权制度改革中的社会公平研究》，载《社会主义研究》2009年第2期。

解决案例,适时发布有针对性的指导性案例。

其二,建立多部门参与的林权纠纷联合调处机制与平台。对于重大林权纠纷案件的调处,可在林业部门的牵头之下,由司法、国土、水利、矿业等所涉部门联合开展工作,宜调则调、宜判则判,加强诉调对接,注重案结事了。此外,亦可思考设立专门的林地承包经营纠纷仲裁机构,分流和减缓司法机关以及林业等部门的纠纷调处压力。

其三,在总结林权纠纷解决的司法实践经验的基础之上,深入研究其共性,加快制定《林权争议处理条例》,以使林权纠纷的解决和处理工作有法可依。

2. 承包经营的后评估机制

在考量集体林权改革和制度设计时,对其末端环节往往仅仅考虑到林权权利人合法权益受损时的权利救济以及涉林纠纷的解决和调处机制。但在林木、林地的承包经营问题上,对其法律规制和制度保障通常仅止于过程环节,在承包经营的末端环节,尤其是在其承包经营期限届满后的续承包或对林木、林地进行流转时,却鲜少顾及如何通过制度规制这一末端环节来实现对于森林生态价值的关注。究其原因,主要是基于"物权化"路径的本轮集体林权改革,在私权思维模式之下,林木、林地的承包经营与林权的流转更多的是强调权利人之间的意思自治以及处分权利的自由,最大限度地保障林权交易的自主、平顺进行。因而才会倾向于排斥带有过多行政管制色彩的手段和措施介入承包经营和流转环节,以及深刻地顾虑到设置过多的行政管制,将会不利于林业经济潜能的充分发挥,从而选择将林权交易的命运完全托付于市场。

在承包经营和流转的问题上,本轮林改也正是顾虑到 1949 年以来历次涉林改革行政化、集中化过重的贻害,才会在 2008 年《林改意见》中特别强调放活经营权、落实处置权,在依法、自愿、有偿的前提下,林地承包经营权人可采取多种方式流转林地经营权和林木所有权。但其也注意到森林生态价值的重要性,因此也提出落实责任,承包集体林地,要签订书面承包合同,合同中要明确规定并落实承包方、发包方的造林育林、保护管理、森林防火、病虫害防治等责任,促进森林资源可持续经营。基层林业主管部门要加强对承包合同的规范化管理以及加快林地、林木流转制度建设,建立健全产权交易平台,加强流转管理,依法规范流转,保障公平交易。

虽然在改革的过程中,对于林地、林木流转制度以及产权交易平台的建设,在其前端环节已经提出要健全林业资源评估机制,但却不曾注意到在其末端环节设置承包经营或流转的后评估机制,对于切实保障林业生态效益的实现具有同等的重要性。在"十二五"规划中,已经明确将森林覆盖率和森林蓄积量确定为约束性指标。设置约束性考核指标,实际上也是一种广义上的涉林后评估强制性措施。对此,在后评估机制的具体制度安排上,可以考虑将后评估机制纳入到林权交易平台中,对于承包经营商品林和公益林的林农设置不同的生态效益维护和实现指标,为承包经营户建立林木、林地生态效益追踪档案,在其承包经营结束后对其所承包林木、林地的生态效益进行综合评定,作为是否准予其在承包经营期限届满后续承包或参与林权流转的重要依据。

五、结　语

森林、林木、林地作为构成环境整体所不可或缺的一类环境要素,不应当仅仅被简单地视为创造经济效益的财源和产业,而对其所负载之生态效益和社会效益视而不见。对于林农"理性经济人"身份的尊重以及获得合法经济收益的保障,亦不应当以损害生态价值为代价。以可持续发展理念治下的"生态化"路径代替私权思维模式之下的"物权化"林改路径,不失为衡平林业经济价值、生态价值、社会价值的优选方案。对此,1998 年修订后就再无任何变动的《森林法》更应当适时对本轮林改中所凸显出的制度问题作出法律回应。尤其应成为林业发展贯彻可持续发展理念的行动准则,为森林、林木、林地等一系列的生态化制度建构,以及调和林业经济发展与森林生态价值之维护作出适妥的法律安排。

Rethinking the Collective Forest Tenure Reform in China in the Context of Sustainable Development: from Property Protection to Ecological Conservation

Qin Tianbao

Abstract: Considering collective forest is a very important type of forest resource which has remarkable strategical significance, the Collective Forest Tenure Reform exerts far-reaching influence on the sustainable development of society and economy in China. However, for a long time, this reform has been wrongly based on the philosophy that all the forests, woods and woodlands have been only regarded as a kind of property with economic value while the ecological value gets neglected totally. Thus, it is curial for this reform to balance the ecological, economic and social values in the context of sustainable development. Based on background analysis of the reform and the shortcomings of current forest law and policy, this article discusses the legitimacy of ecological conservation during the reform and suggests a reasonable roadmap as well.

Key words: Collective forest tenure; Property protection; Ecological conservation; Legal framework

(责任编辑:李　帅)

不公平交易中依赖性的经济学分析路径

吴宇飞*

内容摘要：

与垄断行为不同，不公平交易行为的定性重点并不在于市场份额，而在于交易关系中的依赖性。现实中充斥着大量的不公平交易行为，均以交易一方享有相对优势地位为前提，而相对优势地位的产生又以依赖性为基础。对依赖性的经济学分析来源于资产专用性理论和资源依赖性理论。其中，资产专用性主要用于分析基于大型网络、平台等专用资产而产生的交易依赖性，而资源依赖性则侧重于对以销售渠道为依托的依赖关系进行解构。把握依赖性的经济学分析路径有助于我们廓清不公平交易行为与垄断行为的边界，并能为我国竞争法律制度的完善提供理论支持。

关键词：

不公平交易　依赖性　资产专用性　资源依赖性

一、引论：撕裂道德哲学依赖性的不公平交易

对维护市场竞争性的一贯主张，成就了市场经济巨大的优越性。[1]然而，当资本主义进入深度发展的中后期时，契约自由理念却滋养出了一系列反竞争行为。[2]其中，尤其以不公平交易行为的爆发最能体现契约自由幌子下的交易弊端。我们看到，一些享有一定市场势力的企业，尽管没有绝对的市场支配能力，但拥有的资产或资源却足以让交易相对人对其产生依赖，使其有力量控制交易的过程，通过明示或隐蔽的方式设置不合理、不公平的条件，对交易相对人进行

---

* 吴宇飞，中国人民大学公共管理学院博士后，法学博士。

〔1〕 王晓晔：《反垄断法与构建和谐社会》，载《价格理论与实践》2014年第3期。

〔2〕 吴宏伟：《竞争法有关问题研究》，中国人民大学出版社2000年版，第111页。

盘剥,进而谋取不当利益。当前,奶站盘剥奶农低价收购奶品、医院向药厂收取“进院费”、大型超市向供应商索要“上架费”等现象,均是不公平交易的具体表现。2016年2月25日,国务院法制办公布了《中华人民共和国反不正当竞争法(修订草案送审稿)》(以下简称《送审稿》)。其中,第6条新增了禁止实施不公平交易行为的条款,改变了我国竞争法长期以来忽视不公平交易的现状。第6条规定“经营者不得利用相对优势地位”实施不公平交易行为,且判断相对优势地位要以“交易相对方对该经营者具有依赖性”为标准。然而,作为核心要素的“依赖性”之深层次释义究竟为何,实践中又如何具体衡量交易双方依赖性的大小,且分析、量度的方法又有哪些,《送审稿》阐之未尽。

诚然,对依赖性可以有不同层次的理解,政治哲学家McIntyre便以道德哲学的视角解释了依赖性存在的必然性。在McIntyre看来,人类之所以能够以群体的形式维系并发展,很大程度上是因为人类个体在诞生之初便注定了的脆弱性,唯有以共同体的形式结盟方能生存和发展。而地方性共同体维持之根基又在于独立性与依赖性的相互牵绊与博弈。McIntyre认为,单位也好,家庭也罢,社团协会也行,甚至是寺庙和教会,各类共同体皆因成员间的相互给予和接受这种行为道德而得以存续。[3]可以说,人类对“依赖性的依赖”是与生俱来的,并且任何社会阶段都无法打破这种宿命,哪怕是茹毛饮血的原始社会,抑或是市场经济高度发达的资本主义社会,都不可能脱离依赖性的笼罩。只不过,社会的发展会不断为依赖性正名,而这种正名即是对依赖性的“对价保障”。简言之,就是对提供依赖性的利益集团的尊重和保护。[4]如果说,McIntyre从道德哲学的视角切入,并以人类存续的终极需求和目标为依托,阐释了善待依赖性的必要,那么,顺理成章的逻辑便是,以依赖性维系的双方必均为受益者,且都应善待。然而,若以法学语境来审视该观点,尽管可能同样会得到要合理保护“提供依赖性”的优势方之利益的论断,却无法得出还应同时保护“受制于依赖性”的弱势方权益的结论;而不公交易现象的泛滥,恰恰是由于长期忽视弱势方利益所致。毕竟,McIntyre的道德哲学在因疯狂逐利而丧失理性的商业厮杀中是不堪一击的。

---

〔3〕 Alasdair McIntyre, *Dependent Rational Animals: Why Human Beings Need the Virtues*, 2nd Printing, Open Court Publishing, 1999.

〔4〕 Ibid..

此类视角盲区不仅是商业麻木者的专属,在市场规制领域同样存在,而缺乏对待依赖性的理性态度以及有效的解构工具,也正是当前公平交易立法以及执法的症结。当然,若因此就否定了 McIntyre 对解读依赖性所作的贡献也是不恰当的。毕竟,经济学家在此基础上发展出了资产专用性理论和资源依赖理论,[5]并以此作为研究企业间依赖性的逻辑起点,而该逻辑起点又为我们进一步探讨不公平交易中的依赖性提供了方法论进路。其实,借助经济学理论和工具对市场行为作法律定性,早已不是稀罕之事,甚至还是必要之举。我们看到,认定垄断行为时的市场份额计算、相关市场界定、假定垄断者测试(SSNIP)等,均是经济学分析路径的法学应用。只不过,从目前情况来看,不公平交易行为则显得非常“幸运”,因为“依赖性”经济学释义的缺失直接导致了对其量化规制的困境。与垄断行为不同,不公平交易行为的定性重点并不在市场份额,交易关系中的依赖性才是关键。因此,寻求一套有效的依赖性经济学分析路径是有必要的,而借鉴制度经济学中已然成熟的资产专用性及资源依赖性理论,不失为一条值得重视的思路。

二、资产专用性理论中的依赖性分析

资产专用性(Asset Specificity)的初始概念可追溯至 1937 年科斯对交易成本的论述;[6]但是,这也仅是停留于理论层面,实际的评估分析法是缺失的。直至威廉姆森完善了资产专用性理论后,交易成本概念在可操作性上才获得了充实,同时亦为后续基于特定(专用)资产所形成的交易关系之研究提供了有效助力。

(一)资产专用性的含义及其交易表征

鉴于专用性投资的方向并不单一,威廉姆森主要划分了四个类别。首先,是地理位置专用性,主要从仓储和货运的角度考量对成本的节约。当交易双方

〔5〕 See Benjamin Klein, Robert G. Crawford, Armen A. Alchian, *ss*, *Journal of Law and Economics*, 1978, Vol. 21, No. 2, pp. 297–326.

〔6〕 除了交易成本,科斯还将交易范畴拓展到了规模经济结构中的成员之间,这也为之后新制度经济学对企业间的商业行为的研究奠定了基础。参见[美]约翰·康芒斯:《制度经济学·上册》,于树生译,商务印书馆 1962 年版,第 82 页。

彼此的地理位置处于“紧挨着”的关系(Cheek-by-jowl Relationship)时,一旦设定了场所,投入该场所中的资产就高度固定,具有极强的专用性。这样的安排是一种事前的决策,目的是使库存和运输成本最小化。[7]其次,是实物资产专用性,主要反映在交易一方或双方对特定生产设备的投资,该生产设备专门用于此项交易,若改变用途,则价值明显降低。再次,是人力资产专用性,主要反映在对技术操作水平要求高的专业技术人员在管理过程中产生的人力资本专用关系进行投资。最后,是专用资产,反映了供应者与特定客户间的投资关系。专用资产(Dedicated Assets)供应商所进行的投资,目的只是向特定客户出售绝大部分的产品,即该客户是供应商投资的主要指向,供应商的投资收益也主要来源于与该客户的交易,否则供应商就不会进行该项投资。如果双方供需合同提前终止,供应商将遭遇巨大困难,面临严重的生产能力过剩问题。

可见,在四类专用性投资中,资产的投资最能撼动交易双方的核心利益。因为,资产投资的初衷便是以促成交易(尤其是长期交易)为目标的。鉴于此,威廉姆森对资产专用性的表述为:“在不牺牲生产价值的条件下,资产可重新用于不同用途和由不同使用者使用的程度。”[8]这里涉及两个新的“转变”:首先,资产被用于新的用途;其次,资产被新的使用者使用。故而,判断资产是否具有专用性,或专用性的强度如何,应以上述两个“转变”为标准。总体而言,资产专用性的强度与两个“转变”成反比例关系——“转变”的可能性和程度越高,资产专用性越弱;反之,则资产专用性越强。当然,这里还要以“在不牺牲生产价值”为前提。然而,若资产在转投他用后,即便其本身的市场价值贬值了,但可供他人使用的机会很高,且资产能更便利地转向新的用途,则资产的专用性也依旧很强。

应该说,作为新制度经济学的重要理论之一,资产专用性理论是对交易成本理论的补充和完善,其本身的专用性要求包括对交易资源专用性的限制(包括交易途径、交易对象等),某种意义上,它更是一种关系性专用资产(Relationship Specific Asset)。也正因如此,资产专用性的实现或表征,才更需要诉诸交易途

---

〔7〕 参见[日]舟田正之:『不公正な取引方法』,有斐閣2010年版,第352页。

〔8〕 [美]奥利弗·E.威廉姆森:《经济组织的逻辑》,载[美]奥利弗·E.威廉姆森、西德尼·G.温特编:《企业的性质——起源、演变和发展》,姚海鑫、邢源源译,商务印书馆2007年版,第121页。

径。一般而言,若交易一方无法如约履行合同,那么资产的拥有者就只能以资产贬值为代价,“转变”资产的用途。当然,就一般简单的交易关系而言,这种“转变”无伤大雅,但对于存在长期合作关系且以专用性资产的使用为基础的交易来说,“转变”利害攸关。可以说,在以资产专用性为基础的交易双方当事人中,至少有一方是存在依赖性的。[9]因为,若专用性资产的投资者无法有效利用资产的效能,将意味着资产的投资无法完全回收,而资产的专用性是与沉没成本相关联的。[10]所以,资产专用性的分析方法离不开交易,而交易中的依赖性又集中体现在资产专用性中。

(二)潜在风险与保全方式

1. 资产专用性的威胁

一方面,要警惕交易机会主义。一般而言,以专用性投资为基础的交易往往会在一开始就针对特定的标的进行投资商谈,在讨价还价过程中逐步形成双方均认可的合作事项,包括交易价格、使用边界、合作期限等。这样更容易形成稳固的长期合作关系,甚至还有发展为纵向一体化的可能。然而,若双方仅是进行简单现货交易,那么前期消耗于专用投资的巨额沉没成本则极易被忽视,“交易的一方或双方都有机会抽取专用投资导致的准租金流的一部分”[11],取而代之的是一系列繁文缛节的个别议价形式,这就潜藏着机会主义的风险。

另一方面,还需提防“敲竹杠”的发生。长期合同是承载针对专用性投资交易的最常见的表现形式,而长期合同往往会对交易价格进行限定,以免一方以

---

〔9〕［美］奥利弗·E. 威廉姆森:《经济组织的逻辑》,载［美］奥利弗·E. 威廉姆森、西德尼·G. 温特编:《企业的性质——起源、演变和发展》,姚海鑫、邢源源译,商务印书馆2007年版,第121页。

〔10〕在早期的制度经济学研究中并未过多地考察契约签订中的细节,而是直接把资产专用性当成沉没成本。当然,资产专用性与沉没成本存在必然联系,但不能简单地将二者画等号。参见［美］奥利弗·E. 威廉姆森:《经济组织的逻辑》,载［美］奥利弗·E. 威廉姆森、西德尼·G. 温特编:《企业的性质——起源、演变和发展》,姚海鑫、邢源源译,商务印书馆2007年版,第128页。

〔11〕［美］保罗·L. 乔斯克:《资产专用性与纵向关系结构:经验证据》,载［美］奥利弗·E. 威廉姆森、西德尼·G. 温特编:《企业的性质——起源、演变和发展》,姚海鑫、邢源源译,商务印书馆2007年版,第164页。

势压人,坐地起价,并用保障性条款来确保交易价格的履行。即便如此,合同的长期性同样给“敲竹杠”留下了实施口子。[12]因为,一纸合同根本无法穷尽长期合作关系中未来的履行情况,也无法预测双方市场势力的走向。一旦交易的强势方以终止交易关系相威胁,要求相对方满足自己提出的额外要求,那么相对方很可能因不甘长期投入受损而委屈接受。实际上,“敲竹杠”即是不公平交易行为的一种表现。

2. 基于市场的制约

当然,“敲竹杠”的威胁并不会必然发生,因为长期的交易关系中包含“各自履约的边界”,而这“边界”来源于对自身商誉的受损以及“敲竹杠”隐含的额外成本的考量。[13]尽管合同在一定程度上必然是不完美的,但“敲竹杠”毕竟会对实施者带来商誉上的损害,并由于不良的商誉进而造成今后缔约的困难,从而引发经济上的损失。如果该损失大于“敲竹杠”可能带来的好处,则缔约方不会铤而走险,选择实施“敲竹杠”的行为,这就构成了合同关系的“各自履约的边界”。所以,长期的合作关系在某种程度上保障了资产专用性的顺利实现。相反,若交易中的专用性投资并不明显,那么缔约方就会更有余地选择简单现货交易作为替代途径,此时不公平行为发生的风险就得重新计算。

同时,基于友好磋商的资产保值亦相当重要。Grossman 与 Hart 认为,从缩减交易次数、精简磋商环节的角度来看,即便纵向一体化有其优势,但投资扭曲的风险是无法因此消除的。而且,投资扭曲造成的损失也无法通过交易成本的节约来弥补。相反,一体化程度不高的市场化交易更能实现资产专用性的价值,进而促进资产收益。[14]只要资产专用性的程度提升,合同保障条款便会应时出现。此时,至少处于中度规模的专用性资产之交易方权利能得到保障。

3. 来自内部的约束

纵向一体化是资产专用性发展的极致状态,同时也是资产适应性收益的最

---

〔12〕 参见[美]本杰明·克莱因:《作为组织所有权的纵向一体化:费雪车身公司与通用汽车公司关系的再考察》,载[美]奥利弗·E. 威廉姆森、西德尼·G. 温特编:《企业的性质——起源、演变和发展》,姚海鑫、邢源源译,商务印书馆2007年版,第292页。

〔13〕 同上注,第284页。

〔14〕 Sanford J. Grossman and Oliver Hart, “The Costs and Benefits of Ownership: A Theory of Vertical Integration”, *Journal of Political Economy*(1986)94(4), p. 691.

后防线。机会主义与“敲竹杠”可能性是资产专用性在履约过程中面临的风险，尤其是稳固和谐的交易状态被一方打破时，另一方若要与他人再次建立资产专用性交易，将付出更大的代价。尽管资产专用性较强的长期合作关系极具诱惑，但不能排除一方毁约的风险。此时，内部控制是为理性之选，具体而言，即纵向一体化的建立。[15]纵向一体化为交易中合同履约的公平风险提供了一个企业内部控制的途径，在交易双方看来，内部解决似乎诉诸外力更具可操作性。而这种便利的优越性在与缺乏专用性投资激励的现货交易之比对下尤为突出。

当然，内部控制与外部控制(市场控制)的边界并非泾渭分明，有时亦会相互杂糅。简单现货交易也好，长期合同也罢，纵向一体化也行，都涉及成本因素。无论何种形式的交易，均面临合同签订、实施、救济方面的问题，而这些问题产生的成本会使交易双方的地位失衡，这种情形在长期合同关系朝纵向一体化的转变中可以印证。同样地，纵向一体化中包含的组织结构成本也会造成交易双方地位的失衡，进而使交易关系“退化”至长期合同关系，甚至到单现货交易。[16]

故此，纵向一体化并非交易形态中化解风险、降低成本的唯一模式。[17]而破除资产专用性投资风险的真正切入点，仍应该是交易关系中的依赖性。

(三)资产专用性诱导出的依赖性

1. 凸显的套牢效应

套牢效应(Lock-in)是资产专用性的一个特质。当双方主体的生产、经营、销售被固定于某项资产时，对资产的投入越大，投资方抛离该资产而转向其他交易的可能性就越小。[18]套牢效应使资产投资的一方处于被动，同时会诱使对

---

〔15〕 Sanford J. Grossman and Oliver Hart, “Vertical Integration and the Distribution of Property Rights”, *Economic Policy in Theory and Practice*, 1987, pp. 504 – 548.

〔16〕 参见[美]保罗·L. 乔斯克:《资产专用性与纵向关系结构:经验证据》,载[美]奥利弗·E. 威廉姆森、西德尼·G. 温特编:《企业的性质——起源、演变和发展》,姚海鑫、邢源源译,商务印书馆2007年版,第164页。

〔17〕 参见[美]本杰明·克莱因:《作为组织所有权的纵向一体化:费雪车身公司与通用汽车公司关系的再考察》,载[美]奥利弗·E. 威廉姆森、西德尼·G. 温特编:《企业的性质——起源、演变和发展》,姚海鑫、邢源源译,商务印书馆2007年版,第293页。

〔18〕 Das, T. K. and B. Teng, “Managing risk in strategicalliances”, *Academy of Management Executive*, 1999, 13(4), pp. 50 – 62.

方实施机会主义行为。换句话说,资产的投资方对交易相对方的依赖性将随着资产专用性的程度的提升而加剧。倘若没有制度性的保障,相对方机会主义行为对资产投资方所造成的伤害将无法遏制。

2. 依赖性在资产专用性理论中的表征

我们知道,围绕固定资产的长期投入而构建的交易关系,必然依附于资产的效能以及对方在交易中的行为。可以说,交易双方相互依存,这与不公平交易行为的基础——相对优势地位中的依赖性理论异曲同工。既然是双方主体,那么地位就不会完全平等,这里要区别来看。

常见的情形是,专用资产的投资方的交易对象仅限于目前的相对方,除此之外再无其他转向选项。例如,转为某品牌轮船制造专属发动机的企业,其制造的发动机只能用于该品牌的配套船型,若轮船企业中止与之合作,发动机制造商将"走投无路",即使制造商可以通过转型来生产出适用于其他船型的发动机,但其中的技术转变、模具改良、重新洽谈等转型成本对其而言也并不划算。那么发动机制造商即为依赖主体,而品牌船企则为优势主体。

另一种情形是,一方主体若要进入某特定市场,其经营与盈利必须凭借特定的专用性资产方能实现,而专用性资产的供给却只由一两家企业提供,一旦该企业直接或间接地拒绝与其进行交易,依赖主体将因无法继续运营而身陷囹圄。[19] 典型的例子有电信网络、大型零售渠道等;而这些网络或渠道的提供者无疑在交易中处于优势地位,相对方则处于依赖地位。

3. 资产专用性强度差异下的地位失衡

当然,也存在交易双方的资产同时具有专用性的情况。此时,则需要比对双方资产专用性的强度来作为衡量双方交易地位的依据。一般来说,专用性强度小的一方是优势主体,另一方是依赖主体。现实中,港口与航运公司、机场与航空公司的交易会因各自资产专用性强度上的差异而地位不等。[20] 以海上运输为例,由于港口的建设是一次性工程,不可能轻易迁址,而码头的吞吐容量的设计也相对固定,所以其资产专用性强度极大。相反,尽管航运公司也拥有庞大的运输资产系统,其运营也离不开港口。但与港口相比,船运或航运公司更具

---

〔19〕 参见[日]舟田正之:《不公正な取引方法》,有斐閣2010年版,第265页。

〔20〕 参见杨秀云、郭永、周鑫:《资产专用性强度、买方抗衡势力与战略联盟——对航空公司拖欠机场费用案件的考察》,载《产业经济研究》2010年第5期。

机动性，这就为港口的运营留下了一个不确定的风险。在港口与船运公司的合作中，双方资产专用性强度上的差异造成了交易地位上的失衡，而这又导致了不公平行为的发生。现实中充斥着大量船运公司拖欠港口租金，向港口管理公司提出不合理码头调度、航船排位的现象，不仅降低了港口系统的运用效率，同时也伤害了作为消费者的合法权益。

三、资源依赖性理论中的依赖性解构

资源依赖性理论在实践中常用于对渠道成员之间交易关系的分析，侧重点主要在供应方与需求方之间的纵向关系，如大型零售商与供应商的牵绊。而为了论述及说明的方便，同时顺应理论的贯通，本节中“渠道”的含义有时与“交易”相似。

（一）资源依赖性理论的分析路径

资源依赖性理论侧重实证分析路径，初期运用以目标贡献法为主，后来又延展出了角色绩效法以及可替代性方法。然而，目标贡献法与角色绩效方法需要以企业实际利润或销售额的经营数据作为研究前提，而两项数据获取的难度很大，所以导致两种方法在实际运用上存在一定局限。相比之下，可替代性方法利用感知指标作为度量，方式简便，可操作性强，这也使其成为自 20 世纪末至今资源依赖性最主要的分析路径。[21]

1. 目标贡献法

目标贡献法主要从渠道内外两方面对成员间的依赖程度进行分析。在渠道内部，主要考察成员对目标的投入和付出的程度；在渠道之外，主要考察是否具有充足的可替代交易对象。以 Emerson 提出的权力型依赖性结构为基础，El-Ansary 与 Stern 开始运用依赖性理论分析供销关系中交易双方的依赖关系，并提出了三个衡量指标。[22] 首先，考察效益的贡献与交易量，分析交易双方各占对方业务的比重，以及各方向相对方贡献利润的程度；其次，判别承诺的程度，分析交易双方在合同中对自己限定的履约义务以及违约责任；最后，考察转向成

---

〔21〕 曲洪敏、韩文静、郭传义：《营销渠道成员依赖性测量及实证研究综述》，载《开发研究》2007 年第 3 期。

〔22〕 Adel I. El-Ansary, Louis W. Stern, *Power Measurement in the Distribution Channel*, Journal of Marketing, 1972, pp. 47 – 52.

本,即分析一方转向其他交易对象的可能性以及转向所要付出的额外代价。其中,可以运用依赖性方程 Dab = f(Gab,Mab,Nab,Cab)来直观地解构双方关系,这里,Dab 为 a 对 b 的依赖性,Gab 为 b 对 a 的贡献度,Mab 为 b 对 a 的贡献而引起 a 对 b 的动机投资,Nab 为 a 可获得的除 b 以外的替代选择数量,Cab 为 a 抛开 b 之后转向替代对象的成本。[23] 可以看出,依赖性方程中包含了 4 个关键变量,即贡献度、动机投资、转向对象的数目及转向的成本。正是从这 4 个变量入手,零供关系中渠道成员间依赖性的分析才更具可操作性。

2. 角色绩效法

该方法为 Frazier 首创。Frazier 认为,市场的任何主体都无法与世隔绝地独自行事,一旦与其他主体发生交易关系,商品交换也好,服务、信息沟通也罢,各自的角色绩效便会相互作用,一方的绩效会对另一方在关系中取得的收益造成影响,而这种影响既可以是客观可见的,也可以是纯主观的。[24] 例如,渠道的下游成员能清晰感知上游成员显著的角色绩效,并进而产生强烈的合作意愿。类似地,上游成员亦会因下游对象显著的角色绩效而更愿意继续维持长期交易关系,而不是转向其他交易对象。Frazier 通过对汽车销售链的分析,认为汽车经销商对品牌制造商之所以存在依赖,关键因素是制造商显著的角色绩效对经销商产生了影响。

3. 可替代性方法

可替代性方法是目前最常用的依赖性度量分析法。Heide 于 1988 年提出可通过考察交易对象的替代性(replaceability)来判断代理商与主企业中双方依赖性的强弱。[25] Heide 以佣金收入的可替代性为例,在假设代理商与主企业的关系终止之前提下,从 6 个度量维度研究了代理商可替代性的具体指标,包括:(1)产品线的损失是否会伤害其他相关产品线的销售额;(2)代理商能否轻易转到其他产品线并会补偿终止关系造成的损失;(3)代理商能否很容易地做到

〔23〕 Adel I. El-Ansary, “Determinants of Power -Dependence in the Distribution Channels”, *Journal of Retailing*, 1975, 51, pp. 59 – 74.

〔24〕 See Gary L. Frazier, “On the Measurement of Inter firm Power in Channels of Distribution”, *Journal of Marketing Research*, 1983, 20(2), pp. 158 – 166.

〔25〕 See Heide, Jan B. and George John, “The Role of Dependence Balancing in Safe guarding Transaction-Specific Assets in Conventional Channel”, *Journal of Marketing*, 1988, 52(1), pp. 20 – 35.

将其他主企业相似的产品线替代原有的产品线;(4)代理商是否能做到代理更多的新产品而并不耗费额外的成本;(5)代理商是否能通过努力即可够避免在收入上遭受很大损失;(6)代理商是否在主企业所在产业中有相当知名度,是否有许多企业都希望代理商为他们代理产品。

可替代性方法的适用范围较广,包括依赖性失衡的关系向依赖性平衡转变的情况;主体间双边博弈的尺度与依赖性强弱之间的关系;渠道成员之间依赖关系的数量与合同约束、客观冲突、主观策略间的关系;不公平行为破坏了交易关系之后,采用私力救济或公力救济的选择,等等。以上种种,均以依赖性为突破口,而依赖性的方向并非恒久固定,优势主体与依赖主体的身份会因市场势力的不同而在制造商与经销商之间互换。

(二)营销渠道中依赖性大小之界定

应该说,交易对象的贡献程度以及其他的转向选择是影响渠道链中各主体对交易相对方依赖程度的两大关键因素。依赖性与贡献程度成正比,对方对己方的贡献度越高,己方对对方的依赖性越强;依赖性又与其他转向选择的数量成反比,市场上可供转向的替代数量越高,己方对对方的依赖性越弱。[26]此外,Frazier 运用目标贡献也对营销渠道中的依赖性作了界定。在他看来,依赖性即为渠道成员为实现经营目标而必须与交易对象维系关系的一种客观状态,而这种依赖状态包含了复杂的原因,自然也会呈现出不同的强度与样态。[27]

(三)依赖性的样态

1. 个体间的依赖

目前通行的资源依赖理论对组织间依赖性的研究肇始于该理论早期对人与人之间依赖性的初探,Emerson 是该领域的先行者。Emerson 的研究基于对双方个体间投资动机的假定。[28]假设存在个体 A 与 B,且 A 依赖于 B,则会出现以下情况。一方面,A 投资动机与 B 对 A 达成目标的贡献度成正比,B 的行

---

〔26〕 David T. Wilson, "An integrated model of buyer-seller relationships", *Journal of the Academy of Marketing Science*, 1995, 23(4), pp. 335 - 345.

〔27〕 See Gary L. Frazier, "On the Measurement of Inter firm Power in Channels of Distribution", *Journal of Marketing Research*, 1983, 20(2), pp. 158 - 166.

〔28〕 Sec Emerson Richard M., "Power-Dependence Relations", *American Sociological Review*, 1962, 27(1), pp. 31 - 41.

为对 A 的影响越大,A 对 B 的依赖性越强;另一方面,若在 B-A 的交易关系之外,A 无法轻易实现目标,则 A 显然具备较高的投资动机。反之亦然。可以看到,在 Emerson 依赖性的假定模型中,B 的贡献大小,以及 B-A 关系之外 A 实现目标的难易程度,是致使 A 依赖于 B 的关键因素。

2. 组织间的依赖

Pfefer 与 Salancik 于 20 世纪 70 年代末揭示了研究组织间依赖性的四个基本前提。首先,依赖性的出发点源于对组织的维系。其次,组织的维系有赖于必要的投入,包括各种资源和资本。再次,组织维系的必要投入无法单凭自身来完成,必须倚仗其他组织方能实现。最后,自身维系的实现,必须与市场上其他组织进行交流,而交流的主要方式是资源的交换,即交易。此外,他们还提出了度量依赖性程度的三个切入点。第一,从组织维系所需资源获得的难易程度入手;第二,分析组织在获取资源以及运用资源的过程中自主决定权的程度如何;第三,分析其他可替代资源的数量以及获得的难易程度。[29] 不难看到,基于以上前提与分析方法,资源的稀缺性及可替代性是决定一组织对其他主体依赖性强弱的关键。

(四)依赖性的结构

依赖性是普遍存在的,而渠道成员间的相互依赖亦具有不同性质。从双方交易地位是否对等的角度,可划分为对称性依赖和非对称性依赖。[30] 对于这两种不同的依赖性结构,应对的策略和手段会有所不同。因为,在对称性依赖结构中,双边的承诺和沟通自然会增加;而处于非对称性依赖关系时,冲突将成为增量,信任和承诺则会减少。

1. 对称性

Frazier 与 Summers 认为,依赖性并不必然会导致不公平交易行为的发生,双方主体同样会因依赖性而产生和谐的交易关系,前提是依赖性不失衡。[31] 在此类情况下,渠道成员之间的依赖程度是对等的,矛盾不多,合作愉快。当然,

---

〔29〕 Jeffrey Pfefer, Gerald R Salancik, "The External Control of Organizations: A Resource Dependence Perspective", *Economic Journal*, 1979, 23(2), pp. 612 - 613.

〔30〕 L Buchanan, "Vertical Trade Relationships: The Role of Dependence and Symmetry in Attaining Organizational Goal", *Journal of Marketing Research*, 1992, 29(1), pp. 65 - 75.

〔31〕 Gary L. Frazier, John O. Summers, "Perceptions of Inter firm Power and Its Use with in a Franchise Channel of Distribution", *Journal of Marketing Research*, 1986, 23, pp. 169 - 176.

更稳固的关系还需要各方的依赖性都极高,各方之于对方而言均是不可替代的,各主体在客观上已相互绑定,依赖性的程度与双方间的关系绩效成正比。[32]在对称性的依赖关系中依赖的程度越高,双方的地位就越平等,权力差异就越小,收益也就更公平,是一种双赢的和谐状态。[33]

2. 非对称性

当然,依赖性失衡的状况是市场关系中的常态,交易双方的地位不可能完全对等,对方对己方掌握资源的需求程度也不会完全一样。如果都不是自律性较强的组织,那么依赖性的差异就会造成交易关系的冲突与矛盾。尤其在分销链条中,渠道成员间的满意度会因此减损,甚至诱发合作危机。故而,非对称的依赖性结构对关系绩效而言,弊大于利。一旦渠道成员间合作出现间隙,便会强化非对称性,进而破坏已有的权力和利益均衡,而掌握优势的渠道成员将表现出经济理性人的一面,运用手中权力分配渠道资源,并以自我为中心作出决策,即使让对方利益致损亦在所不惜。[34]可见,非对称依赖关系将降低交易双赢的可能,而收益分配不均所引发的不和睦甚至会把交易关系推向毁灭的边缘。

(五)市场环境对依赖性的影响

市场环境是调和渠道成员交易关系的一个关键因素,市场环境的不确定性可大大降低依赖性带来的不公平交易风险。不确定性一般指个人或组织不能预测或精确预测环境变化的程度,而市场的不确定性通常包括环境动态性及环境多样性。[35]以营销市场为例,环境动态性体现在客户需求的丰富性以及竞争对手营销策略选择的多变性。而环境多样性则体现在组成终端顾客群的结构之复杂,包括显著的个体性差异、不同背景等。此外,终端顾客对于产品的功

---

[32] Anderson Erin, Weitz Barton, "Determinants of Continuity in Conventional Industrial Channel Dyads", *Marketing Science*, 1989, 8(4), pp. 310 323.

[33] Dwyer, F. Robert, Paul H. Schurr, Sejo Oh., "Developing Buyer-Seller Relationship", *Journal of Marketing*, 1987, 51(4), pp. 11 – 27.

[34] Ganesan Shankar, "Determinants of Long-Term Orientation in Buyer-Seller Relationships", *Journal of Marketing*, 1994, 58(2), pp. 1 – 19.

[35] Jeffrey Pfefer, Gerald R Salancik, "The External Control of Organizations: A Resource Dependence Perspective", *Economic Journal*, 1979, 23(2), pp. 612 – 613.

用、造型、质量、售价等均有不同的偏好。[36]需指出的是,当市场的多样性被渠道成员感知时,成员间的依赖程度和非对称性对关系绩效的作用将会随之异化。

在环境多样性下的对称性关系中,经销商会采用常规分销渠道[37],结果是经销商对制造商的依赖性减少,而制造商则会采用双重或多重分销渠道。双方如此选择的目的都是满足终端顾客的需求。此时,尽管是对称的依赖关系,但制造商与经销商相互间的依赖性总额降低了,依赖的密切程度减小,若双方沟通不畅,误会和不满将增加。

当然,不同市场主体的回应能力是有差异的。[38]在面对环境多样性时,拥有较强市场势力的渠道成员出于对自身利益的维护,会不断强化自身的优势地位,提升对方对己方的依赖,加剧地位的失衡,进而为实施机会主义行为提供可能。如此一来,弱势一方往往会束手无策,任其宰割。另外,若动态性在市场环境中占了主导,意味着交易双方都将面临经营风险的增加,那么谁都无法独善其身。[39]此时,结成攻守同盟、精诚协作才是理性之策,而此时成员间相互的依赖性就会受到环境多样性的反向促进,关系将更和谐。

四、结 语

一般而言,市场主体对自由空间的渴求是与生俱来的,但这种渴求的背后无不饱含对关键资源的掌控欲。[40]而在不公平交易中,以市场主体资源掌控为基础的依赖性是判断交易双方地位状态的重要构成要件。只不过,在构建具体

---

〔36〕 Achrol Ravi S. , Louis W. Stern, "Environmental Determinants of Decision-Making Uncertainty", *Journal of Marketing Research*, 1988, 25(2), pp. 36 – 50.

〔37〕 Anderson Erin, Weitz Barton, "Determinants of Continuity in Conventional Industrial Channel Dyads", *Marketing Science*, 1989, 8(4), pp. 310 – 323.

〔38〕 L. Buchanan, "Vertical Trade Relationships: The Role of Dependence and Symmetry in Attaining Organizational Goal", *Journal of Marketing Research*, 1992, 29(1), pp. 65 – 75.

〔39〕 参见曲洪敏、韩文静、刘晓冰:《渠道成员间相互依赖性对关系绩效影响的实证研究》,载《管理科学》2007 年第 4 期。

〔40〕 参见张世明、宓茜:《秩序出于喧闹:中国反垄断法制定过程的内外互动互制》,载《内蒙古师范大学学报》(哲学社会科学版)2014 年第 4 期。

规制时若遗漏了可以量化的解释,或缺失了具有可操作性的说明,那么实践执法的效率和引导市场的效果必会大打折扣。其实,经济学相关理论对依赖性的解读,已基本能满足解构交易关系(地位对等与失衡的)的现实需求,而资产专用性理论与资源依赖性理论为我们对不公平交易中依赖性的进一步抽丝剥茧提供了可行的方法论支撑,只不过切入的视角不同罢了——资产专用性主要用于分析基于大型网络、平台等基础设施而产生的交易依赖性,而资源依赖性理论除了便于对依赖性的样态及不同性质进行剖析外,还侧重于对以销售渠道为依托的交易关系进行解构。而今,正值《反不正当竞争法》修订暨我国竞争法律制度整体完善的历史时期,作为热点之一的不公平交易行为中"依赖性"的论证,除了要有更为坚实的法理依据,还需切实可行的经济分析法作为理论助力。由此,方能制定出完善的、经得起市场与时间考验的"经济宪法",进而有效地规范并引导市场主体的行为。

Economic Analysis Approach of Dependence in Unfair Transaction

Wu Yu-fei

Abstract: Different from the monopolistic behavior, the qualitative points of unfair transaction are not the market shares, instead, the dependence in transaction relationship. There are plenty of unfair transaction behaviors in reality, all of which are based on that one side of transaction occupies a dominant position, and this position generates on basis of dependence. The economic analysis on dependence derives from asset specificity theory and resource dependency theory. Meanwhile, the asset specificity is mainly used to analyze the dependence of transaction based on specific assets including large network and platform, while resource dependence is majorly used to destruct the dependency relationship depending on marketing channel. It is helpful for us to clear the boundary of unfair transaction behavior and monopolistic behavior, and supply theoretical support to the perfection of competition law system in our country by grasping the economic analysis approach of dependence.

Key words: Unfair transaction; Dependence; Asset specificity; Resource dependence

(责任编辑:杨疏影)

“一带一路”倡议下中国对俄罗斯的投资法律保障与风险防范*

梁　咏**

内容摘要：

在当前中国推进的“一带一路”倡议中，从政治地位、经济结构以及地缘因素等方面考量，俄罗斯是最重要的合作伙伴国。随着“一带一路”倡议的逐步推进，中国投资者对俄罗斯的投资将进一步攀升。但是，俄罗斯的投资环境欠完善，投资法律规范繁多且欠稳定，加之其对战略性行业和国家安全的高度关切，中国投资者对俄罗斯的投资可能面临各种风险。本文希望在对俄罗斯投资环境的整体分析基础上，构筑起涵盖投资准入、投资运营和投资退出的整个投资“生命周期”的投资保障机制，保障中国投资者对俄投资安全。唯有此，才能保障中国对俄投资不仅能“走出去”，更能“走进去”和“走上去”。

关键词：

“一带一路”　俄罗斯　投资风险　法律保障

---

* 本文是作者主持的2014年上海市教育委员会科研创新项目《双边投资协定发展趋势与中国对策研究》(14ZS001)、2012年上海社科青年项目“欧债危机背景下中国与欧盟贸易摩擦及对策研究”(2012EFX001)、2014年度司法部国家法治与法学理论研究中青年项目“大数据时代的信息安全法律保障研究”(14SFB30039)的阶段性成果。复旦大学法学院2014届本科毕业生Daria Kondratyeva对俄罗斯行业准入审查、反垄断法审查和国家安全制度资料检索和整理方面有贡献，在此致谢！

** 梁咏，复旦大学法学院副教授，法学博士，主要研究方向是国际投资法和国际贸易法。

引　言

2016年以来,多个传统上积极推动国际经济一体化的国家(如美国、英国等)出现了反对经济一体化的强烈主张,并已经在政策方面得到了部分落实,如2016年英国公投脱欧,2017年美国特朗普总统上任后退出《跨太平洋伙伴关系协议》(TPP)并宣称可能退出《北美自由贸易协定》(NAFTA),法国总统大选中也出现了要与欧盟谈判收回货币与经济等主权的主张。中国以往所缔结和参与国际经贸规则的努力基本是尊重和追随国际经济一体化的主流,在目前国际社会出现反对经济一体化主张的影响下,中国一方面应对反经济一体化主张影响下可能对中国产生的外资撤离、经贸摩擦加剧等问题进行充分准备;同时应积极发挥自身在推动乃至引领新一代国际经贸规则中的作用,利用双边模式进行竞争,在双边层面加强与其他国家(地区)的合作。鉴于目前中美BIT、中欧BIT谈判推进乏力,"一带一路"将成为推进双边合作的重要平台。

"一带一路"沿带沿路至少涉及66个国家,但不仅限于这些国家。[1]由于"一带一路"涉及的地域跨度大、国家差异性极大,在战略具体推进中,与相关国家的合作不可能同步推进,必须有所侧重。"一带一路"中的陆上丝绸之路经济带共涉及三条重点路线,[2]其中一条直接涉及俄罗斯,两条涉及中亚地区。中亚传统上属于俄罗斯的"势力范围",中国在中亚地区推动的一系列合作事实上会与俄罗斯形成既合作又竞争的关系,一旦处理不善,很可能引致俄罗斯的反对乃至激烈阻挠。[3]实践中,俄罗斯主导、2015年1月1日生效的欧亚经济联

---

〔1〕 2015年3月,中国国家发改委、外交部、商务部联合发布的《推动共建丝绸之路经济带和21世纪海上丝绸之路的愿景与行动》第二点"共建原则"中提及"……基于但不限于古代丝绸之路的范围,各国和国际、地区组织均可参与,让共建成果惠及更广泛的区域"。

〔2〕 三条路线分别是中国经中亚、俄罗斯至欧洲(波罗的海);中国经中亚、西亚至波斯湾、地中海;中国至东南亚、南亚、印度洋。

〔3〕 事实上,苏联解体后,俄罗斯一直将中国视为其中亚经济计划的最有力竞争者,试图在中国于中亚地区取得绝对经济优势之前,以欧亚经济共同体及未来欧亚经济共同体为依托,主导中亚经济秩序。

盟(Eurasian Economic Union)[4]可能对“一带一路”的推进产生负面影响。

俄罗斯整体政治环境稳定,多年来没有大规模的战争和冲突。世界银行发布的《2016 年营商环境报告》显示,在俄罗斯及其主要周边国家中,俄罗斯经济全球竞争力位列第 53 位,仅次于中国;在营商环境排名中,俄罗斯仅次于格鲁吉亚、白俄罗斯和亚美尼亚,优于中国。[5]同时,与周边国家相比,俄罗斯在水、电、天然气和石油价格上具有成本优势,但劳动力平均工资较高。目前,由于俄罗斯卢布的大幅贬值,俄罗斯各项商务成本已经大幅下降,[6]客观上有利于外国投资。

一、中国投资者对俄罗斯投资的现状和风险概述

(一)中国对俄罗斯投资的现状

“一带一路”倡议下,中国企业对俄罗斯投资增速明显。《2015 年度中国对外直接投资统计公报》(以下简称《公报》)显示,2015 年中国对俄罗斯的当年投资流量达到了 29.61 亿美元,创历史最高值,同比增加 367.3%,占中国对欧洲投资流量的 41.6%。从投资存量分布情况来看,投资主要集中在采矿业(47.6%)、金融业(25.9%)、农/林/牧/渔业(11.7%)、制造业(9.3%)等行业。[7]2015 年,俄罗斯在中国对“一带一路”国家投资流量中高居第二,仅次于新加坡。[8]2005 ~ 2015 年中国投资者对俄罗斯投资的流量(当年投资额)和存量(现存的总投资额)如

[4] 2014 年 5 月 29 日,俄罗斯、白俄罗斯和哈萨克斯坦三国总统签署了《欧亚经济联盟条约》,据此成立的欧亚经济联盟到 2025 年将实现商品、服务、资金和劳动力的自由流动,终极目标是建立类似于欧盟的经济联盟,形成一个拥有 1.7 亿人口的统一市场。

[5] 世界银行《2016 年营商环境报告》显示,俄罗斯及其周边国家营业环境排名为格鲁吉亚(第 24 位)、亚美尼亚(第 35 位)、白俄罗斯(第 44 位)、俄罗斯(第 51 位)、摩尔瓦多(第 52 位)、阿塞拜疆(第 63 位)、乌克兰(第 83 位)和中国(第 84 位)。

[6] 参见张晓婷、王淳:《“一带一路”倡议下投资俄罗斯的产业选择与前景》,载《海外投资与出口信贷》2017 年第 1 期。

[7] 从存量主要行业分布情况来看,主要分布在采矿业(39.9%)、制造业(22.2%)、农/林/牧/渔业(17.6%)、租赁和商务服务业(9.4%)与批发和零售业(3.0%)。来源于《2015 年度中国对外直接投资统计公报》,中国统计出版社 2016 年版,第 33 页。

[8] 参见《2015 年度中国对外直接投资统计公报》,中国统计出版社 2016 年版,第 14 页。

下表所示:[9]

单位:亿美元

年份	2005	2006	2007	2008	2009	2010	2011	2012	2013	2014	2015
流量	2.03	4.52	4.77	3.95	3.48	5.67	7.15	7.84	10.22	6.34	29.61
存量	4.65	9.29	14.21	18.38	22.2	27.87	37.63	48.88	75.82	86.95	140.2

值得注意的是,《公报》统计与中国对俄罗斯投资的实际情况有一定出入,这主要源于《公报》仅统计中国投资者直接对俄罗斯进行的投资,未计入中国投资者经过第三国(第三地)中转后再进行的投资。仅2009年4月,中国与俄罗斯签署的能源合作协议中的"贷款换石油"就涉及了250亿美元投资。[10]在"一带一路"国家中吸收中国投资最多的国家虽然是新加坡,但新加坡是著名的离岸金融中心,很多投资将新加坡作为中间地再对其他国家(地区)进行投资。随着"一带一路"倡议的推进,加上亚洲基础设施投资银行(以下简称亚投行)工作的部署,以及莫喀高铁、水电站等一系列大型项目的落实,中俄之间的投资额将进一步提升。但是欣欣向荣的背后也隐藏着巨大的风险,如近年来中国企业对俄罗斯投资主要集中在采矿业、基础设施等风险较大的行业,投资主体多为国有企业,容易引起俄罗斯政府对国家安全的忧虑等。[11]

---

[9] 参见《2015年度中国对外直接投资统计公报》,中国统计出版社2016年版,第45页、50页。

[10] 该项协议规定由中国向俄罗斯石油公司(Rosneft)和俄罗斯石油管道运输公司(Transneft)提供250亿美元贷款。俄罗斯则承诺在2011年至2030年,通过管道每年向中国供应原油1500万吨(20年间总计供应原油3亿吨)。2015年5月,俄罗斯副总理阿卡迪·达瓦科维奇表示,中国石油天然气集团可以增持其在270亿美元的亚马尔半岛液化天然气项目所持股权,目前诺瓦泰克公司拥有该项目多数股权。"诺瓦泰克在亚马尔半岛液化天然气项目中已经有一个中国合作伙伴,他们已经掌握了20%的股权,正考虑增持。"

[11] 近年来,中俄之间就能源合作、基础设施建设、金融合作等方面签署 系列协议。其中,中国投资者基本均为国有企业,譬如,习近平主席与普京总统在上海会谈期间,2014年5月21日中国石油天然气公司和俄罗斯天然气工业股份公司签署《中俄东线供气购销合同》。从2018年起,俄罗斯将向中国输气,输气量逐年增加到每年380亿美元,合同期限为30年。2015年5月,习近平主席访俄期间,中国长江三峡集团公司和俄罗斯水电公司签署《关于双方成立合资公司开发俄罗斯下布列亚水电项目的合作意向协议》,在此期间,中国为俄罗斯提供数十亿美元的基础设施贷款,其中包括用于建造一条高速铁路的3000亿卢布(约合60亿美元)贷款。

(二)俄罗斯的投资风险概述

所有的投资都会涉及一定的风险,况且中国在俄罗斯投资主要投向的交通设施、能源行业大多属于俄罗斯高度关切的重要行业,比一般行业更容易遭受征收和国有化及其他政策变动的风险。整体上讲,俄罗斯的投资环境可以概括为:

1.整体国家风险较高

美国PRS集团提供的《国家风险国际指南》(International Country Risk Guide,ICRG)[12]显示,2014年1月,俄罗斯的国家风险程度在该集团所调查的140个国家中位居第60位(排名越靠前,证明该国发生国家风险的概率越小),比2013年2月的第47名下滑13名,整体国家风险程度较高,且风险呈上升态势。

2.腐败指数较高

"透明国际"(Transparency International)发布的2014年腐败感知指数(corruption perception index,CPI)[13]显示,在其测评的171个国家中,俄罗斯CPI位居第136位(排名越靠后,证明该国腐败程度越高),[14]而且在透明国际对28个国家编制的行贿指数中,俄罗斯排名倒数第一(排名越靠后,证明该国行贿指数越高)。

3.可能遭遇次级制裁风险

因克里米亚冲突问题,美欧多国相继对俄罗斯进行制裁,制裁既包括初级制裁,也可能包括次级制裁。[15]初级制裁是制裁发起国阻止或中止本国企业与

[12] ICRG对140个国家每月进行一次政治风险评估,主要考察政府稳定性、社会经济环境、投资情况、内部矛盾、外部矛盾、腐败、军队干预政治、宗教关系紧张程度、法律和社会秩序、种族关系紧张程度、民主问责制、行政机构12个变量。

[13] CPI是对于各国腐败程度的主观指数,其数据来源于各种权威报告、主要是经济领域内权威报告中对各国腐败程度的感知与评判,这些感知与评判则主要来自商业人士,再由研究人员进行综合后予以评分。中文媒体普遍将CPI称为"清廉指数"。

[14] 参见俄罗斯法律信息局网站:http://www.rapsinews.com/anticorruption_news/20141203/272700044.html,最后访问日期:2015年10月22日。

[15] 次级制裁是指经济制裁发起方对目标方进行制裁时,针对第三方的公司或个人进行的阻止其与目标方的商业往来的制裁活动。See Jeffrey A. Meyer,"Second Thoughts on Secondary Sanctions",*University of Pennsylvania Journal of International Law*,Vol. 30,No. 3,2009,pp. 924-925.

俄罗斯方面的贸易和投资等方面的往来,但实际效果往往并不显著。因此,制裁发起国还可能进一步制裁与俄罗斯保持贸易与投资往来的中国企业,从而使对俄罗斯投资的中国投资者面临次级制裁风险。例如,2014 年 4 月 11 日,奥巴马签署法令,对克里米亚天然气公司(Chernomorneftegaz)和某些克里米亚分裂主义领导人实施制裁。美国的制裁冻结了克里米亚天然气公司在美国管辖区的所有资产,同时禁止任何美国公民与该公司进行交易,美国商务部已经将克里米亚天然气加入到期"实体名单",禁止向该公司出口、再出口或国内转移任何商品。[16]

4. 俄罗斯国内法稳定性欠佳

尽管俄罗斯最近几年大幅度减少对外国投资者的限制措施和产业领域,同时为加入 WTO 也做出了进一步减少投资壁垒的承诺,但尚未对其法律体系进行全面的改革与完善。特别是,俄罗斯法律法规的稳定性欠佳,[17] 尽管从整体看近年来公司法的修改似乎更加有利于投资者,但是这种法律规范的频繁修订会影响投资者的可预期性。

尽管中俄两国在政治互信和经济合作等方面有着较坚实的基础,两国均为联合国安理会的常任理事国,也同为上海合作组织的成员国。此外,两国还签署了一系列政策性文件以加强合作。但是当今世界,规则和法治已经成为世界潮流,仅依据政治互信存在诸多不确定性,不利于发展和稳定,而规则和法治代表着更高程度的可预期性。从这个角度来讲,为有效防范对俄罗斯投资中的各类风险并保障投资安全,我们有必要对俄罗斯和中国之间的相关协定以及两国的相关国内法规范予以全面梳理和完善,从而建立起涵盖投资准入阶段、投资运营阶段和投资退出阶段等投资全过程的投资保障机制,以防范投资风险。

---

〔16〕 参见新华网:http://news.xinhuanet.com/world/2014-04/12/c_1110212121.htm,最后访问日期:2017 年 3 月 20 日。

〔17〕 譬如,1995 年 11 月颁布的《俄罗斯联邦股份公司法》分别于 1996 年 6 月、1999 年 5 月和 2001 年 8 月进行修订,不到 6 年时间就修订了 3 次。1998 年 1 月颁布的《俄罗斯联邦有限责任公司法》在当年的 7 月和 12 月就进行了两次修订,之后 2005 年又对其进行了修改。

二、投资准入阶段的法律保障与风险防范

任何一项投资最终都会落实到东道国境内。因此,投资者首先应熟悉东道国国内法,对其中的风险予以有效准备和应对。同时,为了保障国内相关产业安全和防范资本过度输出,投资者母国的国内法也往往会就对外投资予以一定规范。理论上,国际协定也可能对投资准入产生一定影响。中俄两国尽管在2006年签署了BIT并已生效,但是该项BIT仅给予投资者准入后国民待遇,对中国投资者在俄罗斯投资的准入阶段的权益保障贡献有限。值得一提的是,该项BIT尽管对投资作宽泛理解,也未排除国有企业的合格投资者地位,但是却将BIT项下的中国投资者限定为成立地和住所地均在中国内地的自然人和经济组织,[18]明确将香港和澳门特别行政区的投资者排除在外。因此,本部分主要从俄罗斯的国内法(东道国法)展开研讨。

整体而言,近年来尤其是2009年以后,俄罗斯政府简化外资手续,调低外资进入俄罗斯的门槛。尤其是其对《俄罗斯联邦外汇调节监管法》的修正,允许外国人在指定银行开立账户,投资收益和分红可以不受限制地汇出境外。俄罗斯现行外资法中基础性法律是1999年《俄罗斯联邦外国投资法》(2011年最新修订,以下简称《外国投资法》),与外国投资有关的法律包括2006年《竞争保护法》、2008年《外国投资法对保障俄罗斯国防和国家安全具有战略意义的商业公司投资程序法的修订》等。上述法律规范除了对投资的基本概念和保护标准进行明确外,还构筑起涵盖行业准入审查、反垄断审查和国家安全审查三个层次的法律框架。

(一)对基本概念和保护标准的规定

《外国投资法》对外国直接投资和外国投资者的概念和范围予以了明确,并明确规定对外国投资者给予国民待遇。该法对外国投资者的范围是比较宽泛的,外国法人、非法人的外国组织、外国公民、无国籍人员、国际组织和外国国家均可作为投资者。该法明确规定外国投资者财产不得被非法没收、征用和国有

[18] 2006年中国—俄罗斯BIT第1条第2款规定"投资者"一词系指:(1)根据缔约任何一方的法律和法规,具有其国籍的自然人;(2)法律实体,包括根据缔约任何一方的法律设立或组建且住所在该缔约一方境内的公司、协会、合伙及其他组织。

化,除非是俄罗斯为了保护其国家利益、国家安全时方可例外,但必须予以补偿。但是,《外国投资法》不规范特定行业的外资。

（二）行业准入审查机制

俄罗斯有多部法律限制特定境外投资者的投资活动或限制境外投资者对特定经济领域的投资,主要体现于2008年《关于外商在对于国防安全有战略意义的公司中投资的程序》(以下简称《战略投资法》)。[19]该法的主要目的在于规制境外投资者或者包含境外投资者的"集团"获得俄罗斯战略公司的控股权,并将外商直接投资引导到俄罗斯政府希望发展的经济领域中去。

1.《战略投资法》的规制对象

根据《战略投资法》第4条第1款的规定,如果境外投资者或者"集团"意图获得战略性实体的控股权,必须通过俄罗斯政府的审查。《战略投资法》第6条列出了被视为具有战略意义的42种活动类型,主要涉及自然资源行业、国防产业、传媒行业和垄断行业(包括通信、铁路行业及各种自然垄断行业)四大行业。可以说,中国投资目前进入的能源、交通、基础设施等行业基本属于俄罗斯《战略投资法》规制的范围,受到俄罗斯政府的高度关切。

2. 控制标准

《战略投资法》规定在对外国投资者对战略性实体达到控制标准的情形进行审查时,同时采用直接控制和间接控制标准,其中包括拥有战略性实体50%以上的股权;有权任命首席执行官(CEO)或有权任命战略性实体的管理局或其他管理机构50%以上的成员;有权任命战略性实体的董事会50%以上的成员;或有权(基于协议或其他方式)管理或决定战略实体的事项(包括凭借作为战略实体的管理公司)。[20]在计算控制时,如果两个外国投资者来自同一个公司集团或订有合作协议,两个外国投资者的股权比例将被合并计算。[21]

---

〔19〕 On the Procedure of Making Foreign Investments in Companies of Strategic Importance for National Defense and National Security,2008年4月29日通过,自2008年5月7日起施行。

〔20〕 Brief Note:*A Legal Overview of Foreign Investment in Russia's Strategic Sectors*, Clifford Chance,2012,pp. 2–3.

〔21〕 Brief Note:*A Legal Overview of Foreign Investment in Russia's Strategic Sectors*, Clifford Chance,2012,p. 3.

3. 审查期限

《战略投资法》第 7 条对不同性质的交易规定了不同的交割时间要求。

第一,需要在交割前审查的交易,主要包括:(a)获得直接或间接处置战略性实体中投票权股份(股权)总数的 50% 以上;(b)获得任命战略性公司的首席执行官和(或)集体执行机关 50% 以上;(c)获得董事会(监事会)或其他集体管理机关 50% 以上成员的无条件权利;(d)获得拥有联邦重要性油气田使用权的战略性公司中的(进一步)重要权益[如果已经有直接或间接处置投票权股份(股权)总数的 25% 以上的权利];(e)以及获得对战略性公司进行管理的权利。在 a、b、c 三种情况下,如果所拥有的股权是拥有联邦重要油气田使用权的战略性公司,股权比例为 25% 以上。

第二,需要在交割后审查的交易:对于将允许境外投资者获得战略性公司中 5% 或者以上股份的交易,则需要获得交割后审查。

根据《战略投资法》第 1 条第 5 款的规定,该法也适用于在俄罗斯境外进行的交易。如果通过收购第三方(离岸公司)中的股权而间接获得战略性实体的控股权也受该法规制。

4. 主管部门和程序

俄罗斯联邦反垄断局是负责实施《战略投资法》的专门机构,对于涉及国防安全的外商投资交易还将受外商投资控制委员会(以下简称委员会)的监管。交割前审查的交易的审查期限一般为 3 个月,在此期间,联邦反垄断局应与其他国家部门沟通,并且向委员会提出申请的建议。主管部门可以无条件批准申请、附条件批准申请或拒绝申请,当事人如对决定不服,可以向最高仲裁法院对委员会的决定提出异议。

5. 审查实践统计

据统计,在实施《战略投资法》的 5 年内,联邦反垄断局收到 324 份申请。联邦反垄断局收到的这些申请中,“委员会”授予了 162 项初步批准决定(43 项施加了义务),而 9 份申请被拒绝。112 份不要求初步批准的申请被退回;36 份被申请人因为改变了进行计划交易的意图而撤回,5 份申请正在处理中。[22] 从审查实践统计结果来看,反垄断局进行的是强有力的实质性审查。

---

〔22〕 参见俄罗斯联邦反垄断局网站:http://en. fas. gov. ru/news/news_33463. html,最后访问日期:2014 年 5 月 3 日。

尽管《战略投资法》仅规制收购战略性公司的控股权，但是，俄罗斯法院认为其不但适用于直接导致收购或转让控制权的交易，也适用于酝酿订立未来收购或转让控股权，或者完成未来收购或转让控股权所需步骤的协议（如合资协议或股东协议），进一步扩张了其实际适用范围。

6. 外国政府、国际组织以及在它们控制下的组织

根据《战略投资法》第1条第2款的规定，外国政府、国际组织以及在它们控制下的组织，不得进行导致获得战略性公司中控股权的任何交易。根据《战略投资法》第2条第3款和第7条第5款的规定，外国政府、国际组织以及在它们控制下的组织进行的交易，如果导致获得直接或间接处置战略性实体中投票权股份（股权）总数的25%以上（拥有联邦重要性油气田使用权的战略性公司5%以上的股权）的权利，或者阻止战略性实体的管理机关的决定的权利，需要委员会交割前进行审查。从这个角度来讲，中国很多国有企业对俄罗斯的投资都会受到此条规定的规制。

（三）反垄断审查机制

俄罗斯对经营者集中的规范主要体现在《反垄断法》之中。该法不区分俄罗斯投资者或外国投资者，对滥用支配地位、限制竞争的协议和协同行为、招标和询价要求、国家对经济集中（设立、合并和收购）的控制、非正常竞争等行为全面予以控制。该法由联邦反垄断署（FAS）负责实施，俄罗斯中央银行（CBR）也履行部分并购审查功能。

反垄断审查机制中对股权（股份）或资产收购采用不同的审查标准。《反垄断法》第28条第1款规定，针对达到一定资产和营业规模的投资者和目标公司，[23]如果采用股权（股份）收购方式且投资者获得俄罗斯国内公司超过25%的股份，则无论是入股、增资或从第三方获得，交易前均应通过反垄断局的审

[23] 相关情形包括：(1)收购股份或股权方及其集团以及目标公司及其集团的合计资产价值超过70亿卢布（根据最新资产负债表），且目标公司及其集团的合计资产价值超过2.5亿卢布；(2)收购股份或股权的人及其集团以及目标公司及其集团的最近自然年度合计收入超过100亿卢布，且目标公司及其集团的合计资产价值超过2.5亿卢布；(3)收购股份或股权的一方或者目标公司（或者集团中的任何人）已经在“登记簿”上登记。根据《反垄断法》第30条第1款第5项，如果收购股份或股权的人及其集团以及目标公司及其集团的合计资产价值超过4亿卢布，且目标公司及其集团的合计资产价值超过0.6亿卢布。

查;如果采用资产收购的方式,并且投资者收购了目标公司在俄罗斯境内20%以上的主要生产设施和无形资产(不包含大部分建筑和土地类型),那么反垄断局也需要对此进行审查。

在公司重组的情况下,则视资产和收入规模判定是否需要进行反垄断审查。根据《反垄断法》第27条第1款的规定,如果参与新设合并或吸收合并的公司(它们的集团)的合计资产价值(根据最新资产负债表)超过70亿卢布;参与新设合并或吸收合并的公司(它们的集团)最近自然年度的合计收入超过100亿卢布;或这些公司中的任何一家(或者它们集团中的任何一人)已经在"登记簿"上登记,则需在交易前审查。《反垄断法》第30条第1款第1~2项规定,如果参与新设合并或吸收合并的公司(它们的集团)的合计资产价值(根据最新资产负债表)或者最近日历年度的合计收入超过4亿卢布,则需在交易后审查。

《反垄断法》第32条还对受国家控制的交易和行为的申请和通知要求、审查和决定作出程序要求,要求反垄断局应当在收到申请和所附文件后一个月内进行审查,决定无条件批准、附条件批准或否决交易的书面决定并说明理由。

统计数据显示,2012年,反垄断局共审查了2494份交易前审查申请和1943份交易后审查申请,批准了其中2449份交易前审查申请和1933份交易后审查申请,否决了45份交易前审查申请和10份交易后审查申请。仅从审查通过情况来看,反垄断审查似乎并没有构成外资进入俄罗斯的重要障碍。

(四)国家安全审查机制

《战略投资法》对外国政府、国际组织以及在它们控制下的组织(以下简称特殊投资主体)予以了特别规定。该法第1条第2款规定,特殊投资主体不得进行获得战略性公司控股权的任何交易,同时根据该法第2条第3款和第7条第5款的规定,如果交易导致特殊主体获得战略性公司25%以上的股权(或获得拥有联邦重要油气田使用权的战略性公司5%以上的股权),或者可能阻却战略性实体管理机关的决定权的行使,均需要在交易前通过外商投资控制委员会的审查。但是,根据俄罗斯联邦参加的国际条约设立的国际金融组织,或者与俄罗斯联邦有国际条约的国际金融组织则可以豁免此项义务。

俄罗斯对战略性企业的并购持股比重有明确的法律限制,其中也有对国家安全的考虑。譬如,有外国政府背景的外资对拥有联邦级地下资源公司的控股权不得超过5%,对于其他部门战略性公司的控股权不得超过25%~50%,若外资企业希望在法律规定具有战略意义的相关企业或地下资源区块项目中取得10%以上的股权,必须向外国投资者监管委员会提交申请。

(五)风险防范建议

投资准入阶段的投资风险主要来源于俄罗斯,是否允许外资进入以及允许何种性质或形式的外资进入俄罗斯,本质上是俄罗斯政府主权范围内的事项。由于中国企业主要投向俄罗斯能源行业和基础设施行业,加上进行此类投资的中国投资者基本都是直属国有资产监督管理委员会管理的中央企业,更容易加剧俄罗斯政府对产业安全和国家安全的忧虑。从这点出发,中国企业应充分了解并持续关注俄罗斯对外国投资的规定和最新变化,投资中尽可能考虑与俄罗斯投资者采用合营或合作方式而非独资经营方式,以适度消减俄罗斯政府和社会公众对中国投资的质疑。从中国政府角度来讲,目前中俄合作基础主要源于中俄两国在很多方面的政治共识和两国高层领导人之间的互动。但这是不够的,中俄两国必须在政治互信和共识的基础上加强法律规则的建设,为中国企业对俄罗斯的投资构筑坚实的法律基础。

此外,中国企业和中国政府还应认识到,由于俄罗斯在联合国安理会中拥有一票否决权,因此几乎不可能受到联合国制裁,但是其受到区域性国际组织或某些国家制裁的风险确是现实存在的。因克里米亚问题,俄罗斯已遭受了美欧多国的大规模经济制裁,由于俄罗斯面临各种民族、宗教和军事问题,此类制裁很可能再次发生。因此,我们有必要对国家发展和改革委员会(以下简称"国家发改委")2014年《境外投资项目核准和备案管理办法》的"受制裁的国家"做宽泛的理解,在决定投资项目前,对向俄罗斯投资可能遭遇的国际次级制裁风险予以充分评估。为免此类风险发生后对中国投资产生重大不利影响,建议可以在投资合同中预先对可能出现的国际制裁等问题进行预先安排,将其作为不可抗力或意外事件进行明确规定。一旦发生此类风险,首先应免除中方按照合同规定继续投资的义务,并对中国企业可能带来的损失予以适度补偿。

三、投资运营阶段的法律保障与风险防范

(一)国际法在投资运营阶段的法律保障与风险防范

1. 中国—俄罗斯BIT对投资运营阶段的法律保障与风险防范

按照国际法的一般原则,东道国并不承担对外资开放的义务,因此投资协

定安排是确立投资待遇的基础。2006年中国—俄罗斯BIT第3条对投资待遇规定包括公平和平等的待遇、国民待遇和最惠国待遇,而且投资待遇涵盖了“投资和与该投资有关的活动”。

除了投资待遇规定外,BIT第4条中还对征收和国有化进行了规定,征收必须符合公共利益、依据国内法律程序、非歧视和补偿4个要素,并对补偿及其利息计算进行了规定,同时要求补偿支付不得延迟,并应以可自由兑换的货币进行。[24]此外,BIT第5条还规定如东道国发生战争、骚乱等类似事件对另一方投资者产生损害,东道国应依据国民待遇原则或最惠国待遇原则中的更优者标准对投资者进行救济。

从上述规定讲,BIT对中国投资者提供了一个基础性保障,但对投资者的保护标准并不高,而且其宣誓性作用似乎大于其真正在保护投资方面的价值,难以满足中国在俄罗斯的大规模投资安全的需求。

2. 中国—俄罗斯DTT对投资运营阶段的法律保障与风险防范

由于东道国和投资者母国各自的税负水平以及两国之间的税收安排将直接影响投资者的净利润水平,[25]因此,中国投资者对俄罗斯投资时,应进行详细的税收筹划。中国与俄罗斯之间曾分别于1994年、2014年两次签署避免双重征税协定(Double Taxation Traty, DTT),且2014年DTT已经生效。[26]2014年DTT增加了第9条(关联企业)、第15条(受雇所得)、第23条(利益限制),并对消除双重征税方法中的抵免标准予以了调整。比如,以往中方贷款在俄产生

---

〔24〕 2006年中国—俄罗斯BIT第4条(征收和国有化)规定:“一、缔约任何一方对缔约另一方的投资者在其领土内的投资不得采取征收、国有化或其他类似措施(以下简称征收),除非为了公共利益的需要,并符合下列所有条件:(一)依据国内法律程序;(二)非歧视性的;(三)给予补偿。二、本条第一款所述的补偿,应等于采取征收或征收为公众所知的前一刻被征收投资的市场价值,并适用两者中更早者。该价值应根据普遍承认的估价原则确定。补偿包括自征收之日起到付款之日按6月期美元借贷的伦敦同业借贷利率计算的利息。补偿的支付不应迟延,并应以可自由兑换的货币进行。”

〔25〕 Ibrahim F. I. Shihata: *Legal Treatment of Foreign Investment: The World Bank Guidelines*, Martinus Nijhoff Publishers, 1993, p. 15.

〔26〕 中国与俄罗斯于1994年5月27日签署DTT,该协定于1998年1月1日起生效,2014年10月13日两国再次签署DTT,该协定于2017年1月1日起生效。

的利息收入需向俄方缴纳最多5%的利息税,俄方在华亦然。2014年DTT生效后,中方贷款在俄产生的利息手续仅需在华缴税,在俄免征。

此外,中国与俄罗斯之间还曾就反不正当竞争和反垄断问题,以及双边司法互助问题达成协议,客观上对保障中国海外投资安全也有一定裨益。

(二)国内法在投资运营阶段的法律保障与风险防范

1. 俄罗斯法(东道国法)在投资运营阶段的法律保障与风险防范

《外国投资法》是俄罗斯调整对外资管理的最直接的法律,其中规定外国投资者财产不得被非法没收、征用和国有化,除非是俄罗斯为了保护其国家利益、国家安全时方可例外,但必须予以补偿。此外,税法、劳工法、环保法等方面的规定也对此有重要影响。

俄罗斯实行联邦税、联邦主体税和地方税三级税收体制,近年来俄罗斯税法发生了重大调整。所得税明显下降,2001年税率从35%调降至24%,2008年又进一步降至20%;但是消费税普遍调高至12%,同时增加了矿产资源开采税,代替原矿产资源使用税和矿产资源基地再生产税。同时,《外国投资法》规定,外国投资者如投向俄罗斯政府确定的优先投资项目,[27]且投资总额不少于10亿卢布(约合2857万美元),可以根据《俄罗斯联邦海关法典》和《俄罗斯联邦税法典》对外国投资者给予相应进口关税和税收的优惠。[28]

但是,中国企业更应关注的是俄罗斯在劳工法和环境保护法方面的规定。2013年4月俄罗斯再次修改《外国公民法律地位法》和《出入境管理法》,要求外国劳务人员如要获得1年期以上(含1年期)劳务签证,必须具有俄语综合考核证书,与此同时强化了劳工管理要求,要求外国劳务人员在劳务许可过期后5日内就必须离境。[29]同时,俄罗斯的环境保护要求非常高,其《生态评估法》不仅要求对与生态评估的客体有关的经营活动进行评估,防止活动对环境的负面影响,其环保法还要求引致环境损害的主体承担全部赔偿环境损害的义务,而且环保诉讼的诉讼时效长达20年。[30]

---

〔27〕 多为石油、天然气、煤炭、木材加工、建材、建筑、交通和通信设备等传统项目。

〔28〕 商务部《对外投资合作国别(地区)指南·俄罗斯》(2014年版),第51页。

〔29〕 商务部《对外投资合作国别(地区)指南·俄罗斯》(2015年版),第65页。

〔30〕 同上,第70~71页。

2. 中国国内法在投资运营阶段的法律保障与风险防范

截至目前,中国尚未制定统一的海外投资基本法或行政法规,主要依据国家发改委、商务部、国家外汇管理局等制定的行政规章进行调整。在投资运营阶段,中国法主要关注的是如何规范投资者在境外的投资行为,从而保护投资者的正当权益。譬如,2014 年《境外投资管理办法》要求企业应当遵守投资目的地法律法规,履行社会责任,发挥好环境、劳工保护、企业文化建设等作用;2013 年商务部、环保部《对外投资合作环境保护指南》和 2013 年商务部《规范对外投资合作领域竞争行为的规定》等规范也强调中国企业在对外投资中应遵守东道国的环境、劳工等规定,履行必要的社会责任。这些要求如能得到充分贯彻,有助于减少与俄罗斯政府和当地民众的摩擦。

(三)风险防范建议

相比投资准入阶段,投资运营阶段更加关注双边协定的作用。比如,就征收和国有化问题,中国—俄罗斯 BIT 中已经对此进行了详细规范,如果俄罗斯政府采取的措施构成了征收或产生了相当于征收的效果,中国投资者应积极运用中国—俄罗斯 BIT 来保障自身的合法权益。对于可能产生的税收变动对中国投资者产生的不利影响,可以考虑通过中国—俄罗斯 DTT 第 25 条(相互协商程序)的规定,由两国税务机关通过协商予以解决,以避免不符合中国—俄罗斯 DTT 要求的税收变动。

当然,中国投资者还应关注遵守俄罗斯当地的法律法规,尊重当地风俗和习惯,规范企业良好行为,并承担起应有的企业社会责任,尽力维持与俄罗斯政府和社会公众的良性互动。

四、投资退出阶段的法律保障与风险防范

尽管前述的中国—俄罗斯 BIT 以及俄罗斯和中国的国内法已经对中国企业对俄罗斯投资在投资准入、投资运营阶段作了较完整的规范,理论上基本可以保障对中国海外投资安全。但是,当俄罗斯违背其在双边协定、国际法和投资合同中的承诺时,中国投资者无法从 BIT 文本中直接获得对其损失的弥补,必须通过正确适用救济机制,构筑保障中国投资者投资安全的最后屏障。

对海外投资中因非商业风险引致的财产和权利损失救济,主要应通过海外投资保险机制和投资争端解决机制进行。其中,海外投资保险相当于“消极性”

的救济机制,其实质是将投资损失予以转嫁,而投资争端解决机制则是"积极性"的救济机制,是投资者寻求救济要求东道国承担相应责任的渠道。

(一)投资保险机制的功能与实践

依据1985年《多边投资担保机构公约》(以下简称《MIGA公约》)成立的多边投资担保机构(MIGA)和中国出口信用保险公司(以下简称中国信保)对中国企业海外投资中的非商业风险提供保障。在保障中国企业对俄罗斯投资问题上,两者应互有侧重且互为补充。

多边投资担保机构(以下简称MIGA)是世界上最大的多边政治风险保险实体,为投向发展中成员国的投资提供特殊的非商业风险的保险。俄罗斯属于MIGA认定的发展中成员国,因此中国投资者对俄罗斯的投资可向MIGA投保。实践中,截至2016年12月31日,MIGA已承保了43个投往俄罗斯的项目,[31]所涉行业主要集中在制造业、金融服务业。由于MIGA属于多边机构,必然虑及国家和行业之间的平衡,因此单个项目投保金额并不高,43个项目中最大的保险金额仅为3.9亿美元。[32]截至2016年12月底,中国投资者仅向MIGA投保过四次,未涉及对俄罗斯的投资。

理论上,中国与俄罗斯是并列MIGA的第六大股东,均持有MIGA的3.12%的股权。按照MIGA的运作原理,成员国持有的股权份额越大,其投资者向MIGA投保的总额度和MIGA承保其作为东道国的总额度就越高。但是,由于MIGA机制对行业、国家和单个项目规模的控制,中国投资者在俄罗斯进行的规模庞大的能源、交通设施等投资项目无法得到MIGA承保。因此,完善中国国内海外投资保险机制对保障中国企业对俄罗斯投资具有重大现实意义。

为了保障中国投资者海外投资安全,早在2005年国家发改委和中国信保发布的《关于建立境外投资重点项目风险保障机制有关问题的通知》中就明确中国信保提供境外投资风险(因征收、战争、汇兑限制或政府违约等政治风险遭

---

〔31〕 参见MIGA网站:https://www.miga.org/Pages/Projects/searchresults.aspx?srch=s&hctry=185&hregioncode=185,最后访问日期:2016年12月31日。

〔32〕 MIGA承保对俄罗斯的最大项目是2014年法国投资者对俄罗斯投资的RN银行项目,承保金额为3.9亿美元。参见MIGA网站:https://www.miga.org/pages/projects/project.aspx?pid=1308,最后访问日期:2016年12月31日。

受的损失)的保险。中国—俄罗斯 BIT 第 7 条中对代位求偿权作了规定,[33] 一旦承保风险发生,中国信保做了赔付后有权依据代位求偿权要求俄罗斯政府进行赔付。

中国国内的海外投资保险机制存在诸多需要改进之处,其中包括专门的海外投资保险法规立法、明确承保范围、合格投资、合格投保人以及合格东道国等基本概念,由于这些方面属于国内立法,可以由中国政府自主修订完成,此处不再展开。

(二)投资争端解决机制的功能与实践

学者皮特斯曼曾经指出,“所有文明社会有个共同特征,都需要一套适用于解释规则的、和平解决争端的规范和程序。这是国际、国内法律制度的共同经验”。[34] 如果法律不能完全解决社会和经济发展引致的新争端,人们就不会依赖法律,并将其作为社会组织的一种手段。[35] 在国际投资法领域也是如此。当俄罗斯违反其东道国义务或一般国际法原则时,中国投资者必须运用投资争端解决机制积极维护自身权益。根据中国—俄罗斯 BIT 第 9 条的规定,如果中国投资者与俄罗斯政府之间发生投资争端,经 6 个月友好协商无法解决,应提交给俄罗斯境内有管辖权的法院、ICSID 仲裁或依据 ICSID 附设便利规则、或根据 UNCITRAL 仲裁规则设立的专设仲裁庭予以解决。俄罗斯尚未批准《华盛顿公约》,因此中国投资者无法运用 ICSID 机制起诉俄罗斯政府,仅能运用 ICSID 附设便利规则或 UNCITRAL 仲裁规则或国际商事仲裁机构仲裁规则启动仲裁。

截至 2016 年年底,俄罗斯政府在投资者—东道国投资仲裁中被诉 24 起,

---

[33] 2006 年中国—俄罗斯 BIT 第 7 条规定:“一、如果缔约一方对其投资者在缔约另一方领土内投资的非商业风险规定了财政补偿,并据此对该投资者作了支付,缔约另一方应承认缔约一方依照法律或合法交易通过代位获得了该投资者所有的权利和请求权。二、但是,通过代位获得权利或者请求权不应超过该投资者原有的权利或者请求权,也不能损害缔约另一方已经获得的该投资者的原有权利或者请求权。”

[34] 赵维田:《论 GATT/WTO 争端解决机制》,载《法学研究》1997 年第 3 期。

[35] Michael Faure and Song Ying: *China and International Environmental Liability: Legal Remedies for Transboundary Pollution*, Edward Elgar, 2008, p. 300.

2014 年、2015 年和 2016 年分别新增 3 起、7 起和 3 起。[36] 近年来俄罗斯政府被诉案件迅速增加与克里米亚危机有一定关联。因为 2015 年以来对俄罗斯政府作为被告的 10 起案件中,其中 8 起由乌克兰投资者提起。从涉及的相关行业来看,涉及石油行业、基础设施、房地产开发、主权债券等诸多行业,但是有 8 起涉及石油行业、5 起涉及基础设施行业,这两个行业堪称俄罗斯政府被诉的"重灾区";而在"一带一路"倡议中这两个行业恰恰是中国投资者对俄投资的重点行业。上述 24 起案件中,目前处于审理期间的有 12 起,1 起和解,1 起中止审理,作出裁决的 10 起案件中,投资者胜诉 7 起,俄罗斯政府胜诉 3 起,[37] 其中投资者胜诉的 7 起案件中,除 2 起案件没有具体相关信息外,其中 4 起与尤科斯石油公司有关,另 1 起就是 Sedelmayer 诉俄罗斯政府案,以下将对两案进行探讨。

1. 尤科斯诉俄罗斯政府案

(1)案情简介

2005 年 2 月,常设仲裁法院(Permanent Court of Arbitration, PCA)受理 OAO Yukos Oil Company(以下简称尤科斯)的三个股东 Hulley Enterprises Limited(根据塞浦路斯法律设立), Yukos Universal Limited(根据马恩岛法律设立), Veteran Petroleum Limited(根据塞浦路斯法律设立)提起的针对俄罗斯联邦政府的仲裁案(为表述方便,下文中将分别简称为"Hulley v. Russia 案"、"Yukos v. Russia 案"、"Veteran v. Russia 案")。由于三个案件中的申诉人均是尤科斯的股东,争议事实和依据相同,因此被合并审理。[38] 三案申请人最初要求被申请人赔偿额不得低于 1141.74 亿美元。[39]

---

[36] 参见 UNCTAD 网站:http://investmentpolicyhub. unctad. org/ISDS/CountryCases/175? partyRole = 2,最后访问日期:2017 年 3 月 20 日。

[37] 参见 UNCTAD 网站:http://investmentpolicyhub. unctad. org/ISDS/CountryCases/175? partyRolc = 2,最后访问日期:2017 年 3 月 20 日。

[38] 三个案件全称为 Hulley Enterprises Limited v. The Russian Federation, Yukos Universal Limited v. The Russian Federation 和 Vetaran Petroleum Limited v. The Russian Federation,三案的申诉人均为 OAO Yukos Oil Company 的股东,三个案件合并审理,2014 年 7 月 18 日 PCA 作出仲裁裁决。参见 PCA 官网:http://www. pca-cpa. org/showpage8d50. html? pag_id = 1599,最后访问日期:2016 年 1 月 10 日。

[39] PCA Case No. 228, Final Award, July 18, 2014, para. 4.

苏联解体后,1993 年尤科斯按照总统令组建合资公司,并在 1995 ~ 1996 年完成了私有化改革,其业务领域涉及原油、天然气和石油产品的开采、生产、管道运输(refine)、营销和分销,下设 Yuganskneftegaz(YNG)、Samaraneftegaz 和 1997 年开始运营的 Tomskneft 三家生产子公司。2002 年尤科斯是俄罗斯最大的石油公司。[40] 2003 年 7 月到 2003 年 11 月,俄罗斯针对尤科斯采取了一系列措施,其中包括刑事诉讼,对尤科斯公司、其雇员、相关人员和实体的骚扰、大规模的税收重新评估、增值税收费、罚款、资产冻结和对尤科斯采取的其他措施以执行税收、将尤科斯核心石油生产资产出售等措施。最终导致尤科斯于 2006 年 8 月破产,并于 2007 年 10 月注销公司登记。申请人认为被申请人未能以公正公平和非歧视的态度对待尤科斯的资产,因此违反了《能源宪章条约》(Energy Charter Treaty,ECT)第 10 条第 1 款和第 13 条第 1 款的规定。由于三案的基本事实和依据基本相同,因此下文以 Hulley v. Russia 案为例进行介绍和分析。

在本案中,俄罗斯提出了管辖权异议,主要理由包括:第一,俄罗斯认为其虽然 1994 年签署了 ECT,但未批准 ECT,因此 ECT 对俄罗斯不发生效力;第二,涉诉争端属于税收措施,根据 ECT 第 21 条第 1 款[41]的规定,应被排除在 ECT 之外;第三,根据 ECT 第 26 条第 3 款[42]规定的"岔路口条款",国际仲裁庭没有管辖权;第四,申请人及其投资不满足 ECT 有关"投资者"与"投资"的定

---

〔40〕 PCA Case No. 228, Final Award, July 18, 2014, paras. 71 – 72.

〔41〕 ECT 第 21 条(税收)第 1 款规定:"除本条款另有规定外,本条约不能赋予缔约方关于征税措施的权利或规定其义务。若本条款与任何其他条款之间存在不一致之处,则以本条款为准。"

〔42〕 ECT 第 26 条(投资方与缔约方间的争端解决)第 3 款规定:"(a)只需按照(b)和(c)项,各缔约方兹依照本条规定无条件同意将争议提交国际仲裁或调解。(b)(i)附录 ID 所列缔约方不适用该无条件同意,如投资者已经预先提交第(2)(a)或(b)项下的争议。(ii)为了透明度,附录 ID 所列各缔约方应就此向秘书处提供其政策、惯例和条件的书面声明,根据第 39 条不迟于其批准、接受或核准文书交存之日或根据第 41 条不迟于其加入书交存之日。(c)就第 10 条(1)最后一句话引起的争议,附录 IA 所列缔约方不适用该无条件同意。"

义;第五,根据ECT第17条第1款[43]这一"利益拒绝条款"的规定,俄罗斯有权拒绝给予投资者相关利益。

2014年7月18日,仲裁庭作出裁决,三案中俄罗斯均败诉,被裁定支付总额高达约500亿美元的赔偿金。[44]在Hulley v. Russia案中,仲裁庭未接受俄罗斯政府提出的管辖权和案件适格性的异议,也没有采纳俄罗斯政府提出的申请人存在"肮脏的手"(unclean hands)和"非法和恶意行为"(illegal and bad faith conduct)的情况,根据俄罗斯政府对尤科斯所采取的刑事处罚、税收稽核等措施,违反了ECT第13条第1款的义务,裁定俄罗斯政府向申请人支付399.71亿美元的赔偿金,并还要承担申请人的仲裁费用和部分法律费用。[45]在Veteran v. Russia案和Yukos v. Russia案中,俄罗斯政府被裁定分别赔付约82.03亿美元和18.46亿美元。尽管最终裁定数额明显低于申请人原先要求的数额,但绝对属于"天价"赔偿。

(2)案件评析

该案之所以引起国际社会广泛关注,并不仅仅因为其创纪录的500亿美元的赔偿额,还源于该案所涉及的多个特殊问题。第一,俄罗斯政府采取的措施特殊,尤科斯曾是俄罗斯最大的石油公司,2003年俄罗斯政府针对尤科斯采取了一系列措施,其中包括:以非法避税为由要求其补缴偷逃税款并处罚金240亿美元、冻结尤科斯资产以阻止其清偿税款、在拍卖中操纵拍卖并最终将尤科斯核心资产以不合理低价"贱卖"给俄罗斯国有企业;第二,尤科斯股东采取了多样化的法律救济方式,其中包括以尤科斯名义在俄罗斯国内法院起诉、以尤科斯高管个人名义在欧洲人权法院起诉、以尤科斯的三家股东名义申请国际仲裁;第三,本案仲裁庭对"非法投资不受保护"的概念进行了澄清,明确指明不受保护的非法投资是指在投资过程中具有非法行为的投资,而对于投资之后出现的不法行为,东道国可以依法进行处罚,但是不能以"非法投资不受保护"为由剥夺该投资受到国际法保护的权利;第四,对税收作为间接

[43] ECT第17条(在某些情况下不适用的第三部分)第1款规定:"各缔约方保留否认该部分优势的权利(1)法人实体可以是公民或第三国家公民或控制这样的实体,其是否在该区缔约方组织没有实质性商业活动。"

[44] PCA Case No. 228, Final Award, July 18, 2014, para. 1888.

[45] Ibid..

征收例外的情形进行了明确。本案仲裁庭指出,东道国如果以税收为名行征收之实,属于恶意滥用税收行为,不属于税收例外,因此俄罗斯政府应该承担赔偿责任。

2014 年 7 月 18 日,仲裁庭裁决在上述三个案件中俄罗斯均败诉,并裁定俄罗斯支付总额高达 500 亿美元的赔偿金。[46] 裁决作出后,败诉的俄罗斯政府明确表示将不执行裁决并向荷兰海牙地区法院(以下简称海牙法院)提起撤销仲裁裁决之诉。2016 年 4 月 20 日海牙法院撤销了仲裁裁决。[47] 法院经审理认为,由于俄罗斯没有批准 ECT,如果要根据 ECT 第 45 条第 1 款的规定对俄罗斯临时适用 ECT,必须满足该条约中的具体条款与俄罗斯的宪法、法律和其他法规相兼容的前提。根据两份专家报告,海牙法院认为,俄罗斯的宪法、法律和法规并不允许将外国投资者和政府间的争议提交仲裁,因此,ECT 第 26 条中的仲裁条款在 ECT 对俄罗斯生效前,不得临时适用。最终,海牙法庭根据《荷兰民事诉讼法典》(Dutch Code of Civil Procedure)第 1065 条第 1 款第 1 项的规定,认为“不存在有效的仲裁协议”(absence of valid arbitration agreement),据此海牙法院撤销了尤科斯的仲裁裁决。但是法院对俄罗斯提出的其他异议理由,包括名义和受益所有权分离、仲裁院助理的角色等问题未作评述。对于荷兰海牙法庭的撤销决定,俄罗斯代理人 Jan ven den Berg 教授对外表示欢迎荷兰法院“正确的决定”;而尤科斯代理人 Emmanuel Gaillard 则表示:“相信上诉法院会推翻今天的决定”,另一位代理人 Yas Banifetemi 提出,根据 1958 年《承认与执行外国仲裁裁决的公约》(以下简称《纽约公约》),即便裁决在荷兰被撤销,各国法院仍可以承认与执行。

2. Sedelmayer 诉俄罗斯政府案

该案由瑞典斯德哥尔摩仲裁院审理,该案申请人 Franz Sedelmayer 是德国人,也是 Semelmayer Group of Companies International Inc.(以下简称 SGC International)的单一股东,该公司注册在美国明尼苏达州。1991 年 8 月 28 日,GUVD(苏联股东)和 SGC International 签署合同成立合资公司 Kammenij

〔46〕 PCA Case No. 228, Final Award, July 18, 2014, para. 1888.

〔47〕 海牙法院作为仲裁地法院,根据荷兰法有权对尤科斯案仲裁裁决进行审查。

Ostrov(以下简称 KOC)。[48]申诉人认为俄罗斯之后采取相关措施构成了征收,且没有遵守 1989 年苏联—德国 BIT 第 4 条第 1 款中要求的公共利益、遵循东道国法律和给予补偿三项要求中任何一项,因此要求俄罗斯政府赔偿 764 余万美元并计入利息。仲裁庭认为申诉人的投资属于 BIT 项下的投资,且其提起争端符合 BIT 程序要求,俄罗斯政府对实质问题的反诉构成对仲裁庭管辖权的接受,认定俄罗斯政府采取的相关措施构成了 BIT 项第 4 条第 1 款的征收和国有化,并未做出符合 BIT 要求的补偿,最终仲裁庭裁定俄罗斯政府赔付 235 万美元并支付从 1996 年 11 月 25 日起年息为 10% 的利息,并承担仲裁费用。俄罗斯政府在瑞典斯德哥尔摩地方法院和上诉法院均提起了撤销仲裁裁决的申请。2005 年 6 月 15 日上诉法院判决驳回俄罗斯政府的上诉,判决俄罗斯政府应向 Sedelmayer 支付相关律师费和相关利息。[49]从这个角度分析不难得出俄罗斯政府未按照仲裁裁决及时执行裁决的结论。

3. 潜在的 WTO 争端解决机制适用

由于俄罗斯未批准《华盛顿公约》,加上专设仲裁旷日持久,针对俄罗斯的相关投资措施,如果关涉到中国投资者核心利益,理论上可以考虑运用 WTO 争端解决机制要求俄罗斯政府撤销不当措施。但从实践来看,截至 2017 年 3 月 20 日,俄罗斯在 WTO 争端解决机制中,起诉 4 起,被诉 7 起。俄罗斯被诉的 7 起案件中,欧盟、日本诉俄罗斯对机动车征收回收费用案[50]涉及了 TRIMS 协

[48] 1992 年秋,在外交会晤中,俄罗斯外交部宣布其将继续履行其在国际协定下的义务。Mr. Franz Sedelmayer v. The Russian Federation, Arbitration Award rendered as of July 7, 1998 at the Place of Arbitration, Stockholm, Sweden, p. 17. 载 http://www.italaw.com/node/982,最后访问日期:2016 年 1 月 13 日。

[49] 载 http://www.italaw.com/sites/default/files/case-documents/ita0759.pdf,最后访问日期:2017 年 3 月 20 日。

[50] DS462 和 DS463 分别是欧盟、日本诉俄罗斯对机动车征收回收费用措施案,涉诉措施和相关事实几乎一致,这里仅对 DS462 进行说明。欧盟认为,俄罗斯仅对进口机动车辆征收回收费用,却对其国产汽车以及从白俄罗斯和哈萨克斯坦进口的机动车辆豁免了此项义务,而从欧盟进口的机动车辆则不享受豁免的范围。参见 WTO 网站:https://www.wto.org/english/tratop_e/dispu_e/cases_e/ds462_e.htm,最后访问日期:2016 年 12 月 26 日。

定第2条第1款和第2条第2款[51]项下的义务。[52]但是,WTO网站信息显示,目前此案仍处于磋商阶段,对俄罗斯涉诉措施没有相关介绍。但是WTO争端解决机构已经就其中3起案件(DS475、DS479和DS485)作出了专家组报告,其中1起已经作出了上诉机构报告。[53]从上述三案中,可以发现俄罗斯政府的表现比较复杂。俄罗斯似乎并不甘心遵守GATT/WTO形成的潜规则,通过上诉等方式发表其对WTO规则的不满,如俄罗斯政府在DS475和DS479案中都提出了上诉。但是俄罗斯政府也并没有直接挑战WTO规则或者冒失地在争端解决中挑战安全例外条款,比如在DS485案专家组报告作出后,同年11月10日,俄罗斯政府与欧盟达成合意,通知WTO争端解决机构俄罗斯达成了合理期限(7个月15天),俄罗斯将在合理期限内执行相关建议和裁定,该合理期限将在2017年5月11日届满。

(三)风险防范建议

1.完善海外投资保险机制

虽然MIGA机制是一套行之有效的机制,但是鉴于中国企业对俄罗斯投资的大型项目规模远超MIGA的承保限额,因此,中国政府在完善中国信保的相关机制外,还应推进建设依托亚投行或丝路基金建立中国主导的其他投资保险

---

[51] TRIMS协定第2条(国民待遇和数量限制)规定:"1.在不损害GATT1994项下其他权利和义务的情况下,各成员不得实施任何与GATT1994第3条或第11条规定不一致的与贸易有关的投资措施。2.本协定附件列出一份与GATT1994第3条第4款规定的国民待遇义务和GATT1994第11条第1款规定的普遍取消数量限制义务不一致的与贸易有关的投资措施的例示清单。"

[52] 欧盟和日本认为俄罗斯《关于废弃物生产和消费的第89-FZ号联邦法律》(Federal Law No. 89-FZ on Production and Consumption Wastes)(已被修改为第128-FZ号联邦法律),以及2012年8月30日通过的《俄罗斯联邦第870号决议》(Resolution of the Government of the Russian Federation No. 870 of 30 August 2012)对轮式运输车辆征收回收费用。

[53] WTO争端解决机构已经就DS475(俄罗斯对来自欧盟的生猪、猪肉和其他猪肉制品的进口措施案,2016年8月19日分发专家组报告)、DS479(俄罗斯对来自德国和意大利的轻型商用汽车的反倾销税案,2017年1月2日分发专家组报告)、DS485(俄罗斯对来自欧盟的某些农业和制成品的关税待遇案,2016年8月16日分发专家组报告)三起作出专家组报告,并于2017年2月23日对DS475案作出了上诉机构报告。

机构。虽然从效果来看,中国信保和今后可能建立的其他投资保险机构为对合格投保人在海外投资中可能遭遇的相关非商业风险提供保险,减少投保人在海外投资中可能遭遇的损失,进而促进中国海外投资的有序和健康发展。虽然间接对相关东道国提供一定支持,但无论如何都不应成为"慈善机构",不应该用中国资金为东道国的非商业风险或不当行为"埋单"。对于中国信保的完善属于中国国内法范畴,中国完全可以自行加以完善,应明确将承保投资限于新设投资,而承保险种中的征收险除了直接征收外,还应涵盖间接征收。如果中国要依托亚投行或丝路基金成立投资保险机构,应借鉴 MIGA 的成功经验。MIGA 成立至今运营良好,除了其在风险预估、要求获得东道国政府同意等方面做得比较好之外,与 MIGA 属于世界银行集团也有着密切的关系。假设 MIGA 向投保人赔付后无法从东道国政府处获得清偿,那该东道国很可能无法获得世界银行贷款或其他援助计划的支持,这或许也是促使东道国良好履行相关义务的关键原因。这一成功经验值得中国在亚投行、丝路基金中建设投资保险机构时进行参考和实践。

2. 适度运用国际投资仲裁机制

从中国投资者视角来看,为了维护长远利益,一般不应将针对俄罗斯政府的投资仲裁解决方式作为解决潜在投资争端的首要方式。从近年来投资者诉东道国争端解决实践统计来看,近年来俄罗斯作为东道国被诉案件似乎呈现井喷状态,但是截至目前国际投资仲裁真正作出裁决的案件并不多(目前有一半的案件尚处于审理阶段)。从已经裁决的 10 个案件中,俄罗斯政府败诉 7 起(基本均与尤科斯案有关)、胜诉 3 起,俄罗斯政府败诉率不低,也从侧面昭示了投资俄罗斯可能存在的较大风险。因此,中国投资者对俄罗斯进行投资时特别应注意东道国风险预防和事先防范,并对可能采用的投资者诉东道国政府机制有一定了解。

尽管国际社会以 ICSID 机制为代表的投资者诉东道国投资仲裁机制有着诸多批评,但是相较于协商、斡旋的久拖不决和司法解决方式较容易受到东道国不当影响。[54] 2011 年中国投资者在利比亚的投资损失求偿无门,很大程度上

〔54〕 在东道国国内法院主张权利时,东道国法院的公正性、对所适用法律(尤其是东道国法院适用的程序法)不熟悉、判决的执行力等因素都可能影响最终判决的公正性以及实际执行效果。

就是因为在投资合同中选择了东道国司法解决作为解决投资争端的方式,而自从利比亚发生动乱后国内秩序一直未稳定,司法机构更是几乎处于瘫痪状态,因此至今相关中国企业都无法就投资损失获得救济。实践反复证明以 ICSID 为代表的投资者诉东道国投资仲裁机制有着不可比拟的优势。由于俄罗斯未批准《华盛顿公约》,中国企业只能援引中国—俄罗斯 BIT 第 9 条第 2 款第 3 项运用《联合国国际贸易法委员会仲裁规则》设立专设仲裁庭予以解决。当然,如果相关措施与 WTO 框架下的《与贸易有关的投资措施协议》(TRIMS)有关,理论上也可由中国政府出面将俄罗斯政府诉诸 WTO 争端解决机构。依据俄罗斯政府以往在国际仲裁和 WTO 争端解决机构的实践分析,俄罗斯政府在争端解决机制中表现比较复杂,一方面表现得不太“屈服不正当裁决”,如俄罗斯在尤科斯案的裁决作出前明确表示将不批准 ECT,也不会执行裁决;在 WTO 争端解决机构已经作出专家组报告的以俄罗斯政府作为被告的 3 起案件中,俄罗斯政府在其中 2 起案件中提起上诉,对于 DS475 案的上诉机构报告,俄罗斯政府也表示了质疑。但另一方面,俄罗斯政府在解决相关争端和之后的执行中,还是基本尊重了国际法的基本要求。譬如,俄罗斯针对 PCA 对尤科斯案作出的裁决,采取了到仲裁地荷兰海牙地区法院启动撤销仲裁裁决之诉;在 WTO 争端解决机构已经作出专家组报告的 DS485 案,俄罗斯政府也就执行期限与欧盟达成了共识。

五、中国投资者对俄罗斯投资的启示

“一带一路”倡议是中国单方面的战略构想和顶层设计,需要沿线各国的参与和深度合作,与俄罗斯合作是陆上丝绸之路的关键点。在具体的、微观的项目设计中,中国投资者必须关注从投资合同入手,熟悉单边规则、双边规则和多边规则,以期对运用各层次法律机制保障投资安全有正确认识和充分准备。同时,中国政府也应关注构筑起多层次化、全程化的投资保障机制。2015 年 12 月 6 日国务院颁布的《关于加快实施自由贸易区战略的若干意见》明确要“逐步构筑起立足周边,辐射‘一带一路’,面向全球的高标准自由贸易区网络”,也从侧面说明了“一带一路”倡议应形成高标准的国际经贸规则,而不仅是以借助双边政府的合作意愿推进为基础思路。同时,中国政府还应注意从政治、外交、文化等各个方面与俄罗斯加强全方位的合作,唯有此,方能保障中国对俄罗斯的投资不仅能“走出去”，更能“走进去”和“走上去”。

Legal Protection and Risk Prevention on Outbound Investment in Russia by Chinese Investors in "the Belt and Road" Initiative

Liang Yong

Abstract: Russia shall be the most important partner in "the Belt and Road" Initiative promoted by China for its political status, economic structure, geopolitical factors and other considerations. With the development of "the Belt and Road" Initiative, the investment by Chinese investors in Russia shall improve more. However, the investment in Russia by Chinese investors shall also encounter a variety of risks for the less developed investment environment, many and unstable investment laws and regulations of Russia, coupled with its great concerns on strategic industries and national security. In order to protect the investment by Chinese investors in Russia, this article attempts to establish the "whole-life" legal protection mechanism covering establishment, operation and divesting based on detailed research on the investment environment of Russia. Only in this ways shall the investment by Chinese investors in Russia be not only able to "go abroad", but also to get integration and improvement.

Key words: the Belt and Road; Russia; Risk of investment; Legal protection

（责任编辑：谭观福）

中国网络司法拍卖:历史形成及其模式抉择*

黄忠顺**

内容摘要:

我国司法拍卖的发展可以分为"与现场拍卖相结合的委托拍卖原则时期""与网络拍卖相结合的自主拍卖原则时期""委托拍卖原则假借司法网络拍卖复辟时期""自主型网络拍卖原则的回归及其规则构建时期"四个阶段。为防止司法腐败,重庆模式率先在委托拍卖框架下引入局域网电子竞价系统与互联网电子竞价系统,成为中国网络司法拍卖的雏形。以节约诉讼资产处置成本为中心任务的浙江模式借助淘宝网司法拍卖平台自行开展的网络司法拍卖试点,标志着中国网络司法拍卖的正式诞生。网络拍卖优先原则与自主拍卖优先原则相结合的自主型网络司法拍卖,成为各级人民法院普遍采用的处分性执行措施,是中国网络司法拍卖的发展方向。

关键词:

网络司法拍卖　委托拍卖　自主拍卖　现场拍卖

一、中国司法拍卖发展的基本脉络

中国当代的司法拍卖制度的发展始终围绕着"司法拍卖—司法变卖""委托拍卖—自主拍卖""现场拍卖—网络拍卖"之间的关系。司法拍卖具有公开竞价性,在理论上有利于最大限度提高成交价,拍卖优先原则据以成立。但是,人民法院通常缺乏主持传统意义上现场拍卖的动力,拍卖优先原则的确立背景是拍卖机构的恢复设置以及委托拍卖原则的确立。然而,伴随着互联网拍卖平台技

---

* 本文系教育部人文社会科学重点研究基地重大项目"中国强制执行法体系研究"(12JJD820012)的阶段性成果。

** 黄忠顺,清华大学法学院博士后研究人员。

术的发展,人民法院自行拍卖财产不再以组织现场拍卖会为必要,纯粹网络拍卖模式的兴起以及社会各界对司法拍卖收取高额佣金的普遍抵触,使网络拍卖优先原则与自主拍卖优先原则相结合的自主型网络司法拍卖成为各级人民法院普遍采用的处分性执行措施。

(一)与现场拍卖相结合的委托拍卖原则的确立

我国的司法拍卖制度首次出现于清末的《诉讼律草案》,其第六节规定了执行中的拍卖措施。但伴随着清王朝被推翻及其后续的一系列战争,司法拍卖制度始终未获确立。[1]中华人民共和国成立伊始,人民法院既可以委托拍卖机构拍卖,也可以自行拍卖。1958年之后,随着拍卖机构在我国内地的消失,法院的司法拍卖也逐渐被取消,法院执行过程中的变价方式只有变卖一种方式。[2]直至1986年,国营广州拍卖行建立,拍卖再次走进市场,全国拍卖机构如雨后春笋般相继成立。[3]最高人民法院1987年8月出台的《关于强制变卖被扣押船舶清偿债务的具体规定》(法经发〔1987〕22号)规定,人民法院变卖船舶应当由受理法院指定本院执行员、会计师、验船师三至五人组成的变卖委员会采用公开拍卖的方式进行,以底价以上的最高报价成交,即规定人民法院自行组织拍卖。1991年4月9日,第七届全国人民代表大会第四次会议通过的《中华人民共和国民事诉讼法》第223、226条将拍卖作为强制变价措施加以规定,但是第226条有关"被执行人逾期不履行的,人民法院可以按照规定交有关单位拍卖或者变卖被查封、扣押的财产"存在不同的理解。一种观点认为,决定采取拍卖措施的,应当交有关单位进行,即确立委托拍卖制度,[4]其主要理由是受法院自身的人力、专业等因素所限,委托拍卖能够方便拍卖运作,减轻法院工作量;[5]另一种观点则认为,人民法院既可以自行组织拍卖,也可以委托有关单位拍卖,至于专业性方面的不足,

〔1〕 参见孙加瑞:《中国强制执行制度概论》,中国民主法制出版社1999年版,第483页。

〔2〕 参见刘武俊:《网络让司法拍卖更阳光》,载《法制日报》2013年4月2日,第7版。

〔3〕 参见王雪莲:《司法强制拍卖主体法律关系辨析》,中国政法大学2011年硕士学位论文,第5页。

〔4〕 参见江必新主编:《新民事诉讼法理解适用与实务指南》,法律出版社2012年版,第948页。

〔5〕 参见魏风:《浅谈委托拍卖的几个问题》,载《法律适用》1996年第1期。

则可以通过在法院系统设立专业的拍卖法庭或者拍卖执行庭予以解决。[6]但在当时的司法实践中,人民法院对涉诉资产更多的是自行拍卖。[7]然而,《最高人民法院关于人民法院执行工作若干问题的规定(试行)》(法释〔1998〕15号)第46条规定,除了无法委托拍卖、不适于拍卖或当事人双方同意不拍卖以外,人民法院对查封、扣押的被执行人财产进行变价时,应当委托拍卖机构进行拍卖。这就是所谓的委托拍卖原则,普遍认为最高人民法院设立该原则的主要目的是避免执行法院直接面对市场以及防止和减少执行腐败的发生。[8]

(二)与网络拍卖相结合的自主拍卖原则的确立

委托拍卖在阻断执行人员与市场之间的接触方面确实发挥着相当功能,但这并不意味着确立委托拍卖原则就必然存在正当性基础。第一,确立委托拍卖原则的初衷是防止司法腐败,而治理司法腐败的手段并非只有确立委托拍卖原则,而委托拍卖通常要大幅度提高执行成本,未必符合执行当事人利益,在某种意义上具有将公共治理成本转嫁给执行当事人承担的嫌疑。第二,委托拍卖使得执行人员得以退居二线固然有助于防范职业风险,但这也使得某些非法勾当更难以被发现,这是因为委托拍卖中的司法腐败更为复杂和隐蔽,亦即"委托拍卖反而为不正当的利益交换提供了制度空间"。[9]第三,在委托拍卖模式下,拍卖机构的利益与执行当事人之间的利益可能存在冲突之处,难以信赖以盈利为宗旨的商事拍卖机构能够不偏向自己的利益。[10]这是因为在单次拍卖活动中,

---

〔6〕 参见邓尧昌:《试论司法拍卖制度》,载《法律适用》1994年第10期。

〔7〕 参见刘宇:《司法拍卖　探索中前行》,载《山西日报》2012年7月10日,第C1版。

〔8〕 参见刘宁元:《中国拍卖法律制度研究》,北京大学出版社2008年版,第223页;刘璐:《民事执行重大疑难问题研究》,人民法院出版社2010年版,第219页。

〔9〕 参见袁定波:《法院主持还是委托拍卖尚需明确》,载《法制日报》2011年5月17日,第5版。

〔10〕 有学者尖锐地指出,法院执行机构在强制拍卖中居于中立的地位,没有私利,也不能从拍卖变价中收受佣金,故能够合理地平衡债权人、债务人、竞买人、拍定人、拍卖物上他物权人和案外第三人的利益;而拍卖机构属于纯粹的商业主体,唯利是图是拍卖行存在的唯一理由,为了争夺业务,获取高额拍卖佣金,或相互恶性竞争,或与竞买人相互串通,或为了获得拍卖的商机而采取行贿等手段,腐蚀国家执行人员,拉他们下水,或至少与执行人员形成相对稳定的利益共同体关系。参见邱新华:《法院拍卖抑或委托拍卖——以法经济学的视角透析不动产强制拍卖的制度设计》,载《山东审判》2006年第5期。

成交得越快、成交价越高自然对拍卖机构更为有利。但从长远利益来看,为了维护与客户的长期合作关系或者私底下从客户处获得额外利益,某些拍卖机构可能存在配合甚至主导恶意流拍、串通报价等行为的动机。第四,委托拍卖系存在商业拍卖外观的执行行为,而商业拍卖环节多、耗时长、费用高,与强制执行法追求迅速、低廉实现执行债权的宗旨构成紧张关系,并且造成公法意义上涉诉资产处置与私法意义上商业拍卖发生适用原理上的混淆。第五,伴随着现代拍卖方式的革新,在某些新型的拍卖方式中,拍卖师的作用已经弱化甚至完全消失,执行法院完全可以借助自己或者其他单位的竞价平台实现拍卖被执行财产的目的,这也使法院委托专业拍卖机构的必要性逐渐减弱。鉴于此,2012 年《民事诉讼法》第 247 条在肯定拍卖优先原则的基础上,通过“被执行人逾期不履行的,人民法院应当拍卖被查封、扣押的财产”替代 2007 年《民事诉讼法》第 223 条(1991 年《民事诉讼法》第 226 条)有关“被执行人逾期不履行的,人民法院可以按照规定交有关单位拍卖或者变卖被查封、扣押的财产”的规定,巧妙地驱散委托执行原则的迷雾,使执行法院能够根据具体案情灵活地在自行拍卖与委托拍卖之间作出选择和切换,以确保及时、廉价且契合比例原则地实现债权执行。

(三)委托拍卖原则假借司法网络拍卖卷土重来

最高人民法院于 2015 年 12 月 24 日印发了《最高人民法院关于加强和规范人民法院网络司法拍卖工作的意见》(法〔2015〕384 号,以下简称《网拍意见》)。《网拍意见》是最高人民法院司法行政装备管理局牵头起草并经最高人民法院 2015 年第 11 次院长办公会讨论通过的规范性文件,在最高人民法院通过司法解释或者其他规范性文件直接或间接废除该规定全部或部分条款之前,全国各级人民法院均应当予以贯彻执行。《网拍意见》对网络司法拍卖做模糊处理,没有将网络拍卖优先原则与自主拍卖原则相结合,以谋求在网络司法拍卖的掩饰下继续推定委托拍卖原则。详言之,一方面,《网拍意见》没有区分自主型网络司法拍卖与委托型网络司法拍卖。《网拍意见》第 1 条将“网络司法拍卖工作”界定为“人民法院依照法律规定,在互联网平台上公开拍卖诉讼资产的司法行为”,但第 5 条又强调“人民法院开展网络司法拍卖原则上应将拍卖事物委托给符合要求的专业拍卖机构进行”。既强调网络司法拍卖是人民法院在互联网平台上公开拍卖诉讼资产的司法行为,又默许将拍卖机构接受人民法院委托在互联网平台上公开拍卖诉讼资产的行为也纳入网络司法拍卖的范畴。由此可见,尽管《网拍意见》没有明确界定网络司法拍卖的外延,但显然采取广义的网络司法拍卖概念。另一方面,《网拍意见》在肯定网络拍卖原则的同时,继续维护委托拍卖原则。《网拍意见》第 4 条要求“人民法院开展司法拍卖应全面推行网上拍卖方式”,只有存在“不宜在网上拍卖或不具备条件”情形,才“可以采取现场拍卖方式”。然而,《网拍意见》第 5 条随即又确立“以委托型网络司法拍卖为主、以自主型网络司法拍卖为辅”的原则,并通过“采取委托拍卖方式的,司法拍卖成本由买受人以拍卖佣金方式承担。人民法院自主拍卖诉讼资产的,成本由法院承担”的规定,在经济上激励人民法院采取委托型网络司法拍卖。此外,《网拍意见》第 2 条贯彻执行与拍卖相分离原则,“最高人民法院司法行政装备管理局司法辅助工作办公室负责指导全国法院网络司法拍卖工作”,而“地方各级人民法院司法技术辅助工作部门负责网络司法拍卖工作”。[11]

(四)自主型网络拍卖原则的回归及其规则构建

《网拍意见》确立的“以委托型网络司法拍卖为主、以自主型网络司法拍卖为辅”的原则普遍遭受到理论界与实务界的质疑。在 2012 年修订后的《民事诉讼法》第 247 条将 2007 年《民事诉讼法》第 223 条关于“被执行人逾期不履行的,人民法院可以按照规定交有关单位拍卖或者变卖被查封、扣押的财产”的表述调整为“被执行人逾期不履行的,人民法院应当拍卖被查封、扣押的财产”,其立法目的在于废止委托拍卖原则,强调人民法院可以自己组织拍卖。[12]《最高人民法院关于适用〈中华人民共和国民事诉讼法〉的解释》(以下简称《民诉法解释》)第 488 条第 1 款通过“人民法院在执行中需要拍卖被执行人财产的,可以由人民法院自行组织拍卖,也可以交由具备相应资质的拍卖机构拍卖”的规定,再次澄清废除委托拍卖原则,明确人民法院可以自行组织司法拍卖,为逐渐推进司法拍卖改革留下足够的制度空间。[13]《网拍意见》恢复委托拍卖原则的

---

〔11〕 在司法实践中,行使对外委托拍卖、评估权力的机构并不统一。例如,上海全市对外委托权是由上海高院立案庭行使的,浙江高院与江苏高院以鉴定处为对外委托权行使主体,北京高院以诉讼服务办公室为对外委托权行使主体,某些没有设立司法技术辅助工作部门的基层法院甚至将对外委托权交给办公室等行政部门行使。

〔12〕 参见全国人大常委会法制工作委员会民法室编:《中华人民共和国民事诉讼法解读》(2012 年最新修订版),中国法制出版社 2012 年版,第 662 页。

〔13〕 参见江必新主编:《新民诉法解释法义精要与实务指引》,法律出版社 2015 年版,第 1139 页。

努力注定不能成功，2016年5月30日最高人民法院审判委员会第1685次会议通过的《关于人民法院网络司法拍卖若干问题的规定》（以下简称《网拍规定》）制定了诸多不同于《网拍意见》的规则，并通过第38条关于"施行前最高人民法院公布的司法解释和规范性文件与本规定不一致的，以本规定为准"的规定，委婉废止《网拍意见》的相关规定。通过《网拍规定》第37条第2款关于"执行程序中委托拍卖机构通过互联网平台实施网络拍卖的，参照本规定执行"的规定，最高人民法院倾向于采取狭义的"网络司法拍卖"概念。这是因为，《网拍规定》系以自主型网络司法拍卖为主要适用对象，拍卖机构在互联网平台实施网络拍卖的活动，只是参照适用自主型网络司法拍卖的相关规则。通过这种技术性安排，结合《网拍规定》第1条将网络司法拍卖局限于纯粹网络司法拍卖的新规定，《网拍规定》第2条确立的网络司法拍卖原则应当仅指自主型网络司法拍卖。可以作为佐证的是，最高人民法院执行局执行督导室主任在解读《网拍规定》时明确指出，"为更加凸显司法为民、司法便民，全面落实民事诉讼法第二百四十七条的规定，规范人民法院自行拍卖的行为，在总结司法实践经验的基础上，明确规定网络司法拍卖的主体是人民法院，网络司法拍卖通过互联网以电子竞价的形式开展"。[14] 在此基础上，最高人民法院通过《网拍规定》、《最高人民法院关于建立和管理网络服务提供者名单库的办法》（法发〔2016〕23号）、《最高人民法院关于司法拍卖网络服务提供者名单库的公告》、《最高人民法院关于认真学习贯彻适用〈最高人民法院关于人民法院网络司法拍卖若干问题的规定〉的通知》（法〔2016〕431号）等规定细化网络司法拍卖规则，各地人民法院也出台一些规范性文件予以细化。

综上所述，中国网络司法拍卖的发展可以分为"与现场拍卖相结合的委托拍卖原则时期""与网络拍卖相结合的自主拍卖原则时期""委托拍卖原则假借司法网络拍卖复辟时期""自主型网络拍卖原则的回归及其规则构建时期"，契合"否定之否定"的事物发展规律。当前，中国网络司法拍卖改革的主要任务是构建行之有效的自主型网络司法拍卖具体规则。

---

〔14〕 何东宁：《网络司法拍卖司法解释九大亮点解读》，载《人民法院报》2016年8月4日，第4版。

二、中国网络司法拍卖的形成:从局域网到互联网的跨越

在传统的现场拍卖时代,执行人员对拍卖标的了解程度通常远远高于意向竞买人,并且掌控着司法拍卖程序运行的全过程,难免出现徇私舞弊的情形。以预防执行腐败为着眼点,我国逐渐形成委托拍卖原则。然而,委托拍卖引入了拍卖机构的商事行为,拍卖机构为争夺案源和牟取不法利益而与少数执行人员勾结的情形时有发生,[15]强制执行曾经因此成为司法腐败的高发地带。[16]防止司法腐败以保护执行队伍逐渐成为最高人民法院以及部分地方人民法院推动委托拍卖改革的直接目标。[17]然而,委托拍卖的前期改革均没有改变传统的现场拍卖模式。实际上,拍卖会之前的标的物调查、发布拍卖公告、潜在客户招商、报名参加拍卖会、收取保证金等诸多复杂环节足以让拍卖机构与其"客户"之间有着充分的"沟通",拍卖会上拍卖师的任何轻微举动都可以成为发出指示的暗号,即使前述措施在客观上有助于保护执行队伍,但在当事人以及竞买人的权益保护方面却有所缺失。鉴于此,以防止司法腐败为主要任务的委托拍卖改革在后期呈现出网络化的发展趋势,先后引入局域网电子竞价系统与互联网电子竞价系统,成为中国网络司法拍卖的雏形。

---

〔15〕 执行领域内的腐败乱象,参见暮云:《执行腐败的"十八般武艺"》,载《廉政瞭望》2014 年第 8 期。

〔16〕 "近年来法院查处的违法违纪案件中,有将近 70% 集中在民事执行阶段。而其中绝大部分发生在资产处置特别是司法拍卖环节。"刘武俊:《网络让司法拍卖更阳光》,载《法制日报》2013 年 4 月 2 日,第 7 版。原最高人民法院院长王胜俊 2009 年 10 月 28 日向全国人大常委会报告关于加强民事执行工作、维护法制权威和司法公正的情况时指出,执行领域存在的消极腐败现象较为严重。参见秦佩华、毛磊:《最高人民法院报告:执行领域消极腐败严重》,载《人民日报》2009 年 10 月 29 日。据统计,从 1985 年至 2009 年的 25 年间,全国法院系统共查处违法违纪人员 18,600 人。当前我们无法回避的一个严峻事实是,执行人员占法院干警的十分之一,而违法违纪人数多年来却保持高达五分之一的比例。参见郭兵:《切实为人民掌好用好执行权——学习习近平校长"三观论"的一点体会》,载《人民法院报》2010 年 11 月 10 日,第 8 版。

〔17〕 关于委托拍卖前期改革的述评,参见黄忠顺:《司法强制拍卖改革的深度透析》,载《当代法学》2015 年第 1 期。

(一)重庆模式:传统现场拍卖向纯粹网络拍卖的发展

为了减少竞买人之间相互串通、扩大竞买人群体范围、增加竞买的保密性和防止暴力护标等非法行为发生,重庆市高级人民法院(以下简称重庆高院)于2009年4月将所有涉讼资产司法拍卖全部纳入重庆联合产权交易所(以下简称重交所)进行,并在传统拍卖方式的基础上增加(基于局域网技术的)电子竞价方式。《重庆市高级人民法院关于司法拍卖工作的规定(试行)》(渝高法〔2009〕50号)第5条第2款、第3款规定,"拍卖采取电子竞价方式或传统拍卖方式,并以电子竞价方式为主,传统拍卖方式为辅。保留价在10万元以上的标的物的拍卖,应当采用电子竞价方式"。换言之,重庆法院系统的司法拍卖方式只能在传统拍卖方式(组织拍卖会)或者电子竞价方式之间进行选择,而没有将传统拍卖与电子竞价相结合。诚然,在基于局域网技术的电子竞价方式中,竞买人仍然要到重交所,领取电子竞价相关设备,以匿名的方式进行电子竞价。重庆高院审判委员会2010年10月11日第688次讨论通过的《重庆市高级人民法院关于司法拍卖工作的补充规定(一)》(以下简称《补充规定(一)》)第3条规定,司法拍卖试行在互联网上进行电子竞价的方式。《补充规定(一)》自2010年11月1日起施行,重交所于2010年12月启动基于互联网技术的电子竞价系统,通过该系统,竞买人不必再到重交所现场,一则可省去舟车劳顿之苦,再则可以有效避免原来局域网系统"席位"、场地限制,更可免去在现场可能会遇到的竞买人碰面干扰等心理顾虑,决策、交易过程更为"清净"。〔18〕基于互联网技术的电子竞价系统与基于局域网技术的电子竞价系统整合成所谓的"网络电子竞价系统",沿用至今并被不少地方人民法院推广适用。重庆高院的司法拍卖改革取得了显著的成效,〔19〕也获得了专家学者的高度肯定。我们认为,

---

〔18〕 张先明、张瑞雪、杨乾军:《"电子竞价"取代"击槌成交"——重庆求解司法拍卖难题》,载《人民法院报》2012年2月8日,第1版。

〔19〕 重庆市高级人民法院院长钱锋表示,司法拍卖利益太大,对人的诱惑太强,靠法官的自律很难抵御。在法院与拍卖机构之间引入重庆联合产权交易所这样一个规范平台,能够从制度上切断法槌与拍卖槌之间的利益关联。参见徐伟:《重庆司法拍卖一周年 革暗箱操作者更革自己的"命"绞碎暴利链扼涉讼资产流标惯性》,载法制日报:http://www.legaldaily.com.cn/bm/content/2010-03/30/content_2098049.htm?node=20733,最后访问日期:2017年5月1日。

重庆模式确有助于规范执行程序的公开透明,尤其是司法拍卖互联网竞价系统降低了拍卖成本、提高了成交率、减少了人为操作、加深了竞价程度、延伸了竞价空间,对全国司法拍卖改革产生了深远影响。

(二)上海模式:现场与网络相结合拍卖模式的形成

早在 2008 年,上海法院司法拍卖就“触网”,在保持传统现场拍卖特色的基础上,探索引进了互联网技术,实施网络拍卖。[20] 2010 年 8 月 1 日,上海市拍卖行业协会开发的网络拍卖公共平台“公拍网”正式上线,[21]并于 2010 年 8 月 3 日进行首场网络司法拍卖。上海市拍卖行业协会在市商务委、市工商局等政府部门支持下牵头组建上海市公共资源拍卖中心(以下简称公拍中心),2011 年 11 月 18 日正式揭牌启用,并在原有公拍网的基础上成立公拍平台,[22]上海法院系统内的所有拍卖标的均以委托拍卖方式进入公拍平台以网络与现场相结合的方式进行拍卖。与重庆模式的主导者是重庆高院以及可能的其他相关党政机关不同,上海模式的积极探索者是上海市拍卖行业协会。上海市拍卖行业协会及其牵头组建的上海市公共资源拍卖中心始终忠实地代表着当地拍卖机构的利益,这决定了上海模式不可能完全模仿重庆模式淡化拍卖机构角色的改革方向。与此同时,上海模式起步之时,重庆模式已经普遍采用网络电子竞价系统。因而,上海模式从其建立时开始就构建基于互联网的电子竞价系统(公拍网,http://www.gpai.net/)。但作为现场拍卖的有益补充,基于局域网技术的电子竞价方式在上海模式中也得到运用,被称为“局域网竞价”。[23] 2015 年 3 月 15 日起实施的《上海市公共资源拍卖中心司法委托拍卖运行管理制度》第 13

〔20〕 参见佚名:《公拍网 2.0 正式发布上线　“互联网 + 拍卖”落地上海公拍中心》,载上海市拍卖行业协会、上海市公共资源拍卖中心编撰:《公共资源晒在阳光下——公拍平台 5 周年纪实(2010—2015)》,第 156 页。

〔21〕 参见徐慧:《网络拍卖成交额全国第一》,载《上海法治报》2015 年 12 月 18 日,第 A04 版。

〔22〕 参见徐慧:《上海司法拍卖助力法院破解“执行难”》,载《上海法治报》2016 年 9 月 9 日,第 A04 版。

〔23〕 上海市公共资源拍卖监督管理委员会《上海市公共资源拍卖实施办法》(2015 年 3 月 1 日起实施)第 20 条规定,公共资源拍卖应当采用现场与网络同步拍卖、互联网拍卖、局域网竞价等形式。

条规定,拍卖机构应征得法院允许可选择网络与现场同步拍卖、网络在线拍卖、局域网电子拍卖等拍卖方式。[24] 同年5月18日起实施的《上海市公共资源拍卖中心网络司法拍卖操作规则》(公拍中心〔2015〕6号)第1条将网络司法拍卖界定为"本市拍卖机构接受人民法院委托,在公拍网上以网络和现场同步拍卖方式组织的拍卖活动",并在第2条中确立"网拍为主、现场为辅"原则,倡导具备网络竞拍条件者从网络参拍。据解放日报记者吴卫群2015年8月21日从上海市市拍卖行业协会拍卖研究中心和上海公共资源拍卖交易政策研究中心的成立仪式上所了解到的信息,上海司法拍卖已经实现"100%"上网。[25] 公拍中心2015年5月18日正式推出公拍网2.0版本,并于2015年6月22日正式发布移动公拍网(公拍网手机端,公拍网 app),融入了更多的移动互联网元素。新版公拍网的上线是以互联网为主导,以在移动端运行为主要方式,重新构建拍卖行业生态服务体系的一个全新模式。登录公拍网,就可以实现查看、咨询、登记、支付、竞拍、结算、物流等全流程互动体验。在全国率先实现了手机参与司法拍卖,只要在有 WiFi 信号的地方就可以参加拍卖会。[26] 在接受上海高院相关建议的基础上,公拍中心于2016年3月1日正式发布的"司法拍卖频道",同年4月正式上线"司法变卖频道",随后对公拍网 app 也进行了相应的更新。公拍网3.0的主要亮点是"72小时在线竞价+同步拍卖"。所谓"72小时在线竞价",是指标的首先采用单一的网上竞价方式,进行72小时的网上竞价。所谓"同步拍卖",是指在网上竞价72小时后转入现场与网络同步拍卖阶段,竞买人在"在线竞价"阶段的出价成为第二阶段"现场与网络同步拍卖"的起拍价,这

〔24〕 在该规定出台之前,上海公共资源拍卖交易政策研究中心执行主任范干平先生在《浙江省淘宝网司法拍卖调研情况分析(之三)》中指出,上海市拍卖行业协会将在完善现行网络与现场同步拍卖技术的基础上,增加互联网在线竞拍、局域网电了竞拍两种模式,根据不同标的选择适合的竞拍方式,实现"充分竞价"的目标,以提高网上拍卖的成交率。参见 http://blog.sina.com.cn/s/blog_52f756480101c7tm.html,最后访问日期:2017年2月5日。

〔25〕 参见吴卫群:《上海司法拍卖实现百分百上网》,载《解放日报》2015年8月22日,第5版。

〔26〕 参见徐慧:《新版公拍网正式上线》,载《上海法治报》2015年5月19日,第A04版。

一改革实现了网上竞价的充分展开。[27] 至此,上海市司法拍卖主要采取委托拍卖模式下的"72小时在线竞价+网络现场同步拍卖"方式。而乌鲁木齐市中级人民法院引入"公拍网新疆站",采取与上海法院系统完全相同的司法拍卖方式。

三、中国网络司法拍卖的发展:自主型网络司法拍卖的确立

2008年以来,受国内外经济形势下行的影响,大量的矛盾纠纷涌入浙江法院系统,[28] 执行程序中待处置涉诉财产数量随之暴涨,委托拍卖模式的弊端日渐呈现。众所周知,浙江省属于东部沿海发达地区,经济贸易发展水平处于国内领先水平,商人文化气息浓厚,企业界对拍卖佣金过高问题反映不断,认为拍卖佣金大大加重了困难企业的诉讼负担。鉴于此,《浙江省高级人民法院关于调整拍卖佣金有关问题的通知》(浙高法〔2011〕10号)将《最高人民法院关于人民法院民事执行中拍卖、变卖财产的规定》(〔2004〕16号)第32条第1款所规定司法拍卖佣金收取标准降低大致36%,全省对外委托拍卖佣金为1.9%。[29] 但是,浙江省企业家协会和企业联合会仍然有意见,认为司法拍卖是执行程序中的一项工作,理应由法院来完成,不应当委托拍卖机构拍卖,企业也不应再支付拍卖佣金,浙江省委领导要求浙江高院高度重视该问题。同时,浙江高院通过调研也发现,拍卖佣金下调后的委托拍卖仍然存在拍卖宣传范围窄、参与竞买人少等问题,特别是围标、串标、暗箱操作时有发生,严重影响司法公信力和

---

〔27〕 参见范干平:《提升司法拍卖服务保障执行质量》,载《上海法治报》2016年3月30日,第B06版。

〔28〕 据统计,2008年全省受理各类案件67.11万件,同比上升23.83%,其中执行收案17.69万件,同比上升23.66%;2009年全省法院受理各类案件78.54万件,同比上升9.71%,其中执行收案21.48万件,同比上升21.39%;2010年全省法院受理各类案件80.89%,同比上升2.99%,其中执行收案83.45万件,同比上升3.16%。

〔29〕 浙江拍协提供的数据则表明浙江法院委托拍卖的佣金收取比例仅为1.28%。浙江高院与浙江拍协所提供数据存在差异的原因,应该是拍协将分给产交所的部分佣金比例排除在外,而法院统计则将其纳入在内。不管佣金最终流向谁,其均最终由当事人承担。因而,法院的统计数据更为合理。

法院权威性。[30]然而,拍卖师报酬、场地使用费以及拍卖机构固有的利润最大化趋势等因素共同决定了建立在委托拍卖基础上的重庆模式与上海模式均无法实现零佣金。为此,2007年12月14日浙江省高级人民法院审判委员会第1996次会议讨论通过的《浙江省高级人民法院关于对外委托拍卖管理的规定(试行)》第22条中提出"鼓励探索自行组织拍卖和招标拍卖等方法",但因未找到合适的路径而未能付诸实践。鉴于此,浙江法院在主观上仍然具有推动自主型司法网络拍卖的动力。与此同时,浙江省拥有全球最大的电子商务交易平台,浙江法院与阿里巴巴具有开展司法网络拍卖合作的地域优势。因而,真正意义上的中国网络司法拍卖起源于浙江绝非偶然。

纵观浙江法院与阿里巴巴合作开展网络司法拍卖以及后续其他省市法院参照浙江模式开展网络司法拍卖活动的历程,以2012年《民事诉讼法》的修订以及《网拍规定》的出台为分界点,我国自主型网络司法拍卖的发展可以分为试水、确立、完善三个阶段。试水阶段的自主型网络司法拍卖面临着合法性的质疑,来自拍卖机构及其行业协会的反对声音尤其显著,但因给当事人带来了实惠,并克服了自主型现场司法拍卖可能存在的腐败风险,自主型网络司法拍卖被社会公众所普遍接受。2012年《民事诉讼法》修订过程中,全国人大常委会出其不意地废止了委托拍卖原则。2015年《民诉法解释》再次澄清人民法院可以自主拍卖,为地方人民法院继续试点和推广自主型网络司法拍卖提供制度支撑,标志着自主型网络司法拍卖制度得以确立。为了规范网络司法拍卖行为,保障网络司法拍卖公开、公平、公正、安全、高效,维护当事人的合法权益,根据《中华人民共和国民事诉讼法》等法律的规定,结合人民法院执行工作的实际,最高人民法院审判委员会于2016年5月30日审议通过《网拍规定》,标志着自主型网络司法拍卖进入制度完善阶段。

(一)试水阶段

2011年9月,浙江高院院长齐奇同志在宁波中院《关于推进阳光司法工作的调研报告》上批示"对司法网络拍卖工作要探索、改革,寻求突破",并表示可以找阿里巴巴探索网络司法拍卖的改革问题。这标志着浙江高院对自主型网络司法拍卖改革的启动,也标志着我国自主型网络司法拍卖模式开始

〔30〕 参见浙江省高级人民法院联合课题组:《浙江法院网络司法拍卖的实证研究》,2014年9月,第2~3页。

酝酿。随后,浙江高院司法鉴定处走访了阿里巴巴集团,阿里巴巴集团也两次回访浙江高院。浙江高院于 2011 年 12 月下旬在调研的基础上初步确定北仑、鄞州法院为网络司法拍卖的先行试点法院。2012 年 1 月,浙江高院正式确定了杭州市萧山区、富阳市、永嘉县、瑞安市、临海市等 19 家试点法院,并由北仑法院和鄞州法院作为先行试点法院。经过研发、测试、模拟等多个环节,淘宝网司法拍卖平台于 2012 年 6 月 26 日正式上线运行,北仑法院和鄞州法院以类似“卖家”的身份入驻淘宝网司法拍卖平台,人民法院通过后台操作在该平台上发布拍卖公告、拍卖须知、拍卖标的调查情况表、评估报告、相关照片视频等信息。意向竞买人可以提前或者在拍卖过程中通过登录淘宝网司法拍卖平台相关页面的方式报名参加竞买,并通过实名认证的支付宝账户交纳保证金,支付宝会冻结其相应保证金〔31〕。确认冻结成功后,竞买人将获得一个随机的竞买号,然后竞买人在网络上通过电子竞价的方式参与竞买,在拍卖页面上仅显示竞买人的竞价号和报价。至拍卖时间结束时,如果最高报价超过法院确定的保留价,则本次拍卖有效。买受人可以通过支付宝或者线下交易的方式支付余额给法院,法院也会在拍卖结束后确认竞价人信息并完成交付工作。2012 年 7 月 9 日,宁波市北仑区人民法院和宁波市鄞州区人民法院司法网拍卖首次上拍,其中,北仑法院拍卖的宝马 730 最终以 33.09 万元价格成交,成为我国首例自主型网络司法拍卖案例。2012 年 8 月,临海、吴兴、青田、永嘉、瑞安等 17 家试点法院陆续完成网拍业务培训、淘宝注册和支付宝账户绑定等准备工作,实现了拍品上线拍卖,并将拍品种类从机动车辆拓展到工业厂房和商业用房。在此期间,宁波中院、西湖法院等非试点法院也主动加入网拍行列。截至 2012 年年底,浙江法院共计网拍 53 件,42 件

〔31〕 关于“冻结”保证金的说法,源自淘宝网司法拍卖的实践。竞买人将资金存入实名开立的支付宝账户,通过支付宝交纳保证金的,支付宝或执行法院并不将该保证金划到其他账户上,而只是通过技术手段限制其在拍卖结束之前使用或提现保证金。基于约定俗成的原因,《网拍规定》第 17 条第 3 款规定,交纳保证金,竞买人可以向人民法院指定的账户交纳,也可以由网络服务提供者在其提供的支付系统中对竞买人的相应款项予以冻结。然而,淘宝网司法拍卖平台则将“冻结”替换为“锁定”,其理由是淘宝网不是公权力机关,无权“冻结”保证金。本文以司法解释采取的术语“冻结”为准,但等同于淘宝网司法拍卖平台上采取的“锁定”概念。

成交,拍品总成交额 1532 万元,平均溢价率 41.07%,为当事人节省佣金 66.76 万元,实现了网拍试点工作的预期效果。[32] 鉴于人民法院在淘宝网司法拍卖平台上自主拍卖财产无须再向拍卖机构支付任何佣金,而淘宝网司法拍卖平台也不向人民法院收取任何服务费用,浙江法院探索出来的自主型网络司法拍卖模式具有“零佣金”的优势。与此同时,鉴于竞买报名以及保证金交纳均在网上完成,在保证网络司法拍卖效率的同时,也避免意向竞买人在报名与交纳保证金过程中相互认识并恶意串通。竞买人仅以随机分配的“出价人竞拍号”展开竞价活动,其目的也在于防止竞买人恶意串通以及执行人员不当干预。此外,借助淘宝网的客户资源,扩大了司法拍卖公告的受众范围,且法院自行拍卖可以减少中间环节,具有扩大竞拍范围、提高执行效率并促使标的物交易价格最大化的作用。因而,浙江法院试点的自主型网络司法拍卖引起了社会各界普遍的关注和赞许。

(二)确立阶段

以拍卖机构及其行业协会为主的反对者,对人民法院自行在淘宝网司法拍卖平台上进行拍卖提出了一系列的反对理由。其中,最为重要的观点是人民法院在淘宝网司法拍卖平台上处置涉诉资产缺乏合法性。一部分人将执行法院入驻司法网络拍卖平台处置诉讼资产的行为视为委托淘宝网拍卖诉讼资产,并以淘宝网拍卖司法资产违反《拍卖法》及最高人民法院司法解释的规定为由否定其存在的合理性,甚至有人认为其合理但不合法而不宜推行(宁波拍协)。另一部分人则将其界定为法院自行拍卖,并以 2007 年《民事诉讼法》第 223 条(1991 年《民事诉讼法》第 226 条)以及《最高人民法院关于人民法院执行工作若干问题的规定(试行)》(法释〔1998〕15 号)第 46 条确立了委托拍卖原则为依据,认为人民法院无权自行组织司法拍卖,并将人民法院在现场司法拍卖模式中存在的腐败风险套用于自主型网络司法拍卖。

鉴于自主拍卖系司法拍卖的应有之义且往往更有利于当事人,法院自行拍卖应当成为强制拍卖的常态。[33] 立法机关顺应民意,在 2012 年《民事诉讼法》

---

〔32〕 参见浙江省高级人民法院联合课题组:《浙江法院网络司法拍卖的实证研究》,2014 年 9 月,第 4 页。

〔33〕 参见肖建国:《执行程序修订的价值共识与展望——兼评〈民事诉讼法修正案〉的相关条款》,载《法律科学》2012 年第 6 期。

第 247 条中,间接废止了委托拍卖原则。最高人民法院 2015 年《民诉法解释》第 488 条第 1 款明确规定,人民法院在执行中需要拍卖被执行人财产的,可以由人民法院自行组织拍卖,也可以交由具备相应资质的拍卖机构拍卖。新《民事诉讼法》于 2013 年 1 月 1 日生效后,人民法院自主借助淘宝网司法拍卖平台开展拍卖活动不再存在违法的嫌疑。浙江高院于 2013 年 4 月 1 日发布公告,要求全省法院在本月底前完成入驻淘宝网司法拍卖平台,将北仑法院与鄞州法院的试点成果推广至全省法院。江苏高级人民法院 2013 年 12 月底下发文件,要求江苏高院及全省 13 个中院、67 个基层法院全部入驻淘宝网司法拍卖平台,自 2014 年 1 月 1 日起,全部要求上网拍卖。[34] 2014 年 5 月 9 日,河南全省 177 家法院入驻完毕,河南省高院并以 100% 的网拍率要求开展,河南成为第三个全省入驻淘宝司法拍卖的省份。截至 2014 年 5 月 19 日,福建省 95 家法院全部入驻司法拍卖,并确定每年 5 月 28 日为福建“拍卖日”,成为第四个全省入驻淘宝网司法拍卖的省份。北京、贵州分别于 2014 年 10 月、2014 年 11 月成为全省入驻淘宝网司法拍卖平台的第五、六个省份。[35] 2015 年 7 月至今,吉林、广东、天津、内蒙古、黑龙江、云南、四川、青海、海南、湖南 10 个省份三级法院全体入驻淘宝网司法拍卖平台。除了整体入驻的前述 16 个省份外,还有安徽、河北、山西、江西、湖北、山东、甘肃、广西、陕西、宁夏、新疆、辽宁、上海、重庆 14 个其他省份的部分法院入驻淘宝网司法拍卖平台。

(三)完善阶段

最高人民法院院长周强于 2017 年 3 月 12 日在第十二届全国人民代表大会第五次会议上《最高人民法院工作报告》中指出,“各级法院累计网拍 43 万

---

〔34〕 据江苏省高级人民法院执行局局长刁海峰在 2013 年 1 月 18 日江苏高院新闻发布会上的透露,江苏高院推动全省法院入驻淘宝网司法拍卖司法平台的原因主要在于:以往法院委托拍卖公司拍卖,“三低一高”现象突出,即拍卖成交率低、成交价格低、工作效率低、流拍率高。全省法院委托拍卖的数量 2010 年为 4242 件,成交率 50.05%(包括二次、三次拍卖);2011 年为 3339 件,成交率 44.98%;2012 年为 4337 件,成交率 44.46%,有的地区甚至低至 23%。一些地方存在贬值贱卖、暗箱操作、围标、串标、关联交易等问题。参见张宽明:《江苏全面推行淘宝司法网拍》,载《人民法院报》2014 年 1 月 19 日,第 1 版。

〔35〕 参见王春:《777 家法院入驻淘宝网司法拍卖平台》,载《法制日报》2015 年 6 月 22 日,第 3 版。

余次，成交额 2700 多亿元，成交率达到 90.1%，为当事人节省佣金 81 亿元"。[36] 以最先推行自主型网络司法拍卖的浙江省为例，截至 2016 年 12 月 31 日，全省法院在淘宝网司法拍卖平台上拍卖总件数是 53,611 件，总成交额为 1207.6181 亿元，为当事人节省佣金共计 26.1062 亿元，自 2014 年全省三级人民法院入驻淘宝网司法拍卖平台以来，网拍率均在 90% 以上，近两年接近 100%。伴随着入驻淘宝网司法拍卖平台的法院越来越多，最高人民法院审时度势，及时制定出台了《网拍规定》，为我国网络司法拍卖的多元竞争与良性发展奠定坚实基础，并且在很大程度上强化了申请执行人对拍卖程序的参与程度，契合执行债权人中心主义的发展趋势。[37] 笔者认为，伴随着拍卖方式的革新以及网络技术的发展，借助网络拍卖平台，法院自主处置诉讼资产的腐败风险可以得到有效控制，政府购买服务理念的兴起也为法院将自主拍卖中的某些事务性工作交给社会机构办理奠定基础。基于当事人中心主义和当事人不平等主义，司法拍卖的规则设计及其制度运行应当遵循债权人中心主义。自主拍卖有利于节约拍卖成本，但委托拍卖或者招标拍卖在某些情形下也确实具有相对优势，并且法院自主拍卖也存在借助不同拍卖平台和采取不同拍卖方式的区别，强化当事人尤其是债权人对司法拍卖程序的参与，具备正当性基础。

四、中国网络司法拍卖的模式构建及其抉择

中国网络司法拍卖改革遵循"自下而上"的基本思路，难免形成多种并存的

---

〔36〕 参见东方法眼网：http://www.dffyw.com/sifashijian/ziliao/201703/42243.html，最后访问日期：2017 年 3 月 15 日。

〔37〕 考虑到当事人，特别是债权人，对于财产变现的积极性最高，遂将平台的选择权赋予了当事人，由申请执行人向执行法院申请执行时在网络平台名单库中选择，对某一具体执行标的实施司法拍卖；若申请执行人没有选择或者多个申请执行人的选择不一致，则由执行法院确定。这样规定可以更好地尊重当事人在网络司法拍卖平台选择上的自主权，也可以充分发挥市场竞争的激励作用，督促网络服务提供者通过提高服务水平赢得市场，而不是通过公关活动牟取拍卖资格，可有效减少司法人员权力寻租的机会。参见何东宁：《网络司法拍卖司法解释九大亮点解读》，载《人民法院报》2016 年 8 月 4 日，第 4 版。

不同司法拍卖模式。鉴于(移动)网络技术的发展,不管主导改革者是否愿意,实践中存在的各种司法拍卖模式均借用了局域网与互联网竞价技术,导致人们口中的“网络司法拍卖”所指不尽相同。中国拍卖行业协会倾向于对网络司法拍卖作广义理解,无论采取委托拍卖抑或自主拍卖模式,只要拍卖主体运用了网络竞价系统,就属于网络司法拍卖,《网拍意见》采取了此种理解。上海拍卖行业协会则仅将网络司法拍卖界定为接受人民法院委托的拍卖机构在公拍网上以网络和现场同步拍卖方式组织的拍卖活动,〔38〕而人民法院自主型网络司法拍卖则被称为“互联网在线竞价”。〔39〕执行局系统以及多数学者则将网络司法拍卖局限于自主型网络司法拍卖,因为只有自主型网络司法拍卖,才具有节省拍卖佣金以及强化人民法院在司法拍卖中的角色担当的功能。基于各自的利益诉求不同,人们对何为“网络司法拍卖”存在不同的理解。为理性构建中国网络司法拍卖规则,有必要针对司法实践中存在的错综复杂的网络司法拍卖现象进行类型化分析,并在此基础上检讨不同网络司法拍卖模式之间的共通性与互异性。

(一)自主型网络司法拍卖与委托型网络司法拍卖

以具体主导拍卖程序的主体为标准,网络司法拍卖可以分为基于自主拍卖的网络司法拍卖与基于委托拍卖的网络司法拍卖,分别简称为自主型网络司法拍卖与委托型网络司法拍卖。自主型网络司法拍卖是将自主拍卖与网络拍卖相结合的结果,其本质特征是自主拍卖,网络拍卖只是其技术特征。只要人们对执行法官及其辅助人员高度信任,执行法院未必总是需要通过网络拍卖的方式进行,而可以采取竞标、现场拍卖甚或变卖的方式处置涉诉资产。鉴于我国司法拍卖领域腐败案件时有发生,除海事法院自主现场拍卖船舶的情形以外,当前司法拍卖实践中尚没有发现有人民法院通过自主现场拍卖的方式处置涉诉财产。网络拍卖的匿名竞价与随时报名机制在很大程度上限缩了司法拍卖的组织者滥用权力的空间,但这是网络拍卖的技术特征所决定的,委托型网络

---

〔38〕 参见《上海市公共资源拍卖中心网络司法拍卖操作规则》第 1 条。

〔39〕 参见范千平先生在其微博上发布《浙江省淘宝网司法拍卖调研情况分析(之一)》,载 http://blog.sina.com.cn/s/blog_52f756480101c7tg.html,最后访问日期:2017 年 2 月 5 日。

司法拍卖也具备防止司法腐败的类似效果。[40] 在自主型网络司法拍卖中,人民法院属于司法拍卖活动的组织者、网络司法拍卖服务提供者以及网络司法拍卖辅助机构,属于有偿或无偿的协助执行主体。与此不同,在委托型网络司法拍卖中,接受人民法院委托的拍卖机构主导网络司法拍卖程序,并自行承担或者委托第三方承担诸多与拍卖相关的具体事务。相对于委托型网络司法拍卖而言,自主型网络司法拍卖必然对人民法院提出了更高的要求,人民法院不再简单地将司法拍卖包袱甩给拍卖机构,不仅需要承担或者寻找辅助机构承担本由拍卖机构完成的事务,还需要应对后台录入、流程监管、视频制作等新增事务,故自主型网络司法拍卖的财政投入较高。例如,据浙江高院司法鉴定处饶文军处长在第二届网络司法拍卖研讨会上提供的信息,宁波法院 2015 年因自主通过淘宝网司法拍卖平台拍卖涉诉资产增加的公共财政开支近 50 万元,但相对于 50 多亿元的成交额以及节省的 1 亿多元拍卖佣金而言,该投入被认为是合理的。此外,伴随着网络司法拍卖辅助机构的介入,执行法院工作量过大以及公共财政开支太多的问题,有望获得根本解决。

(二)纯粹网络司法拍卖与附带的网络司法拍卖

以拍卖的手段为标准,网络司法拍卖可以分为纯粹的网络拍卖与附带的网络司法拍卖,前者是指单纯借助网络竞价平台开展的司法拍卖,后者是指兼采网络竞价平台以及现场拍卖会竞价形式的司法拍卖。中国拍卖行业协会李卫东秘书长曾在第二届网络司法拍卖研讨会中精辟地指出,拍卖除了竞买环节外,还包括招商、展示、结算、物流等诸多环节,并且拍卖标的具有非标准型,其瑕疵说明、招商、拍卖活动的设计等都需要专业人员完成,单纯的网络司法拍卖并不能解决拍卖竞价前后大量需要在线下完成的具体专业性工作,这些只能在线下完成的工作属于围绕拍卖的增值服务。没有这些专业服务的存在,一些网络拍卖将失去实际意义,也会使一些网络拍卖的实际效能趋于弱化。然而,纯粹网络司法拍卖只是强调不再举行现场拍卖会,并不否定线下网络司法拍卖增值服务的重要性。例如,重庆模式中的拍卖机构尽管采取纯粹的网络司法拍卖

---

[40] 例如,有文章指出,自 2010 年运行以来,公拍网共拍卖成交 11,000 件标的,成交总额达 500 余亿元,平均成交率和溢价率分别为 78% 和 9%,各项数据全国领先,且无一违规,真正做到了“司法廉洁、阳光便民、高效执行”。参见严剑漪、陈凤:《500 亿与“0”解读上海司法拍卖的“密钥”》,载《人民法院报》2016 年 9 月 12 日,第 6 版。

方式处置财产,但其仍然需要在线下完成以下具体性事务:(1)及时与重交所联系,沟通接受拍卖委托的情况;(2)查看拍卖标的物,熟悉拍卖标的物情况;(3)草拟拍卖公告、竞买须知、竞买协议书文本、拍卖成交确认书等法律文书;(4)对拍卖标的物进行展示、宣传和招商,接受意向竞买人咨询;(5)主持电子竞价活动;(6)完成电子竞价相关事项;(7)出具拍卖成交报告或拍卖流标报告;(8)其他应当由拍卖机构办理的事项。[41] 此外,还有以下多项事务是由重交所办理的:(1)联系公告媒体,以拍卖机构名义发布拍卖公告;(2)提供拍卖场地,布置拍卖会场,维持拍卖秩序;(3)以拍卖机构名义与意向竞买人签订竞买协议;(4)提供电子竞价相关设备及技术服务,确保电子竞价通信线路畅通,保证电子竞价顺利实施;(5)经委托法院授权,代为办理收取竞买保证金手续;(6)对拍卖会过程进行录音录像,并将录音录像制品提交委托法院;(7)对电子竞价过程提供电子竞价报价记录单、出具涉讼资产处置情况证明,交拍卖机构,作为拍卖报告附件;(8)其他应当由重交所办理的事项。[42] 诚然,相对于浙江模式的自主型纯粹网络司法拍卖而言,重庆模式的优势在于保留原有拍卖机构的固有职能,并引入重交所分担部分拍卖增值服务。但拍卖机构与重交所仅从事所谓的“拍卖增值服务”,却没有组织现场拍卖会,其所收取“拍卖佣金”的法律性质值得重新商榷。自主型纯粹网络司法拍卖模式在运行之初,人民法院几乎免费包揽了所有“拍卖增值服务”,工作量的增加以及公共财政的投入成为拍卖机构及其行业协会攻击此种新型司法拍卖模式的主要理由,部分试点法院也直言有些吃不消。[43] 但是,自主型纯粹网络司法拍卖并不排斥采取类似政府采购的方式引进网络司法拍卖辅助机构,也不反对某些商事主体在法律允许的范围内自行向其客户开展网络司法拍卖服务工作。实际上,宁波中院早在试点之初就采取标的物拍摄视频外包模式,选择雇佣专业的广告公司为标的物拍摄视频,广告公司每制作一份视频,宁波中院向其支付800元。至于房屋交易中介公司、投资咨询公司、电子商务公司等商

---

〔41〕 参见《重庆市高级人民法院关于司法拍卖工作的规定(试行)》第27条。

〔42〕 参见《重庆市高级人民法院关于司法拍卖工作的规定(试行)》第28条。

〔43〕 自2012年9月14日起,北仑法院推出了相关标的物的视频资料。就二手车而言,其发动机的运作声音也被录下,从而全方位、多方面地展示了标的物。然而,视频制作需要专业技术的支持,若是网拍形成规模,法院难以为每个标的物提供视频资料。

事主体主动整理和调查拍卖标的相关资料并有偿向潜在客户提供增值服务的情形,在北京、上海、江苏、浙江、广东等经济发达地区(尤其是房价较高的地区)均较为常见。当前的重点是如何防范其采取违法经营手段坑蒙拐骗意向竞买人,而不是从根本上取缔其开展相关增值服务。通过网络司法拍卖辅助机构以及网络司法拍卖服务机构的双重介入,自主型纯粹网络司法拍卖模式中存在的问题,有望获得根本性解决。

(三)基于自有平台的网络司法拍卖与非基于自有平台的网络司法拍卖

根据网络平台的提供者与拍卖程序主导者之间的关系,网络司法拍卖可以分为基于自有平台的网络司法拍卖以及非基于自有平台的网络司法拍卖。在严格意义上来讲,我国当前网络司法拍卖实践中尚没有存在拍卖主体通过完全自有的互联网竞价系统开展网络司法拍卖的样本。这是因为,互联网竞价系统及其手机客户端(app)的开发、维护、升级要求平台所有者必须拥有高端专业人才,而且必须具有足够的资金进行这方面的投入。无论是拍卖机构抑或人民法院作为网络司法拍卖主体,均缺乏计算机专业技术人员以及在这方面进行大额资金投入的积极性。倘若默许、倡导或者要求各个拍卖机构或人民法院均开发自有的互联网竞价系统,也涉嫌浪费社会资源,[44]并且导致意向竞买人无法关注各家互联网竞价系统的后果。因而,严格意义上的基于自有平台的网络司法拍卖不仅不存在,而且不值得提倡。鉴于此,我国现存的网络拍卖平台主要是由第三方电商(如淘宝网)、拍卖行业协会(如公拍网)、产权交易机构(如重交所)、较高层级人民法院(如诉讼资产网)负责开发、维护、升级、运行。拍卖机构主要通过拍卖行业协会或者产权交易机构提供的互联网竞价系统开展委托型网络司法拍卖,人民法院主要通过第三方电商提供的互联网竞价系统开展自主型网络司法拍卖。但是,随着《网拍规定》的实施,有些地方(如四川)的拍卖机构开始运用第三方电商(如京东网)提供的互联网竞价平台开展委托型网络司法拍卖,也不排除淘宝网今后允许接受人民法院委托的拍卖机构入驻淘宝网资产处置平台。[45]此外,最高人民法院司法行政装备管理局主办的人民法院诉

---

[44] 宁波市拍卖行业协会文件(甬拍字[2012]4号)中指出,如果每家拍卖企业各自建立网络拍卖系统,需要投入资金约100万元。

[45] 阿里巴巴创新业务事业部总经理卢维兴在第二届网络司法拍卖研讨会上发表过类似观点。

讼资产网入选司法拍卖网络服务提供者名单库,在理论上,目前所处的阶段离人民法院在该平台上直接开展自主型网络司法拍卖的日子也不远了。由此可见,在当前以及未来的网络司法拍卖语境下,无论是拍卖机构抑或人民法院,通过自有互联网竞价系统开展网络司法拍卖的可能性几乎为零,在非自由互联网竞价平台上开展网络司法拍卖成为必然。根据《网拍规定》《最高人民法院关于建立和管理网络服务提供者名单库的办法》《最高人民法院关于司法拍卖网络服务提供者名单库的公告》,人民法院自主开展网络司法拍卖的,必须在淘宝网、京东网、人民法院诉讼资产网、公拍网、中国拍卖行业协会网等五家入选者提供的互联网拍卖平台上进行,但接受人民法院委托的拍卖机构是否也只能在前述五家平台上开展网络司法拍卖,尚且存在争议。[46]这是因为《网拍规定》主要调整的是自主型网络司法拍卖,委托型网络司法拍卖仅是参照适用自主型网络司法拍卖的相关规则,既然是参照适用,就必须应当允许有所不同。但鉴于全国各级人民法院目前主推的都是自主型网络司法拍卖,委托型网络司法拍卖的平台选择问题尚未引起社会各界的足够重视。在《网拍规定》实施之前,拍卖机构通常倾向于选择在拍卖行业协会主办的互联网竞价平台上开展委托型网络司法拍卖,人民法院则因人民法院诉讼资产网可操作性较差而倾向于选择在第三方电商免费提供的互联网竞价平台上开展自主型网络司法拍卖,而拍卖机构在产权交易机构提供的互联网竞价平台开展委托型网络司法拍卖通常是"迫于无奈"。显而易见,在自身所在系统所提供的互联网竞价平台上开展网络司法拍卖是拍卖机构与人民法院的首要选择,而选择在其他系统主办的互联网竞价平台上开展网络司法拍卖通常是"事出有因",主要是由某些权力运行主体施加压力或者自身所在系统没有行之有效的互联网竞价系统所造成的。拍卖机构与人民法院选择在自身所在系统的互联网竞价平台上开展网络司法拍卖的重要前提是,互联网拍卖平台的选择权在网络司法拍卖的主导者手中,即人民法院或者接受委托的拍卖机构有权决定在哪个互联网

[46] 《最高人民法院关于认真学习贯彻适用〈最高人民法院关于人民法院网络司法拍卖若干问题的规定〉的通知》(法〔2016〕431号)指出,最高人民法院以全面保护当事人合法权益为宗旨,以进一步提高执行工作质效为目标制定了《网拍规定》,对人民法院自主开展的网络司法拍卖的平台准入规则、运行模式、各主体之间的权责划分、具体的竞拍规则进行了全面而系统的梳理和规范。

竞价平台上开展网络司法拍卖。为避免权力滥用并贯彻债权人中心主义,《网拍规定》第5条确立了申请执行人选择互联网拍卖平台原则。网络服务提供者由申请执行人从名单库中选择,但申请执行人未选择或者多个申请执行人的选择不一致的,由人民法院指定。

五、代结语:中国网络司法拍卖的展望

综观中国网络司法拍卖的发展历程,重庆模式早期引入的局域网电子竞价系统未能改变现场拍卖的本质属性,后期虽然引入了互联网电子竞价系统,但重庆产权交易网缺乏足够大流量的支撑。[47] 并且重庆模式采取委托拍卖方式,使重庆模式难以形成真正意义上的网络司法拍卖规则,充其量只能称为现代网络司法拍卖的雏形。与此同时,上海模式尽管引入了互联网竞价系统,但因其在《网拍规定》出台之前始终不放弃现场拍卖,受现场拍卖规则的制约,相对于重庆模式而言,上海模式更难以培育出真正意义上的网络司法拍卖规则。[48] 浙江模式将网络拍卖与自主拍卖绑定,通过网络拍卖技术控制自主拍卖存在的腐败风险和提高拍卖的竞价激烈程度,通过自主拍卖避免拍卖机构介入网络司法拍卖从而降低执行成本。网络拍卖是得以恢复自主拍卖原则的重要保障,而自主拍卖是促使网络司法拍卖乃至整个网络拍卖市场获得突破性发展的原动力。因而,尽管网络司法拍卖也可以表现为"委托型网络司法拍卖",但中国网络司法拍卖制度的发展方向是人民法院自主开展

〔47〕 所谓的"流量",是指每天(24小时内)有多少个IP访问过特定网站或者某网站的特定频道。相对于淘宝网和京东网等同时涉足普通电子商务业务的网站而言,重庆产权交易网与公拍网的流量较低。

〔48〕 例如,现场拍卖时间有限决定了上海模式不可能建立真正意义上的网络司法拍卖规则:早期采取的"现场与网络相结合的拍卖方式"的竞价周期不可能太长;后期虽推出"72小时在线竞价+同步拍卖",但因"同步拍卖"系以"72小时在线竞价"环节中的最高出价为起拍价,在第一个环节中竞价的竞买人,仍然必须关注"同步拍卖",而"同步拍卖"受现场拍卖特点的限制,其竞价周期不可能达到《网络规定》要求的24小时。再如,鉴于网络报价具有滞后性,拍卖师需要对现场报价和网络报价的先后顺序进行判断,不仅竞买人对拍卖师的认定结果可能存在争议,而且网络报价截止时间也比现场报价晚15秒。

纯粹的网络司法拍卖,而其他形式的网络司法拍卖都只是适用于例外情形的“有益补充”。[49]

Historical Evolution and Development Trend
of Online Judicial Auction in China

Huang Zhongshun

Abstract: The development of judicial auctionin China can be divided into the following four stages: the period in which judicial auction is presided over by the authorized live auctioneer, the period in which judicial auction is presided over by the court applying network auction technology, the restoration period in which judicial auction is presided over by the authorized live auctioneer with the use of online auction technology, the current period in which judicial auction is over by the court online and relevant rules are being formulated. In order to prevent judicial corruption, the Chongqing Model takes the lead in introducing the local area electronic auction system and the Internet electronic auction system under the frame of entrusted auction, becoming the rudiment of online judicial auction in China. To save the asset disposal cost, the Zhejiang Model carry out the pilot that judicial auction is presided over by the court in Taobao judicial auction platform, marking the formal birth of online judicial auction in China. As the combination online auction priority principle and the autonomous auction priority principle, online judicial auction presided over by the court has been adopted by people's courts at

[49] 理论界与实务界对“网络司法拍卖”作出的不同理解,在很大程度上仅属于无关实质性规则设计的解释选择问题:即使将“网络司法拍卖”限缩解释为“人民法院自主开展的纯粹网络司法拍卖”,也不能据此豁免对是否保留以及在多大程度上保留委托拍卖、现场拍卖的论证责任;即使将“网络司法拍卖”作宽泛理解,将拍卖机构接受人民法院委托通过互联网电子竞价系统开展的网络司法拍卖纳入“网络司法拍卖”的外延,也不能无视自主型网络司法拍卖与委托型网络司法拍卖之间的适用顺序问题。鉴于我国当前司法实践习惯于将“网络司法拍卖”限缩解释为“人民法院自主开展的纯粹网络司法拍卖”,在没有足够充分且正当理由的情形下,没有必要改变该表述习惯。

all levels,revealing the development direction of online judicial auction in China.

Key words: Online judicial auction; auction presided over by the authorized auctioneer; auction presided over by the oourt; Live auction

(责任编辑:陈梦寻)

评　　论

谁之法解释？何种客观性？*

——基于客观性法解释立场的检讨

高伟伟**

内容摘要：

传统的客观性法解释立场因为没有正确对待“法律解释主体是谁”与“法律解释的客观性如何”而致使解释活动遭遇系列难题。哲学层面上的存在论意义和认识论意义的客观性概念因为对主体性、意识的忽视，对客体、实在的凸显而导致了无法正确看待人文社会科学的研究性质。重构客观性概念为客观性法解释学立场的检讨提供了借鉴。以立法者原意为目标的主观论解释和以法律自身目的为目标的客观论解释以“主客二分”框架为基础，以“真假”二值为标准，通过追求外在于解释主体的客观实在、排除解释者价值判断的途径，并不能够正确描述法律解释的真实实践图景。它一方面错置了解释者、解释对象之间的地位和关系；另一方面对客观性的追求无法避免其认识上的悖论及与有效性的相协调。在承认法律解释应当融入解释者主体性作用的前提下，解释活动的客观性标准应当转化为可接受性。合意性前提与语言使用的意义界限提供了客观性保证；听众的加入和理由之间的相互证立确立了可接受性标准的有效性。从而缓和了法律解释在客观性和有效性之间的张力。

关键词：

客观性　法律解释　主客二分　诠释学　可接受性　法律论证

---

* 本文系江苏省普通高校学术学位研究生创新项目“可废止性：法律方法的一个分析视角”（KYZZ16_0433）成果。

** 高伟伟，南京师范大学法学院2014级博士研究生，研究方向为法学方法论。

一、引 言

法律解释的客观性问题一直是困扰学界的难题。[1]这源于如下一对矛盾:一方面,偏隅于客观性者,往往在争议性比较大的案件中,会与正义、公众情感相抵触而致使解释结论的有效性受到拷问;另一方面,偏隅于对客观性批判者,往往会陷入"公说公有理、婆说婆有理"的泥沼中,致使解释活动成为一场语言游戏。[2]客观性的法解释立场在追寻解释客观性的同时,会因为没有正视"法律解释的主体到底是谁"与"法律解释的客观性到底如何"这样两个关键性的问题,而不能避免地发生如下困境:第一,遮蔽了真实法律解释的实践图景,进而使法解释遭遇了认识上的悖论;第二,消弭了解释者的主体性地位,进而错置了解释者、法律文本、读者及他们相互之间的关系;第三,忽略了解释实践的有效性标准,进而不能妥当地对司法实践中的民意、媒体、各种解释观点的"竞争状态"予以处置。

立足于上述思考,本文提出的解释学立场应当实现一种转换:由客观性转向可接受性[3]。在价值多元的时代,可接受性重新确立了法律解释的客观性标准,并加入了解释的有效性,缓解了法解释在客观性层面所面临的张力。一方面,可接受性能够很好地诠释法律的实践性,面向并最大限度地解释与化解分

[1] 自"二战"之后,法解释论争的中心论题和论争的焦点正是解释的客观性问题。参见梁慧星:《民法解释学》(第 4 版),法律出版社 2015 年版,第 168 页。事实确实如此,法哲学领域的一个传统性论辩主题便是法律及其解释的客观性问题。客观性不仅仅在法律及解释领域引起了多维的争议,就连客观性这一概念本身也极具分歧和抵牾。参见[美]安德雷·马默:《法律与解释:法哲学论文集》,张卓明等译,法律出版社 2006 年版,第 224 页。

[2] 这一问题在刑法学界表现得尤为突出和激烈,甚至表现出了学派之间的争妍斗艳。形式解释论者以安定性为价值追求,但无法回答"刑法规范为什么会把某一行为评价为需要承担刑事责任"这一依靠法律自身无法完好答复的问题;实质解释论者追求正义性,但依赖公共政策和集体情感的解释,却也不能澄清法官"阴谋论""权力之治"等之嫌。参见姜涛:《基于主体间性分析范式的刑法解释》,载《比较法研究》2015 年第 1 期。

[3] 可接受性理论最为典型的代表是 Thomas S. Vernon 在其著作 *A Philosophy of Language Primer* 中提出,以此来替换符合论真理观,作为重新衡量整个哲学世界的工具或视角。参见孙光宁:《可接受性:法律方法的一个分析视角》,北京大学出版社 2012 年版,第 4 页。

歧；另一方面，可接受性企图在法律文本、解释者、听众之间建立一种恰当的主体关系，从而将客观性立场下的个体与法律文本之间的单向性解释转化为法律共同体的解释，并达到解释上的共识。本文的行文结构将进行如下安排：第一，从理论层面上对法解释之客观性立场进行描述和分析，从而为下文对客观性立场的反思批判做准备；第二，对法解释客观性立场所带来的解释困境进行说明，继而证立客观性于法解释的不能；第三，提出法解释立场的可接受性转换，并从方法层面对之进行分析，以期能够说明可接受性作为法解释活动客观性保障的正当性。

二、哲学层面的客观性内涵

正如马默在《客观性的三种概念》一文中提到："哲学学子总是一再被告知，在他们的论文中应该避免某些概念，'客观性'就是其中之一。"[4] 在作者看来，马默之所以如此判断，不仅仅是因为客观性含义的多样性、客观性在哲学史上"循环呈现"，还因为客观性在某种程度上被滥用了。因此，从哲学层面上对客观性的内涵予以澄清则实属必要。而本文对法律解释客观性立场的分析和评价亦建立在该部分的理论论说基础之上。

（一）客观性言说的类型划分

之所以会呈现争论的场面，其原因可能是人们言说客观性时的角度不同。[5]

---

〔4〕 [美]安德雷·马默：《法律与解释：法哲学论文集》，张卓明等译，法律出版社 2006 年版，第 224 页。

〔5〕 黑格尔从思想的本性角度出发，认为客观性是一个认识的问题而非事物在其自身的存在性问题。参见[德]黑格尔：《小逻辑》，贺麟译，商务印书馆 1980 年版，第 74 页。马克思恩格斯经典作家则重新把客观性问题拉回到了探求外在对象式的客观性而与人的思维无关的解释模式中。这样，思维与存在便割裂和对立开来。参见[德]恩格斯：《路德维希·费尔巴哈和德国古典哲学的终结》，人民出版社 1972 年版，第 34 页；[俄]列宁：《唯物主义和经验批判主义》，载《列宁选集》（第 2 卷），人民出版社 1972 年版，第 121 页。19 世纪中叶以后，对客观性问题的讨论则延续黑格尔的思路，将焦点从"是否存在独立于人之外的存在"转化为"人自身的精神、意识是否存在客观性"上。最为重要和关键的一点是，它开始立足于人的主体性来探讨客观性。参见[英]A. J. 艾耶尔：《语言、真理与逻辑》，尹大贻译，上海译文出版社 2015 年版，第 65 页。

客观性的内涵也因此呈现出不同的类型。具体而言,我们可以大致总结出三种类型的客观性:(1)存在论意义上的客观性;(2)认识论意义上的客观性,也可以称作程序上的客观性;(3)重构的客观性。该类型的划分乃是依据人类自我意识的形成而做出的。按照列宁的说法,"物质的唯一特性是它的客观实在,它存在于我们意识之外"。[6] 意识之外者即为客观存在,该存在便具备了客观性。该种存在因为并不受控于意识且独立于意识而按照自身的本来面目自主发展,故它最为典型的理论表现是传统哲学的"实物"意义上的客观性概念。一种原本被放置在哲学框架内去理解的范畴因为受到近代自然科学的影响而被简单等同或划归为一种"占有一定时空位置的实物意义上的存在,即是说,对客观性的探讨变成了一个应当由科学回答的事实问题,从而不利于人文——社会科学对客观性问题的实质理解"。[7]

意识之内即人自身的认知活动,是否也存在客观性呢?程序意义上的客观性的回答是肯定的。无论是认识活动还是理论研究,它们的结果如果遵循了规定好的步骤,那么它便是程序客观的。生活中的一个实例便是法律决策程序(legal decision-making procedures)。按照朱尔斯·科尔曼和布赖恩·莱特的观点:"这些程序是有存在理由的,并非是因为它们能为法律的政治的纠纷提供正确答案,而是因为它们能够以公正无倚的客观态度解决这些纠纷。这是对典型的程序或认识论的客观性概念的一个粗略而简易的表述。"[8] 客观性的认识过程排除了认识的偶然性、随意性和不确定性。"认知过程的客观性必须遵循个别意识之外的程序与规范,整个过程在一定程度上可重复再现。故此,客观性在认识过程中表现为一种规范性与可重复性。"[9]

上述两种客观性在罗蒂看来,体现了对终极实在的"科迷"式态度。把人的认识归结为对某一个终极实存的追求和无限趋近,忽视或者抹杀了作为主体的个人的生成性问题,也没有注意到客观性问题上的属人本质。更为关键的一点是,重构的客观性观念,要求对话和论辩的方式而非那种非此即彼的对立和分

---

[6] [俄]《列宁选集》(第 2 卷),人民出版社 1995 年版,第 192 页。

[7] 金延:《客观性:难以逾越的哲学问题》,载《厦门大学学报》2006 年第 1 期。

[8] [美]安德雷·马默:《法律与解释:法哲学论文集》,张卓明等译,法律出版社 2006 年版,第 224 页。

[9] 田方林:《论客观性》,载《四川大学学报》(哲学社会科学版)第 181 期。

割思维。“理解不是在阅读定义中完成的，而是在质疑、变化这种讨论式的思考中展开的，我们不需要也不必追求一个定义式的答案，我们应当也可以在对话式的讨论中理解和把握客观性观念的丰富内容。”〔10〕

（二）为什么要重构客观性

在面对知识和世界的无限和强大之后，人类意识到自我的渺小。如果要想求得并立足幸福和美好的生活，客观性的追求恰恰能够保证我们突破人类自我观念的狭小视域和生存空间，超越和实现自我认知的突破。“通过抛弃更主观的、个人的甚或人类的观点，客观性的观点产生出来了，它能够使我们超越我们的特殊观点，使我们发展出一种更广阔的意识，而这种意识能够更充分地思考世界。”〔11〕然而这样的理想追求却在近代自然科学、近代工业社会、近代科学精神的进步发展中被绝对化，从而走向了一条“主—客”二分、“思维—存在”二分、“人—物”二分、“人与人的关系、物与物的关系”二分模式。〔12〕该种二元论模式将客观性的地位予以凸显，从而埋没了主体的地位，其目的是追求终极真理。

立基于该种非此即彼、机械论式的二分法，主体、人、意识和客体、物质、真理被分别划归到两大领域，在各自领域内，它们之间可以用等号连接。这种理论框架的设定将研究的重点放在了对外部世界的客体、物质、真理上，而较少涉及内部的主体、关于主体的生存、意识、价值问题。而这恰恰与人文和社会科学研究关注人的意义之主旨相违背。“近代哲学所遵循的机械论、方法论原则同主体性这个主题是冲突的，把认识客体理解为游离于人的认识活动之外的独立自在的存在……因此，他们反对离开人的活动、人的历史性存在讨论客观性。”〔13〕另外，二元论无法对如下几个问题给出令人信服的答案：存在所谓的终极真理吗？客观实在存在吗？如果存在，它又是如何可能的？

该种以突出客观性为特征的二元论，无法合理解释人文社会科学的学科性质。因为在安·兰德看来，客观主义认识的倾向是知识体系的公理化。〔14〕其最

〔10〕 金延：《客观性观念：解构、辩护与重构》，载《人文杂志》2003 年第 6 期。

〔11〕 [美]T. 内格尔：《什么是客观性？》，姚大志译，载《世界哲学》2003 年第 3 期。

〔12〕 蔡守秋：《从“主、客二分”到“主、客一体”》，载《现代法学》2010 年第 6 期。

〔13〕 金延：《客观性：难以逾越的哲学问题》，载《厦门大学学报》2006 年第 1 期。

〔14〕 参见[美]安·兰德：《客观主义认识论导论》，江怡、李广良等译，华夏出版社 2007 年版，第 42 页。

大弊端是封闭性。封闭性的体系因为对逻辑推演的自信而当然排除一切价值判断、目的思考与利益衡量这些关涉主体的问题。就法律领域而言,事实与价值总是纠缠在一起而难以绝对地分割开来。况且事实与价值这两个维度之间往往是视域融合的。

上述言及的存在论意义与认识论意义上的客观性概念,没有脱离这种"主客观"二元对立思维。故而,在 19 世纪中期之后,它们受到了哲学家的检讨。然而,这样的批判和对客观性概念的重构并不是完全地推翻它们,而是吸收了客观性概念的合理成分,即在人们探求世界和生活的确定性的保障上,客观性仍然是值得借鉴的。在法律解释领域,长期遵循着客观主义的法解释学立场,该立场深受"主观—客观"二元对立模式影响。该种客观性的法解释立场到底具备什么内涵?它的解释实践困境会有哪些?当代哲学对客观性概念的重构对法解释学又有哪些启发?这些都是下文需要予以论述的。

三、客观性的法解释学意义

作为一套独立的方法论,法解释学从它诞生之初便意在型构自身的科学化体系。无论是自然法学派倡导的源自人自身之理性的自然法,还是历史法学派主张的法律源自一个民族真实历史和共同信念,抑或是分析法学派申明的法律乃源自主权者命令或社会事实,从内容或形式对法律客观性的规定必然波及作为方法的解释学,其也会以客观性作为自身目标。解释的客观性因为具备了哲学上科学主义的认识基础并以完备法典化运动作为根基而影响深远,以至于法学理论始终都对其客观性抱持一种期望。"在法学史上,18、19 世纪以来英国的分析法学、德国的历史法学、概念法学及后来的普遍法学、法国的注释法学等法学流派共同促成了近代以来的客观主义法律解释思想。其影响波及至今,至少到 20 世纪 70 年代为止。现代法学理论的主流依然尝试着从一个根本的规范中推出所有的法律规范。"[15]

(一)客观性的法解释学内涵

客观性在法哲学层面上,具有两方面的内涵:一是形而上的客观性,也可以称为本体论的客观性,即独立于任何解释者而存在的外部实体或实在。它预设

〔15〕 焦宝乾:《论西方客观主义的法律解释传统》,载《政法论丛》2004 年第 5 期。

任何问题在法律上存在唯一正确的答案；二是认识论上的客观性，即发现正确答案的机制（如司法审判、法律推理等）不会受到遮蔽正确答案的歪曲性因素影响。[16]肇始于该种客观性立场，从解释学的角度分衍出“主观论解释”和“客观论解释”。前者以探究立法者原意为目标；而后者则立足于法律文本，探究法律自身内在的意义、内在意旨。“而所谓法律的意旨，有时被具体地用像‘满足人类生活上的需要’‘大家最迫切的利益’‘能带来最好的结果’，或抽象地用像‘法律之理性目的’等用语来描述。”[17]

一方面，客观性暗含了法律本身作为客体较作为认知主体的人所具有的决定性和先在性地位。法律的意义早已确定下来，法律问题的答案也被写进法体系中，解释者的任务只是去发现法律的意义。就主观论解释和形式主义解释者而言，“立法者原意”“立法资料和立法背景”就在立法当时将法律的意义固定了下来，法律答案并不为解释者意志所左右，解释者只需通过心理学知识发现即可；就客观论解释而言，对立于主观论解释而以源自法律自身的目的、精神作为解释标准。尽管客观论解释以法律所处的语境进行解释来应对主观论解释不能迎合时代发展需要之弊端，但其本身所指的目的、时代精神亦是法律文本的目的和精神。因此，也是一种独立于主体并先在于主体的客观性。另一方面，它暗含了法律解释活动的封闭性。对于解释过程中任何内在的主观意愿、外在的道德和政治内容，均尽可能排除出法律解释活动。就形式主义解释和主观论解释而言，法律解释严格限定在立法者的原意以及体现该原意的立法资料。“这是一种施莱依马赫式的心理解释，通过司法者向立法者的心境转换，追寻立法者的历史意图。”[18]因此，任何超越这一限度的自由裁量均被视为无效。就客观论解释而言，它所言及的“法律目的”实质上乃是基于法律文本的用语规则、法律体系内在结构进行推导而来，这种立基于文本的操作即其本身亦固定于法律之内。比如，文义解释就将解释活动严格限定于法律文本文义射程范围

[16] [美]布赖恩·莱特编：《法律和道德领域的客观性》，高中等译，中国政法大学出版社2007年版，第3页。

[17] 黄茂荣：《法学方法与现代民法》，法律出版社2007年版，第327~328页。

[18] 王彬：《法律解释的本体与方法》，人民出版社2011年版，第106页。

之内。而“时代精神”则是外在于解释者、不受其左右的实体。[19] 尽管它不再以立法者意志作为目标,取而代之的“法律意志”仍属于客观存在。因此,它同样要求解释活动的客观性。

(二)客观性的法解释学之哲学基础

客观性的法解释学建立在近代哲学“主客观”二元分立的框架之上。文艺复兴以来,自然科学技术的迅速发展奠定了人类理性思维的能力。理性主义的弥漫,“将世界进行了客观世界与主观世界的二分,精神与肉体、思维与存在、应然与实然、主体与客体之间的分立。人的生命意义在于揭示外部世界的客观联系”。[20] 主体唯有真实地反映这种外在的客体,认识活动才能保证客观。因此,主客二分模式将主体和客体绝对的对立起来,并遵循“主体认识与客体相符合”的知识观、真理观。正如亚里士多德所言:“一个人存在着这个事实,蕴含着‘他存在着’这个命题的正确性……那个正确的命题绝不能是这个人的存在的原因,而这个人存在这个事实,看起来才是这个命题之所以为正确的原因,因为命题的正确或错误取决于这个人存在或不存在这个事实。”[21] 一方面,这一理性能力在本体论上确证了法律本身在内容和形式上的客观性。依赖理性能力所制定出来的法律必然是完美无缺的,它能够调整和概括一切社会关系,为司法提供现成的答案。另一方面,在认识论上,理性能力使人们确信能够像自然科学者那样从法律解释中发现并掌握普遍性和确定性的知识,不同的法官对同一法律的解释能够达成一致。法律文本被认为是先在于人的认识而存在的,人的认知活动完全受文本的宰制,对于解释过程中任何主观性因素的干扰必须完全清除,以便能够进行严谨、客观的观察和分析。

建立在“主客观”二元分立的哲学世界观基础之上,法律解释的操作也被当然置于这一二分框架之内。解释者所要做的便是发现面前的法律文本的立法原意、探寻法律的时代内涵。尽管主观论解释、形式主义解释同客观论解释在追求客观性的过程中存在区别,但是,二者都达成了如下的共识:法律文本作为外在于主体的客观实在,其内涵是确定的、先在的,不以任何主观偏见为转移。

---

〔19〕 聂立泽、庄劲:《从“主客间性”到“主体间性”的刑法解释观》,载《法学》2011 年第 9 期。

〔20〕 武飞:《法律解释:服从抑或创造》,北京大学出版社 2010 年版,第 39 页。

〔21〕 [古希腊]亚里士多德:《形而上学》,吴寿彭译,商务印书馆 1959 年版,第 46 页。

“法律解释的齐一性、甚至僵滞，即排除个人性的因素，被感受为最高的需求。”[22]建立在上述基础上而产生的法解释方法，诸如文义解释、目的解释、历史解释、限缩解释、扩张解释、平义解释等，都作为探求和保障法解释之客观性目标为宗旨。“追求法律客观性、确定性和一致性之实用目的与自然科学（尤其是物理学、数学）在近代发展中所确立的实证性之‘科学范式’相遭际，造就了法学的‘科学性之梦’。”[23]

（三）客观性法解释之条件及优势

对于一项客观性的解释而言，其必须满足如下条件方能达至：(1)作为解释客体的法律文本而言，其本身完美无缺、逻辑自洽、内在融贯，明确和清晰的法律条文可以顺利地同案件事实有效对接。“规范与事实相分离的原则将法律假定为一种经过专门认可的正式规范体系，从而将人类生活的所有其他方面及其后果统统清除出法律世界而归入到事实中。”[24]“作者原意”“立法目的”“时代精神”都作为不证自明的内涵潜在于法律文本之中。对它们的揭示只需挖掘和发现，无须过多评价。(2)作为解释活动的主体而言，解释者必须严格服从立法原意或法律自身的目的。解释过程容不得解释者创造性因素的介入。(3)作为解释的方法和限度，均被要求具有客观性。解释限度仅仅被固定在立法者原意或源自法律自身意义射程范围之内。诸种解释方法和解释位阶的规定，都具备比较严格的规则。不仅仅是选择何种解释方法，就连何种情形下选择何种解释方法都进行了较为具体的规定，以尽量减少解释过程的恣意。

这种客观性的法解释理论，无论是坚持主观论和形式主义解释论者，还是倡导客观论解释，均表达出了自己对于追求客观性解释的诸多价值：(1)在当下法官素质不高、司法环境并不理想的社会背景下，客观性解释更有助于实现法治；(2)司法过程大大减少了法官恣意，规范性、稳定性、权威性均能够得到增强和保障；(3)公民的法律可预期性得到确实的保障；(4)解释者对法律的严格遵

---

〔22〕［美］本杰明·卡多佐：《司法过程的性质》，苏力译，商务印书馆1998年版，第72页。

〔23〕舒国滢：《寻访法学的问题立场——兼谈“论题学法学”的思考方式》，载《法学研究》2005年第3期。

〔24〕参见［日］千叶正士：《法律多元》，强世功等译，中国政法大学出版社1997年版，第52页。

从,减少了其参与政治的可能性,从而有助于维护司法权的独立和安全性。

笔者认为,尽管主观论解释和客观论解释都是法官作为解释主体,但实际上,法官并没有发挥自身能动性作用的余地,只是如复印机般,再现立法者原意和法律目的而已。因此,这两种解释论的主体均不是法官,而是立法者和法律自身。另外,客观性在复杂多变的社会情境之下,并不能够为我们提供一个行之有效、富有生命力的法律解释操作。尤其是为了客观性的解释而对解释者能动性的限制。"一如我们所知,19世纪的法学家都试图把人的因素从司法中切割掉;他们试图把所有的个体化因素都从法律适用中切割掉;他们还信奉一种按照刚性的逻辑机械地建立并实施的封闭的规则体系。在这一封闭的规则体系的起源或运作过程中确认一种人格的创造性因素,在行构和确立这一规则体系的各种制度中确认一种人格的创造性因素,乃是极是困难的。"[25]因此,客观性的解释学立场既没有界定出适于法律解释的客观性,也没有正确摆放解释者、解释对象之间的位置关系,进而在法解释实践上,遮蔽了其真正的实践图景。

四、客观性之于法解释操作的困境

客观性之于法解释的构想并未真正揭示现实中的法解释实践。当代解释学转向充分说明了客观性解释立场并不能完全做到对人之主观性因素介入的排除。主观论解释和客观论解释在追求客观性的同时,本身亦不能消除这一过程所生发的固有悖论,即客观性和有效性的张力。作为解释客体的法律文本而言,在实践理性法学观念的检视之下,亦暴露出其构建法律公理体系之梦的幻象。客观性解释立场也没有正确对待解释者和解释对象之间的关系,解释者往往被放置于被动乃至被消解的地位。那种"主体全然分离于客体,人疏离于行为,精神疏离于物质,情感疏离于社会"[26]的非此即彼之主客关系,在经过诠释学检讨后,解释者和解释对象之间的关系亦面临被重新改造:作为主体的解释

---

〔25〕[美]罗斯科·庞德:《法律史解释》,邓正来译,中国法制出版社2002年版,第187页。

〔26〕[美]哈罗德·伯尔曼:《法律与宗教》,梁治平译,中国政法大学出版社2003年版,第5页。

者与作为客体的解释对象应当是相互作用的、主体不再是去被动反映客体而是主动建构对象、理解不再是主体的行为方式而是此在本身的存在方式、解释不再是单向度的独白而是主客体之间的交流。

(一)什么是真实的法解释实践

真实的法解释运作过程,实际上并非如客观性立场所展现的如此简单:将法律文本的意义固化并唯一化为客观实体,解释者只需发现并如实反映而无须做任何附加意义的解读。在此基础上,将规范和事实对接,通过演绎得出答案。因而,它自然要求解释活动"应优先以法律的内容及立法者的目标为准则"。〔27〕恰恰相反,它毋宁是一个包含解释者评价与价值判断的过程。因此,解释必然包容解释者的创造性。作为人文社会科学的法解释,它不同于自然科学只关涉物理的、现实的、经验的事实,其无法摒弃价值判断的方法。按照考夫曼所言,其关涉的乃是一种"价值相关性"的文化事实。〔28〕价值作为文化的本质属性,并不排斥现实,它建立在现实的基础上,并使人的实践活动变为评价。法解释所处理的是规范领域,即指涉当为或不当为。因此,它最终以评价为基础。"法学及司法裁判的特色正在于,它们几乎完全是在处理评价的事。"〔29〕另外,作为解释之评价的标准,不再是客观主义立场下的"真或假",而是"可接受或不可接受"。"价值的实质在于它的可接受性,而不在于它的实际的事实性。"〔30〕

如果从诠释学〔31〕的角度反观法解释过程,则能够更清晰地体现解释的真实面貌。诠释学的核心范畴大致可以概括为如下几项:前理解、视域融合、诠释学循环、对话等。首先,是作为解释前提的"前理解"。前理解并非人的偏见,它是解释者所无法摆脱的社会环境、生活经验、时代背景等先入为主地占据解释者头脑之中。前理解构成了我们理解事物的先在框架。法官在司法裁判过程

---

〔27〕 [德]卡尔·拉伦茨:《法学方法论》,陈爱娥译,商务印书馆2004年版,第34页。

〔28〕 参见[德]阿图尔·考夫曼:《古斯塔夫·拉德布鲁赫传——法律思想家、哲学家和社会民主主义者》,舒国滢译,法律出版社2004年版,第123页。

〔29〕 [德]卡尔·拉伦茨:《法学方法论》,陈爱娥译,商务印书馆2004年版,第94页。

〔30〕 [德]H.李凯尔特:《文化科学和自然科学》,涂纪亮译,商务印书馆2000年版,第78页。

〔31〕 参见[德]汉斯-格奥尔格·伽达默尔:《真理与方法》,洪汉鼎译,上海译文出版社2004年版。

中,往往是根据自己日渐积累的裁判经验对眼前的案件先行判断,然后再根据案件接下来的进展情况对自己的前理解予以修缮或更正。它不仅仅是人进行理解的普遍规律,也是法官提高裁判效率的有效途径。前理解对于法律职业共同体而言,体现为一种同质性的法学专业知识,使解释者之间具备了交流和达至共识的可能。一方面,前理解意在强调解释活动的主观性,解释者既有经验知识和"合法偏见"对于理解的重要性;另一方面,前理解表明了解释主体在解释活动中的重要作用。

其次,诠释学强调"视域融合"的观念。"当我们试图理解某个文本时,我们并不是把自己置入作者的内心状态中,而是我们把自己置入那种他人得以形成其意见的视域中。"〔32〕客观性立场下的主观解释认为理解是复原立法者意图,因此,解释者必须放弃自己的视域而进入立法者的视域中。这是一种立法者视域压制、宰制、包含解释者视域的不平等关系。视域融合实质上是指解释者和解释对象之间的一种相互作用关系,其表现为对话、尊重和对对方的可接受态度等特征。唯有承认解释者视域在解释活动中的参与性和创造性,解释才不是封闭的,解释活动所寻求的目标才不会是客观性立场下的那个"唯一正解"。

再次,"诠释学循环"及其不同表述形式如恩吉斯的"目光在大前提与生活事实之间顾盼"〔33〕、考夫曼"通过事物本质的等置"〔34〕、拉伦茨"对象交流的展开"〔35〕说明了解释过程的复杂性、非单向度独白,而是一种在法律整体和部分、法律和事实、解释者和解释对象之间的相互关照、权衡。因此,解释活动是包含主观性因素的,即价值判断对于解释而言存在正当性。而解释活动的主观性并非无限制,唯有借助于诠释学循环使价值逐步达成有效。

最后,"对话"是指真理获致的方式。"文本并没有一种所谓的一成不变的客观意义,其意义总是在我们尔后与之不断进行对话所形成的意义,这种意义

〔32〕 [德]汉斯-格奥尔格·伽达默尔:《真理与方法》,洪汉鼎译,上海译文出版社2004年版,第377页。

〔33〕 [德]卡尔·恩吉施:《法律思维导论》,郑永流译,法律出版社2014年版,第71页。

〔34〕 [德]阿图尔·考夫曼:《类推与"事物本质"——兼论类型理论》,吴从周译,台北学林文化事业有限公司1999年版,第211页。

〔35〕 [德]卡尔·拉伦茨:《法学方法论》,陈爱娥译,商务印书馆2004年版,第88页。

的获得，乃是通过一种包括提问和回答在内的对话而实现的。"[36]对话打破了客观性解释立场的独断性，为解释活动引入论证提供了可能。

（二）客观性错在哪里

1. 无论是主观论还是客观论解释，它们所欲的客观性其实只是一个虚幻的概念。因此，在设置客观性的解释目标的同时，又不得不遭遇认识上的悖论。首先，立法者原意因为立法者的主观意志和解释者的主观意志这一双重主观性致使客观性立场不攻自破。换言之，什么是立法者原意，对之理解会因为解释者的不同而不同；另外，立法者原意本身也是一个主观性的意志。其次，立法者无法确定到底是属于谁。国会、议会、人民代表大会这些拟制的机关会有意志吗？即便说是其中的代表的意志，但是作为一个利益博弈、斗争、妥协的地方，意志属于哪些代表也并非容易确定。而客观论所说的"客观目的"或"时代精神"遇到了一个问题是："谁来为客观目的或者共同体意志下定义，或者谁有权力为此目的下定义。"[37]既为目的，必为人之目的。谁之目的？无从确认。法律之目的？但法律乃一无生命之物，何来目的？亦无法自圆其说。即便说是时代精神，但是它却忽视了解释者自身的历史，继而在个人历史与普遍历史、过去与当下之割裂中遮蔽了真实理解的历史。

2. 无论是主观论解释还是客观论解释，均无法处理好客观性与有效性的妥当关系。主客二元分立支持知识的"符合论"，解释正确与否的标准为"真假"二值。但是一方面，作为符合论一方的事实，到底是什么也很难确定；另一方面，"真假"二值的解释力非常有限。尤其是对于像法律这样的规范领域，无法对规范命题、伦理价值命题作出评判。换言之，客观性立场忽视了有效性标准。它不以真或假来判断，而是以有效与否来判断。无论是主观论还是客观论解释，其所欲追求的立法者意志或客观目的，虽然维护了解释结论的确定性和客观性，但它们却无法满足正义所要求的有效性标准。尤其是社会转型时期，伴随着新的违法和犯罪事实的出现，法律本身无能为力之时，社会对这些疑难性案件的裁判争议往往比较大。如果法官的解释不具备有效性，那么司法将无力处置社会纠纷，它也将失去正义保障的最后一道防线的功能。

---

〔36〕［德］汉斯－格奥尔格·伽达默尔：《真理与方法》，洪汉鼎译，上海译文出版社2004年版，第859页。

〔37〕［德］魏德士：《法理学》，丁晓春译，法律出版社2005年版，第338～340页。

3. 客观性立场错置了解释者、解释对象之间的关系。在主客二分的哲学模式、近代法律世俗化、法典化的影响下,法律解释标榜自然科学、数学的方法,追求客观立场的解释活动如同“自动售货机”般,而解释主体如同立法者或法律文本的“喉舌”般,呈现机械性、被动性,解释者的主体性被遮蔽,解释者和解释对象之间的关系被错置。事实上,解释活动应当是解释者和解释对象相互作用的过程。解释者的主体性体现在:首先,解释者的前理解是解释得以进行的条件和实现的方式。[38] 拥有前理解的解释才是轻车熟路的、方便的、快捷的。长期累积的知识和经验不仅仅能够为解释者理解法律文本奠定基础,而且这种积累越多、越丰富,则解释的效果就越理想。其次,既然有解释,唯有作为有意识的人即解释者才能参与其中并完成解释。这种解释不是被动发现,而是主动阅读。“读者的阅读是一种具体化,它使作品成为他想成为的东西:一个审美对象,一种活意义的关联。”[39] 在规范和事实进行等置的过程中,其实并不能一蹴而就。很多情况下,规范因为太抽象,而事实又太具体和多样。因此,这种规范和事实的对接需要将规范予以具体细化、事实需要按照规范构成要件予以筛选之后,才能进行。因此,其中的过程唯有借助解释者的“创造性”才能达成。再次,对于前见有可能是错误的、存有偏见。因此,解释者需要对前见进行不断的修正。这一过程是通过视域融合实现的。解释者和解释对象作为对话的主体,平等、相互尊重对方地实施。这同样需要解释者发挥其主体作用。因此,“解释学转向把现代法律体系中的文本、作者和读者的位置更换了一下,使作者的权威相对化,而读者可以根据自己的主观价值判断来解释文本”。[40]

4. 作为解释对象的法律文本其本身因为存在语言的“空缺结构”及法律意义的流变性,而致解释活动寻求绝对客观性立场的不可能。自然语言既有其意义清晰的核心地带,也有其意义模糊的边界地带,在含义不甚清晰的地方,则需要法官创造“法律者法”来补充。法律一经制定,便脱离了制定当初的历史语境,而同现实语境相融入,其意义才能够释放出来。诚如歌德所言:“理论是灰

---

〔38〕 [德]海德格尔:《存在与时间》,陈嘉映等译,生活·读书·新知三联书店 1987 年版,第 374 页。

〔39〕 [法]米·杜夫海纳:《美学与哲学》,孙非译,中国社会科学出版社 1985 年版,第 158 页。

〔40〕 季卫东:《法治秩序的建构》,中国政法大学出版社 1998 年版,第 99 页。

色的，而生活之树常青。”[41]法律所不能预料之事甚多，当初的含义在复杂和新型案件中，可能并不能够解释得通，甚至强行适用有违正义。比如，现行民法中对知识产权的保护就是一个明显的例子，尤其是那些看不见、摸不着的虚拟财产，这在过去的社会根本就是无法预料和想象的。还有就是基本权利体系保障中，对新型基本权利如环境权的保护也是说明了法律的内容及其含义不是一成不变的，它们的意义会随着时代的进步跟着发生流变。因此，解释活动的客观性立场根本无法完全达至。

（三）客观性如何拯救

显而易见的是，上述客观性立场及辅助于该立场的诸多解释方法，在需要解释者发挥主体性作用的场合，均显得捉襟见肘。法律意义的生成，并不是客观摆在那里等待解释者去发现的，它也不是先于解释活动而存在。无论是回溯到立法者原意，还是假定文本存在不依赖于任何解释的意义本身，最终只是暴露了这一立场的虚幻。一切均离不开解释者的理解活动。文本唯有进入解释的空间才是存在的，而这种解释空间是解释者功能发挥所致。

然而，似乎强调解释者主体性作用的发挥，总是有危及法治安定性、三权分立原则之嫌。法治的要义之一就是限制法官的恣意。而客观性立场恰恰是维护法治统一性、可预测性之价值的。实际上，本文认为，强调解释者的主体性地位，并不是要走向批判法学解构法治，现实主义法学张扬“法律决定于法官说了什么”等观念。法治主义所要求的法官保持对法律的忠诚仍然是我们所要坚持的。因此，在承认法解释过程的价值判断属性、解释者发挥创造性空间的情况下，如何做到既能够最大限度地保障法解释结论的客观性的同时，又能够让每一个当事人都能感受到个案的正义？这就需要对客观主义解释学立场之“客观性”和“解释主体”予以重新修正。本文认为，“可接受”理论倡导对话和商谈意义上的客观性，而这种对话和商谈是建立在解释者、解释对象、听众之间相互作用的关系而达成。

五、法律解释的可接受性：方法论上的解析

作为对实在论意义上的客观性的替代，可接受性理论认为并不存在符合论

[41] ［德］歌德：《浮士德》，樊修章译，译林出版社2011年版，第43页。

意义上的真命题反映的"世界实际存在方式"。"真理无非是相互之间的约定,真理的客观性仅仅在于它的主观际性,即多数人的普遍赞同。"〔42〕波斯纳大法官也对客观性给出了自己的认识:"交谈意义上的客观性,即合乎情理的客观性。"〔43〕也即是说,既然知识的客观性无法通过"符合论"来达成,那么,通过交谈和对话所形成的知识的客观性来自可接受理论作为标准。"可接受性是指人们的内心世界对外在世界的某种因素或者成分的认同、认可、吸纳甚至尊崇而形成的心理或者倾向。"〔44〕这在法律等规范性领域,体现为命题与命题之间能够相互起到证立支撑,那么,该命题所传达的知识便是客观的。可接受性不仅仅规定了解释结论新的客观性,同时,它也加入了解释的有效性。首先,可接受发生的场域为法律文本、解释者、听众之间,这实际上意味着解释者、解释对象和听众是一种相互作用的关系,不是谁决定谁,而是平等并相互形成制约;其次,可接受之所以是客观的,其理论资源来自合意性前提、言语规范的意义界限;最后,可接受性以理由之间的相互证立为保障。

(一)可接受的客观性依据

一方面,在普特南看来,可接受性规定了一种客观性,虽然它并不是形而上的客观性,但是这种客观性更接近于主体间性,强调主体间通过协商达成共识。也就是说,解释结论的客观性并不是以符合论来衡量的,而是以大家的共识为出发点,继而该种出发点是得到大家接受和认同的。"个人或任何一种哲学不再能够认识真实与客观。在交往体系中人们能够为真实和客观给出存在于所有或大多数人的合意中的答案。"〔45〕能够获得大家认同的东西乃是社会主流阶层认可的法律观念、正义原则。这些道德性价值并不是个人之主观偏见,因而社会通行的理念可作为普遍化的法律解释之价值诉求。"正是共通的社会文化背景以及对政治、道德价值的理解,而不是假想的法律规范的客观结构,才为司

---

〔42〕[美]理查德·罗蒂:《后形而上学的希望》,张国清译,上海译文出版社 2003 年版,第 5 页。

〔43〕[美]波斯纳:《超越法律》,苏力译,中国政法大学出版社 2001 年版,第 462 页。

〔44〕张纯辉:《司法判决书可接受性的修辞研究》,法律出版社 2012 年版,第 79 页。

〔45〕[德]维滕贝格尔:《法律方法论之晚近发展》,张青波译,载郑永流主编:《法哲学与法社会学论丛》(总第 8 期),中国政法大学出版社 2005 年版,第 24 页。

法活动带来客观意义上的确定性结果。"[46]另外，可接受性的资源还有法律共同体内的约定俗成的、惯用的标准。这些标准告诉共同体的成员，哪种法律论据是有说服力的，哪种论据处理的方式是可以接受的，哪种思维方法能够赢得支持。法官的审判活动就是在这个解释共同体内发挥说服力和赢取支持为目标的论辩性、对话性的实践。[47]这些共识性的前提可以作为避免解释者个人偏见渗入解释活动的有力手段。可接受性标准之所以又重新建立起法解释的客观性，也在于它提供了这种人类已经认可的法律价值、社会习俗。这是一种"以法秩序的意义整体为准据"[48]的可接受标准。

另一方面，可接受标准把言语行为作为解释得以进行的基本条件。言语是法律及其解释得以表达的载体。解释活动中，主体被置身于言语互动参与者形成的关系架构中。"对于任何法律理论而言，其焦点必须是人的互动与沟通，而不是个体或法律系统本身。"[49]在"答—问"的结构中，法律解释者的解释也并不是任意的。他要受到作为语言的法律本身的限制：一方面，作为日常语言使用的法律，有其约定俗成的意义边界、使用规则。或者是"语言符号背后的文化张力"。如"禁止机动车驶入公园"的规定，无论如何，我们都不会将自行车纳入到"机动车"范畴下。因为生活的日常经验意识限制了我们违背日常语言用法去任意解释。另一方面，法律解释的受众、法律解释具有普遍示范性的限制，使得语言的理解必须能够具有可预期性。因此，法律解释在达到可接受目标的同时，并不是任意的。

(二)可接受性的主体性重置

否认解释者在解释活动中的主体性，对解释活动没有解释力。可接受性不仅仅恢复了解释者和解释对象之间的相互制约关系，而且加入了听众这样一个主体。从而形成三方相互作用关系。真理在交流中产生，而可接受不仅仅强调

---

[46] Joseph Singer, "The Player and the Cards: Nihilism and Legal Theory", *Yale Law Journal* 94(1984), p. 22.

[47] 陈弘毅：《当代西方法律解释学初探》，载梁治平编：《法律解释问题》，法律出版社1998年版，第25页。

[48] [德]卡尔·拉伦茨：《法学方法论》，陈爱娥译，商务印书馆2004年版，第248页。

[49] [德]马克·范·胡克：《法律的沟通之维》，孙国东译，法律出版社2008年版，第18页。

说服,更强调一种双向的交流。解释者有自己的视域,解释对象也有自己的视域。两种视域只有相互作用和共融,才能在各自的视域中发展、修正各自的意义,最终获致真理。缺少了解释者的参与,文本只是一堆白纸黑字;缺少了解释对象,解释活动便成了无本之木。两者的关系体现为平等、相互尊重,以可接受的态度对待对方。一方面,解释者必须尊重解释对象的意义要求,不可随便弃之不顾。这就要求解释者要随时接受解释对象对之提出的要求并加以修正。另一方面,解释对象的规范性要求解释者必须考虑其他社会主体尤其是听众的可接受度和接纳度。解释者不仅要面对自己和文本,还要面对当事人、同行、媒体等,只有在获致听众的可接受后,解释的效力才能真正获致。当然,解释者在解释活动中的地位应该被提升为重要的主体。庄劲认为,解释者主体性最为明显的地方就是,随着解释者经验的不断累积,会推动法律意义的发展。[50]在三者之间的关系中,哈贝马斯认为,真诚是获致可接受的一大条件。其实,这同上述所要求的有相似之处。

法律解释中听众的存在,是引发解释效力有效性责难的主要来源。个案不正义的现象,往往在于法解释客观性立场对听众的忽视。听众的存在,使法律解释不仅仅要遵循解释规则的要求,还要考虑解释结果是否能够满足听众的不同需要。有人会质疑说,听众的需要主观性太大,如果是出于个人的私利或情感的需要,那么解释结论客观性岂不是要遭到瓦解。其实,解释活动中,对于听众的需要的界定是,一种可普遍化的需要,这种可普遍化的需要是能够经得起"换位体验"的需要。[51]反之,不具有可普遍化的需要,就是经不起检验的,就是并不具有可接受性的需要。

(三)可接受性的解释实践:以理由之间的相互证立作为支撑

实际上,无论是坚持解释客观性立场,还是主张实质解释观,在德沃金看来,都只是一个态度问题。关键是要对不同解释立场下的接受结论进行证立。"如何对在多种可能的解释当中所作出的选择进行证立?为什么是这种解释,

---

〔50〕 聂立泽、庄劲:《从"主客间性"到"主体间性"的刑法解释观》,载《法学》2011年第9期。

〔51〕 张继成:《可能生活的证成与接受——法律论证合理性与司法判决可接受性的规范研究》,载《法学研究》2008年第5期。

而非其他的解释，适合于待决案件？"[52] 麦考密克认为："法律解释是法律实践论辩的特定形式。在此人们主张对权威文本和资料的某一特定理解当作证立法律判决的某种特定理由。"[53] 在这里，他们把法律解释放在了法律论证的框架中予以理解。也就是说，法律解释在可接受性视角下，必须要经过理由之间的相互证立，才能够取得解释结论的合理、有效。

法律论证借助于论辩的形式得以展开。因此，主体之间的关系就不应该是忽视哪一方而偏袒哪一方，法律解释的目标也不是寻找解释者之外的那个客观实体。这一论辩的过程是心平气和的说理过程，而不是压制、谩骂和相互攻击。论辩被放置到相关的程序中，并通过遵守一定的程序性条件来达到解释结论的可接受性。故而，论证并不是漫无目的的争吵、东拉西扯的争论。论证的程序性规则和条件乃是可普遍化、可靠与可普遍接受的。"理性法律论证概念的说明是通过对一系列规则和形式加以阐述来进行的，论证必须遵循这些规则并且必须采用这些形式，以使其所提出的要求得到满足。当某个论证符合这些规则和形式时，由它所达到的结果才可以被称为是客观的、正确的。"[54] 法律解释结论的可接受性唯有借助于规范理由之间的相互证立，才能弥合知识的"确定性之墙"所出现的缝隙。

可接受作为法律解释客观性的替代，建立在法律解释是一个包含解释者主观价值判断的过程。客观性解释立场企图从解释者之外寻求一种客观实体的做法，尽管避免了解释者的主观性，但它并不符合解释实践的真实图景。因此，可接受性便自然成为法律解释结论客观性保障的有效工具。奥尔尼奥认为，可接受性关涉的是解释结论，因此，它涉及的是实质内容。而实质内容的争议往往是价值上的争议。尤其是疑难案件中，对于法律的理论性争议。此时，我们需要从两个方面来保障解释结论的客观性：一方面，是理性商谈的程序性规则；

---

〔52〕 焦宝乾：《法律论证：思维与方法》，北京大学出版社2010年版，第76页。

〔53〕 MacCormick, D. Neil, *Argumentation and Interpretation in Law*, in *Moral Theory and Legal Reasoning*, New York: Garland Pub, 1998, p. 250.

〔54〕 [德]罗伯特·阿列克西：《法律论证理论》，舒国滢译，中国法制出版社2002年版，第361页。

另一方面,则是法律共同体的知识和价值这些基本共识。[55]因此,法律解释唯有融入价值判断,才能使解释活动与真实世界相沟通,及时映射外部经验并及时应对其所带来的变化。就实践情形而言,法律解释效力的质疑,司法与民意的对峙等,均为解释实践所不能回避的问题。通过法律论证的价值证立,以可接受性作为证立最终的目标,从而树立法解释活动的客观性、有效性,并正确处置解释者、解释对象、听众之间的地位和关系。

Who Are the Subjects of Legal Interpretation?
How about the Objectivity of Legal Interpretation?
—A Review Based on Objective Legal Interpretation Standpoint

Gao Weiwei

Abstract: The interpretation activities encounter series of difficulties because the traditional objective legal interpretation standpoint fails to correctly treat "who are the subjects of legal interpretation?" and "how about the objectivity of legal interpretation?" The ontological and epistemological concept of objectivity in the sense of philosophy, due to neglect of subject and consciousness and highlight on object and reality, results in failure to correctly look on the research nature of the humanities and social sciences. Reconstructing the concept of objectivity provides reference for the review of objective legal interpretation standpoint. The subjective interpretation aimed at the original intention of the legislature and the objective interpretation aimed at the law itself base on the framework of "the dichotomy of subjectivity and objectivity", with the "true and false" values as standards, and the pursuit of the objective reality of the interpretation subject and the exclusion of the value judgment by the interpreters cannot correctly describe the true practical scene of the legal interpretation. On the one hand, it misplaces the positions and relationship of the interpreter and the interpreted; on the other hand, the pursuit of objectivity cannot avoid the paradox of cognition and the coordination of

[55] Aulis Aarnio, *The Rational as Reasonable: A Treatise on Legal Justification*, Dordrecht: D. Reidel Publishing Company, 1987, p. 190.

effectiveness. When the legal interpretation should incorporate the subjectivity of the interpreter, the objective standard of interpretation activities should be converted to acceptability. The consensual premise and the sense boundary of language use offer the objective assurance; the participation of audience and the mutual justification of causes establish the effectiveness of the acceptable standard. Therefore, this alleviates the tension of the legal interpretation between objectivity and effectiveness.

Key words: Objectivity; Legal interpretation; Dichotomy of subjectivity and objectivity; Hermeneutics; Acceptability; Legal argument

（责任编辑：亢晶晶）

论克隆人技术立法的合宪性控制*

孟凡壮**

内容摘要：

克隆人技术发展的立法规制涉及重要的宪法价值，需要对其予以合宪性控制。克隆人技术立法的合宪性控制主要涉及克隆人技术相关法的合宪性解释、克隆人技术立法过程的合宪性控制以及克隆人技术立法内容的合宪性审查三个层面。其中，克隆人技术相关法的合宪性解释是指在直接针对克隆人技术的立法规定缺失的情况下，可以通过对医疗、卫生或胚胎保护等方面的相关法律进行合宪性解释的方法达到保护宪法价值的目的；克隆人技术立法过程的合宪性控制的目的在于确保克隆人技术在立法方向上与生命权和人的尊严这一基础价值相契合，在立法的程序上符合宪法确立的基本立法原则，为克隆人技术立法的合宪性提供价值指引和程序保障；克隆人技术立法内容的合宪性审查主要针对既存的克隆人技术立法的审查，其在启动方式、考量因素和解释方法等方面具有多元性。

关键词：

克隆人技术立法　合宪性控制　合宪性解释　生命与人的尊严　合宪性审查

一、问题的提出

在生物科学上，克隆人技术包括生殖性克隆技术和治疗性克隆技术。生殖性克隆技术是运用细胞核置换技术产生新的人类个体所运用的生物技术的总称。治疗性克隆技术是以治疗为目的，借助细胞核置换技术产生胚胎，从胚胎

---

* 本文系教育部哲学社会科学研究重大课题“中国的立法体制研究”（项目批准号：15JZD006）的阶段研究成果。

** 孟凡壮，华东师范大学法学院讲师，法学博士。

中提取干细胞并通过技术引导胚胎干细胞发育成人类需要的器官或组织的生物技术的总称。克隆人技术尽管具有多种应用前景,但克隆人技术的实施过程,涉及对人类基因的复制和胚胎生命的损毁,在学界产生了极大的争议。尤其是克隆羊多利诞生以后,克隆人技术已经具有了现实的可能性,国际社会和各国相继通过立法对克隆人技术予以禁止。[1]

从法学的视角,尤其是从宪法学的视角对克隆人技术的立法规制进行分析和探讨具有必要性。克隆人技术对于宪法保护的生命权和人的尊严等宪法价值带来了巨大的冲击和威胁。生殖性克隆对宪法上"人"的概念带来了冲击,根据传统的宪法理论,宪法上的"人"是建立在传统的男女结合的有性生殖的生物学基础之上的。即使随着人工辅助生殖技术的发展,"人"在产生过程的方式上发生了变化,但基于传统的有性生殖这一点是没有变化的,孩子的基因构造上,都是男女精卵结合的产物,并由此确保了孩子基因结构上的偶发性、独特性与开放性。生殖性克隆过程不需要男女精卵的结合,而是在复制一方的基因,这完全改变了宪法上"人"的概念的生物学基础,对人的主体性价值带来了根本性冲击。治疗性克隆中需要克隆人类的胚胎,从胚胎中提取干细胞用于研究,而提取胚胎干细胞的过程会不可避免地造成胚胎的损毁,这对宪法保护的胚胎的生命构成威胁。可见,立法对于克隆人技术的规制直接涉及重要宪法价值的保护,立法规制的方向和基本方法需要符合宪法上保护生命和人的尊严的基本要求,立法程序和内容需要接受宪法规范和原则的检验。

对于克隆人技术立法与宪法关系问题的探讨,我国学界主要从生命权和人的尊严视角出发,认为克隆人技术会使得克隆人沦为客体和手段,会导致克隆人的主体性价值的贬损,应当立法禁止克隆人。[2]而具体到实施层面,到底应当

---

〔1〕 参见孟凡壮:《立法禁止克隆人的宪法争议——以中、美两国为中心的比较考察》,载《人权研究》2014年辑。

〔2〕 具有代表性的研究成果包括:韩大元、王贵松:《谈现代科技的发展与宪法(学)的关系》,载《法学论坛》2004年第1期;韩大元:《论克隆人技术的宪法界限》,载《学习与探索》2008年第2期。

如何对克隆人技术立法进行合宪性控制,学界则鲜有研究。[3] 基于这一问题意识,本文主要涉及如下几个方面的讨论:一是克隆人技术相关法的合宪性解释,这主要是针对很多国家面临的克隆人技术立法滞后的情况,在直接针对克隆人技术的立法规定缺失的情况下,可以通过对医疗、卫生或胚胎保护等方面的相关法律进行合宪性解释的方法,实现对克隆人技术的法律规制,进而达到通过法律解释保护宪法价值的目的。二是对克隆人技术立法过程的合宪性控制,其目的在于确保克隆人技术在立法方向上能够与生命权和人的尊严这一基础价值相契合,在立法的程序上符合宪法确立的基本的立法原则,为克隆人技术立法的合宪性提供价值指引和程序保障。三是对克隆人技术立法内容的合宪性审查。克隆人技术立法内容的合宪性审查主要针对既存的克隆人技术立法的审查。由于当前克隆人技术立法在整体上尚处于起步阶段,在实践层面笔者还没有收集到直接针对克隆人技术立法进行合宪性审查的案例,这部分主要梳理学界在理论层面针对克隆人技术立法的合宪性审查的相关讨论。

二、克隆人技术相关法的合宪性解释

(一)克隆人技术相关法合宪性解释的必要性

综观世界各国克隆人技术立法的总体情况,立法滞后的现象普遍存在。一方面,克隆人技术发展迅速,面对这一在伦理、宗教和法学等领域争议极大的前沿科技,国家立法过程中往往难以达成价值共识,制定针对克隆人技术的法律的难度较大;另一方面,在有些克隆人技术发展相对落后的国家,克隆人技术发展可能带来的问题往往不被重视。这就导致了克隆人技术立法滞后于克隆人技术发展的情形大量存在。根据 2008 年国际伦理委员会克隆人相关立法的报

〔3〕 笔者曾尝试梳理克隆人技术立法的相关宪法争议,对我国克隆人技术立法存在的合宪性问题进行了初步分析。参见孟凡壮:《立法禁止克隆人的合宪性之争》,载《云南大学学报》(法学版)2011 年第 5 期;上官丕亮、孟凡壮:《克隆人立法的宪法规制》,载《北方法学》2013 年第 3 期;孟凡壮:《立法禁止克隆人的宪法争议——以中、美两国为中心的比较考察》,载《人权研究》2014 年辑。

告统计,当时仅有不超过60个国家制定了针对克隆人技术的法律。[4]到目前为止,克隆人技术立法滞后的现象也没有得到明显改观。比如,克隆人技术发展迅速的美国至今在联邦层面仍然没有制定针对克隆人技术的法律。可以说,当前在多数国家的法律体系中,克隆人技术仍处于一种灰色地带,科研人员是否可以从事克隆人技术的相关研究在法律上并不明确。那么,这是否意味着在这些国家中克隆人技术的研究完全不受规制呢?

由于克隆人技术对生命权、人的尊严、社会与家庭秩序等重要的宪法价值构成巨大冲击,国家立法对于克隆人技术的相关研究完全放纵显然具有立法不作为的违宪嫌疑。为消解国家立法的合宪性危机,应当基于保护重要宪法价值的目的,尽量将克隆人技术纳入国家法律体系的规制领域之中。在没有直接针对克隆人技术立法的情形下,可以根据克隆人技术涉及的重要法益,将克隆人技术纳入医疗、卫生或胚胎保护等领域的法律体系中加以规制。也就是说,在没有直接针对克隆人技术立法的情形下,应当从保护克隆人技术涉及的重要宪法价值的目的出发,通过对医疗、卫生等领域的克隆人技术相关法的解释,将克隆人技术纳入法律规制体系。

在克隆人技术立法滞后的情形下,基于保护重要宪法价值的目的,将克隆人技术纳入相关法律规制体系的过程,也是对相关法律进行合宪性解释的过程。"当法律条文存在较高的抽象性时,可将宪法规定的价值作为法律解释的目的因素。"[5]在对克隆人技术相关法的解释过程中,胚胎的生命、人的尊严等重要宪法价值可以作为法律解释的目的因素,在法律存在多种解释可能的情况下起到价值指引作用。

通过对克隆人技术相关法的合宪性解释,一方面有助于消解克隆人技术立法滞后带来的合宪性问题,实现对克隆人技术的法律规制;另一方面通过法律解释将重要的宪法价值注入克隆人技术相关法的实施过程之中,有助于防止克隆人技术对生命权和人的尊严等价值造成难以挽回的侵害。

---

〔4〕 Report of Ibc on Human Cloning and International Governance,载 http://portal.unesco.org/shs/es/files/12828/12446291141IBC_Report_Human_Cloning_en.pdf/IBC + Report + Human + Cloning_en.pdf,最后访问日期:2015年3月16日。

〔5〕 张翔:《两种宪法案件:从合宪性解释看宪法对司法的可能影响》,载《中国法学》2008年第3期。

(二)胚胎生命作为合宪性解释的目的因素

在克隆人技术的研究中,生殖性克隆与治疗性克隆都会涉及胚胎生命这一重要的宪法价值。在克隆人技术立法滞后的情况下,普通法院通过对克隆人技术相关法进行合宪性解释实现保护胚胎生命的目的便显得尤为重要。如下以英国 1990 年《人类受精与胚胎法》(Human Fertilisation and Embryology Act 1990)第 1 条第 1 款的争议以及法院在解决争议过程中选择的解释方法为例加以说明。[6]

1. 英国《人类受精与胚胎法》第 1 条第 1 款的争议

1990 年英国议会制定了《人类受精与胚胎法》。该法第 1 条第 1 款规定:"根据本法,除非有例外规定:(a)胚胎是指受精完成后的活的人类胚胎,并且(b)其涉及的胚胎包括受精过程中的卵子。并且根据本条规定,除非双细胞合子出现,否则受精没有完成。"随着克隆人技术的发展,对于《人类受精与胚胎法》上述条款的理解产生了争议。对于通过细胞核置换(Cell Nuclear Replacement, CNR)[7]技术产生胚胎,即克隆胚胎,是否在《人类受精与胚胎法》的规制范围之内,存在不同的主张。英国的珍爱生命联盟(Pro-Life Alliance)为督促英国议会通过新的立法明确禁止克隆人技术,认为《人类受精与胚胎法》第 1 条第 1 款第(a)项中的胚胎是"受精完成"的胚胎,如果没有"受精"也就无所谓本款第(b)项中受精过程中的卵子和关于受精完成时间的问题。克隆胚胎不需要精卵结合,在结构上与传统受精方式产生的胚胎不同,不在人类受精与胚胎法的保护范围之内,因此克隆人技术的研究不受该法限制。英国人类受精与胚胎管理局(Human Fertilisation and Embryology Authority, HFEA)认为克隆胚胎无论在形态上还是功能上与受精产生的胚胎并无不同,在人类受精与胚胎法规定的胚胎范围之内,因此克隆人技术的相关研究在 HFEA 的管辖范围之内。2001 年,Bruno Quintavalle 代表珍爱生命联盟,以英国卫生部长(Health Secretary)为被告提起司法审查,主张克隆胚胎不在 1990 年英国《人类受精与胚

[6] Judgments-Regina v. Secretary of State for Health (Respondent) ex parte Quintavalle (on behalf of Prof-Life Alliance) (Appellant),载:http://www.publications.parliament.uk/pa/ld200203/ldjudgmt/jd030313/quinta-1.htm,最后访问日期:2016 年 1 月 16 日。

[7] 细胞核置换(CNR)是一种克隆技术,如果运用该技术产生的胚胎被移植到妇女体内发育成个体,则该个体的基因与细胞核捐赠者的基因相同。克隆人羊多利就是通过 CNR 方式诞生的。

胎法》的规制范围之内。[8]

2.《人类受精与胚胎法》第1条第1款的两种解释方案

对于克隆胚胎是否属于《人类受精与胚胎法》第1条规定的胚胎,存在两种解释方案。

第一种解释方案:《人类受精与胚胎法》第1条规定的"胚胎"是"受精完成后的"胚胎,也就是说精卵结合是该法定义中的"胚胎"的构成要素。根据这一解释方案,由于克隆胚胎是通过细胞核置换方式产生的胚胎,因此并不属于《人类受精与胚胎法》定义的"胚胎"。

第二种解释方案:《人类受精与胚胎法》第1条规定的"胚胎"是"活的人类胚胎","受精"只是胚胎产生的一种方式。根据这一解释方案,克隆胚胎与通过受精方式产生的胚胎并没有本质的不同,因此属于《人类受精与胚胎法》定义的"胚胎"。

3.法院在两种解释方案中的选择

对于上述两种解释方案,初审法院选择了第一种解释方案,而上诉法院和上议院基于保护胚胎的立法目的对"胚胎"进行目的性扩张解释,选择了第二种解释方案。

初审法院Crane法官采用了第一种解释方案。Crane法官从文义解释出发认为通过CNR方式产生的胚胎未经过受精过程,不符合《人类受精与胚胎法》第1条第1款第(a)项对于胚胎的定义,除非将其改为"(如果受精)受精完成后的活的人类胚胎",但这一改动实际上重新定义了胚胎,是不被允许的。Crane法官还借助体系解释的方法,认为如果将克隆胚胎纳入第1条规定的"胚胎"的范围之内,会使《人类受精与胚胎法》附表3中有关精、卵与胚胎使用时经过捐赠者的同意的相关规定的适用显得非常奇怪。根据附表3,使用精子、卵子和胚胎进行研究时需要经过捐赠者的同意,但是如果该规定适用于克隆胚胎时,需要征得捐赠卵子的女性的同意,而不需要经过捐赠细胞核之人的同意。此种适用的结果非常奇怪,因为这样一来克隆人技术的实施无须经过被克隆者同意。[9]

---

[8] R(On the Application of Quintavalle) v. Secretary of State for Heallth. [2001] EWHC Admin 918.

[9] R(On the Application of Quintavalle on Behalf of Pro-Life Alliance) v. Secretary of State for Heallth. [2001] EWHC Admin 918.

对于初审法院的判决,英国政府提起上诉。上诉法院推翻了初审法院的判决,采用了第二种解释方案。Phillips MR 法官执笔阐释了判决理由。Phillips MR 法官认为,法律解释需要追随科学发展,如果法律解释没有随着科学发展而更新,在迅速发展的科学领域,法律便难以适用。判决引用了 Wilberforce 法官在 Royal College of Nursing of the United Kingdom v. Department of Health and Social Security 案(以下简称 Royal 案)〔10〕中的见解:“当新情况或新事物出现时,法院应当考虑其是否落入议会的立法目的范围之中,如果其与立法已经规制的情况属于同类事实,便应作相同认定;如果不扩张解释将新事物纳入规制范围,立法目的便难以实现时,也应当作相同认定。法院在涉及相关限制性条款而非自由或容许性条款时,应当更倾向于不作扩张解释。”Phillips MR 法官认为克隆胚胎与通过受精产生的胚胎相比,在结构上是相同的,都可能发展成为人类,属于同一类事实。同时,Phillips MR 法官通过 Warnock 报告考察了《人类受精与胚胎法》的立法目的,认为 1990 年该法的立法目的在于监管试管中胚胎生命的创造与使用,而如果将克隆胚胎排除在该法的规制范围之外,任何人都可随意创造与使用胚胎,《人类受精与胚胎法》的立法目的便难以实现。〔11〕

该案被上诉至英国上议院,上议院 Bingham of Cornhill、Steyn、Hoffmann、Millett 和 Scott of Foscote 五位法官都从保护胚胎的立法目的出发,认为克隆胚胎属于《人类受精与胚胎法》定义范围内的胚胎。

Bingham of Cornhill 法官认为,作为一项新兴科技,克隆胚胎与传统的受精方式和人工辅助生殖中人工授精方式产生的胚胎都不同。1990 年的《人类受精与胚胎法》的目的在于“对人类胚胎及其发展进行法律规制,禁止胚胎和配子相关的行为,建立人类受精与胚胎管理局”等。法院的解释不能局限于相关具体条款的字面解释,法院在解释的界限之内应当贯彻议会的立法目的和意图,因此相关的条款需要被置于立法的历史背景中加以理解。Bingham of Cornhill 法官援引了 Wilberforce 法官在 Royal 案中的上述见解,并考察了 1990 年的《人类受精与胚胎法》的立法背景,指出:“1978 年第一个试管婴儿的诞生带来了道德与科学上的争议,从而导致 1982 年以 Mary Warnock 为主席的调查委员会被任

〔10〕 Royal College of Nursing of the United Kingdom v. Department of Health and Social Security[1981]AC 800.

〔11〕 R(Quintavalle)v. Secretary of State for Health[2002]QB 628.

命,其目的在于'考虑近期人类受精与胚胎学相关的医学与科学的潜在发展,对此可适用的政策与保障措施,包括这些发展对社会、道德和法律带来的影响,并提出建议。'"这一领域具有高度的敏感性,在科学与医学迅速发展的背景下进行立法规制具有很大的难度。1990年的《人类受精与胚胎法》并不是要禁止人工授精胚胎的所有生产与使用,而是在具体规定的条件和限制下,允许某些胚胎的生产和使用。这一方案的优点在于确保这一领域没有任何行为不受管制。Bingham of Cornhill 法官认为议会无意对受精方式产生的胚胎与非受精方式产生的胚胎作出区分,因为其根本没有预料到后者也是可能的。该法第1条中的"受精完成"并非胚胎定义的一部分,而是在解释胚胎产生的时间。《人类受精与胚胎法》的目的在于保护人类胚胎,这是问题的关键,《人类受精与胚胎法》第1条第1款第(a)项的目的在于胚胎,而非胚胎产生的方式。根据 Wilberforce 法官的上述标准,Bingham of Cornhill 法官认为:(1)克隆胚胎与人工授精产生的胚胎是极为相似的有机体,属于同类事物,将其纳入该法规定的胚胎范围是妥当的;(2)1990年的《人类受精与胚胎法》在容许某些行为的同时也对相关行为自由予以限制,其应当被归类为限制性法律还是容许性法律难以判断,因此无需考虑严格的法律条文解释;(3)如果议会立法时认识到克隆胚胎在科学上是可能的,面对这一在宗教、道德和科学领域都很棘手的问题,从理性角度考量,其不会将 CNR 方式产生胚胎的行为排除于法律规制范围之外。[12]

Steyn 法官指出,1990年《人类受精与胚胎法》的名称本身已经明确表明议会试图建构对于人类胚胎的综合保护性规制体系。这一保护性目的并不局限于胚胎产生的某种特定方式,而是具有一般性。没有合理的理由能够解释通过非受精方式产生的胚胎与受精产生的胚胎不具有相同的地位。只有通过扩展解释的方法才能实现立法的目的。《人类受精与胚胎法》第1条第1款仅仅是对立法目的的一种阐释,第1条第1款第(a)项"受精完成后的活的人类胚胎"可理解为"(如果胚胎经由受精产生)则受精完成的活的人类胚胎"。[13]

Hoffmann 法官认为,议会在立法对胚胎定义之时并不清楚 CNR 方式能够

---

〔12〕 Judgments-Regina v. Secretary of State for Health (Respondent) ex parte Quintavalle (on behalf of Prof-Life Alliance) (Appellant) [2003] UKHL 13, para 2 – 15.

〔13〕 Ibid., para 26.

产生胚胎。克隆胚胎也属于胚胎,因此应当与受精产生的胚胎一样,被相同对待。法院可以适用 Wilberforce 法官在 Royal 案中确立的基本原则,对胚胎的定义进行解释,以落实议会保护胚胎的立法目的。[14]

Millett 法官认为,法院的解释职责在于确定议会通过法律文字表达的意图,对法律条文需要结合立法的背景加以解读。关键问题在于,议会只是试图规制通过受精方式产生的胚胎,还是规制通过任何方式产生的胚胎。对此,Millett 法官认为《人类受精与胚胎法》的立法目的在于规制一般性的胚胎,而不区分胚胎是如何产生的。以 CNR 方式产生的有机体一旦分裂到二细胞阶段,则成为一个胚胎。人类胚胎是活的人类有机体,包含 46 个染色体,具有发育成人的潜力,一旦被植入妇女体内,会发育为胎儿,最终发育成人。当议会试图规制胚胎产生及其随后的使用之时,其没有对受精产生的胚胎与克隆胚胎作区分的必要。将通过 CNR 方式产生的人类胚胎置入动物体内也同样令人厌恶。议会立法的目的在于保护人类胚胎,而不管其以何种方式产生。《人类受精与胚胎法》第 1 条第 1 款没有明确将通过克隆的胚胎纳入其中,并不意味着议会试图将克隆胚胎排除在规制体系之外,而是议会没有预料到。该法第 1 条第 a 款所强调规制的胚胎应当具有"活的""人类"的特征,这是受本法保护的胚胎所必须具有的实质性特征。其所关心的是胚胎实质上是什么,而非其产生的方式。而"受精完成"并不是描述胚胎的实质特征,不构成胚胎定义的组成部分,其仅仅表明胚胎受到保护需要达到的发育阶段,不适用于受精之外方式产生胚胎的情况,与胚胎的地位也无关。《人类受精与胚胎法》第 1 条第 1 款第(b)项被纳入本法的目的是将本法保护时间从受精完成之时往前推 30 小时,并不在于限制本法规制的范围,因此也是为了阐释胚胎受到保护需要达到的发育阶段,不适用于受精之外方式产生胚胎的情况,也不适用于对第(a)项的开放性条款的规制范围作限定。克隆胚胎是活的人类胚胎,具有议会试图规制的胚胎的所有特征,如果将其排除在规制范围之外,便难以实现议会试图对胚胎的创制和使用予以规制的立法目的。[15] Scott of Foscote 法官认同上述法官的观点。

---

〔14〕 Judgments-Regina v. Secretary of State for Health (Respondent) ex parte Quintavalle (on behalf of Prof-Life Alliance) (Appellant) [2003] UKHL 13, para 31 – 32.

〔15〕 Ibid., para 38 – 49.

可见，上诉法院和上议院都是通过目的解释方法，将克隆胚胎纳入了《人类受精与胚胎法》规定的胚胎范围之内，由此为英国人类受精与胚胎管理局对克隆胚胎的生产和研究进行规制奠定了合法性基础。法院从保护胚胎生命这一重要的基础价值出发选择法律目的解释，放弃严格的文义解释的探索和尝试，尽管受到诸多批评，[16]但在克隆人技术立法普遍滞后于克隆人技术发展的背景下，法院选择更有利于保护生命价值的解释方案，仍然值得提倡。

英国是不成文宪法国家，法院在上述案例审理中，从保护胚胎生命的立法目的出发对克隆人技术相关法进行的解释与成文宪法国家中法院审理案件时的合宪性解释会有所差别。但从普通法院在法律解释中落实保护“胚胎生命”这一宪法价值的角度考虑，英国法院的上述做法具有普遍的借鉴意义。

（三）克隆人技术相关法合宪性解释的界限

合宪性解释也具有一定的界限。当法律条文规定非常明确时，不应适用法律的合宪性解释。如果法律条文极为明确，而仍要进行所谓合宪性解释，无异于在法律解释的幌子下进行的违宪审查。[17]克隆人技术相关法的合宪性解释也是如此。英国法院在上述案件中对《人类受精与胚胎法》第1条第1款的合宪性解释方法并没有在其他克隆人技术相关条款的解释中得以运用，而其主要原因在于其他相关条款的规定非常明确，没有解释的空间。比如，案件审理中，对于《人类受精与胚胎法》第3条第3款是否禁止克隆人技术也是争议焦点。第3条第3款规定对下列行为不授予许可证：“……（d）用任何人、胚胎或即将发育成胚胎的细胞的细胞核，替换胚胎细胞的细胞核。”珍爱生命联盟认为根据本条款，通过CNR方式产生胚胎应当被禁止，因为如果根据HFEA的意见通过CNR方式产生胚胎在1990年《人类受精与胚胎法》的保护范围之内，CNR中的卵子与胚胎应当具有相同的地位。《人类受精与胚胎法》第3条第3款第（d）项禁止对胚胎细胞进行细胞核置换，也应当同样禁止对卵子细胞进行细胞核置换。对

---

〔16〕 有观点指出，上议院解释此案时假定议会立法时对于CNR技术并不知情，而事实并非如此，CNR技术于立法时已经存在，并非不可预见。因此，此案是一种司法立法，而非司法解释。See case comment, cloning (cell nuclear replacement): The scope of the Human Fertilisation and Embryology Act 1990, *Medical Law Review* 135 (2003).

〔17〕 参见张翔：《两种宪法案件：从合宪性解释看宪法对司法的可能影响》，载《中国法学》2008年第3期。

此,初审法院、上诉法院和上议院都认为CNR中运用的“卵子”与“胚胎”显然是不同的,禁止对胚胎细胞之细胞核的置换并不意味着禁止对CNR中卵子细胞核的置换。上议院法官Hoffmann指出,第3条第3款第d项并不一般性地禁止克隆人技术,而只是禁止对胚胎的克隆,该条款的文义非常明确,没有模糊空间。因此法院必须按照文义进行解释,而不能通过立法目的进行解释。[18]

三、克隆人技术立法过程的合宪性控制

克隆人技术立法过程中的合宪性控制主要体现在两个方面:其一,生命和人的尊严价值对于克隆人技术立法方向的引导;其二,民主参与原则在克隆人技术立法过程中的贯彻和落实。

(一)生命与人的尊严对克隆人技术立法的指引

生命与人的尊严作为克隆人技术立法的基础价值,在克隆人技术立法过程中能够发挥重要的价值指引作用。根据笔者梳理的资料,最早基于生命与人的尊严价值对克隆人技术予以立法规制的国家是德国。德国规制克隆人的主要立法为1990年12月13日德国议会通过的《胚胎保护法》。该法第六节规定了“克隆”,其中,第1条规定:“人为导致人类胚胎发展成与其他胚胎、胎儿、人类个体或已故的人具有相同的遗传基因的任何人,最高可被判处五年有期徒刑或罚金。”第2条规定:“将第一条所指的胚胎转移到妇女中的任何人,也受同等处罚。”可见,德国的《胚胎保护法》禁止克隆人类胚胎,也禁止进一步培育克隆的人类胚胎或将其转移到妇女体内,违者受刑罚处罚。通过对德国的《胚胎保护法》立法背景和立法目的的考察,我们发现德国对克隆人技术在内的基因技术进行规制的主要目的在于保护宪法上的生命和人的尊严价值。

19世纪末,随着基因科技的发展,尤其是随着生殖医学和人类遗传学之外的体外受精新方法的出现,通过试管婴儿方式生育孩子的技术得以迅速发展。德国立法者必须面对这一新的科技挑战,通过慎重考量新技术与宪法价值的冲突,并通过立法确立这一技术运用于人体的界限。德国的《胚胎保护法》从第一

---

[18] Judgments-Regina v. Secretary of State for Health (Respondent) ex parte Quintavalle (on behalf of Prof-Life Alliance) (Appellant) [2003] UKHL 13, para 30 - 36. See Also Jonathan Herring, Cloning in The House of Lords, *Family Law* 663, pp. 663 - 665.

次提出草案到公布实施,大约历经5年的时间。1986年4月29日,联邦内阁首度提出胚胎保护法草案,1989年9月22日联邦参议员审查完毕,1989年10月25日联邦内阁依照审查意见作出说明,1990年10月24日联邦众议院审查完毕,1990年11月9日联邦参议员通过该法案。1990年12月13日,联邦众议院正式通过,1991年1月1日开始实施。[19]

《胚胎保护法》的立法过程主要考量了宪法上的生命权和人的尊严。《德国基本法》第1条第1款第一句"人的尊严不可侵犯"并不是一个事实陈述,而是在基本法的开端构成一种强有力的宪法保障,是整个法律秩序的基础性规范。其中的"不可侵犯"德语为unantastbar,与《德国基本法》第19条第2款"触及基本权利的本质内容"所用为同一词,有"不可触碰"之意。[20]人的尊严条款的规范性在该款第2句更加明确地得以彰显,要求一切国家权力"尊重和保障"人的尊严。[21]在《胚胎保护法》的立法过程中讨论了人类生命的起始时间问题,这涉及对《德国基本法》第2条第2款第一句规定的"任何人都享有生命权和身体不受侵犯权"中的"任何人"的理解。本条中的"任何人"指的是"任何生存着的人",包括未出生的具有人本质特征的生命。这包含了国家的双重义务:第一,保护包括未出生的人和在培养皿中的人的生命;第二,禁止对人类进行构造,不管此种构造是基于何种理念。[22]联邦宪法法院在1975年的第一次堕胎判决中认定包括胚胎在内的未出生的生命在《德国基本法》第1条和第2条规定的人的尊严和生命权的保护范围之内。《胚胎保护法》在制定过程中参考了联邦调查小组的观点,认定即使在人类最早期的细胞阶段,也需要考察其是否在人的尊严的保护范围之内。该法认为,人类的生命于受精完成(卵细胞与精子结合)

---

〔19〕 参见陈英淙:《生命权与生命保护》,台湾"中央"警察大学出版社2006年版,第115~116页,第124页。

〔20〕 参见张翔主编:《德国宪法案例选释　第1辑　基本权利总论》,法律出版社2012年版,第188页。

〔21〕 Christian Starck, Göttingen, *The Human Embryo is a Person and not an Object*, In: *Human Dignity and Human Cloning*, edited by Silja Vöneky & Rüdiger Wolfrum, Martinus Nijhoff Publishers 2004, p. 64.

〔22〕 Wolfgang Graf Vitzthum, Tübingen, *Back to Kant! An Interjection in the Debate on Cloning and Human Dignity*. In: *Human Dignity and Human Cloning*, edited by Silja Vöneky & Rüdiger Wolfrum, Martinus Nijhoff Publishers 2004, p. 90.

即已存在,需要对其加以保护。[23] 胚胎保护法在立法理由中所揭示的立法目的,即系在维护德国基本法对人性尊严与生命权的保护,而将胚胎视为《德国基本法》第 1 条第 1 句人的生命。[24]

同时,《胚胎保护法》的立法过程还考虑到生命和人的尊严价值与科学研究自由的价值冲突问题。在德国,科学研究自由不是绝对的,"一个从事学术研究工作者的义务在于,他要拒绝由学术研究获得的、但会'威胁'到宪法生活的学术成果"。[25] 不尊重人的尊严或者人的生命、健康或自由的研究从一开始就是不允许的。[26] 因此,为保护生命与人的尊严免遭克隆人技术的侵犯,可以通过立法对克隆人技术的相关研究进行必要的限制。《胚胎保护法》正是基于保护人的尊严和生命的宪法价值,对于克隆人技术的相关研究予以严格的立法禁止,并对违法行为予以刑罚处罚。

(二)民主参与原则在克隆人技术立法中的贯彻

宪法上的民主参与原则有助于确保克隆人技术立法的科学性和民主性,在各国克隆人技术立法过程中受到重视。如下以韩国克隆人技术立法过程中民主参与的过程为例加以说明。

韩国为了应对生物科技对于道德与安全的冲击,学者 Young-dal Chang 和 Sanghee Lee 于 1997 年和 1998 年向国会提出了两个关于生物科技促进法的修改法案,引发了公众对于生物技术的关注和讨论,并举行了多次听证会。1999 年学者 Sung-jae Lee 向国会提交了另外一个禁止克隆人的法案。2000 年年初,生物科技中胚胎干细胞研究迅速发展,在韩国有研究团队运用一个 30 多岁的

[23] 联邦调查小组由联邦法务部及联邦研究暨技术部共同组成,名称为"体外受精、基因组分析及基因治疗",于 1985 年 11 月提出关于生命之起源与保护报告。参见陈英淙:《生命权与生命保护》,台湾"中央"警察大学出版社 2006 年版,第 125 页。

[24] 李震山:《胚胎基因工程之法律涵义——以生命权保障为例》,载《台大法学论丛》第 31 卷第 3 期。

[25] [德]康拉德·黑塞:《联邦德国宪法纲要》,李辉译,商务印书馆 2007 年版,第 316 ~ 317 页。

[26] 《德国基本法》第 5 条第 3 款规定:"艺术与科学、研究与讲学均属自由。讲学自由不得免除对宪法之忠诚。"[德]K-A. 施瓦茨:《以人类胚胎干细胞为例研究胚胎保护的法律问题》,印晓慧译,载《中德法学论坛》2004 年卷。

妇女的卵子和干细胞克隆出胚胎,并试图培育使其能够移植到子宫内,这一消息引发了公众对于胚胎干细胞研究和克隆技术运用界限的激烈讨论。民众基于对克隆人技术的忧虑,普遍要求通过立法规制胚胎干细胞的研究。为回应民众的要求,韩国卫生福利部2000年提出了"生命科学、健康安全、道德法案",韩国科技部2002年提出了"禁止克隆人和胚胎干细胞研究法案"。这两个法案都禁止克隆人,并对违法者处以高达10年的有期徒刑。后来,韩国政府要求将上述两个法案合并。2002年7月,韩国健康社会研究机构在广泛听取民众意见的基础上提出了生物技术与安全法案,2002年9月该法案被公布于众,同时举行了公众听证会。值得一提的是,该法案的起草中,举行了多次专家论坛和咨询会议,广泛收集了包括医学团体、法律团体、伦理社群和民众的意见。尽管如此,该法案仍然受到来自不同群体的反对。例如,主张迅速出台生物技术规制方案的联合运动组织要求该法案增加关于无例外地禁止胚胎克隆和种群杂交实验的条款,并要求增强国家生物伦理委员会的地位和作用;而生物科研人员反对该法案禁止胚胎研究和物种混杂的研究,要求立法在禁止生殖性克隆的同时,应当保障他们的研究自由。由于遭到上述反对,该法案需要进一步讨论,其原定提交国会通过的时间被推迟。2003年10月,在政府各机构和公众听证会经过一年时间的充分讨论后,生物技术和安全法案被提交国会的卫生服务委员会。2003年12月29日,该法案获得国会通过。[27]韩国生物安全法案在制定过程中,通过公众听证会和专家座谈会等形式广泛听取了医学、科技、伦理、法律等专家和普通民众的意见,是贯彻民主参与原则的典范。

四、克隆人技术立法的合宪性审查

克隆人技术立法的合宪性审查是克隆人技术立法宪法规制重要的实施机制。当前各国有关克隆人技术立法的合宪性审查的讨论中,主要集中于立法禁止克隆人技术是否合宪的问题,具体分为立法禁止生殖性克隆的合宪性审查和立法禁止治疗性克隆的合宪性审查。

---

〔27〕 Mikyung Kim, An Overview Of The Regulation And Patentability Of Human Cloning And Embryonic Stem Cell Research In The United States And Anti-Cloning Legislation In South Korea, 21 *Santa Clara Computer & High Tech. L. J.* 645, pp. 681 - 686.

(一)合宪性审查的启动

1. 合宪性审查的启动主体

克隆人技术立法的合宪性审查主要体现在基于生育权、科学研究自由而对立法禁止克隆人技术的合宪性审查。提请克隆人技术立法合宪性审查的主体具有多元性,包括不孕不育的夫妇、想过单身生活的人、同性恋、科研工作者、社会团体、组织或国家权力机关等。例如,在我国,根据《立法法》第 99 条的规定,可提请合宪性审查的主体比较广泛,包括国务院、中央军事委员会、最高人民法院、最高人民检察院,各省、自治区、直辖市的人民代表大会常务委员会,其他国家机关和社会团体、企业事业组织以及公民。

2. 合宪性审查的启动事由

在克隆人技术立法合宪性审查启动事由主要包括如下几个方面:其一,克隆人技术立法在主体上的不合宪,比如由行政机关通过行政立法规制克隆人技术可能涉嫌违反法律保留原则。其二,克隆人技术立法在程序上违反宪法要求。例如,在我国,根据《立法法》第 96 条的规定,行政法规、地方性法规、自治条例和单行条例等有"违背法定程序的"情形,可由有关机关予以改变或者撤销。因此,在我国克隆人技术立法若"违背法定程序"显然属于"同宪法或者法律相抵触"的合宪性审查的启动事由。其三,克隆人技术在立法内容上违反宪法上的法律明确性原则或比例原则,对公民的生育权、科研自由等构成过度限制,也都可能被作为提请合宪性审查的事由。

以上克隆人技术立法合宪性审查的启动事由中,克隆人技术立法内容上对公民生育权、科学研究自由等构成过度限制为主要事由。以基本权利的限制作为合宪性审查的启动事由,在规范依据上需要结合各国具体的法律制度进行分析,如下以我国和美国生殖性克隆立法对生育权限制的合宪性审查启动事由为例来加以说明。

在我国,生育权作为公民的一项基本权利,[28] 在《中华人民共和国人口与计划生育法》(以下简称《计划生育法》)中得以具体化。[29] 无论是公民通过各种

---

〔28〕 在我国,宪法文本没有明确规定公民的生育权,但可以从《宪法》第 49 条中解读出来。具体可参见本文第 4 章第二部分。

〔29〕《人口与计划生育法》第 1 条规定:"为了实现人口与经济、社会、资源、环境的协调发展,推行计划生育,维护公民的合法权益,促进家庭幸福、民族繁荣与社会进步,根据宪法,制定本法。"

途径和方式拥有孩子的积极生育权,还是公民通过各种途径避免怀孕、不生育孩子的消极生育权,都能在《计划生育法》中找到规范依据。2015 年 12 月 27 日,全国人民代表大会常务委员会对《计划生育法》进行了修改。修改后的《计划生育法》第 17 条中规定"公民有生育的权利",这一生育的权利包括通过医疗服务积极寻求生育孩子的权利,也包括选择避孕措施的自主选择权。其一,在生育孩子的数量方面,该法第 18 条对于公民生育孩子数量的限制在原来基础上进行了放宽,提倡一对夫妻生育两个子女,并且"符合法律、法规规定条件的,可以要求安排再生育子女"。其二,在生育方式的选择方面,公民有通过医疗服务积极寻求生育孩子的权利。例如,根据该法第 21 条的规定,育龄夫妻可免费享受国家提供的生育技术服务。根据第 35 条的规定,国家生育技术服务的相关医疗和保健机构对于育龄人群具有开展生育基础知识教育、提供生殖保健的咨询、指导和技术服务等职责。其三,在选择避孕措施方面,该法第 20 条规定:"育龄夫妻自主选择计划生育避孕节育措施,预防和减少非意愿妊娠。"对此,根据第 19 条的规定,国家需要积极"创造条件,保障公民知情选择安全、有效、适宜的避孕节育措施"。可见,根据我国的计划生育法,夫妻有通过各种方式积极寻求生育孩子的权利。尤其是不孕不育的夫妇,其拥有通过人类辅助生殖技术拥有孩子的权利。而当前我国的人类辅助生殖技术难以满足不孕不育夫妇生育孩子的需要。我国平均每 8 对夫妻就有一对不孕不育,不孕不育患者人数已超过 5000 万。全国 1/4 的不孕不育患者久治不愈。[30] 对此,生殖性克隆技术的发展为不孕不育的夫妇带来了新的希望。通过克隆方式产生孩子在技术上已经具有了可能性,可以为不孕不育的夫妇产生一个与其基因相关的孩子,实现其拥有孩子的愿望。而卫生部通过《人类辅助生殖技术规范》等部门规章禁止医疗技术实施人员运用克隆人技术为不孕不育的夫妇提供辅助生殖对公民的生育权构成限制。对此,可基于上述规章对公民生育权构成过度限制这一启动事由,根据《立法法》规定的合宪性审查程序,提请合宪性审查。

---

〔30〕 根据有关报道,我国近年来不孕不育症存在上升的趋势,适龄产妇的不孕不育患病率大幅增长。数据显示,国内不孕不育的平均发病率为 12.5% ~15%,也就是每 8 对夫妻就有一对不孕不育;而中国不孕不育患者人数已超过 5000 万。陈天俏、常红:《中国不孕不育平均发病率为 12.5% ~15%》,载人民网:http://acwf. people. com. cn/n/2014/0103/c99038 -24017997. html,最后访问日期:2015 年 10 月 8 日。

在美国,生育权没有在宪法中明确规定,联邦最高法院通过判例将生育权纳入宪法第十四修正案正当法律程序条款的保护范围。[31] 在传统上人类的生育是性交行为的产物,夫妇能否生育完全取决于自然。然而,随着人类辅助生殖技术逐步推广,生育领域关于生育、父母身份、家庭和孩子等基本观念发生了变化。人工授精和体外受精——胚胎移植技术的发展使得生育权的实现不再依赖于性行为,生育权的实现也不再基于男女双方,生育权与婚姻、家庭之间的纽带关系越来越疏松。辅助生殖技术改变了传统生育权的基本内容,进而在宪法上提出"辅助生育权"是否是生育权的组成部分的问题。[32] 有观点认为通过夫妻间的性行为方式的生育根植于历史与传统,而人工辅助生殖技术却不是。[33] 在 Washington v. Glucksberg 案中,法院确定对于实质正当程序的分析需要审视其是否根植于"历史、法律传统与实践",[34] 并要谨慎描述被宣称的基本自由,以控制裁判中的主观因素。而对于人工辅助生殖来说,并不存在相关的历史传统,这便需要审视其是否在 Skinner v. Oklahoma 等案例确立的积极生育权的保护范围之内。

美国法院在 1990 年的 Lifchez v. Hartigan 案中拓展了生育权的保护范围,将通过人工授精等人工辅助生殖技术生育孩子的方式纳入其中。在 1990 年的 Lifchez v. Hartigan 案中,原告 Lifchez 医生是生育咨询和不孕不育治疗方面的专家,他起诉认为《伊利诺伊州堕胎法》中的第 6 条第(7)项违宪。该法第 6 条第(7)项规定:"禁止任何人对精卵结合产生的胎儿进行售卖或实验,除非基于治疗胎儿的目的而进行实验。故意违反本条构成 A 级轻罪。本项并不禁止人工授精。"Lifchez 医生认为伊利诺伊州的立法者并没有明确界定"实验"与"治疗",这使得立法规定过于模糊,违反第十四修正案规定的正当程序。对此,法院予以认可。同时,法院进一步指出,"《伊利诺伊州堕胎法》第 6 条第(7)项是

---

〔31〕 美国联邦最高法院通过 1923 年的 Meyer v. Nebraska 案等一系列案件的判决将生育权纳入宪法第十四修正案正当法律程序条款的保护范围。具体可参见本文第四部分。

〔32〕 John A. Robertson, *Children of Choice: Freedom and the New Reproductive Technologies*, Princeton University Press, 1994, p. 1.

〔33〕 Lawrence Wu, Family Planning Through Human Cloning: Is There A Fundamental Right? 98 *Colum. L. Rev.* 1461 (1998), p. 1489.

〔34〕 Washington v. Glucksberg, 117 S. Ct. 2258, 2262 (1997).

违宪的,还因为其不合理地限制了妇女隐私的基本权利,尤其是其免于政府干预的生育选择权”。法院在此援引了最高法院确立生育隐私权的案例,[35]其中,法院援引 Carey v. Population Services International 案(以下简称 Carey 案)的判决认为“是否生育一个孩子的决定权在宪法保护的选择权群中处于核心地位”。法院指出,“第 6 条第(7)项侵犯了这一宪法保护的选择权群。以胚胎移植与绒毛标本采取[36]为例,根据多数定义,这两项程序都属于‘实验’,都是直接、故意在胎儿身上实施的,并且对于胎儿的治疗都不具有必要性……根据第 6 条第(7)项,胚胎移植与绒毛标本采取都是违法的。但是,这两项程序都在 Roe 案、Carey 案及后续相关判例确认的隐私权的保护范围之内。胚胎移植是为不孕不育的妇女拥有自己的孩子而设计的程序。在宪法保护的选择权群中包括使用避孕药的权利,那么其同样包括通过医学过程引导怀孕的权利,这在逻辑上是可行的”。[37]

因此,在美国通过人类辅助生殖技术的“医学过程”生育孩子,纳入宪法上生育权的保护范围,在实践中也被广泛运用。而生殖性克隆与人类辅助生殖技术相比,在诞生一个孩子方面具有极大的相似性。当前,美国在联邦层面没有禁止生殖性克隆的立法,在州的层面至少已经有 13 个州已经通过立法禁止生殖性克隆,分别为阿肯色州、加利福尼亚州、康乃迪克州、爱荷华州、印第安纳州、马萨诸塞州、马里兰州、密歇根州、北达科他州、新泽西州、罗德岛州、南达科他州和弗吉尼亚州。[38]这些禁止生殖性克隆的立法涉嫌对宪法上的生育权构成过度限制,对这一限制可提请合宪性审查。

3. 合宪性审查的启动方式

在克隆人技术立法合宪性审查的启动方式上,需要结合不同国家的宪法审

---

[35] 法院援引了 Griswold v. Connecticut 案、Eisenstadt v. Baird 案、Roe v. Wade 案、Planned Parenthood of Missouri v. Danforth 案和 Carey v. Population Services International 案等案例说明生育隐私权。

[36] 绒毛标本采取是怀孕中的诊断程序,用以确定发育中的胎儿的基因信息。

[37] Carey v. Population Services International, 735 F. Supp. 1361, (1990) U. S. Dist.

[38] National Conference of State Legislatures official website, “Human Cloning Laws” section,载全国州议会协会网:http://www. ncsl. org/issues-research/health/human-cloning-laws. aspx,最后访问日期:2015 年 3 月 18 日。

查的启动制度,具体的启动方式会有所不同。例如,在我国,对《人类辅助生殖技术规范》等部门规章禁止克隆人的合宪性审查需要根据立法法规定的启动程序进行启动。根据我国《立法法》的规定,对于部门规章是否违反宪法,不能直接提请合宪性审查。《立法法》第 99 条规定可提请合宪性审查的对象只包括行政法规、地方性法规、自治条例和单行条例四类,部门规章不属于可提请审查的对象。显然,对于禁止生殖性克隆的部门规章不能直接进行合宪性审查。尽管如此,《立法法》仍然为禁止生殖性克隆对生育权的限制的合宪性审查提供了制度空间。根据我国《立法法》第 80 条的规定,部门规章不得设定减损公民、法人和其他组织权利或者增加其义务的规范,而《人类辅助生殖技术规范》等禁止生殖性克隆的部门规章,禁止公民通过克隆技术生育孩子,显然对公民的生育权构成了一定的"减损",这意味着禁止生殖性克隆的部门规章要么违反《立法法》第 80 条的规定,要么有"法律或者国务院的行政法规、决定、命令的依据"。如果是前者,根据《立法法》第 97 条[39]的规定,国务院有权对其予以改变或者撤销;如果是后者,那么禁止生殖性克隆的部门规章所依据的法律或行政法规便涉嫌对生育权构成过度限制。对此,可根据《立法法》第 99 条规定对其向全国人民代表大会常务委员会启动审查。在美国,对于禁止克隆人技术立法的合宪性审查的启动需要在普通案件的审理过程中提出。不孕不育的夫妇、同性恋者或其他想通过生殖性克隆技术拥有孩子的任何人可以在普通法院案件审理中对禁止克隆人的相关立法的合宪性提出质疑,进而启动对克隆人技术立法的合宪性审查。[40]

(二)合宪性审查的考量因素

对克隆人技术立法进行合宪性审查,基于各国不同的历史宪政传统和宪法审查制度,体现出一定的多元性。例如,德国强调以人的尊严为核心的基本法

---

〔39〕《立法法》第 97 条规定:"改变或者撤销法律、行政法规、地方性法规、自治条例和单行条例、规章的权限是:……(三)国务院有权改变或者撤销不适当的部门规章和地方政府规章……"

〔40〕在英美法系国家,普通诉讼的法律适用中,案件的当事人需向法院提出不能适用某项法律或者一项法律的某个条款,理由是该项法律或者该项法律的某个条款违反宪法。参见胡锦光:《论公民启动违宪审查程序的原则》,载《法商研究》2003 年第 5 期。

法理,而美国则强调自由的宪法法理。[41] 在不同的宪政历史传统之下,生命与人的尊严价值在宪法上的地位是不同的,对于生育自由、科学研究自由等自由的保护强度也是不同的,因此对克隆人技术立法的宪法审查侧重点和审查强度也会不同。但总体而言,各国合宪性审查的思考方向大致包括如下几个方面:

1. 胚胎的宪法地位

克隆人技术立法的合宪性审查与胚胎的宪法地位极为相关。在各国宪法上,胚胎的地位具有一定的差异,主要包括三种不同的地位:

第一,胚胎为人或类似于人。胚胎为人或类似于人是指胚胎具有人或接近于人的主体地位。从胚胎接近于人的主体地位的视角出发,胚胎在宪法上生命权和人的尊严的保护范围之内,任何涉及损害胚胎生命的克隆人技术研究都应当被立法禁止。胚胎的生产只能基于将其移植到其卵母细胞来源的母体的目的。因此,对于那些"无家可归"的未被移植的胚胎,不得质疑其发展的潜力而将其交付用于研究。如果体外受精产生的胚胎并非用于移植到母体,而是被用于科学研究、治疗他人或诊断后毁弃,其便成为其他目的的手段,其自身作为目的的性质便被否定了。这便侵犯了人的生命与尊严。与之相类似,将胚胎的生命与利用胚胎研究可以治疗疾病或延长他人的生命这一利益相衡量,也侵犯人的生命和尊严,因为这种衡量本身是不允许的。[42] 例如,在德国,胚胎具有类似于人的地位。在德国,联邦宪法法院在两次堕胎判决中,认定包括胚胎在内的未出生的生命在《德国基本法》第 1 条和第 2 条规定的人的尊严和生命权的保护范围之内。在第一次堕胎判决中,联邦宪法法院认为,"只要存在人之生命,就存在人之尊严"。在第二次堕胎判决中,联邦宪法法院进一步明确指出:"《德国基本法》使国家负有保护人的生命的义务,也包括对孕育中生命的保护。保护义务存在的理由蕴涵在《德国基本法》第 1 条第 1 款中,这一条款明确要求国家尊重和保护人的尊严。《德国基本法》第 2 条第 2 款对保护义务的对象以及

---

〔41〕 马平:《尊严与自由:宪法的价值灵魂——评艾伯乐的〈尊严与自由〉》,载《环球法律评论》2010 年第 1 期。

〔42〕 Christian Starck, Göttingen, *The Human Embryo is a Person and not an Object*, In: *Human Dignity and Human Cloning*, edited by Silja Vöneky & Rüdiger Wolfrum, Martinus Nijhoff Publishers 2004, p. 66.

由该对象所产生的保护义务的范围作出了进一步的规定。"[43]可见,在德国,胚胎作为孕育中的生命,有接近于人的主体的地位。有学者认为胚胎具有人的主体地位,德国联邦宪法法院之所以认定出生前的生命在人的尊严的保护范围之内,是因为不同阶段的生命发育过程体现了作为个体的人的发展的不可分割的步骤。双倍体的受精卵和无性生殖方式产生的克隆胚胎,都囊括了开启尊严保护的个体发展的全部程序。在精子和卵子细胞核结合之时,或全能性克隆细胞产生之时,一个自主发展的过程便得以开启,在这个过程中,并没有本质决定性的间隙能够将这一发育过程中的生物体与其出生之时区分开来。具有潜在交际能力的人在胚胎时期便已经规划完成了。任何将受精卵仅仅视为物的人,其必须展现在某一个结点上物是如何成为人的,这无论在哲学上还是法律上,都是不可能的。[44]德国 1990 年通过《胚胎保护法》严格禁止治疗性克隆和生殖性克隆与胚胎在宪法上具有接近于人的主体地位息息相关。

基于胚胎为人的地位对克隆人技术立法进行合宪性审查,需要在技术层面考察克隆人技术对于胚胎生命是否构成威胁。如果克隆人技术涉及对人类胚胎的破坏,对其予以立法禁止便是合宪的,因为破坏人类胚胎相当于故意杀人。

第二,胚胎为特殊物,胚胎为特殊物是指胚胎不是人,也不是物,是介于人和物之间的特殊物。根据这一观点,胚胎不是生命权和人的尊严的承载主体,其不具有免于基因操纵的权利。立法者在落实胚胎保护的义务的过程中可以进行必要的利益衡量。由于克隆胚胎研究对于人类遭受的疾病能够提供救济和治疗,其代表了宪法保护的更重要的价值。尤其是胚胎干细胞的研究具有非常重要的价值,关系到国家科技进步与国家整体的利益。因此,生产克隆胚胎用以进行胚胎干细胞的研究具有必要性。[45]例如,在英国,胚胎属于特殊物。英

[43] 张翔主编:《德国宪法案例选释　第 1 辑　基本权利总论》,法律出版社 2012 年版,第 150、165、166 页。

[44] Christian Starck, Göttingen, *The Human Embryo is a Person and not an Object*, In: *Human Dignity and Human Cloning*, edited by Silja Vöneky & Rüdiger Wolfrum, Martinus Nijhoff Publishers 2004, pp. 65 – 66.

[45] Jörn Ipsen, Osnabrück, *Does the German Basic Law Protect against Human Cloning*?, In: *Human Dignity and Human Cloning*, edited by Silja Vöneky & Rüdiger Wolfrum, Martinus Nijhoff Publishers 2004, p. 74.

国沃诺克委员会(Warnock Committee)的报告认为胚胎不具有人的主体地位,也不是完全没有道德地位的细胞束,而是具有特殊道德地位的特殊物。胚胎的地位随着胚胎的发展而变化,在受精后的14天内,胚胎细胞是"全能的",具有发育为不同细胞类型的潜力,而14天后,细胞开始分化,细胞的发展路径已经确定。由此,沃诺克委员会认为对于胚胎的研究在受精后14天或原条出现之前,是可允许的。[46]沃诺克委员会的关于胚胎为特殊物的观点被英国1990年的《人类受精与胚胎法》所接受。英国法院在后来的司法判决中认定克隆胚胎在人类受精与胚胎法的规制范围之内,[47]科研人员根据该法可申请进行治疗性克隆研究。

基于胚胎为特殊物的地位对克隆人技术立法进行合宪性审查,可将治疗性克隆带来的利益与胚胎生命进行利益衡量,基于治疗性克隆在治疗人类疾病方面具有广阔的前景,禁止治疗性克隆立法的合宪性基础会遭到削弱。在生殖性克隆立法的合宪性审查方面,胚胎为特殊物,意味着基于破坏胚胎生命的理由而禁止生殖性克隆研究的说服力也遭到一定程度的削弱,因为其允许将生殖性克隆带来的利益与胚胎生命价值进行衡量。

第三,胚胎为物。胚胎为物是指胚胎只是一团细胞,没有任何道德地位。根据此种观点,包括克隆胚胎在内的早期人类胚胎不过是一团细胞组织而已。[48]在美国有的案例中,曾将胚胎定性为"财产"。例如,在美国的York v. Jones一案中,新泽西州的约克夫妇(Steven York和Risa Adler-York)于1983年结婚,由于Risa的输卵管出现问题一直不能怀孕,1986年约克夫妇开始在弗吉尼亚州的琼斯医疗机构(Jones Institute)试图借助试管婴儿技术寻求怀孕。1987年,该机构利用约克夫妇的精子和卵子产生了6个胚胎,将其中的5个移植到Risa的子宫内,但没有致使Risa怀孕,随后将剩余的一个胚胎冷冻保存备用。后来约克夫妇移居加利福尼亚州,为寻求怀孕,约克夫妇试图将在琼斯医

---

〔46〕 Aurora Plomer,"Beyond the HFE ACT 1990:The Regulation of Stem Cell Research in the UK",*Mesical Law Review*(Med. L. Rev),10,Summer 2002,p. 136.

〔47〕 Judgments-Regina v. Secretary of State for Health(Respondent) ex parte Quintavalle (on behalf of Prof-Life Alliance)(Appellant)[2003]UKHL 13.

〔48〕 John A. Robertson,In the Beginning:The Legal Status of Early Embryos,*Va. L. Rev* 437,1990.

疗机构剩余的冷冻胚胎转移到加利福尼亚州洛杉矶的一家医疗机构,但被琼斯医疗机构的医生拒绝。约克夫妇向弗吉尼亚州的法院起诉琼斯医疗机构,要求行使对胚胎的监护权。法院将该案定性为一项委托合同的争议,认为胚胎是约克夫妇的"财产",琼斯医疗机构有义务将其返还给约克夫妇。〔49〕

将胚胎定性为物的认识与功利主义的观点相契合。〔50〕胚胎定性为物意味着克隆胚胎的生命与其他一般动物的生命没有实质的差别,克隆胚胎的生产和研究在原则上是不受限制的,进行治疗性克隆研究在宪法上没有任何问题,而立法禁止治疗性克隆研究是违宪的。

2. 宪法上的家庭关系

克隆人技术立法的合宪性审查与宪法保护的家庭关系也极为相关。各国宪法保护的传统家庭关系的核心是父母子女关系。克隆人技术会改变宪法在传统上对于父母与子女关系的界定。自然性交与人类辅助生殖技术产生的孩子与其父母在遗传学上的继承性是相对明确的,因为孩子的基因是源自于父母的结合,而克隆人是属于对被克隆者基因的"复制",前一辈与后一辈在基因上的同质性会导致代际关系判断上的模糊性。那么,生殖性克隆技术对于宪法上父母子女关系的改变是否能够被允许呢? 对这一问题的不同答案会影响立法禁止生殖性克隆的合宪性判断。

对于生殖性克隆对于宪法保护的传统父母子女关系的冲击,存在两种分析的视角,一种是内在伤害视角,另一种是功能主义视角。内在伤害的视角认为生殖性克隆对于宪法上父母子女关系的伤害不以实际伤害为基础,而是一种内在理念的伤害。从这一视角出发,生殖性克隆本身就是对孩子的虐待。内在伤害的观点是建构于这样的理念之上:"生育是不以个体权利为导向的,当人们尊重自然的界限时(如生育需要精卵细胞的结合),才能对于创造新生命的社会与本质意义予以更好的理解。尊重人类的界限有助于守护人性的基础,而克隆人超越这一界限,违反我们被赋予的人类本质。"〔51〕而功能主义的视角关注克隆

---

〔49〕 York v. Jones, 717 F. Supp. 421 (E. D. Va. 1989).

〔50〕 Aurora Plomer, "Beyond the HFE ACT 1990: The Regulation of Stem Cell Research in the UK", *Mesical Law Review* (Med. L. Rev), 10, Summer 2002, p. 136.

〔51〕 Leon R. Kass, The Wisdom of Repugnance, in Leon R. Kass &James Q. Wilson, *The Ethics of Human Cloning*, AEI Press, 1998, p. 23.

人对于父母子女关系和克隆孩子的利益在多大程度上存在实际伤害。功能主义的观点认为人的意义在增强个体达成期待目标的过程中得以强化。功能主义的视角是结果导向的。功能主义的这种结果导向并不是没有限制的,其需要考量在达到目标过程中的实际伤害是否超过其带来的利益。根据功能主义的观点,通过克隆人技术达到生育目的会在父母与孩子两个方面强化人的意义(假定存在比不存在更好),只要其导致的实际伤害没有超过其创造这一新的父母子女关系与新生命这一利益。[52]

如果从内在伤害的视角分析,克隆人技术立法的合宪性审查需要追溯至传统中宪法保护的良好的父母子女关系的观念,由此国家传统的家庭文化和家庭伦理观念便会作为考量的重要因素。有的观点认为,运用克隆技术生育与良好父母的观念是相违背的,因为克隆孩子的父母对于孩子保有过多的控制,即完全控制了基因这一影响孩子发展的重要方面。[53]这控制使父母处在一种"内在专横"的立场,并成为制造孩子而不是生育孩子的产品制造者。[54]如果基于这一观点,立法禁止生殖性克隆是合宪的。内在伤害的视角也遭受到批评,如有观点认为如果内在伤害观点在法律上得以实施,会导致这一观念的普遍化,并会将其强加于不认同这一观念的人,进而会导致在没有对实际伤害予以明确说明的情况下,对高度个人自治领域内个人自主的限制。并且克隆孩子与父母都可能很健康,法律适用"内在伤害"的观点会忽视了尊重"国家不能侵入家庭生活的私人领域"的悠久传统。[55]从保护家庭私生活领域自治的角度,功能主义的视角会更有优势。

在克隆人技术立法合宪性审查中,如果从功能主义的视角进行分析,需要审视生殖性克隆技术对于个人自治与社会的影响。比如,生殖性克隆对于克隆孩子可能带来何种程度的伤害,这一伤害在宪法上是否足够严重,还需要考虑

---

〔52〕 Lawrence Wu, "Family Planning Through Human Cloning: Is There A Fundamental Right?" 98 *Colum. L. Rev.* 1461 (1998), p. 1505.

〔53〕 See, e. g., National Bioethics Advisory Commission, *Cloning Human Beings*, 1997, p. 68.

〔54〕 Leon R. Kass, The Wisdom of Repugnance, in Leon R. Kass &James Q. Wilson, *The Ethics of Human Cloning*, AEI Press, 1998, p. 38.

〔55〕 Prince v. Massachusetts, 321 U. S. 158 (1944).

选择克隆人技术生育的已婚夫妇是否会像对待其他方式生育的孩子一样,珍爱、呵护自己的孩子。功能主义的视角是符合隐私权的法理的,生育事务最适合交由个体自我决定,而不是将其限制于与决定无关的人们。[56]根据功能主义的观点,在缺乏急迫伤害的情况下,已婚的夫妇为突破自然的限制而寻求克隆技术的生育方式,应当受基本权利的保护。

从功能主义视角审视生殖性克隆的合宪性问题,需要重点审视父母通过生殖性克隆产生孩子,是否会导致父母子女关系中子女的客体化和工具化的问题。有的观点认为,基因并不能完全决定孩子的未来发展,孩子对于未来的开放性与其生长的后天环境,尤其是与其父母之间的关系极为相关。基因的控制只是部分地决定孩子的发展,并不是专横的,除非父母试图通过基因选择故意压制孩子的自主性。并且,在父母对孩子的操控方面,父母其实已经实现了对后代的控制,体现在避孕、出生时间、生活的地点,对孩子发展过程的干预,从细小的事情(如是否学习钢琴)到重要的决定(如宗教)。[57]即使基因在某些方面控制了克隆孩子,而孩子是在与父母的交流中成长的,父母对孩子的控制是持续存在的,并不是克隆人本身实现了对孩子的控制。克隆孩子仍然具有自主性和不确定性。并且,克隆人是制造的产品问题,并不限于克隆人或其他人工辅助生殖技术。在传统的生育方式中,夫妻双方基于其意愿生育一个孩子,这其中诸多生育孩子的理由都可能导致孩子的客体化,如为了取代一个刚去世的孩子、为了给现在的孩子找一个玩伴,为了挽救婚姻、为了消解厌倦的生活,或者其家庭里已经有两个女儿还想要个儿子等。生育方式的选择并不影响"制造"孩子这一特性。社会并不对父母产生孩子的动机予以监管,因为其假定父母会照顾产生的孩子。[58]根据这一观点,立法生殖性克隆的合宪性基础是脆弱的。

3. 克隆人的独特性

克隆人的独特性是克隆人技术立法合宪性审查的重要考量因素之一。当

---

〔56〕 Lawrence Wu, "Family Planning Through Human Cloning: Is There A Fundamental Right?" 98 *Colum. L. Rev.* 1461(1998), pp. 1493 – 1508.

〔57〕 See, e. g., National Bioethics Advisory Commission, *Cloning Human Beings*, 1997, p. 68.

〔58〕 Lawrence Wu, "Family Planning Through Human Cloning: Is There A Fundamental Right?" 98 *Colum. L. Rev.* 1461(1998), p. 1505.

前各国立法禁止生殖性克隆的重要的合宪性基础在于人的尊严,而人的尊严的核心内涵体现在人的独特性之中。生殖性克隆对于克隆人独特性的冲击,主要体现在基因对于克隆人的影响方面,生殖性克隆产生的个体与被克隆者在基因上是相同的,这种在基因上对生育过程的操纵涉嫌侵蚀了个体在基因构成上的开放性。由此,生殖性克隆立法的合宪性审查需要回答:在宪法上,故意产生一个与他人基因型相同的个体能否被允许? 这便涉及基因独特性与个体独特性的关系问题。如果生殖性克隆对于基因的操作使个体的未来失去了开放性,而是处于一种被操纵的地位,这便在个体的独特性方面侵犯了人的尊严。对于克隆人的独特性问题,有观念上的独特性与事实上的独特性两种视角。

从观念上的独特性视角分析,克隆人或其他人(包括父母)会认为克隆人不具有独特性,克隆孩子会缺乏自我的独特性认同。"人类复制与人类尊严不相符合,人类尊严主要以无可混淆的个别性与人的无与伦比性为基础。"[59]有学者认为,基因上的复制会侵蚀一个人的意识,这是一种奴役的标示。克隆不是基因的融合而是基因的复制。对于克隆人来说,其基因型已经存在了。尽管可以说由于不同的社会环境等,克隆人将会发展成为一个具有不同特征的人;但是可以推断出这样的事实,他或她具有一种早已存在的基因型,这将影响到其自身、家庭和社会机构如何对待克隆人。[60]有学者认为,生殖性克隆通过基因复制的方式产生孩子会导致克隆人成为客体与可替代性的商品,这不仅侵犯克隆人的尊严,也侵犯被克隆者的尊严。[61]克隆人的本质不同在于其存在的傲慢的与权力滥用的风险,生殖性克隆对于基因的复制代表了潜在的滥用权力,在人身与精神上控制另一个人命运的史无前例的订制。[62]在美国,有学者指出,克隆一个其基因构成已经被知晓的人会构成基因奴役,与宪法第十三修正案的禁止

---

〔59〕 [德]考夫曼:《法律哲学》,刘幸义等译,法律出版社2004年版,第451页。

〔60〕 See Lori B. Andrews, Is There A Right To Clone? Constitutional Challenges to Bans on Human Cloning, 11 *HARV. J. L. & TECH.* 643, 1998(11), p. 666.

〔61〕 See, e. g., National Bioethics Advisory Commission, *Cloning Human Beings*, 1997, pp. 49 – 51.

〔62〕 Francis C. Pizzulli, Note, "Asexual Reproduction and Genetic Engineering: A Constitutional Assessment of the Technology of Cloning", 47 S. *CAL. L. REV.* 476 (1974), p. 492.

奴役相冲突。基于其基因构成而带来的期待,克隆人的自由将被限制。克隆可以被认为是产生奴役的象征。故意生产一个基因已被知晓的人侵蚀他们的自由意志,法院认为侵犯人的自由意志和个人自由被第十三修正案所禁止。根据第十三修正案和第十四修正案的人的隐私和自主价值而禁止克隆人是合宪的。[63]

观念上的独特性分析视角面临挑战,有学者认为不存在克隆人不具有独特性的事实基础。在多数情况下,其他人并不知道克隆孩子的基因来源,克隆孩子的父母一般也不会向他人透露孩子的基因来源。并且,在父亲作为克隆孩子基因来源的情况下,在父亲与克隆孩子之间任何的相似性,在其他人看来都是正常的。克隆孩子与父亲的年龄之间还存在差距,不可能存在极大的相似性。[64]对于克隆孩子的自我认同问题,这主要取决于克隆孩子与父母的关系以及克隆孩子自身对于潜在的心理方面的问题的应对能力。[65]如果父母不在乎孩子的基因来源,珍爱克隆孩子,克隆孩子会有很大的机会形成健康的心理,这会有利于克隆孩子对自身独特性的认同。如果父母没有照顾好克隆孩子,而是故意虐待孩子,这会让克隆孩子感到缺乏自主性和独特性,会形成和增加其心理负担。因此,克隆人技术本身是中性的,父母如何对待孩子与生育的方式之间没有必然的关系。当然,即使在非常照顾克隆孩子的家庭,克隆孩子被告知其基因来源后,其也可能面临独特性认同上的困境,但这并不是非常难以克服的。父母可以在孩子成长到其能够理解克隆技术的时候再告知他基因的来源,这样一来孩子已经积累了一些生活的经历,并且在个性发展方面已经具备了自主性和开放性,这会有助于克隆孩子克服自身的独特性缺失的认知。[66]

从事实上的独特性视角分析,尽管基因在决定身体与行为特征方面扮演着

---

〔63〕 Francis C. Pizzulli, Note, "Asexual Reproduction and Genetic Engineering: A Constitutional Assessment of the Technology of Cloning", 47 S. *CAL. L. REV.* 476 (1974), p. 515.

〔64〕 Lawrence Wu, "Family Planning Through Human Cloning: Is There A Fundamental Right?" 98 *Colum. L. Rev.* 1461 (1998), p. 1497.

〔65〕 Nancy L. Segal, "Behavioral Aspects of Intergenerational Human Cloning: What Twins Tell Us", 38 *Jurimetrics J.* 57 (1997), pp. 61 - 65.

〔66〕 Lawrence Wu, "Family Planning Through Human Cloning: Is There A Fundamental Right?" 98 *Colum. L. Rev.* 1461 (1998), pp. 1499 - 1500.

重要的角色,基因的表达受到基因间以及基因与环境的相互作用的影响,人的独特性便体现于基因与环境的相互作用之中。即使最普通的身体特征,如身高与头发的颜色,都受到环境因素的重要影响。并且有时,即使科学家已经确定了带病基因,但是完全了解基因的DNA结构并不会使得科学家能够预测某人是否会患上此病。这一对人与基因的发展的更深入的理解说明,每个人实际上是其基因与环境相互作用的结果,每个人都是独特的。[67]即使在单卵双胞胎中,单卵双胞胎之间分享着相同的基因,在相似的家庭环境中成长,但是他们之间也可能具有不同的喜好和天赋。[68]与异卵双胞胎和兄妹相比,单卵双胞胎之间的个性的相似性多一点。但是平均而言,双胞胎之间的相同的个性只有一半左右是由基因影响所致的。[69]从事实上的独特性视角分析生殖性克隆对于克隆人的影响,会发现因决定论的观点是错误的。尽管克隆人与被克隆者的基因型相同,其仍然具有独特性。对克隆人来说也是如此,基因独特性对于人的独特性没有完全的决定作用,与他人具有相同的基因并不会违反任何人的独特性。尤其是克隆人与被克隆者一般都处于不同的年龄阶段、会成长于不同的地方、与不同的人交流,这都会使克隆人在个性与价值方面具有独特性。即使有时克隆孩子之间与相同的双胞胎一样,在外貌、个性和兴趣上极为相似,这种相似性也不意味着独特性的缺失。由此看来,克隆人具有完全的独特性。[70]因此,从事实

〔67〕 See,e. g. ,National Bioethics Advisory Commission,Cloning Human Beings,1997, pp. 32 – 33. Lawrence Wu,"Family Planning Through Human Cloning:Is There A Fundamental Right?" 98 *Colum. L. Rev.* 1461(1998),p. 1494.

〔68〕 相同的双胞胎之间行为的相似性显然是比大众认为的要少。他们在身体特征、智力能力、个性和职业兴趣、社会态度等方面都存在差异,这意味着产前、产期以及成长环境实际上影响了人的特征。Nancy L. Segal, *Behavioral Aspects of Intergenerational Human Cloning:What Twins Tell Us*,38 Jurimetrics J. 57(1997),p. 63.

〔69〕 调查结果显示,有62%的年老的双胞胎的认知能力受到基因的影响。See,e. g. , *National Bioethics Advisory Commission,Cloning Human Beings*,1997,p. 64. See also Gerald E. McClearn et al. ,*Substantial Genetic Influence on Cognitive Abilities in Twins* 80 *or More Years Old*,276 Science 1560(1997),p. 1562.

〔70〕 Lawrence Wu,"Family Planning Through Human Cloning:Is There A Fundamental Right?" 98 *Colum. L. Rev.* 1461(1998),p. 1495.

上的独特性视角分析,基于克隆人不具有独特性的观念而立法禁止生殖性克隆的合宪性基础是脆弱的。

4. 克隆人技术的安全性和必要性

克隆人技术的安全性是克隆人技术立法合宪性审查的重要考量因素。在生殖性克隆立法的合宪性审查方面,克隆人的生命安全〔71〕是最为重要的考察因素。由于克隆人技术不成熟而产生存在缺陷和短命的克隆人会构成对宪法上生命和人的尊严的侵犯。因此,基于克隆人技术上的不安全而禁止生殖性克隆的立法往往是能够通过合宪性审查的。

禁止生殖性克隆立法的合宪性审查需要考量生殖性克隆技术的可替代性问题。这首先需要考察当前辅助生殖技术的发展是否能够弥合立法禁止生殖性克隆带来的生育权实现上的缺陷。这需要对通过生殖性克隆技术实现生育孩子愿望的相关主体的需求以及对辅助生殖技术进行更为全面的评估。克隆人与人工辅助生殖技术具有重要的差别,其可能贬损人本身的价值与尊严。有观点认为克隆人与通常的生育以及 Lifchez 案中宪法保护的辅助生殖具有质的不同。这种具有根本性改变的人类"生育"对人类的尊严构成挑战,也会潜在地贬损人类的生活(即使将克隆人与被克隆人的价值相比较),即使寻求类比也是徒劳的。〔72〕有学者甚至认为克隆可被类比为乱伦,不仅存在潜在的隐形疾病,还允许父母对孩子行使过渡权力。〔73〕在拥有一个与自己基因相关的孩子方面,除克隆人之外,还可能存在替代方案。对于不孕不育的夫妇、一方携带可遗传疾病的基因的夫妇、女同性恋来说,其可以利用捐献的配子达到生育孩子的目的,这些孩子在基因构成上也是与其有关联的。也就是说,在生育权实现面临的问题方面,并不是一定不存在可替代的方案。

除上述考量因素外,社会秩序作为宪法保护的重要价值也可能成为克隆人技术立法合宪性审查的考量因素之一。生殖性克隆对于社会秩序的影响首先

---

〔71〕 有关克隆人技术立法宪法规制中克隆人的生命安全保护问题,相关论述可参见本文第三部分。

〔72〕 Lori B. Andrews, "Is There A Right To Clone? Constitutional Challenges to Bans on Human Cloning", 11 *HARV. J. L. & TECH.* 643 1997 – 1998, p. 666.

〔73〕 See Lori B. Andrews, "Is There A Right To Clone? Constitutional Challenges to Bans on Human Cloning", 11 *HARV. J. L. & TECH.* 643, 1998(11), pp. 669.

体现在滥用这一技术可能带来的破坏上。比如,政府运行的项目克隆大量的人、私人创造很多与其基因相同的克隆孩子、秘密利用他人的基因(如明星)克隆孩子卖出获利或自用〔74〕、通过克隆孩子获取器官等,这些都会给社会秩序带来破坏。有学者认为,在美国,政府可基于免于扩大社会损害这一迫切的州利益而通过立法禁止生殖性克隆,也可以主张在进化中具有独立价值的人类基因多元性作为州利益。〔75〕也有观点认为,在一个民主法治社会,政府大量克隆孩子显然是不会被允许的。克隆人技术在被滥用的情况下,生殖性克隆的目的显然不是为了孩子,对于克隆人技术的滥用可以通过立法予以禁止。但是,禁止滥用并不意味着要绝对禁止生殖性克隆,立法可以规制克隆人技术的运用,如可规定已婚夫妇克隆孩子的次数、运用他人的基因需要经其同意、禁止任何造成克隆人缺陷或其他伤害的生殖性克隆等。因此,滥用行为带来的社会秩序的破坏并不能为绝对禁止克隆人的合宪性提供坚实的基础。〔76〕

(三)合宪性审查的法律解释方法

1. 文义解释

对于克隆人技术立法的合宪性审查,会涉及对宪法上的一些基本概念的理解,这时会运用到法律解释方法中的文义解释。例如,克隆人技术立法是否侵犯生育权的合宪性审查中会涉及对宪法上"人"和"生育"概念的理解。克隆人能否作为一种辅助生殖技术,首先需要理解宪法上的"生育"。从文义解释来看,宪法上的"人"都建立在传统的男女结合的有性生殖的生物学基础之上。"人"在生物学上是男女精卵结合形成受精卵,并进一步发育成胚胎、胎儿,进而分娩形成的个体。而"生育"这一概念也建立在宪法上"人"的内涵的基础之上。宪法上"人"和"生育"通常与人的"精卵结合"密不可分。无论是传统的性

---

〔74〕 克隆技术若得以广泛运用,会使未经同意克隆他人成为可能,因为只需要从其头发或唾液中获取一个细胞便可以对其进行克隆。David Orentlicher, "Cloning and the Preservation of Family Integrity",59 *LA. L. REV.* 1019(1999),p. 1025.

〔75〕 Francis C. Pizzulli, Note, "Asexual Reproduction and Genetic Engineering: A Constitutional Assessment of the Technology of Cloning", 47 *S. CAL. L. REV.* 476 (1974), p. 557.

〔76〕 Lawrence Wu, "Family Planning Through Human Cloning: Is There A Fundamental Right?" 98 *Colum. L. Rev.* 1461(1998),pp. 1511 – 1512.

交生育还是当前的人工辅助生殖技术,其在生育方式上尽管不同,但都属于有性生殖方式。在孩子的基因构造上,都是男女精卵结合的产物,并由此确保了孩子基因结构上的偶发性、独特性与开放性。[77]克隆人在本质上并不是男女基因的结合,而是在复制一方的基因[78],克隆人只需要父母一方的基因,克隆孩子的基因跟被克隆者的基因是相同的。这无疑改变了宪法上"生育"这一概念的基本内涵,基于这一本质上的差异,有学者认为克隆人根本不是生育,而是复制。[79]倘若允许通过克隆技术产生孩子,这会对宪法学上的"人"和"生育"的概念构成根本性的冲击,使宪法上的"人"和"生育"的基本内涵发生改变。

传统的生育理念中,孩子是源于父母双方的基因的结合,这种结合构成一种重要的基因上的相互依存性。克隆人侵蚀了蕴含于生育这一概念之中的人类相互依存的观念,因为克隆孩子不需要"两种互补的生物学上的祖细胞",[80]其他的人工辅助生殖技术是需要的。同时,父母基因上的结合,使孩子在基因构成方面具有不确定性,使其具有面向未来的开放性,而克隆人也侵蚀了关于人类多样性以及人类产生的基因不确定的观念。对此,有观点认为克隆人是否侵蚀了人类的相互依存与不确定性的观念,关键在于如何界定这两个概念。如何将生育过程中的相互依存仅仅界定为基因的相互依存,克隆人确实侵蚀了这一观念。但其实相互依存的概念不仅仅限于基因,在人工辅助生殖过程中,还存在夫妇之间为了拥有自己的孩子,在意愿与情感上的相互依存。同时,克隆人对不确定性这一概念的侵蚀也仅限于基因的选择上,而随着其认知、个性与经历的发展,基因上的继承性对于克隆孩子的生活来说影响甚微,克隆孩子相

---

〔77〕 这里要分析一下双胞胎的情况,双胞胎之间在基因构成上是相同的,但相对其父母来说,他们是独特的。

〔78〕 这里的"复制"并不意味着完全相同,克隆孩子与供体的基因并不完全相同,克隆人的 DNA 中含有去核卵子的线粒体 DNA。

〔79〕 Lori B. Andrews, "Is There A Right To Clone? Constitutional Challenges to Bans on Human Cloning", 11 *HARV. J. L. & TECH.* 643, 1998(11), p. 666.

〔80〕 Leon R. Kass, *The Wisdom of Repugnance*, in Leon R. Kass &James Q. Wilson, *The Ethics of Human Cloning*, AEI Press, 1998, p. 24.

对于其他人来说仍保持着不确定性。[81] 相互依存与不确定性这些观念的认识，不可能受到普遍的重视，尤其对于那些试图通过克隆人生育的父母来说，拥有孩子的结果比这些观念要重要。因此，这些观念只是某些人的观念而已。

此外，宪法上"生育"的观念往往是与达到生育年龄的男女结合在一起理解的。而克隆人完全突破了我们的这一普遍的认知，不仅成年男女，上至 90 岁以后的老年人，下至未出生的胎儿，甚至去世的人，都可以作为"生育"的主体。这完全突破了宪法上"生育"的基本概念。

2. 历史解释

在对克隆人技术立法的合宪性审查中，会涉及历史解释的运用。尤其是对于立法目的的探索往往是一个解释问题，不应当仅仅局限于立法文本，还要追溯立法历史，比如立法起草过程中有关档案材料、议会的会议报告等。例如，对于加拿大的 2004 年 3 月 29 日通过《人工辅助生殖及相关研究法》的立法目的是否符合宪法上的明确性原则时，有学者主张认为应当运用历史解释的方法。该学者分析了有关生殖技术立法相关的历史材料。例如，在 1993 年"皇家委员会关于新的生殖技术"中将目标表述为："我们认为有些行为与加拿大人和本委员会秉持的价值激烈冲突，并且会潜在地损害个人与社会的利益，因此，应当由联邦政府通过刑事制裁的威慑予以禁止。这些行为包括体外发育的人的受精卵与胚胎的研究、克隆、动物与人的杂交、将受精卵转移到其他物种体内，或使得人类胎儿中获取的卵子受精或成熟化。"[82] 在 1996 年，加拿大卫生部新生殖技术白皮书指出："新的立法的主要目的如下：第一，在辅助生殖以及其他医疗程序和研究中，保护加拿大民众使用繁殖材料的健康和安全；第二，确保对于人体外的人类繁殖材料的适当对待；第三，保护所有人尤其是妇女和孩子的尊严与安全。"[83] 在 2001 年标题为《人类辅助生殖：构建家庭》的报告中，健康常设

---

〔81〕 Lawrence Wu, "Family Planning Through Human Cloning: Is There A Fundamental Right?" 98 *Colum. L. Rev.* 1461 (1998), p. 1501.

〔82〕 Canada, Royal Commission on New Reproductive Technologies, *Proceed with Care: Final Report of the Royal Commission on New Reproductive Technologies*, Vol. 2 (Ottawa: Communications Group, 1993), p. 1022.

〔83〕 Health Canada, *New Reproductive and Genetic Technologies: Setting Boundaries, Enhancing Health*, Gov doc: H21 - 127/1996E (Ottawa: 1996), p. 25.

委员会在第5条"立法禁止"第1款的"基于生育和治疗目的的克隆"中指出："委员会强烈感觉到克隆人对于产生的孩子,无论在人身、心理或社会方面都具有潜在不利影响,对此,有充分理由予以禁止;并且,治疗性克隆也应当予以禁止,因为其是不安全的,会导致胚胎的商品化。我们认为胚胎干细胞研究会使得胚胎商品化。"[84]通过上述历史资料将禁止治疗性克隆的目标归纳为:保护人们的健康、安全和尊严,阻止胚胎的商品化。据此可以判断禁止治疗性克隆的目标反映了"迫切而实质"的忧虑,在目的上"足够重要",能够通过合宪性审查。

3. 目的解释

克隆人技术立法的合宪性审查中,会涉及目的解释的运用。例如,在生殖领域对于相关立法的合宪性审查中,如果从文义解释的角度,难以解释出宪法上的"生育"包括通过克隆技术拥有孩子。有主张认为可以从生育自由的目的来进行解释,从生育的目的来看,生育意味着孩子的诞生。有学者认为反对通过克隆人生育孩子的观点多是源于内心的恐惧,而这并不能证明禁止克隆人的正当性,也不能基于此减损生育自由。无论是克隆人还是传统的生育方式或已经广泛运用的人工辅助生殖技术,其结果都是意味着一个生物学上的孩子的诞生,这本身在生育权的核心保护范围内,而生育方式上的不同并不会带来本质的区别。[85]孩子的诞生确实是宪法上生育权保护的重要目的之一。NBAC报告指出,如果夫妻双方都含有致命的隐形基因,通过其中一人克隆一个孩子;如果丈夫已经去世,他们的孩子也即将去世,其妻子想要一个其死亡丈夫的后代;或者从一个病危孩子身上,通过克隆人获取骨髓捐赠者;这些情况下的克隆人是可以理解的,甚至是可期待的。[86]并且,与传统生育中为孩子提供了基因的父母

---

〔84〕 Standing Committee on Health, *Assisted Human Reproduction: Building Families*, 载 http://www.parl.gc.ca/content/hoc/Committee/371/HEAL/Reports/RP1032041/healrp02/healrp02-e.pdf,最后访问日期:2015年3月16日。

〔85〕 Elizabeth Price Foley, "Human Cloning and the Right to Reproduce", *Albany Law Review*, 2002(65).

〔86〕 See National Bioethics Advisory Commission, *Cloning Human Beings: Report and Recommendations of The National Bioethics Advisory Commission*, p. 79.

相比,克隆人获取了生物父母更多程度的基因,因为他是唯一的遗传父母。[87]生育权包含着通过何种方式生育孩子的自由。从拥有孩子的目的来看,克隆人与传统的性交生殖及人工辅助生殖并没有本质上的不同。如果生育权意味着可以通过人工授精、胚胎移植等技术生育孩子的话,那么通过核移植技术生育一个孩子也同样应当受到保护,并且后者仅仅需要一方的基因,在对遗传基因要求的角度还具有相对优越性,因此应当在宪法生育权的保护范围之内。[88]尤其对于那些不孕不育的夫妇来说,克隆人为已婚夫妇的基本自由,包括那些不能生育并想拥有一个生物学上与自己相关的后代的已婚夫妇。[89]有学者认为决定生育的权利包括决定选择生育方式的权利,包括通过冷冻胚胎和孪生方式生育,这可以适用生育中的核移植技术,禁止克隆人作为一种生育方式其实无异于否认一个人的生育自由。[90]

在科学研究领域克隆人技术立法的合宪性审查也存在适用目的解释的空间。例如,在加拿大,最高法院运用了目的解释的方法,对于宪法第 2 条第(b)款中的“表达”(expression)进行了宽泛地界定,包括任何非暴力地“传达或试图传达信息”的行为。[91]最高法院通过判例确立了表达自由的核心价值,即获取真理、民主参与和自我实现,而科学实验与研究当然包含上述价值。科学的目标在于追逐自然真理,在于获取关于世界的知识。作为现代科学的首要的方法,科学实验与上述目标的达成密不可分。科学实验也与个人自我发展与价值

---

〔87〕 Francis C. Pizzulli, Note, “Asexual Reproduction and Genetic Engineering: A Constitutional Assessment of the Technology of Cloning”, 47 S. *CAL. L. REV.* 476 (1974), p. 550.

〔88〕 如美国德克萨斯大学的法律和生物伦理教授 John Robertson 和美国学者 June Coleman 就持有此种观点。See Lori B. Andrews, “Is There A Right To Clone? Constitutional Challenges to Bans on Human Cloning”, 11 *HARV. J. L. & TECH.* 643, 1998(11), pp. 665 - 666.

〔89〕 John A. Robertson, *Children of Choice: Freedom and Thenew Reproductive Technologies*, Pnninceton University Press, 1994, p. 169.

〔90〕 June Coleman, Comment, “Playing God or Playing Scientist: A Constitutional Analysis of Laws Banning Embryological Procedures”, 27 *PAC. L. J.* 133(1996), p. 1364.

〔91〕 Irwin Toy v. Quebec, [1989] 1 S. C. R. 927.

的实现具有不可分割的联系。[92] 如果治疗性克隆是非暴力的、具有交流性,其便符合宪法上的"表达"。那么,克隆研究是否具有交流性? 是否在传寄信息呢? 对此,有观点认为克隆研究具有交流性。第一,实验本身在本质上向实验人员和其他人传寄信息。如果相关实验过程对于传达信息而言是必不可少的,可以认为克隆研究是具有交流性的。在确定表达行为的过程中,加拿大最高法院已经确认行为具有交流性或不具有交流性取决于行为当事人的意图。[93] 从事克隆研究的人员从事克隆实验的目的不仅仅在于获取一个毫无信息的物理结果,而是为了获取关于物理世界的信息,这些信息包括是否会有预期结果产生,研究成果的效用、应用与限制。这些实验与程序是科学研究过程的一部分,包括科学假定的作出和通过实验确定假定的有效性。在科学界,物理实验与程序是首要的交流方式,其目的在于向科学研究人员和其他人传寄信息。因此,尽管有些行为并不是为了传寄信息,但真正的科学实验必然传寄信息。第二,研究人员对于实验方法的选择也在传寄信息。研究者可以通过选择研究主题与从事研究表达信念或政治观点:"如果一个研究人试图通过特定的政治过程或实验传寄信息,该研究者对于实验的选择也传寄了信息,正如报告人选择的语言一样,舞蹈者选择的舞蹈类型一样,艺术家选择的艺术形式一样。[94] 学者 Cantrell 指出:'研究成为一种象征性言论,如同学生佩戴黑色臂章和反战活动者烧掉应征卡一样。'当研究人员从事治疗性克隆,其可以用来传寄此种信息:这对于治疗特殊的医疗疾病,如糖尿病、瘫痪,至关重要。研究人员选择在治疗性克隆上花费时间,是因为其坚信这是治疗特殊疾病的最有希望的方法。"[95]

---

[92] Billingsley & Caulfield, "The Regulation of Science and the Charter of Rights: Would a Ban on Non-Reproductive Human Cloning Unjustifiably Violate Freedom of Expression?" 29 *Queen's L. J.* (2004), p. 662.

[93] Irwin Toy v. Quebec, [1989] 1 S. C. R. 927.

[94] Billingsley & Caulfield, "The Regulation of Science and the Charter of Rights: Would a Ban on Non-Reproductive Human Cloning Unjustifiably Violate Freedom of Expression?" 29 *Queen's L. J.* (2004), pp. 663 – 666.

[95] Billingsley & Caulfield, "The Regulation of Science and the Charter of Rights: Would a Ban on Non-Reproductive Human Cloning Unjustifiably Violate Freedom of Expression?" 29 *Queen's L. J.* (2004), p. 665.

On the Constitutional Control of Human Clone Technical Legislation

Meng Fanzhuang

Abstract: The legislative regulation of human clone technology involves important constitutional values, which needs to be controlled by constitution. The Constitutional control of human clone technology legislation mainly involves the constitutional interpretation of human clone technology related law, constitutional control of human clone technology legislative process and the constitutional review of the legislative content. Among them, the constitutional interpretation of human clone technology related law refers to through the constitutional interpretation of the medical, health or embryo protection and other aspects of the relevant laws to protect constitutional values during the absence of Human clone technical legislation. The Constitutional control of human clone technology legislative process is to ensure that the legislative direction in good agreement with the basic value of the right to life and human dignity and the legislative process to comply with the basic principles of legislation, to provide value guidance and procedural safeguards for the constitutionality of the legislation. The constitutional review of the legislative content refers to the review of the Human Clone Technical Legislation and the start mode, considerations and explanatory methods have the nature characteristic of multiplicity.

Key words: Human clone technology legislation; Constitutional control; Constitutional interpretation; Right to life and human dignity; Constitutional review

（责任编辑：赖伟能　田时雨）

编后小记

时光荏苒，这已经是我主编的第三辑《人大法律评论》（以下简称《评论》）了，而此时，也是我即将毕业离开人大法学院、离开《评论》主编岗位的时候了。在《评论》编辑部的日子是紧张而充实的，不但让我通过稿件的审阅提升了自身的学术水平，也让我结交了编辑部一批志同道合的挚友。

目前各大高校的法学院纷纷出版自己的评论文集，一时间让法律评论这一领域的竞争压力陡增，尤其是对于《评论》这种由学生主办的出版物而言更是如此。为此，我时常思考，《评论》如何在这样的竞争中保持自己的品质和活力，如何才能让《评论》成为学术界认可的好刊物？而每当思及此处，能让我感到心安而坚定的，只有一个途径——坚持文章的品质。我们一直本着不拘一格的用稿精神，秉持一丝不苟的工作态度，奉守“实事求是、典雅精致”的办刊理念，致力于发掘登载具有学术性、思想性、前沿性、创见性的高质量作品，坚持实行三轮审稿和双向匿名复审制度，确保我们录用的每一篇稿件都是经得起推敲和考验的。作为一名评论人，我最大的收益并非主编了这三辑《评论》，亦非我挂上了评论主编的头衔，最令我感到得意的是每次参加学术会议时，各位学者、老师每当提及我们的《评论》都会发出的欣赏与赞美。

此去经年，明德楼的星火也许只能留存于记忆中，这让我不禁怅然有所失。而对于《评论》而言，新鲜的血液已经补充进来，正如当初于浩主编将接力棒传给了我一般，现在我也要将这份荣耀、这份责任传下去了。相信未来的评论人，会比我做得更好。

李　帅

2017 年 6 月 1 日于人大明德法学楼

《人大法律评论》稿约

《人大法律评论》是在中国人民大学法学院支持下，由法学院学生自主创办、独立编辑并公开出版发行的学术出版物，现为CSSCI（中文社会科学引文索引）来源集刊。

《人大法律评论》初创于2000年，至2017年10月已出版24辑，现包含“专题研讨”“论文”“评论”等栏目。

欢迎海内外专家学者、优秀学子惠赐稿件，来稿原则上在1万字以上，并只接收电子邮箱投稿。来稿请以“作者姓名+文章标题”为邮件名称。收稿邮箱：ruclawrev@gmail.com。

来稿请附中英文标题和摘要（300字之内）、关键词（5个以内）及作者个人简介（包括姓名、单位、职务或职称、地址、联系电话、电子邮箱）。关于引证规范，请具体参见尾页所附之引证体例。

《人大法律评论》实行匿名三审制，编辑部收到稿件起3个月内向作者通报审录结果，每稿必复。

《人大法律评论》崇尚学术自由，严守学术规范。一旦发现作者一稿多发、抄袭或者存在其他严重学术不端行为的，编委会将向其所在单位、主管机关、学术团体及新闻媒体通报情况，并保留追究其法律责任的权利。

为了扩大《人大法律评论》及作者知识信息交流渠道，除非作者在来稿时声明保留，否则视为同意《人大法律评论》拥有以非专有方式向第三人授予已刊作品电子出版权、信息网络传播权和数字化汇编、复制权，以及向《中国社会科学文摘》《高等学校文科学术文摘》和中国人民大学书报复印资料等文摘类刊物推荐转载已刊作品的权利。

《人大法律评论》编委会

《人大法律评论》注释体例

一、文中注释一律采用脚注,全文连续编号。

二、非直接引用原文的,注释前加"参见";引用非原始资料时,请注明"转引自"。

三、引用同一文献的,如果两个注释并非相邻,分别列出完整的文献信息;如果两个注释相邻,则采用"同上注,第×页"。

四、注释及参考文献范例

(一)著作、教材类:

[1]《马克思恩格斯选集》(第4卷),人民出版社1972年版,第24页。

[2]龚祥瑞:《比较宪法与行政法》,法律出版社1985年版,第255页。

[3]佟柔主编:《中国民法》,法律出版社1990年版,第67~75页。

(二)论文类:

[1]苏永钦:《私法自治中的国家强制》,载《中外法学》2001年第1期。

[2]王利明:《隐私权的新发展》,载《人大法律评论》2009年第1辑。

(三)文集类:

龚祥瑞:《比较宪法学的研究方法》,载《比较宪法研究论文集》(第一集),南京大学出版社1993年版,第55页。

(四)译作类:

[古希腊]亚里士多德:《政治学》,吴寿彭译,商务印书馆1983年版,第54页。

(五)报纸:

张志铭:《现代化与中国律师制度的发展》,载《光明日报》2003年9月23日。

(六)古籍类:

(清)沈家本:《沈寄簃先生遗书》甲编,第43卷。

（七）辞书类：

《新英汉法律词典》，法律出版社 1998 年版，第 24 页。

（八）网络资料类：

郑成思：《“入世”、知识产权保护与民商法的现代化》，载 http://www.iolaw.org.cn/show News.asp? id =243，最后访问日期：2009 年 6 月 19 日。

（九）英文类：

[1] L. Fuller, *The Morality of Law*, Robert Gilpin, revised edition, New Haven: Yale University Press, 1969, p. 143.

[2] Joseph Raz, "Legal Principles and The limits of Law", 81 *Yale Law Journal*(1972), p. 839.

[3] H. L. A. Hart, *Jhering's Heaven of Concepts and Modern Analytical Jurisprudence*, in Eaasys in Jurisprudence and philosophy, London: Oxofrd University Press, 1983, pp. 269 - 270.

（十）英文以外的外文文种：依照该文种注释习惯。

图书在版编目(CIP)数据

人大法律评论. 2017年卷. 第2辑 : 总第24辑 / 《人大法律评论》编辑委员会组编. -- 北京 : 法律出版社, 2017

ISBN 978-7-5197-1667-7

Ⅰ. ①人… Ⅱ. ①人… Ⅲ. ①法律-文集 Ⅳ. ①D9-53

中国版本图书馆CIP数据核字(2017)第287187号

人大法律评论 2017年卷第2辑
总第24辑
RENDA FALÜ PINGLUN 2017 NIAN JUAN DI 2 JI ZONG DI 24 JI

《人大法律评论》编辑委员会组编

责任编辑 汤子君
装帧设计 李 瞻

出版 法律出版社
总发行 中国法律图书有限公司
经销 新华书店
印刷 北京京华虎彩印刷有限公司
责任校对 晁明慧
责任印制 陶 松

编辑统筹 学术·对外出版分社
开本 720毫米×960毫米 1/16
印张 24.75
字数 393千
版本 2017年7月第1版
印次 2017年7月第1次印刷

法律出版社/北京市丰台区莲花池西里7号(100073)
网址/www.lawpress.com.cn
投稿邮箱/info@lawpress.com.cn
举报维权邮箱/jbwq@lawpress.com.cn
销售热线/010-63939792
咨询电话/010-63939796

中国法律图书有限公司/北京市丰台区莲花池西里7号(100073)
全国各地中法图分、子公司销售电话:
统一销售客服/400-660-6393
第一法律书店/010-63939781/9782
西安分公司/029-85330678
重庆分公司/023-67453036
上海分公司/021-62071639/1636
深圳分公司/0755-83072995

书号:ISBN 978-7-5197-1667-7
定价:75.00元